Iconum Biblicarum

by

Matthaus Merian

ABOUT THE SEAL ON THE COVER

The embossment on the front cover is a replica of a red wax seal on the back cover of the 1630, leatherbound edition from which this volume was reproduced. The seal reads, clockwise from the bottom, "Raymundus Joseph Arce Archiep Burg Inquisit Gener Hisp Et Int."

Research indicates it to be the official seal of Raymond Jose Arce (1755-1844), forty-fourth Inquisitor General of the Spanish Inquisition. Arce was also the Archbishop of the Spanish province of Burgos and known as the "Patriarch of the Indies." He was the last of the Spanish inquistor generals and his service as such is noteworthy: in the eleven years he served in the post, not a single Spaniard died as a result of an Arce sentence. His forty-three predecessors executed more than thirty thousand people for heresy.

It is unusual that the archbishop's seal appears on the back cover. Scholars have suggested that inside seals were more typical of the day. It is not known how the book, probably some 200 years old at the time, became the property of Arce.

Iconum Biblicarum

by

Matthaus Merian

Originally published in
Frankfurt, Germany in 1627

Published by AVB Press
Box 3164
Wenatchee, WA 98801

Printed and bound in the United States of America

Library of Congress Cataloging in Publication Data

Merian, Matthaus 1593-1650
Iconum Biblicarum Catalog Card No. 31-69905

ISBN 0-939688-06-9

Published under the auspices of Directed Media, Inc.
Box 3005
Wenatchee, WA 98801

ABOUT THIS BOOK

This volume contains German-to-English translations of the verses accompanying Matthaus Merian's "Biblical Illustrations" (Iconum Biblicarum), and 233 copperplate engravings reproduced lithographically. The original version was a compilation of four separate works: Parts I, II, III and a New Testament. Each part was published separately in the period 1625 to 1630, then as a single, complete volume in 1630.

The illustrations were conceived and produced by Merian to be both entertaining and educational. Considering the literacy rate of early 17th century Europe, the illustrations were, no doubt, a valuable teaching aid to religious educators of the day.

Despite the apparent popularity of the book, probably fewer than 1,000 complete volumes were published and perhaps as few as 300. Three of the original volumes are known to exist today, two in European museums and the privately-owned copy from which negatives were made to produce this edition. The verses in Latin, German and French and the respective facing page engravings are reproduced in their original sizes from photographic negatives.

ABOUT THE AUTHOR

Matthaus Merian, a German etcher and engraver of Swiss origin, was born in Basel in 1593. He studied under Dietrich Meyer, a Zurich painter and engraver in 1609, then went to Nancy, France in 1613. In 1617 Merian traveled to Frankfurt, Germany and began work with Johann Theodor de Bry, a print seller and engraver with a thriving business. Merian married de Bry's daughter in 1618 and entered the business with his father-in-law.

Through Merian's efforts, the firm's engraving and etching began to receive artistic acclaim. They specialized in architectural and topographical etchings but the quality of their work far exceeded that normally required. Merian took over the business wholly in 1623 when de Bry died and it remained in Merian's family until destroyed by fire in 1726.

The "Biblical Illustrations" presented here were produced and published during the period 1625-1630.

READER'S NOTE

To preserve the authenticity of the original edition, all its pages have been reproduced in proper order. English translation of each section of introductory material follows its respective section as a separate unit.

Translation of the verses that accompany the copperplate engravings have been added to the bottom of each facing page.

TABLE OF CONTENTS

(All page numbers at bottom of page.)

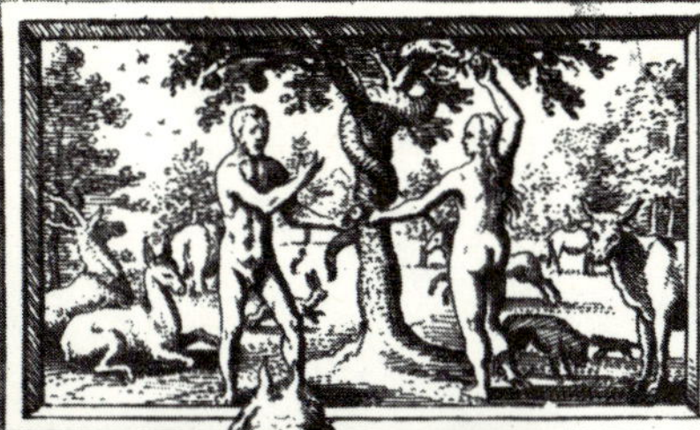

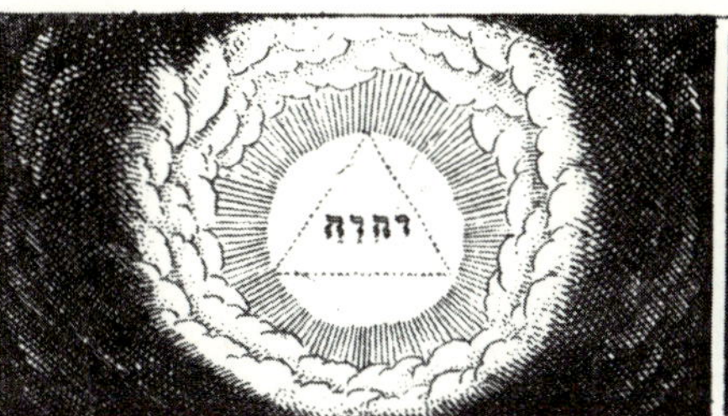

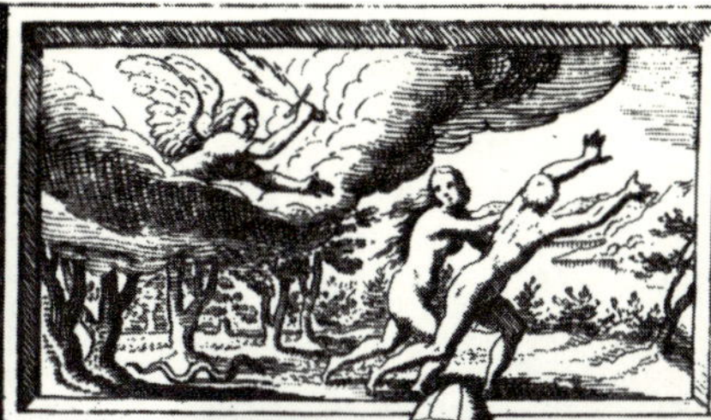

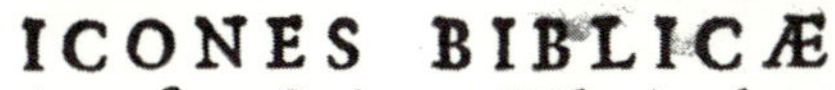

ICONES BIBLICÆ
Præcipuas ſacræ Scripturæ Hiſtorias eleganter
& graphicè repræſentantes.

Bibliſche Figuren/ darinnen die fürnem-
ſten Hiſtorien/ in heiliger Göttlicher Schrifft begriffen/
gründlich vnd Geſchichtmäſſig entworffen/ zu nutz vnd beluſtigung Gotts-
förchtiger vnd Kunſtverſtändiger Perſonen artig vor-
gebildet/ an Tag gegeben

Durch
MATTHÆUM MERIAN von Baſel.

Mit Verſen vnd Reimen in dreyen Sprachen
geziert vnd erkläret.

Straßburg/
In Verlegung Lazari Zetzners Sel. Erben.

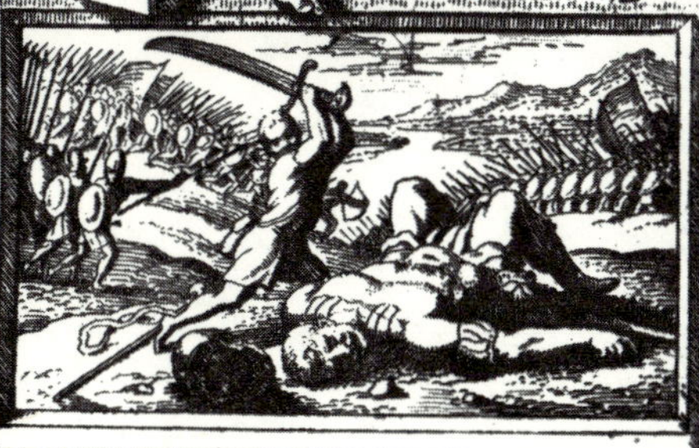

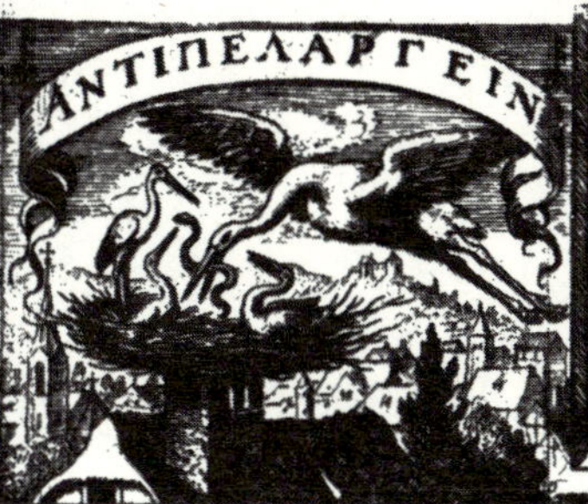

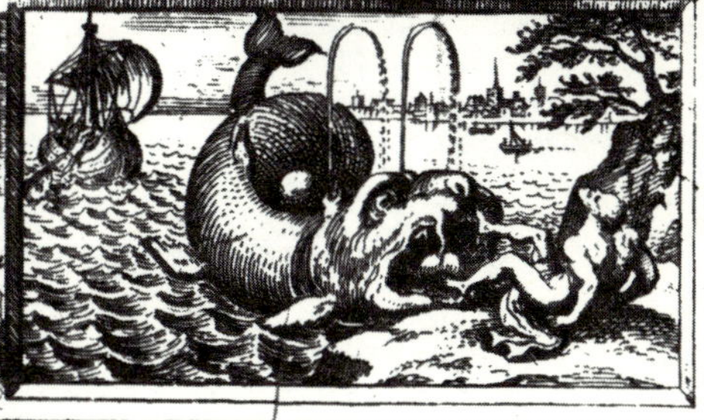

TRANSLATION OF FRONTISPIECE

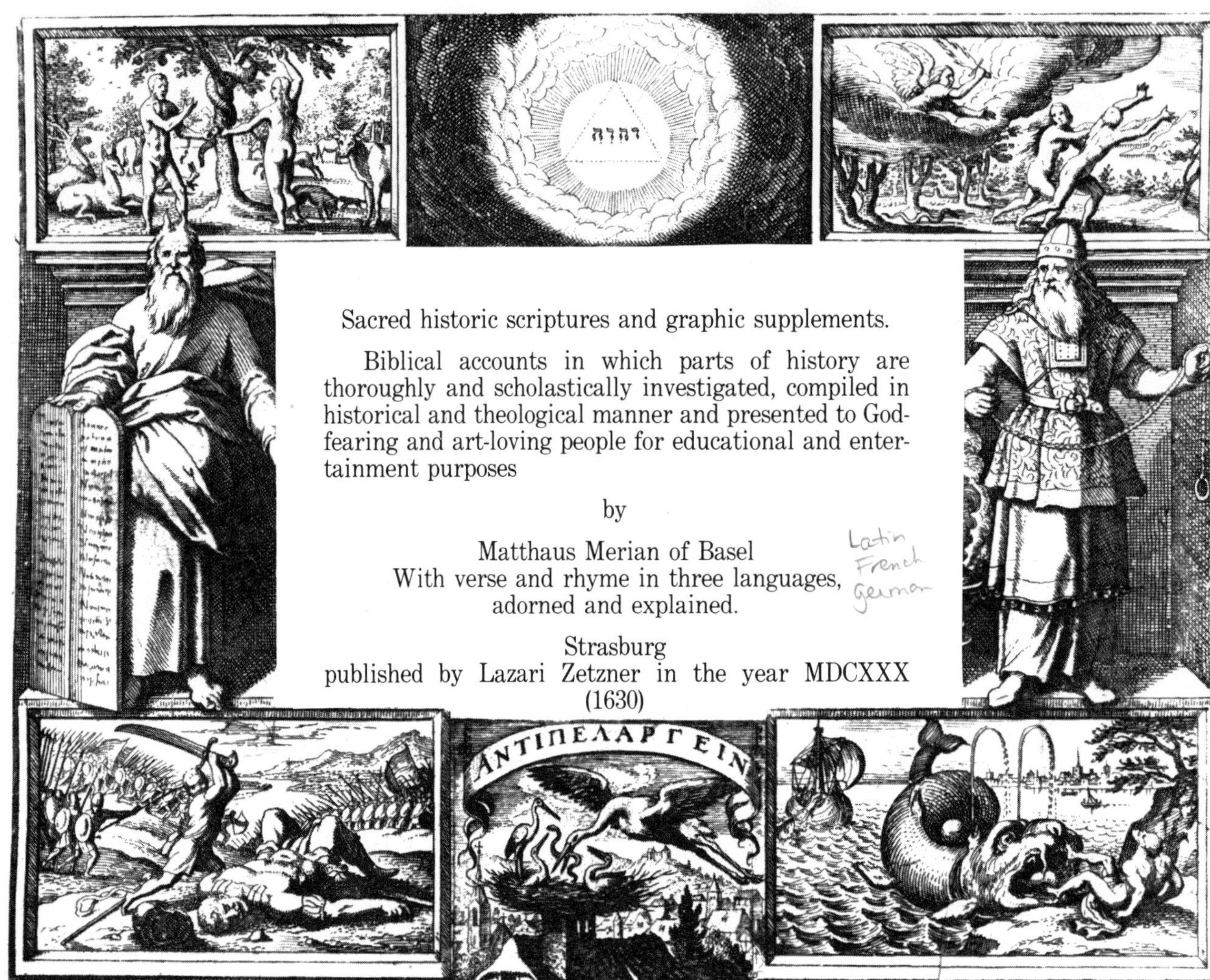

Sacred historic scriptures and graphic supplements.

Biblical accounts in which parts of history are thoroughly and scholastically investigated, compiled in historical and theological manner and presented to God-fearing and art-loving people for educational and entertainment purposes

by

Matthaus Merian of Basel
With verse and rhyme in three languages,
adorned and explained.

Strasburg
published by Lazari Zetzner in the year MDCXXX
(1630)

Dem Gestrengen/ Edlen/ Vesten vnd Wolweisen Johann Martin Bawer von Eiseneck/

Röm. Keys. Majest. Raht/ vnd deß H. Reichs vnd Stattgerichts zu Franckfurt am Mayn Schultheisen/ meinem Gebietenden Großgünstigen Junckhern.

GEstrenger/ Edler vnd Vester/ Demselben seyen meine jederzeit gantz bereitwillige Dienste äusserstes Vermögens zuvor/ Großgünstiger Gebietender Junckher. Gleich wie es eine beschaffenheit hat mit allen Dingen in der Welt/ daß dieselben einmal in ihrem Flor/ bestem Thun vnd Auffnemen seyn/ bald widerumb verwelcken/ zu rück schlagen vnd in Abgang gerathen/ nicht anderst als der Mond/ welcher vnter allen Sternen der vnterst vnd vns Menschen am nächsten/ einmal seinen Circul mit heller Liechtes Klarheit erfüllet/ bald nur halb voll/ vnd endlich gar ohne Schein/ dunckel vnd gleichsam vnsichtbar ist/ inner wenig Zeit abèr wider wächset/ zunimt vnd zu seiner Herrlichkeit gelanget: Also hat es auch gangen vnd gehet noch mit der schönen/ löblichen freyen Kunst der Mahlerey/ wie solches nicht allein die Historien von verflossenen Jahren/

A ij son=

sondern auch die Erfahrung unserer Zeiten unlaugbar zuerkennen geben. Vor tausend / mehr und weniger Jahren ist diese Kunst in so grosser acht und Ehr gewest/ und gleichsam den obersten Stell und Felgen deß runden Glückrads ingehabt/ daß wann wir jetzund lesen oder hören/ und gegen der grossen Ungleichheit dieser Zeit halten / uns solches fast unglaublich ja unmüglich fürkompt.

Plinius im 1. Capitel deß 35. Buchs Historiæ Naturalis, nennet diese Kunst Artem nobilem & expetitam Regibuspopulisque. Und ist nicht zu sagen/ wie thewer und köstlich etliche von künstlicher Hand und verrühmten Meistern gemahlte Tafeln und Schilterwerck geachtet / und wie hoch sie bezahlt worden. Obermelter Scribent Plinius gedencket deren/so dem besten Gold verglichen vñ damit abgewogen worden. Andere haben so vil golten/so dem besten Gold verglichen und damit abgewogen worden. Andere haben so vil golten/als wol etwan ein reicher Röm. Herr in allem seinem patrimonio vermöcht: und dz ein Kunststück umb VI.M.H.S. das ist unserer Müntz mehr als ein Million Gold/verkaufft worden. Daher dann auch diese Kunst von hohen Potentaten und Monarchen / Königen / Fürsten und andern grossen Herren in stattlichem respect gehalten/ die Künstler geliebet/verehret/ gefördert und erhaben. Alexander der grosse hat nicht allein Philosophos und erfahrne Medicos sondern auch berühmte kunstreiche Mahler stets umb und bey sich in seinẽ Comitat gehabt/die seiner auch wol empfunden und genossen. Ptolemæus König in Egypten/ Aratus der Sicionier Fürst haben gleichsam mit einander gestritten/ welcher dem andern schönere und künstlichere Mahlerstück zu Presenten überschicken könne. Die edlen Römer / L. Mumminus Achaicus, L. Lucullus, M. Scaurus, Augustus Cæsar selbst / haben in jhren Triumphen vnter aller köstlicher Außbeut am meisten gepranget / nicht mit den vielen Centnern Golds vnd Silbers / so sie in gemeine Schatzkammer gelifert / sondern mit den gemahlten Tafeln vnd Kunststücken. M. Marcellus, als er die Statt Syracusas in Sicilien mitsturm erobert / ließ darumb eine Gasse oder Quartir derselben nicht in Brandt stecken / weil er wuste / daß ein extraordinari schön Mahlerstück daselbst in einem Hauß war. Die jüngere Röm. Keyser / Aelius Adrianus, L. Severus, Antoninus vnd andere / haben nit allein zu angeregter Malerkunst gleiche Affection getragen / sondern sich auch selbst dariñ geübet. In diser achtung ist dise vnsere Kunst eine lange Zeit bestanden / vnd hat nach dem alten Lateinischen Sprüchlein Honos alit artes florirt / biß vngefehr vmbs Jahr Christi 470. da die Gothen / Longobarden / Hunni (oder wie sie vnsere alte Teutschen nennen Heunen) item die Werlen / Wenden / Rügen vnd andere barbarische Völcker Italiam, Galliam vnd Germaniam Minorem; nachgehends aber die Saracenen vnd Türcken Griechenland vnd Asien vberfallen / durchstreifft vnd verheeret / wodurch die vberauß herrliche Kunststück an Architectur / Motiven / gehawen vnd gegossenen Bildern / schönen gemalten Tafeln rc. verwüstet / zu nicht gemacht vnd verderbet / die Künstler vnd Werckmeister verschmächt / ins Elend gejagt / oder gar erschlagen worden: da hats dieser vnd andern Künsten gangen wie dem Mond im Newen / dz sie verfinstert / dunckel / gleichsam todt vnd begraben gelegen (be-

A iij vorab

vorab in vnserm lieben Teutschen Vatterland) biß vmbs Jahr Christi 1450. vnter der regirung Keys. Fridrichs deß dritten. Vnd gleich wie der von vielen Farben gemahlte vnd wolschattirte Regenbogē eine anzeigung war deß abgewichenen Gewässers vnd ersessenen Sündflut vnd Vorbot künfftigen auffnemens vnd wolstands der Erden: also ist diese freye Kunst damals ein gewisses Zeichen vñ gleichsam die rosenfarbe Morgenröte gewest deß bald hierauff angebrochenen Soñenliechts aller guten Künste/ wissenschafft vnd erläuterung verscheidener Facultäten/ die gleichsam nach außgestandenem kalten martialischen Winter mit den Bäumen im lieblichen Früling wider außgeschlagen/ geblühet/ vnd nach vnd nach biß zu gegenwertiger Vollkomenheit erwachsen sind. Diß alles ist schein an Albert Dürern von Nürmberg/ Lucas Kranach von Wittemberg/ Hans Holbein von Basel vnd andern/ welche der Teutschen Apelles, Zeuxis vnd Parrhasius mit fug geneñet werden mögen/ deren Personen vnd kunstreiche Hand von Keyser Maximiliano dem ersten/ Carolo dem fünfften/ Heinrichē dem achten König in Engelland/ Hans Fridrichen Churfürsten zu Sachsen/ allen höchst Christmildester gedächtnuß/ lieb vnd werth gehalten worden/ gestalt solches alles offenbar vnd gnugsam am Tag ist.

Wiewol nun/ Großg. geb. Juncker/ es sich zu dieser Zeit/ Gott erbarms/ ansehen läst/ als ob abermal ein fatalis periodus so wol anderer als diser löbliche Kunst vorhanden/ da die verachtung gelehrter vnd kunstreicher Leute/ so doch hiebevor von löblichen Röm. Keysern vffs stattlichst privilegirt/ allen beschwernüssen eximirt vnd dem vulgo vorgezogen worden/ dermassen regirt/ daß die guten löblichen Künste samt den studien todtkranck/ vnd jhnen kaum der Athem auß- vnd eingehet / vnd dannen hero alle weise rechtverständige nicht vnbillich prognosticiren / es sey nichts anders als eine newe barbaries, Gothisch vnd Hunnisch wesen / vermischt Chaos der vnwissenheit/vnd dicke greiffliche Finsternuß zu gewarten / weil es gehet / wie der alte Ennius klaget:

Spernitur Orator bonus, horridus miles amatur:

So sollen doch darumb die jenigen/die Gott vor andern mit Künsten begabt/ das Hertz nicht fallen lassen / angesehen noch etliche gute Leute / Förderer vnd Mœcenates sind/welche die Künste lieben/befördern/denẽ patrociniren/vnd so viel an jhnen/ vnterhalten/denen solches auch zu ewigem Ruhm vnd gutem Nachklang bey der Posteritát gelangen wird / wann der abgestorbenen Verächter/Geitzwänste vnd Cerdonũ entweder gar nicht mehr/oder also gedacht wird werden/ wie Pilati im Credo. Auß diser betrachtung/Gestr. Edler geb. Juncker / hab ich auch die H. Biblische Schrifften vnd Historien für mich genom̃en/dieselbe nach dem mir von Gott dem HErrn vertrawten Pfund durch Figuren auffs Kupffer zu bringen vnd zu illustriren/damit solche als ein recht hieroglyphisch Werck nicht allein zur belustigung vnd ergetzung/sondern auch vnd zwar fürnemlich zu auffmunterung der Gemüter/Gottseligem nachsiñen vnd betrachtung der entworffenen Historien/ (deren der mehrertheil Vorbilde auff Christum vnd das Christenthumb) dienen möchten: zu welchem Ende dann auch die Lateinische/Teutsche vñ Frantzösische hiebey gefügte Vers oder Quadrinen versehentlich dienen werden. Dann es ausser zweiffel/ cum objecta moveant sensus, daß auß vnpassionirter beschawung dieser Figuren das

das Gemüth sich vil anderst affectionirt befinden werde / als in ansehung der leichtfertigen Venusgemählde / Petri Aretini Schandbossen vnd dergleichen ärgerlichen Invention.

Diese meine Arbeit aber / Großgünstiger gebietender Juncker / welche von mir mit sonderm fleiß inventirt / gerissen vnd auffs Papier / wie vor Augen / gebracht / E. Gestr. vnd Vest. hiemit in vnterdienstlicher Gebür zu verehren vnd dediciren hat mich bewegt / weil gnugsam bewust / daß E. G. vnd V. ein sonderbarer Liebhaber vnd Patron / wie anderer guten vnd löblichen / also auch diser Kunst seyen / vnd jro rechte vnd gute Werck günstig gefallen lassen / als hab ich erachtet nicht besser gethan zu seyn / dann diese biblische Figuren einer solchen Person in schu vñ schirm zu übergeben / die nach dero hohem Verstand davon judiciren köndte. Nam

Quid cæcum Tamyrin picta tabella juvat.

Gestalt dann auch Agesilaus sagt / daß die Gemählde den Reichen vnd der Kunst Verständigen eine Ergetzligkeit seyen. Diesem nach damit E. G. vñ V. hiedurch ich meine vnterthänige vnd dienstliche Affection gegen deroselben in etwas zu erkennen gebe / auch dabeneben mich nach meinem geringen Vermögen zu fernern Diensten gantz willfertig offerirte: vnd dann drittens / auff daß ich diesem Werck vnd gleichsam gemahlter Bibel wider die Mißsprecher einen wolmögenden Patron vnd Schutzherren suchte / vnnd vnter E. G. vnd V. geehrtem Namen ein desto grösser ansehen machte.

Wolle derowegen E. G. vnd V. dises ringfügige Present mit grossen Gunsten vnd sten vnd geneigtem willen vnbeschwert von meinen händen annehmen / zu dero Nutz vnd recreation in vielen obligenden hohen Amptsgeschäfften nach belieben gebrauchen / vnd mich für jhren Gantzwilligen Diener jederzeit halten / deme ich mich hiemit zu grossen Gunsten vnd Fürderung neben den meinigen recommendire.

Datum Franckfurt am Mayn den 1. tag Aprilis 1625.

E: Gestr. Vest vnd Herrlichkeit

Gantz vnter:vnd dienstlich geflissener

Matthæus Merian
von Basel.

B Günsti-

TRANSLATION OF PART I DEDICATION

PART I

Dedicated to the lawful, noble, best and wise Johann Martin Bawer of Eiseneck, Roman Emperor and Royal Advisor of the court of Frankfurt on Main — my respected ruler.

Lawful, noble, best—you to whom I commit any time my willing and humble estate—you generous man.

Just as it is with all creations of this world, those which when they flower receive blessing, wilting soon thereafter in the end, and become part of the past; not different than the moon, which of all stars be the closest to us humans, in her cycle fills at times with light, and then at times recedes and passes and becometh dark and invisible, but shortly groweth back to her full glory; just so be it also with the beautiful, praisable art of painters, not only in preserving for us the flow of history, but also helping us understand former beliefs of bygone times and to fully understand our own age.

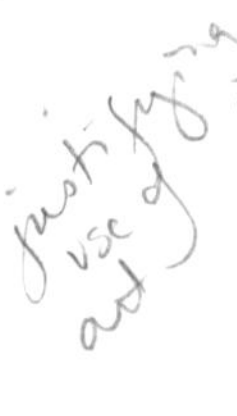

More than a thousand years ago, this art was praised so highly that when we see or hear of this now and differentiate between times past and present, it seems unbelievable—better yet, impossible.

In the first chapter of his "Historae Naturalis," Plinius refers to art as *Artem nobilem and expetitam Regibus populifque.* This is out of the scope of our comprehension to understand; with how much respect these tablets painted by noble artist's hands were treated, and how much money was spent on them. Plinius implies that they were worth their weight in gold. This has been verified by others. Some were worth more than all the riches one Roman nobleman had to offer.

An artwork initialled V.M.H.S. was worth more than a million in gold. So the works of art that were owned by benefactors, monarchs, kings and aristocracy were highly respected, and the artists loved, promoted and kept. Alexander the Great not only honored Philosophy and Medicine but also art and was constantly surrounded by it. Ptolemaeus, King of Egypt, and Arastus, a wealthy count from Sicion periodically competed, outdoing each other in fine gifts of art.

The noble Romans themselves, Mummnus Achaicus, L. Lucullus, M. Scaurus and Augustus Caesar, triumphed in their victories and winnings not with tons of gold and silver which they delivered to their treasuries, but with paintings and works of art. When M. Marcellus conquered the city of Syracuse he did not let the streets and houses be burned, for he knew that in one home he would find a painting of extraordinary beauty.

The young Roman emperors Aelius Adrianus, L. Severus, Antonius and others did also nurse the same fetish for the art of painting, and practice it they did themselves. Art blossomed in this honor for a long time, just as the old Latin proverb, *Honos alit artes* advocates.

It blossomed until about 470 A.D. when many races, such as the people of Gothen and Longbardie, the Huns, the Italians, Galls and Germans abused it. Also, when the Turks invaded Greece and Asia they robbed, destroyed and made to dust some of the beautiful paintings and persecuted the artists. So it was with this one art and many others. Just as it is with the moon in our heaven that becomes stark as if dead and dusty at certain times of the month.

This lasted until 1450 A.D. under the crown of Emperor Frederic III.

Just like the many-colored rainbow that once was an omen of returning peace, and receding floods—the same be it with art, that at that mentioned time was an omen, symbol of the pink of sunrise, telling us of the sunlight to come, that would warm the arts once again, after the cold winter of the forgotten and make bloom the trees in this new spring until they reacheth their present fullness. All this is mirrored in men such as Albrecht Durer of Nurnberg, Lucas Kranak of Wittenburg, Hans Holbein of Basel and others who spoke of Apelles, Zeusis and Prarrhafius and who were honored and respected by Emperor Maximillian I, Karl V, Henry VIII of England, Count Haus-Freidrich of Sachsen.

So, dear highborn one, at this time God knows, it seems as if again we are approaching a *fatalis-periodus* for this particular and many other arts, seeing that knowledgeable and artful people have no more the trust and respect they once had, but are condemned and barely able to breathe in and out, and therefore misconstructing all wisdom, making it nothing more than a new paganism, mixing chaos with ignorance, and so waiting for this mental darkness. It is like the ancient Ennius once lamented:

Spernitur Orator bonus, horridus miles amatur—It follows that those gifted by God with talent, should not despair; good people are there few, but in existence, who will support the arts and patronize them (put their money where their mouth is!) It means enough to those few that it will be possible for some to achieve prosperity and fame. The time will come when the ignorant and selfish will be forgotten or thought of as was one Pitat in Credo. This analysis dear sir, gave me the strength to print the Biblical figures and verses and to illustrate them, their purpose not only to amuse but also, and this pointedly, to enlighten and encourage one's soul, to trigger reflection of the history involved (mainly concerning Christianity), the Latin/German and French verses injected for this purpose.

It being almost impossible, then, to fasten one's affections to such scandalous inventions as the light-hearted Venus painting, or sinful creations by Petri Aretini and others.

This work of mine, dear generous benefactor, which was undertaken with much output and finally put into printing is hopefully to your liking as I know that you are a patron and connoiseur of the arts as are there many others. So knowing this I think I was wise in dedicating this work of mine to one who truly can protect and appreciate it. *Nam.*

Quid Caccum Tamyrin picta tabella juvat. Agefilaus says that paintings are appreciated by the rich and by art lovers. So, dear sir, to whom I in this work betake all my affections, it was well done, and I am now forever indebted to you.

I hereby give you this then, oh Honored Sir, with my wishes of well being.

So I think that this document will be in good hands, if you care to accept it, usable as you wish, to be distributed to whom you like; this is for your recreation. Myself, your willing servant, always wishing you the best from myself and those I call my own.

Your heartily
humble and willing,
Matthaus Merian of Basel

Dated: Frankfurt on Main,
this first day of April, 1625

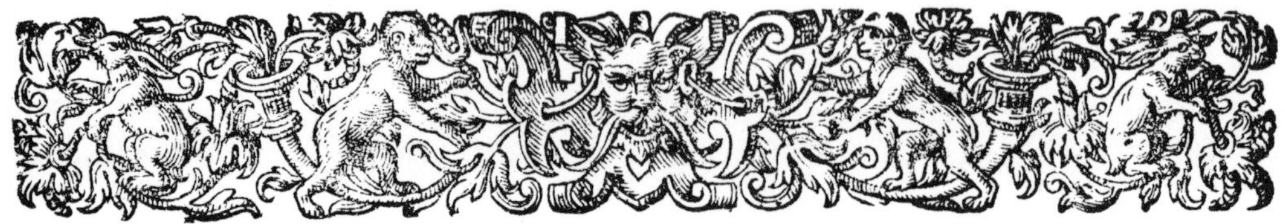

Günstiger Leser.

Zu welchem Ende ich mir fürgenommen / diese Biblische Figuren zu erfinden / vffs Kupffer zu bringen / vnd an den Tag zugeben / ist vnschwer abzunemen / daß solche nemlich die gemüter der jenigen / so sie beschawē / nicht allein belůstigē / sondern in die Heilige Schrifft selbsten / darauß sie genommen / gleichsamb mit der hand führen / vnnd also zu Gottseliger betrachtung der Wunder vnd Thaten deß Herren / zu Nachsinnung seiner Vnerforschlichen Weißheit / vñ dannenhero quellender Gottesforcht leiten solten: warzu dann auch die hinbeigefügte Carmina, verß oder Reymen gerichtet sind / damit also die Schrifft den Kunststücken / vnnd hinwider diese der Schrifft die Hand bieten / vnd eines das ander erklären möge. Vnd will ich mir keinen zweiffel machen / es werde diese meine arbeit vnnd sonderbarer angewanter fleiß nicht allein bey den Künstlern vnd Kunstliebenden / sondern auch

bey

bey vielen andern guten Leuten ihren zweck erreichen. Weiln aber dieses werck nicht allein an sich selbst weitleuffig/ angesehen der manigfaltigen Historien / so in den Heyligen Biblischen Schrifften vns fürkommen/ sondern auch einen sonderbaren fleiß erfordert/ Nam.

Victurus Genium debet habere liber;

So haben auff dißmal mehr nicht als Fünfftzig Kupffer außgemacht vnd zum Truck verfertiget werdē können/ damit also die Bücher Moysis beschlossen. Es sollen aber ins künfftig/ so fern Gott Leben vnd Gesundheit verleihet / die vbrigen auch ihrer Ordnung nach in gleichem angefangenem Muster folgen/ damit es also ein omplet Werck / vnnd mit der zeit zum Ende gebracht werden möge. Vnder deß wölle sich der Günstige/ Heiliger Schrifft vnd Kunstliebende Leser/ vmb etwas Patientiren/ mit diesen inmittels vorgutnehmen/ vnd solche zu seinem besten vnd Ergetzligkeit mit nutz vnnd Gesundheit gebrauchen. Gott befohlen:

Matthæus Merian
von Basel.

B 2 *Omnia*

TRANSLATION OF "DEAR READER"

(Pages 22-23)

Dear Reader:

I come to the end of Biblical figures, printed by copperplates, hoping they have not only been amusing to you but also enlightening to your soul, namely by making you refer back to the holy scriptures themselves from which they were taken. The "carmina" rhymes or verses are intended to explain or interpret the picture, for your pleasure. This work not only goes out to all art lovers but, hopefully, reaches people of many levels.

But because this collection is not very lengthy in view of history itself and much hard work was involved, *Nam. Victurus Genium debet habere liber;*

So that again only fifty prints were used and the books of Moses concluded. However, it is planned that if the Lord gives me my good health, to publish the last books in the same order as the preceding and to complete this study. In the meantime, please have patience, be satisfied with the incomplete for the moment and remember me as your God-fearing,

Matthaus Merian of Basel

I.

Omnia per ipſum facta ſunt.

PRincipio Cœlumq; creat Terramque IEHOVA,
Poſt Mare, mox Lucem, ſignaq; clara Poli:
Hinc piſces, volucres, animalia cætera, vermes:
Noſcitur hinc ſapiens omnipotenſq; DEUS.

Daß ein Gott sey/erkennet man an seinen wercken.

IM anfang Gott Erschuff den Himmel vnd die Erden/
Die Wasser vnd das Meer/ das Liecht/der Sternen schein/
Die Vögel/Fisch/Gewürm/alle Thier groß vnd klein/
Warauß sein Gütigkeit vnd Krafft erkant mag werden.

D*Ieu à crée le Ciel tout au commencement,*
Le tresbeau Firmament, la Terre, Aſtres, & Eaux,
Les poiſſons & oiſeaux, les vers, tous animaux
Sa force & ſa bonté s'y trouve aſſeurement.

GENES

Felicité Dupont Clery

In the beginning God made the earth and the sky
The waters and the ocean, the light of the stars
The birds, insects, mammals, big and small
Thereby we know his strength and his all.

GENES. I. 13

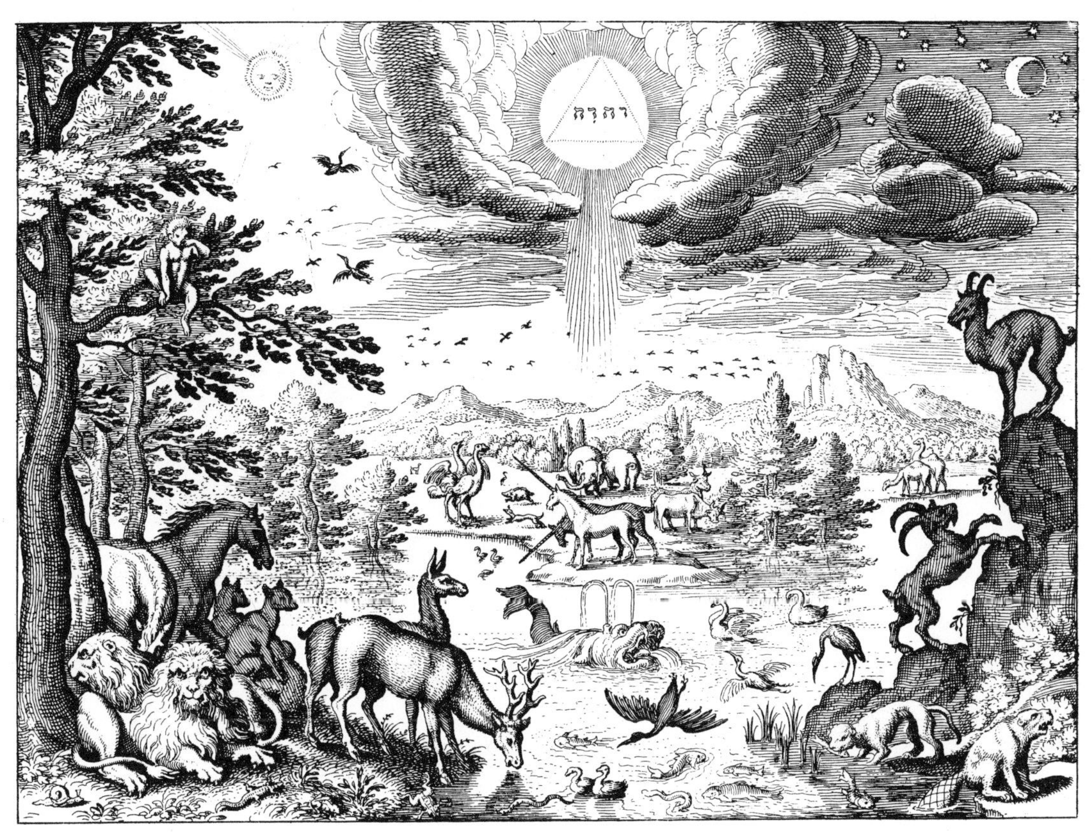

B 3 Omnia

The Existence of God

II.

Omnia ſubiecit pedibus eius.

Deerat adhuc animal mentis generoſius altæ,
Quod regeret nutu bruta creata ſuo:
Factus homo eſt, vultus ad Sidera tollere rectos
Iuſſus, in hoc ſummi ſplendet Imago Dei.

Zihet an den Newen Menſchen der nach Gott Geſchaffen iſt.

Alß nuhn all ding beſtund in Weſen vnd Geſtalten/
Da mangelts noch an dem der ſolches könt Verwalten
Durch Weißheit vnd Vernunfft/ darauff der Schöpffer mildt
Den erſten Menſchen Schuff nach ſeinem Ebenbildt.

Puis eſtant abſolu du Monde grand ouvrage,
Encor' icy manquoit le ſçauant Empereur,
Qui regnoit ſur les tous. Dont le bon Createur
Adam & Eue fecit, formez à ſon Image.

GENES. I

When all life had come into being
A proprietor was needed to rule over it
Our Lord then with much wisdom and knowledge
Created the first man to be in his image.

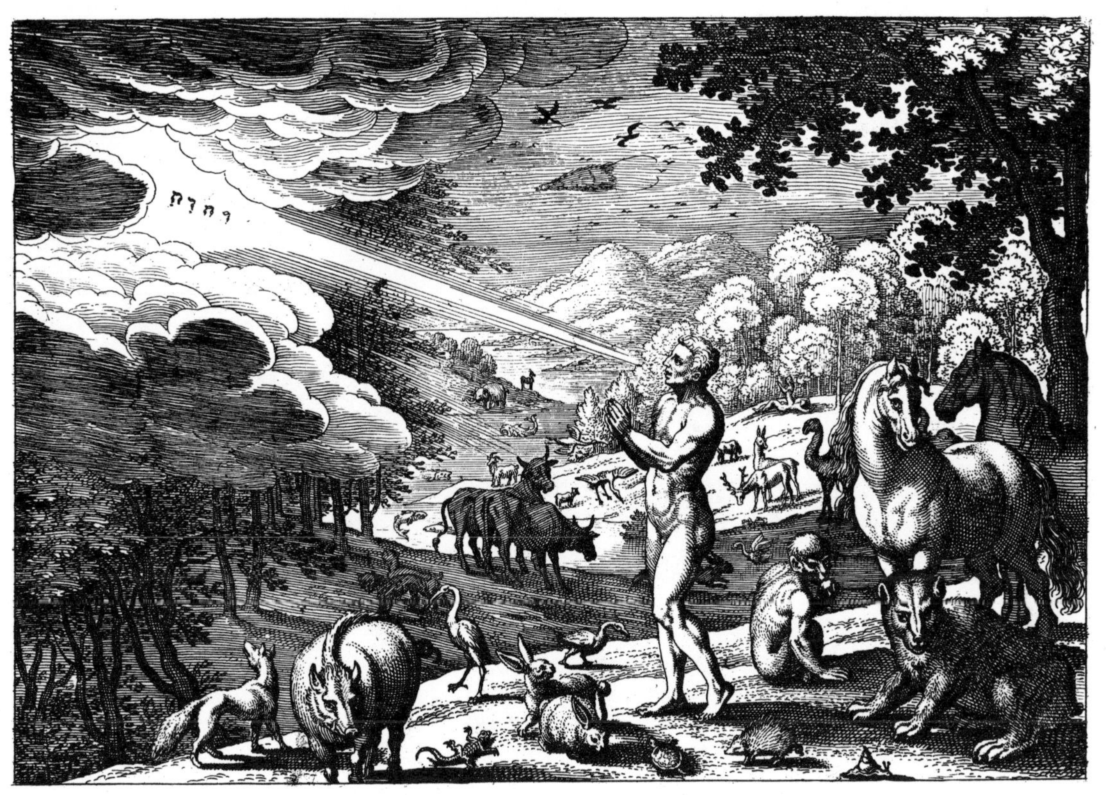

Primum

Behold the New Man, Who is Created in the Image of God

III.

Primum præceptum diuinum.

Hortus Eden varia ſtat conſitus arbore, fructus
Eſt licitum quoſuis incola guſtet Adam;
Vna ſed excipitur, ſic ſtat ſententia: MORTEM
Oppetat ex illa ſi temerator edat.

Prob deß erſten Menſchen am Gehorſam.

Den Garten Eden Gott mit fruchtbarn Bäumen zieret/
Auffs Herrlichſt zugericht/die Menſchen drein Loſiret/
Erlaubt jhn alle Frücht/nuhr einen Baum verbott/
Wer dauon Eſſen würd/den ſolt Würgen Todt.

Lorsen vn beau Iardin fleuriſſant de Verdure
Logales deux humains des Cieux le tresgrand Roy,
Tous les fruicts à manger permettant par octroy, GEN.
Hors mis l'arbre de Vie, ou qu' on la mort endure.

God decorated the garden of Eden with fertile trees
In the prettiest way for his people
From every tree couldst they pick fruit but one
He who ate from it would surely be undone.

GENES. II.

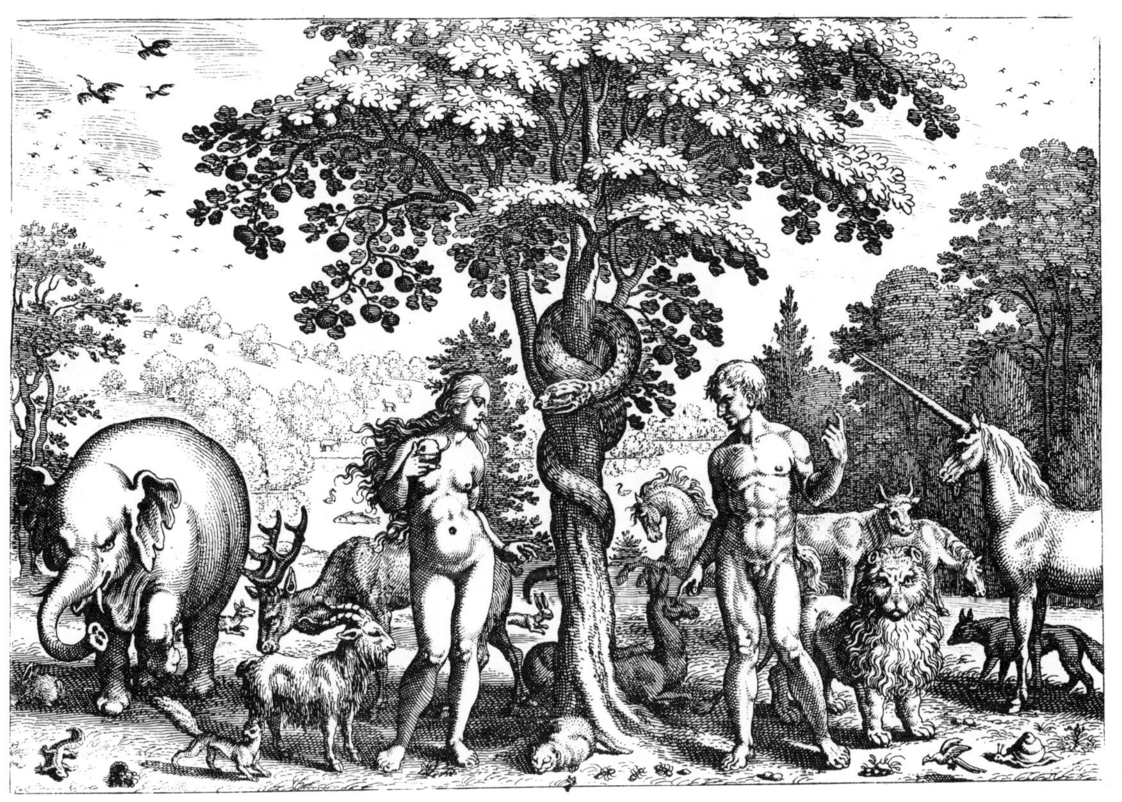

C Per v-

Obedience—Test of Man

IV.

Per vnum hominem intrauit peccatum & Mors.

Prima Draconinis capitur male fraudibus Vxor,
  Noxia dein ſuadet carpere poma viro.
Ille Dies primus Lethi fuit atque dolorum.
  Enſe reos ſceleris pellit & igne Cherub.

Das Weib ward verführt / vnd hat die Vbertret-tung eingeführt.

Die Schlang betrog das Weib / Eva den Mann verführet /
  Daß er die Sünd beging / daher all Vnglück Rühret.
Zu ſampt dem Bittern Todt / der alle Menſchen Plagt.
  Mit dem Flammenden Schwerd / der Cherub ſie außjagt.

En pauvre femme eſtant trompée par le Serpent,
  Fait qu' Adam ſon mari tant aveugle ſurpaſſe,
Les Mandemens de Dieu, dont le Cherub les chaſſe
  Hors du beau Paradis au mal contentement.

GENES I

The serpent deceived Eve who in turn tricked
  Her husband into sinning; all undoing stems from there
Together they would die—just like every mortal—
  The angel chased them out. They knew it was fatal.

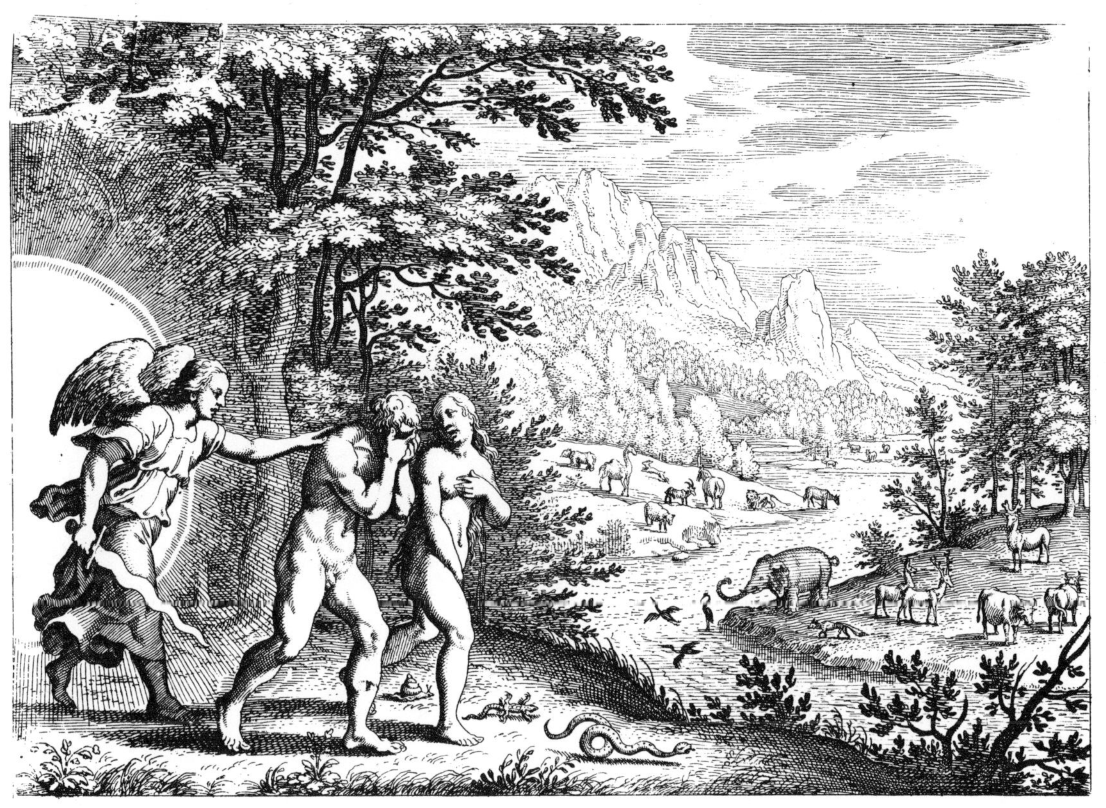

C 2 Homo

Eve is Seduced by the Serpent

20 V.

Homo ad labores natus vt auis ad volandum.

Verſat humum ſterilem ſudante noualia dextra
Exul Adam, triſtis dum noua farra ſerit.
Multa thori ſociam vexant diſcrimina, fœtus
Dum parit, & pueros curat alitque ſuos.

Schmertzen/Mühe vnd Arbeit auß der Sünde.

Im Schweiß ſeins Angeſichts Adam das Feld muß Bawen/
Mit Kummer/Sorg vnd Müh/ deßgleichen auch das Weib
Die Haußſorg tregt/vnd Schwecht durch Kinderzucht den Leib/
Das würcket Gottes Fluch/ der ſich hierinn leſt Schawen.

Lors trovaillant le champen ſueur de ſon viſage,
Adam le Mal-heureux par nombre des labeurs,
Se-plaind: la pauvre femme enfante és grands douleurs,
En nourriſſant ſes filz ſupporte grief oultrage.

GENES. I

In the sweat of his brow, Adam harvests
The fields; in fear and worry his wife helps him.
Her sorrows are twofold—she is with child—
God's curse had made everything go wild.

GENES. III.

25

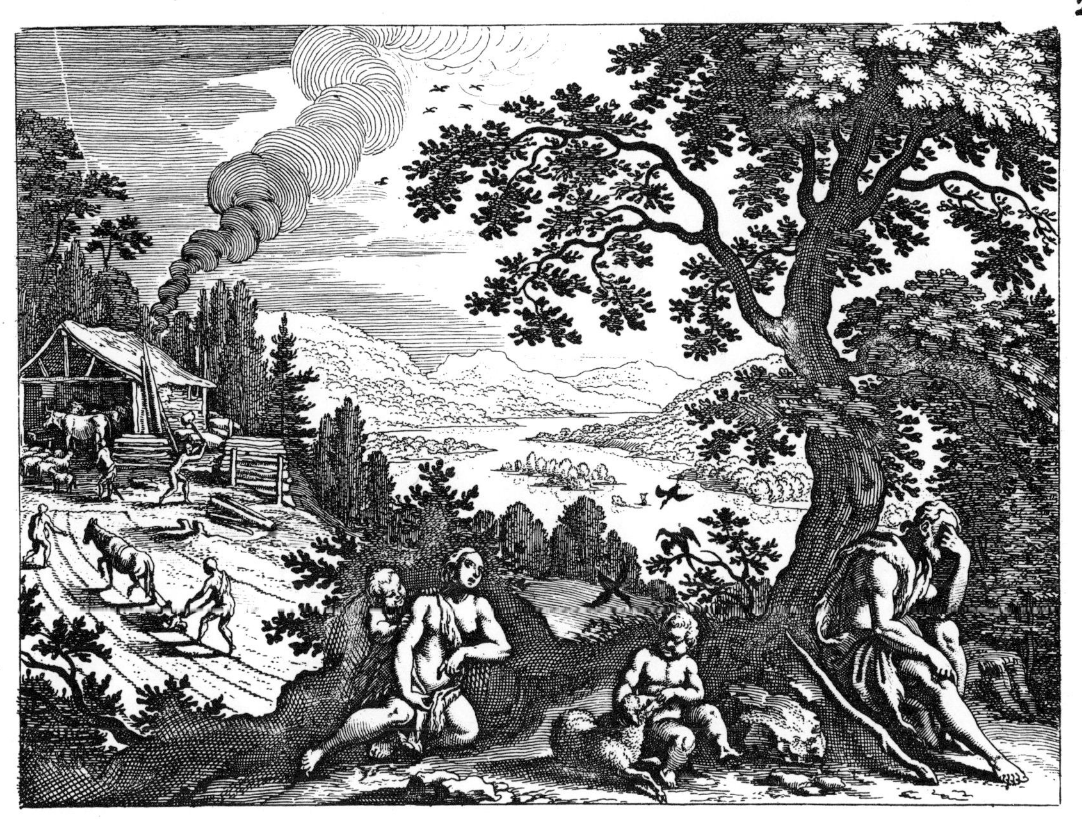

C 3 *Typus*

Pain, Hardship and Words Result From Sin

20

Typus Ecclesiæ patientis in primo Martyre.

Sacrificant gemini fratres, farra alter, at alter
  Agniculos offert primitiasque gregis.
 Alma fides minimum commendat, Hypocrita maior
  Quem necat; hinc nemesis pungit agitque malum.

Vorbild der verfolgten Kirchen vnd Martyrer Christi.

Cain durch Heucheley Opffert die Frucht der Erden/
  Durch den Glauben Abel die Erstlingen der Heerden/
Diß Opffer Gott gefällt / darob Cain ergrimt/
  Vergeust seins Bruders Blut/Gott jhm die Rach bestimbt.

Cain grand Hypocrite offrant son sacrifice,
  N'est pas receu de Dieu, dont Abel son germain
 Plaisant par chaste foy, il occit inhumain:
  La Vengeance de Di.u poursuyt l'homme, & Iustiee. GENES.

Cain deceitfully offers fruits of the earth
  Abel piously brings forth his firstlings
Thus offering appeals to God; —angered so is brother Cain
  He slays his brother; God will revenge his pain.

GENES IV.

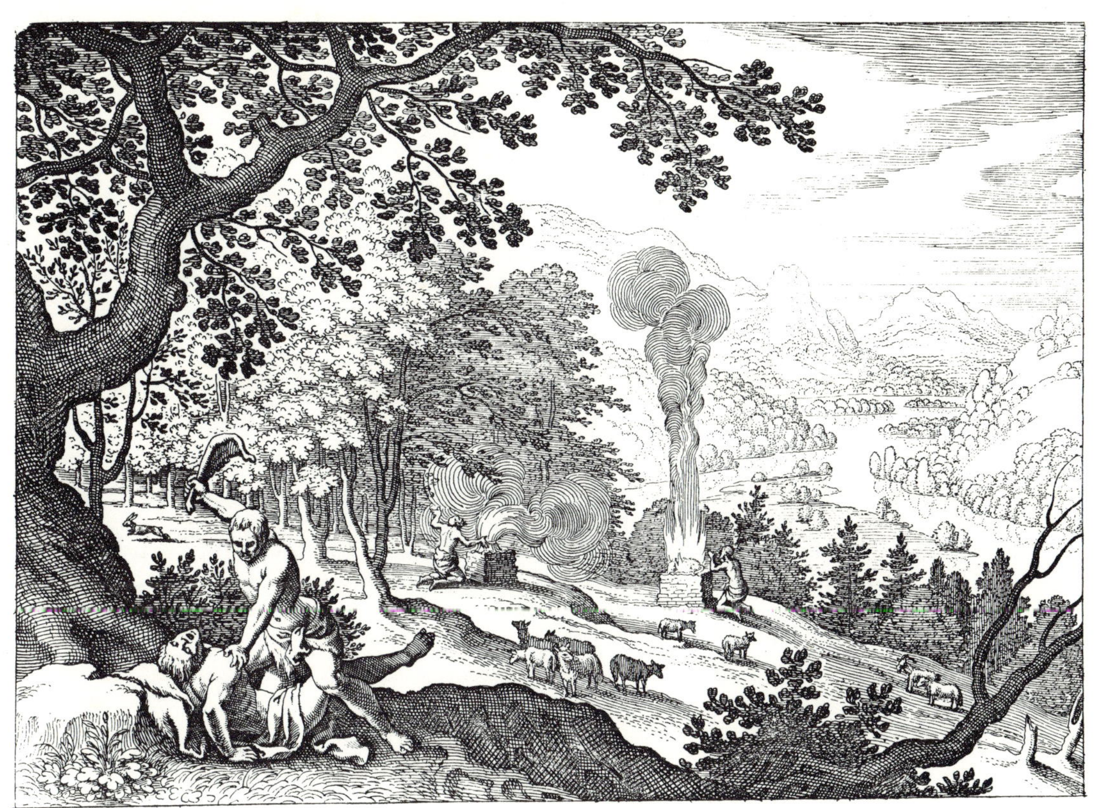

Typus Ba-

Precedent for the Persecuted Churches and Martyrs of Christ

VII.

Typus Baptiſmi & ſervatæ Eccleſiæ.

Grande nefas vlturus aquis & crimina IOVA,
'unit ab interitu teque tuoſque Noah,
Semina quadrupedum volucrumque recludit in Arca:
Cœtus nempe ſuos ſeruat amatque DEUS.

Vorbild der Tauff/ vnd Kirchen Gottes in Trůbſalen.

Der HERR Noah ſelb acht heiſt in den Kaſten tretten/
Die Welt er Straffen wolt durch die Schröcklich Sündfluth/
Er nam die Thier zu ſich daß ſie würden behüt/
Gott weiß vor Vntergang ſein Kirch fein zu erretten.

Le Souverain ayant conclu par le Deluge,
Perdre tous les humains, toute chair conſommer
Noé le Patriarche en l' Arche fait entrer:
A bonn' heure Dieu ſçait les ſiens mettre à refuge

GENES.

The Lord has Noah build an ark
The World he'll punish with a flood
Noah takes the animals for safekeeping
God will save his people but is weeping.

GENES VI. 25

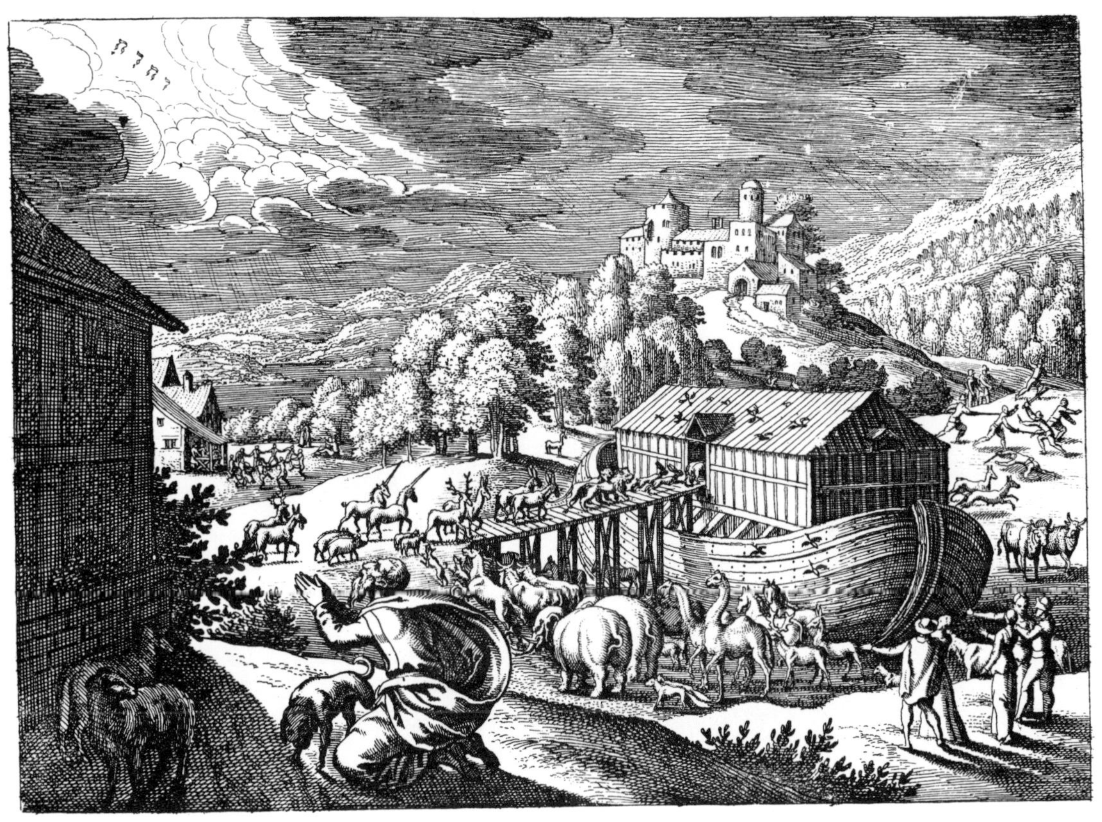

D *Ira Dei*

Precedent for Baptism and God's Church in Poor Times

26

VIII.

Ira Dei manifesta est super omnem impietatem.

Continuis summæ superantur ab imbribus Alpes
  Heu, perit humanum quadrupedumque genus,
Et volucres, dum regna tegunt Neptunia terras.
  Quod Metanœa nequit, diluit vnda nefas.

Gottes Zorn ist Offenbar vber alles Gottloß wesen.

Die Sündfluth kompt mit macht/ die Regen alß Verschwemmen/
  All Creatur Ersäufft / was auff dem trucknen Lebt/
Nohe Kasten allein hoch vff den Wassern schwebt/
  Was wahre Buß nicht thut muß die Fluth hinweg nemen.

Voicy l' onde couvert les rochers & montaignes
  Qui fait toutes noyer les bestes & oiseaux
Dont s'y estouffe l' esprit des gens & animaux
  Les malins sont punis, se convertir desdaigneux.

GENES. V.

The flood came and with it the rains
  All the things that breathed—they had to die
Just Noah's ark swam high and mighty
  Punishment came to those that were heathen and flighty.

GENES. VII.

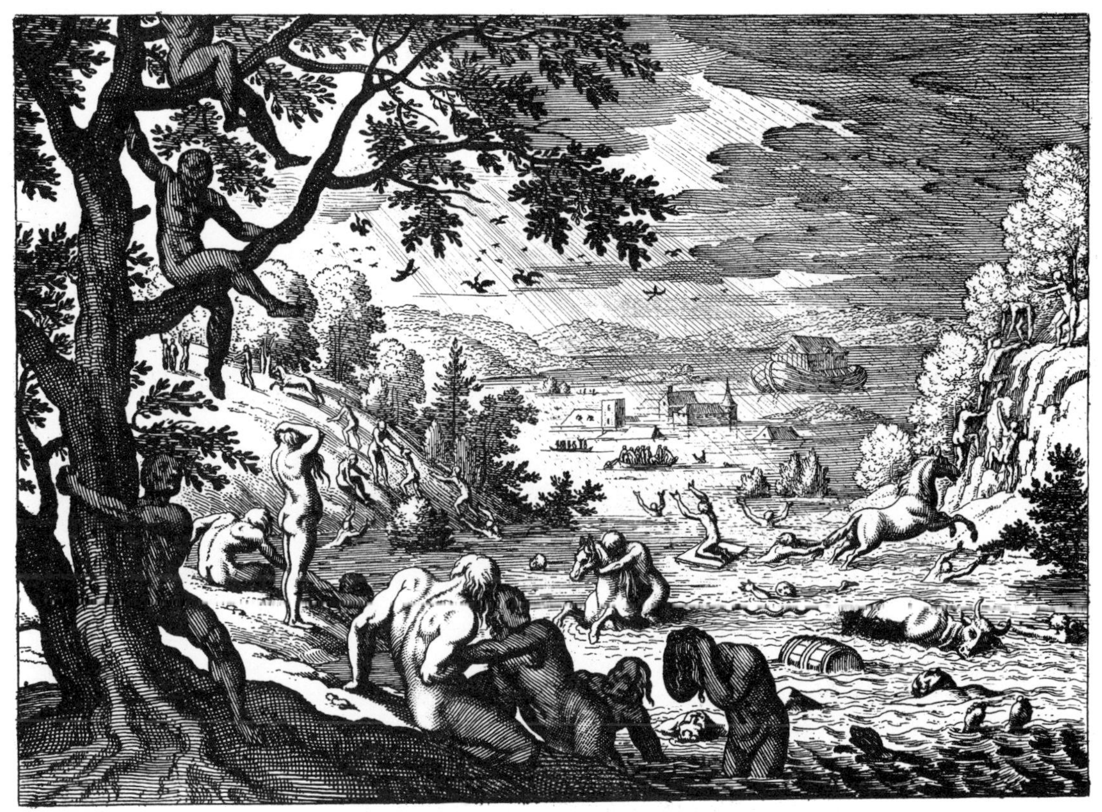

D 2 *Fœdus*

God's Angel is Beheld by All of Those That are Heathen

IX.

Fœdus Dei ſignis confirmatur.

Priſca redit facies Terræ refluentibus vndis,
Sidit in Armenis montibus Arca Noæ.
Iris teſtis erit vario depicta colore,
Quod non ſit Mundus poſt periturus aquis.

Der Bund Gottes wird mit Zeichen beſtetigt.

Die Waſſer laſſen nach/der Kaſten thut ſich nider
Auff die Berg Ararat/ Noah find Trucknen Grundt/
Ein Regenbogen ſcheint/ bezeuget Gottes Bund/
Durchs Waſſer er die Welt nicht woll verderben wider.

Noé bien cognoiſſant la retraicte des eaux,
Sortit hors de la Nef & tous les animaux:
Dieu lu[illegible] fait bon accord, promettant, qu' ille Monde
(L' A[illegible] au Ciel ſoit teſmoing) iamais perdra par onde. GENES. VI

The waters recede, the ark pulls ashore
The mountain Aarat bids dry land and more
A rainbow sparkles: Behold God's sign
He'll ne'er more destroy a world so fine.

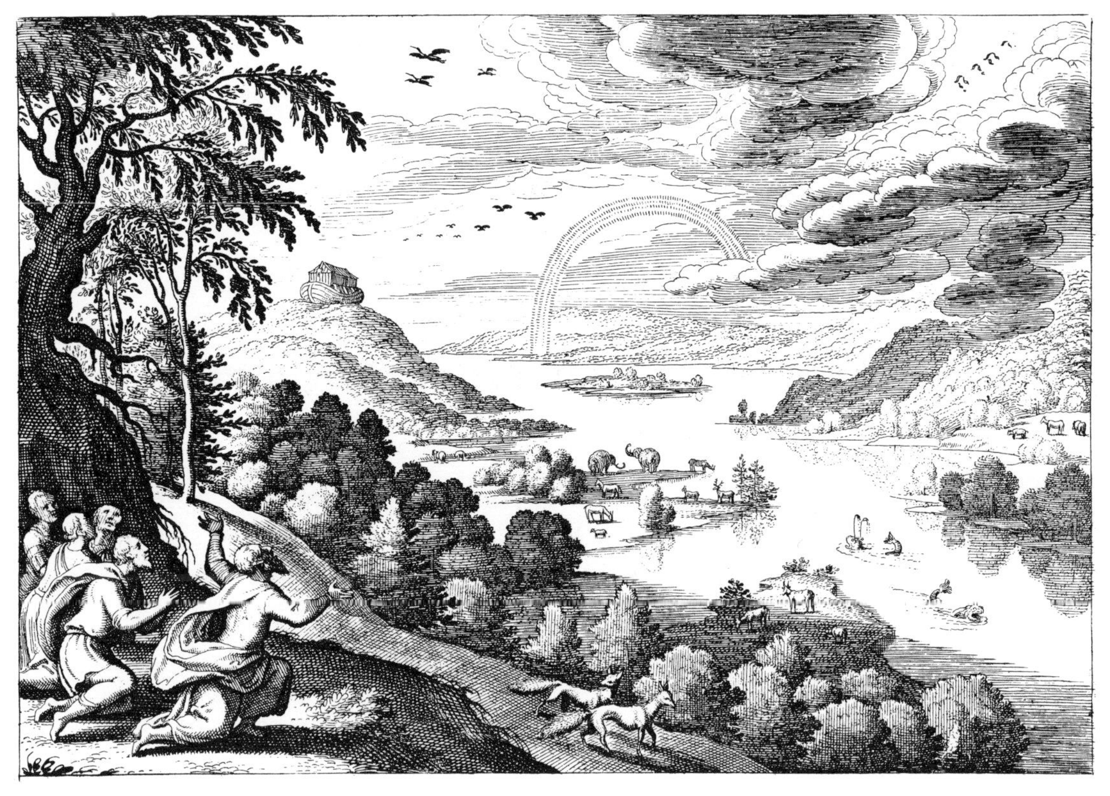

D 3 Irrisor

God's Bond is Symbolized in a Sign

X.

Irriſor Servituti addicitur.

Ebrius opprimitur ſomno Noa, degener illum
Cham videt & ridet, ſed maledictus abit:
Iapetus Semuſque tegunt genitale paternum,
Hinc pia poſteritas gens benedicta venit.

Vngerathene Kinder trifft der Vätter-liche Fluch.

Noah der gut Alt ſich mit Wein hatt vbernommen/
Schlieff bloß in dem Gezelt/ſein Sohn Cham jn Verlacht/
Drumb er zu rechtem Lohn den Fluch davon hat bracht/
Auff Sem vnd Japhet iſt deß Vatters Segen kommen.

Noé le bon Griſard vaincu d' yvrongnerie
Dort, ſe Deſnue trop, Cam rit par Mocquerie
Sem, Iaphet d' autrepart ſont de diſcretion,
Dont ſont beniz, mais Cam prend malediction. GENES I

Noah in old age rejoices in a vineyard
Sleeping in his tent, son Ham ridicules him
And is rightfully punished by Noah and cursed
Sons Shem and Japhet were lucky and did not fare worse.

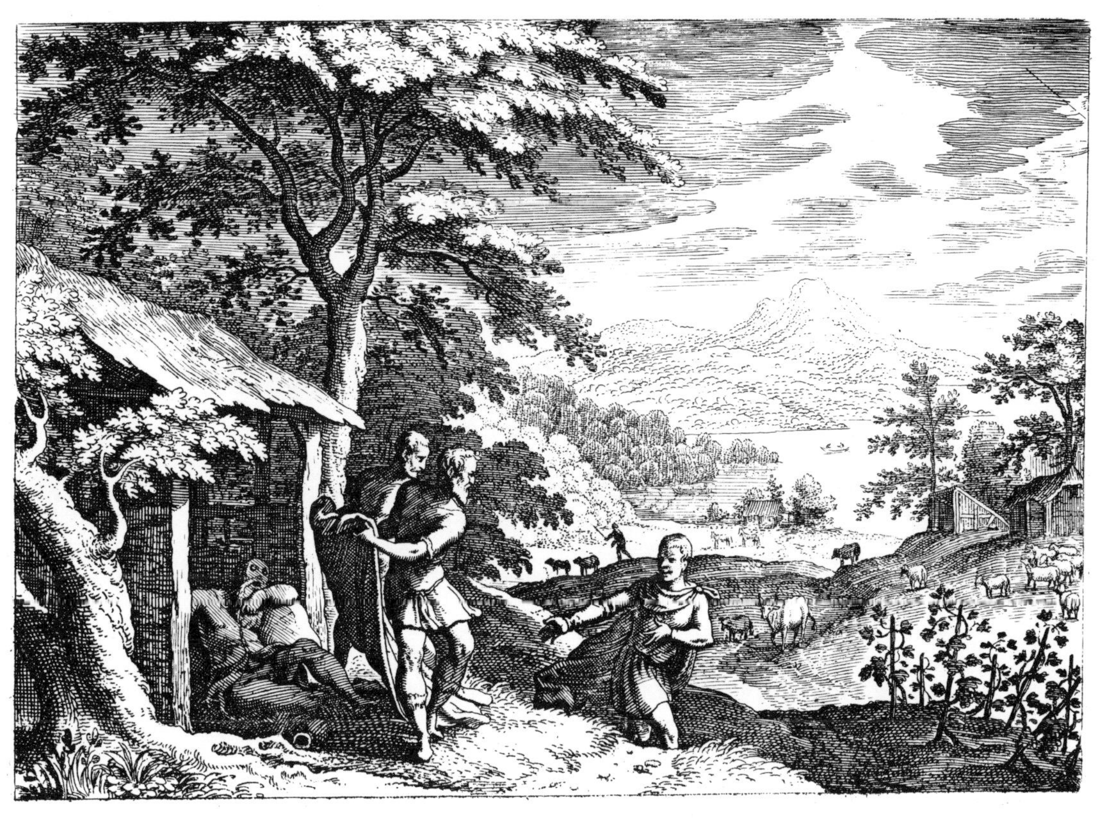

Deus

Unloyal Children Received Their Father's Curse

XI.

Deus alta humiliat.

Callida progenies vrbem Babylonis & altam,
Montis opus, Turrim ſtruxit, honoris amans.
Abnuit his Deus, & pro non mortalibus auſis
Confundit linguas, fabrica tota ruit.

Gott ſtürtzet allen Gewalt vnd Hochmuth.

Die Leuth vergleichen ſich ein Hohen Thurn zu Bawen
Sampt der Statt Babylon/Gott ſie nicht wolten Trawen/
Der hierob wird Entrüſt/Verwirzt der Menſchen Sprach/
Bald geht der Baw zu grund/diß war ein billig Raach.

Les gens dreſſent la Tour de Babel merve illeuſe,
Mais l' Eternel deſtruict par la confuſion
Des langues leur deſſein tout plein d' ambition
Dieu ſçait bien empeſcher l' entreprinſe orgueilleuſe. GENES. X

The people they built themselves the Tower of Babel
In God's Word all one they did not trust
He enangered by this silly action, mixed their tongues
The tower fell, they screamed and raged with full lungs.

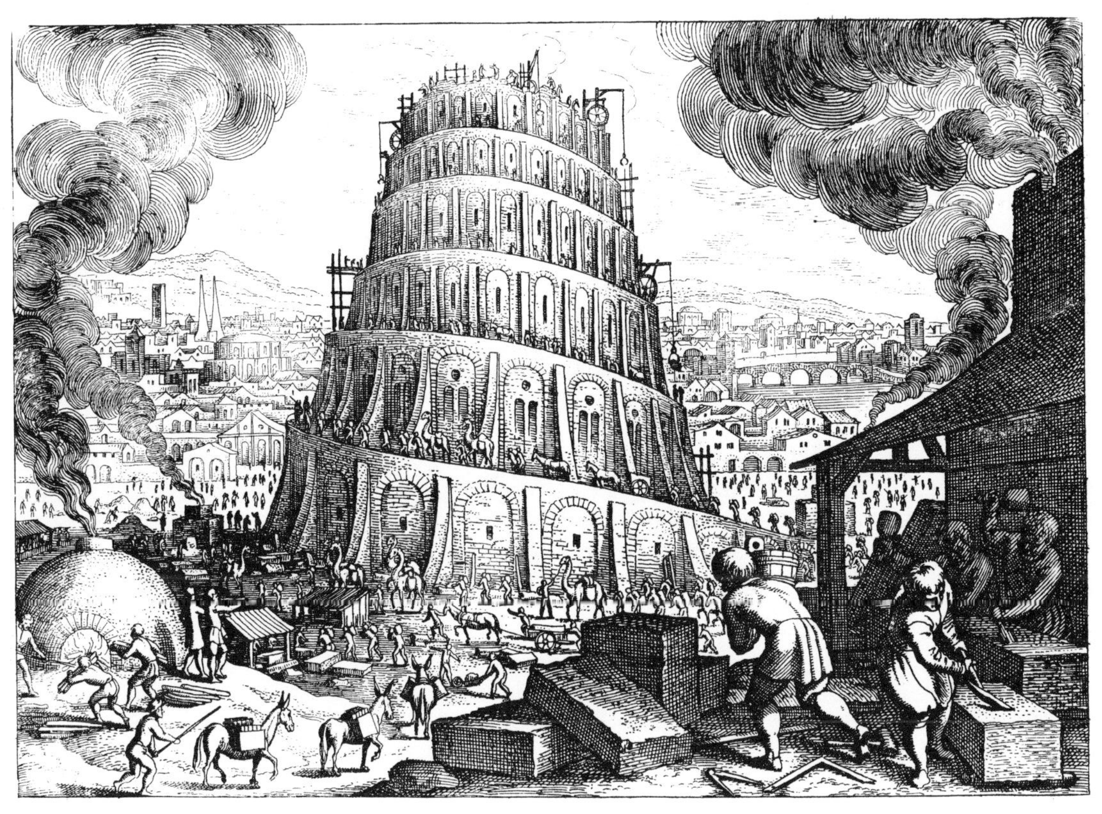

E Quo fa-

God Condemns All Power and Vanity

XII.

Quo fata vocant, parendum.

Deseruit Charrasque suas, priscosq; penates,
 Aruaque, fidus Abram, mox Chananæa petit,
Vxorem famulosque trahens, Lothumque nepotem.
 Iussa Dei patria stant potiore loco.

Wohin dich Gott berufft/ da Folge.

Auff deß Herzen Befehl muß Abraham verlassen
 Sein Freund vnd Vatterland/ sich geben vff die Strassen/
Sein Weib/ Nahrung vnd Vieh/ sein Vettern Loth mit nimbt/
 Gott im Land Chanaan ihm ein Wohnung bestimbt.

Au mandement de Dieu, laissant son Parentage
 Abraham se despart de son pays d Haran,
Et luy & sa famille entrent en Canaan
 Dieu par prosperité le guide en son voyage.

Genes. XI

Abraham follows God's command to leave his land
 Friends and family stay behind
Just his wife, food and his brother's son, Lot,
 He took to Chanaan, their new home that God had wrought.

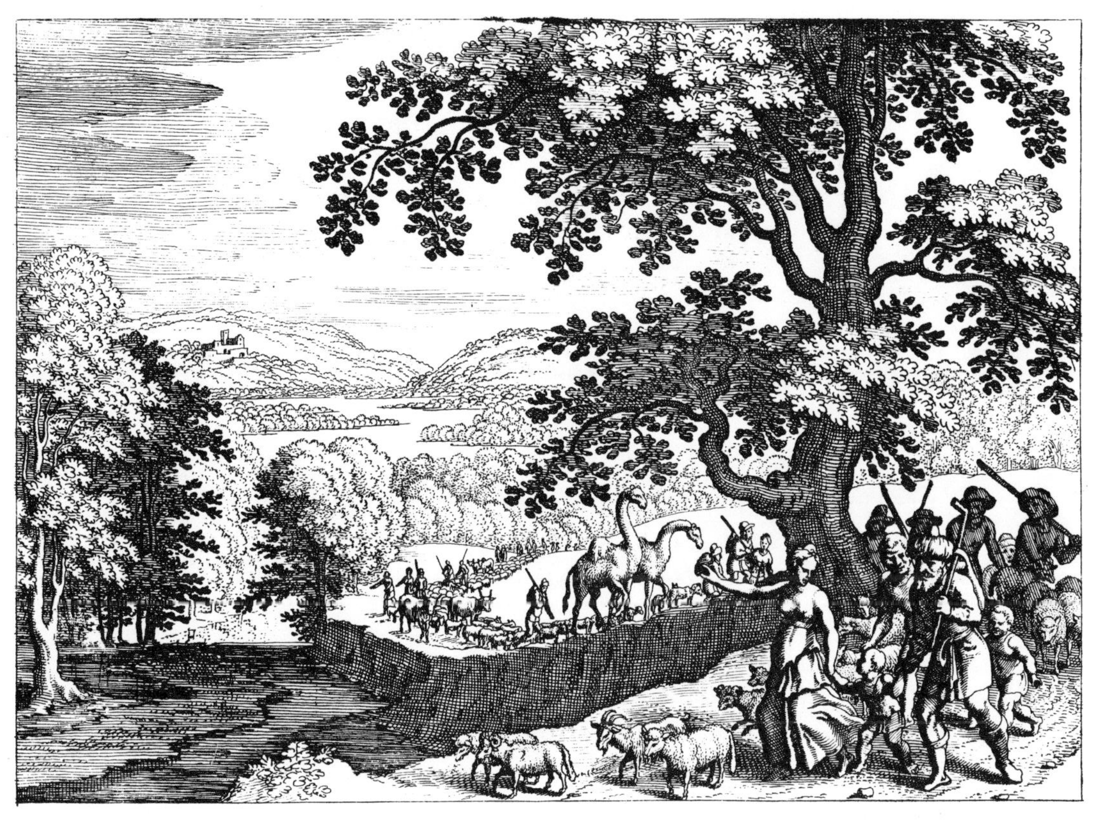

E 2 *Typus*

Follow the Lord for He is Thy Shepherd

XIII.

Typus ſacerdotii & benedictionis Chriſti.

Victor ab hoſte fero ſpoliis oneratus opimis,
Cumque nepote redit feſſus, anhelus, Abram.
Melchiſedec cui vina cadis paneſque caniſtris
Obtulit, hinc decimas primus in orbe capit.

Vorbild der Perſon/Prieſterthumbs vnd Segens in Chriſto.

Abraham kompt zu Hauß nach wolerlangtem Sieg/
Als er geſchlagen hatt vier König Groß im Krieg.
Melchiſedech tregt auff Wein vnd Brodt für die Leuth/
Den Zehend er bekompt von der ſo Reichen Beut.

Retournant Abraham de iournée & bataille
Des Roys, Melchiſedec à l' en contre luy aille,
Preſentant pain & vin & benediction
Auquel donna le diſme en iuſte portion.

GENES. XIV

Returning from the battlefield
Where he has slain four kings
Abraham walks proudly in his victor's glory
Melchi Fedec beside him with rations and the story.

GENES. XIV. 37

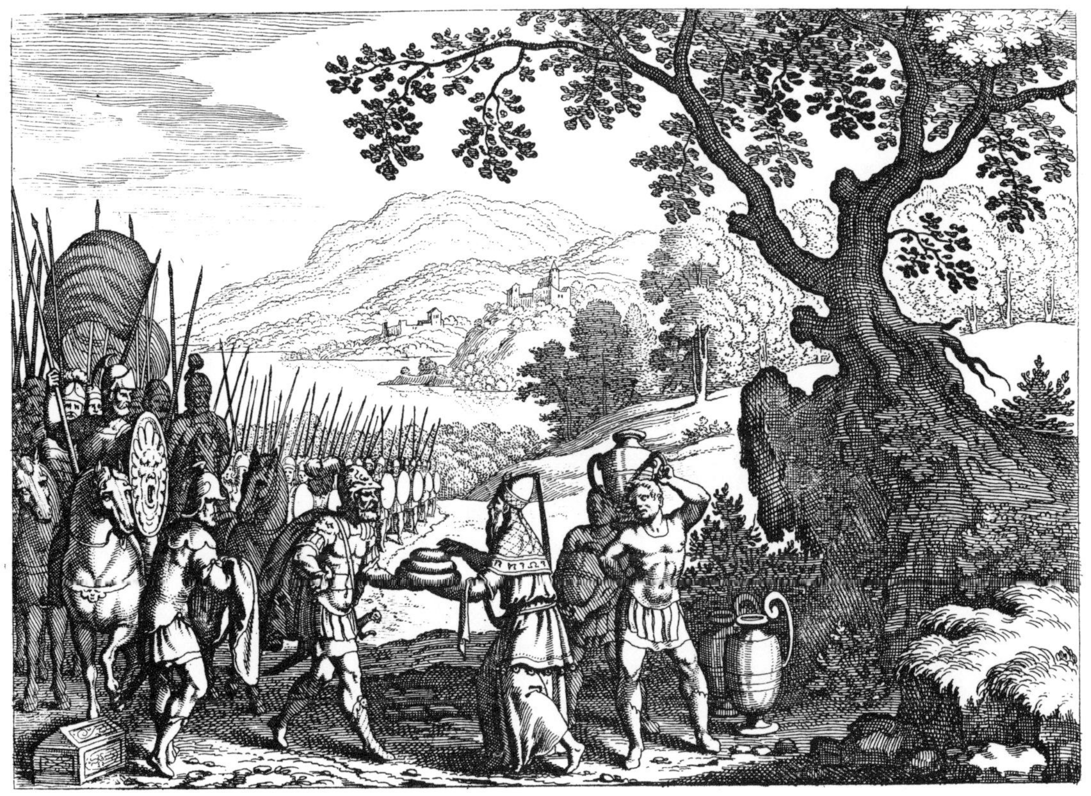

E 3 *Credidit*

Precedent for the Priesthood and Blessings of Christ

XIV.

Credidit, & imputatum est ei ad Iustitiam.

Frigus Abram captans, Phœbo flagrante, sub vmbra
Humana specie sentit adesse Deum.
Excipit hospitio, dapibus mensasque coronat,
Spondetur vetulis mascula progenies.

Der Glaube hoffet da nichts zu hoffen ist.

In Grosser Tages Hitz sich Abraham Erquicket/
Drey Mann nahen zu jhm / so bald er die erblicket/
Nimbt er sie an/tregt auff/ sie Freundlich Trencket vnd Speist/
Im Hohen Alter sein Gott jhm ein Sohn verheist.

En la Chaleur du iour Abraham se refresche,
Trois personnages vid, donc pour les receuoir
S' amuse, & bien traicter selon tout son pouvoir:
Pour ce bien faict reçoit d' Isaac la promesse.

GENES. XVII

Abraham sat quenching his thirst in the sunlight
When three men approached him
These he waited on with great joy —
The tidings were he could expect a boy.

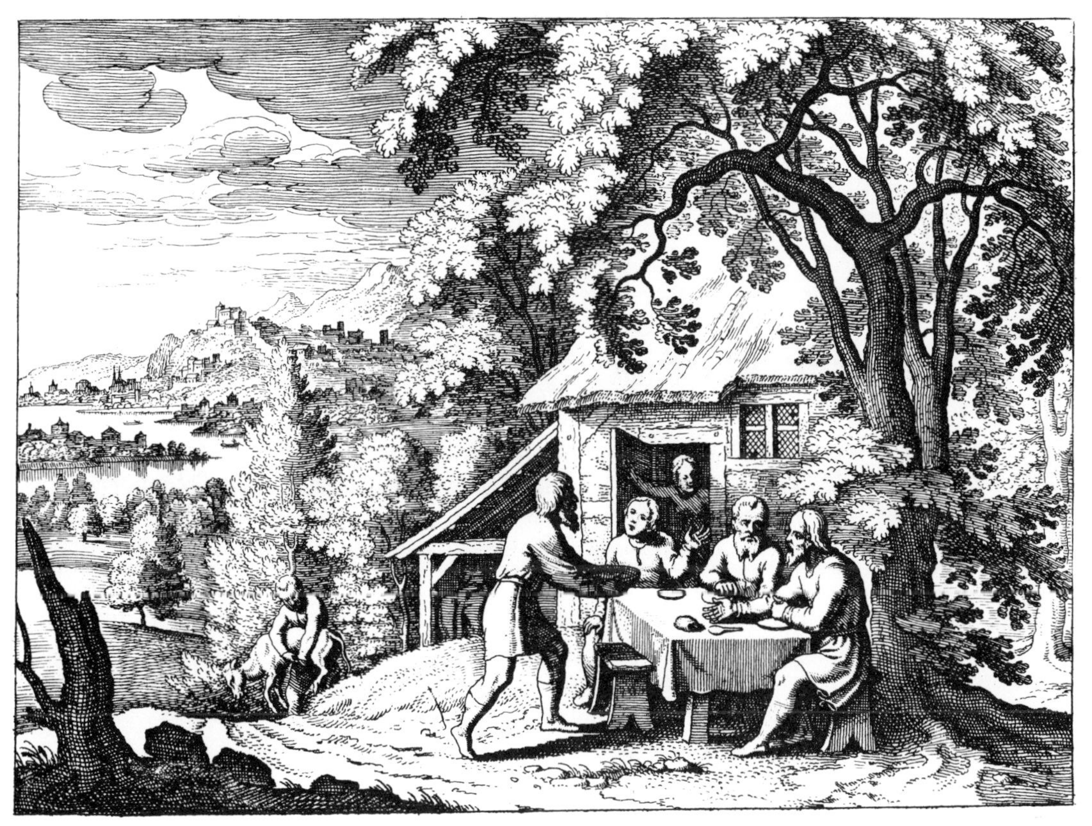

Triste

Belief in God Strengthens, Even When There is No Cause for Hope

XV.

Triſte exemplum imbecillitatis humanæ.

Turbine ſulphureo dum regna nefanda Gomorrhæ
  Et piceo fumans imbre Sodoma ruit:
Loth fugit exitium, ſed non melioribus vſtus
  Ignibus, heu! natas comprimit ipſe ſuas.

Schröcklich Exempel Menſchlicher Schwachheit.

Sodom vnd noch drey Stätt mit Fewer Gott verzehret/
  Wegen Grewlicher Sünd/das gantz Land wird Verheeret/
Loth kompt allein dauon / in ſchweren Fall gereht/
  Blutſchand durch Trunckenheit mit ſein Töchtern begeht.

L' Eternel fait pleuuoir ſoulfre & feu ſur Sodome
  Et les villes du plain, Loths' en fuit en vn creux
Ses filles y comprint par vn forfaict honteux
  Eſtant vaincu du vin le miſerable homme. GENES. XI

Three towns and Sodom did the fire burn
  For the whole country had they purged with their sins
Lot and his family all one were saved,
  Because incest and alcohol they had not craved.

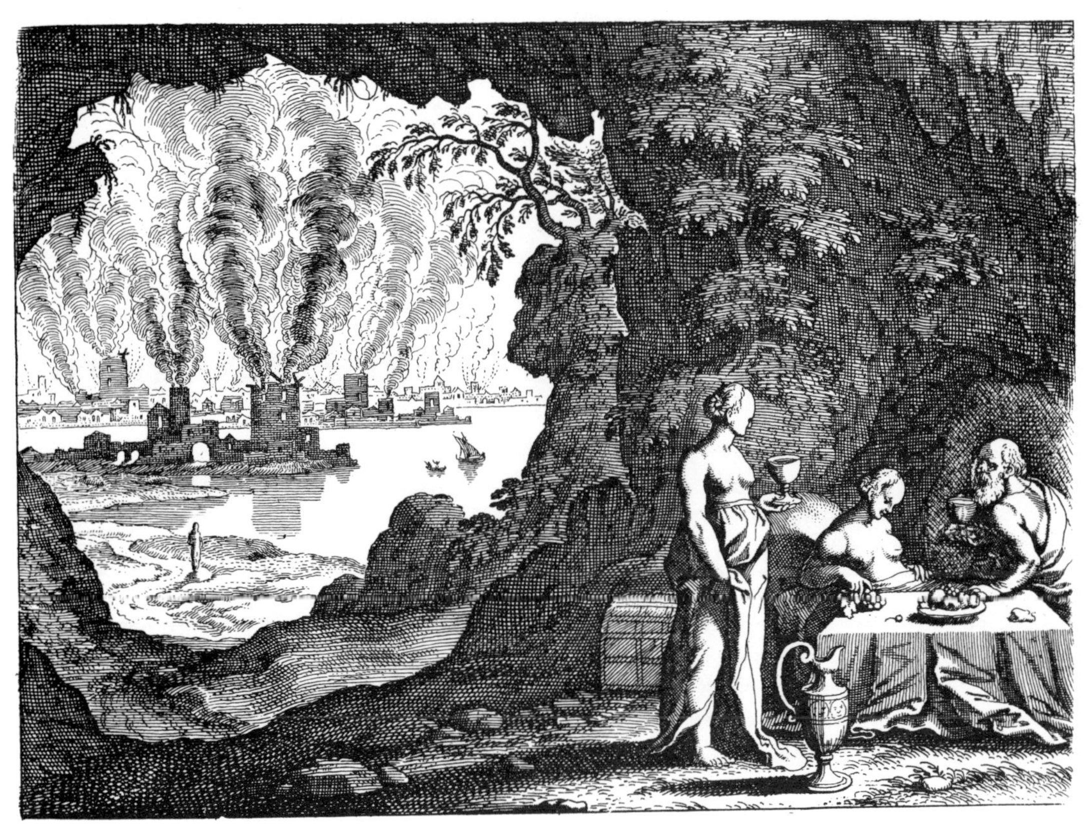

F Cedat

Temple of Mortal Weakness

XVI.

Cedat ſerua Dominæ, Lex Gratiæ.

Iſmael ingenioque ferox, irriſor & effrons
Eiicitur, puerum pulſa trahebat Agar,
Sola per obſcuras plorat miſerabile ſyluas,
A Genio pueri iuſſa leuare ſitim.

Das Geſetz muß dem Evangelio der Gnaden weichen.

Der Spötter Iſmael wird mit Agar Veriaget
In die Wild Wůſteney/ der Durſt das Kind hart Plaget/
Sie wirfft den Knaben hin/ ſein Todt nicht ſehen kan/
Der Engel trőſtet ſie/ zeigt jhr ein Brunnquell an.

Iſmael le Mocqueur par Abraham ſon pere
Mis en exil, allant avec Agar ſa mere,
En de faillant de l' eau, du ſoif grand tort ſupporte
Mais vn ange de Dieu les ſoulage & conforte.

GENES. XX

Tsmall, the laughing sinner, is exiled with his mother, Agar;
The desert's dryness doth thirsty him make
Agar deserts him, watching his death be too painful
An angel takes pity, quenches her thirst and is helpful.

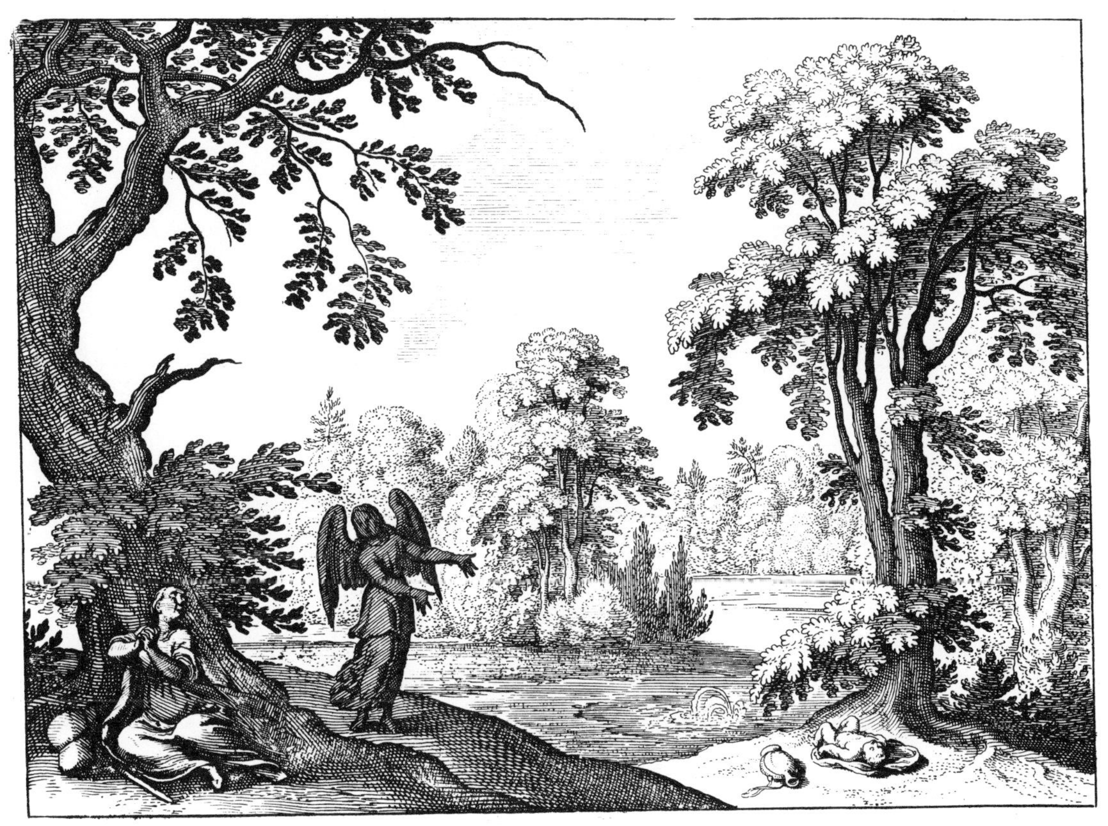

F 2 *Firmus*

The Law Must Abide the Evangelist

XVII.

Firmus erat in fide promissorum Dei.

Vt probet obſequium Dominus, natum immolet ipſe
Mandat Abram, vnde ſibi mox holocauſta ferat.
Arripit hinc cultrum ſenior jugulare paratus
Mox puerum, certum nam facit alma Fides.

Er wuſt auffs allergewiſſeſt/daß was Gott verheiſſet kan er auch Thun.

Gott verſucht Abraham/heiſt ſein Sohn Iſac Tödten
Der die Verheiſſung hatt/ der Alt war da in Nöhten/
Doch zweiffelt er gar nicht/ ergreifft das Meſſer baldt/
Den Jüngling Schechen will. Diß iſt deß Glaubens Gſtalt:

DIEV pour prouver le coeur d' Abram fait ordonnance
Son propre fils tuer pour l' offrir ſacrifice.
Le pere des Fideles par grande obeiſſance
Commence à accomplir. La Foy eſt la Iuſtice. GENES. XXI

The Lord bids Abraham to kill his son
Knowing this be the greatest sacrifice
Trusting Abraham wager does not
Was ready to stab, and was graciously stopped.

GENES. XXII. 45

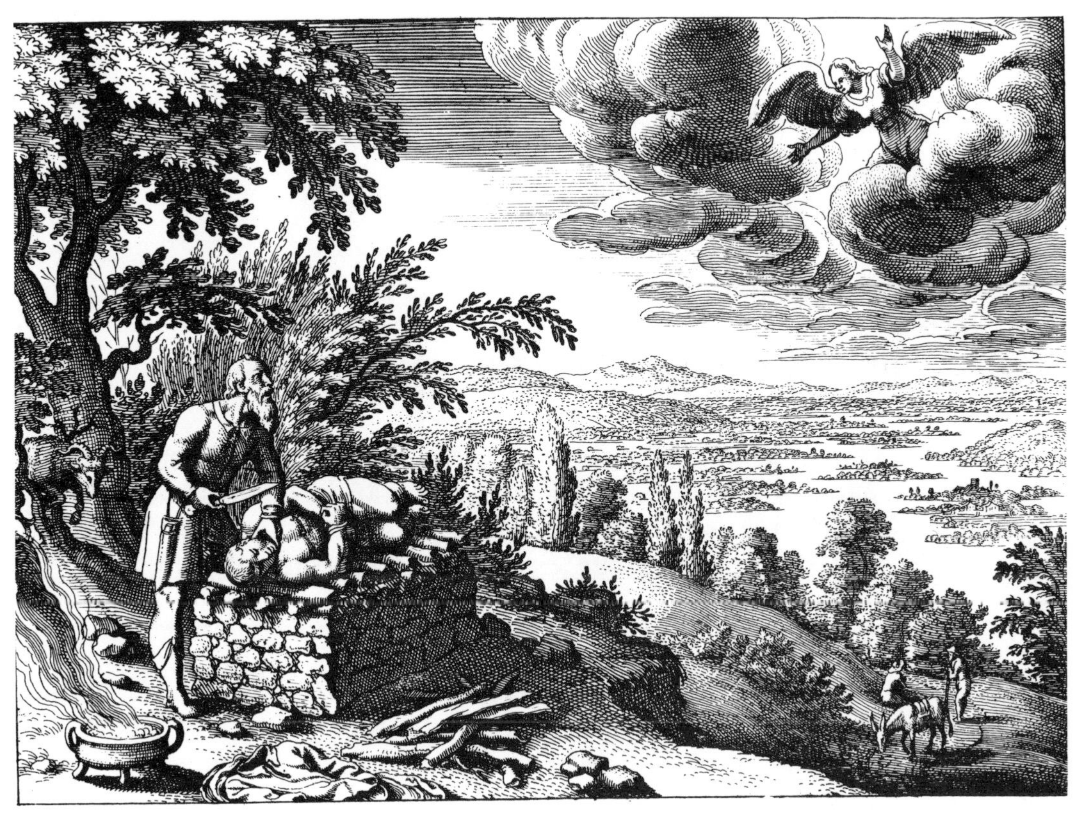

F 3 Virtuosa

God Commands and We Follow

XVIII.

Virtuosa vxor est à Domino.

Pulchra peregrinis gelido de fonte Rebecca
Haurit aquam, sortis nescia virgo suæ.
Accipit Isaci pretiosas nomine gemmas,
Cui petitur coniux grata futura viro.

Ein Fromm Weib kompt vom Herren.

Rebecca Wasser Schöpft die Frembden Leut zu Ehren/
Auß dem Brunnen Nahor den Knecht Abrahams trenckt/
Der ihr für solchen Dienst viel Schöne Kleinod schenckt/
Wirbt sie hernach zur Braut für Isac seinen Herren.

Tirant du puits de l' eau Rebecca tant aimable
Pour le serf d' Abraham reçoit de luy Ioyaux
Aunom de son Isaac, d' or & gemmes tresbeaux,
Qui puis apres la print pour sa femme agreable. GENES. XXI

Rebecca fills her buckets to quench the people
One day her fountain cools a servant of Abraham
He in return presses upon her many presents
Courts her for his lord, Trac, being a trusty servant.

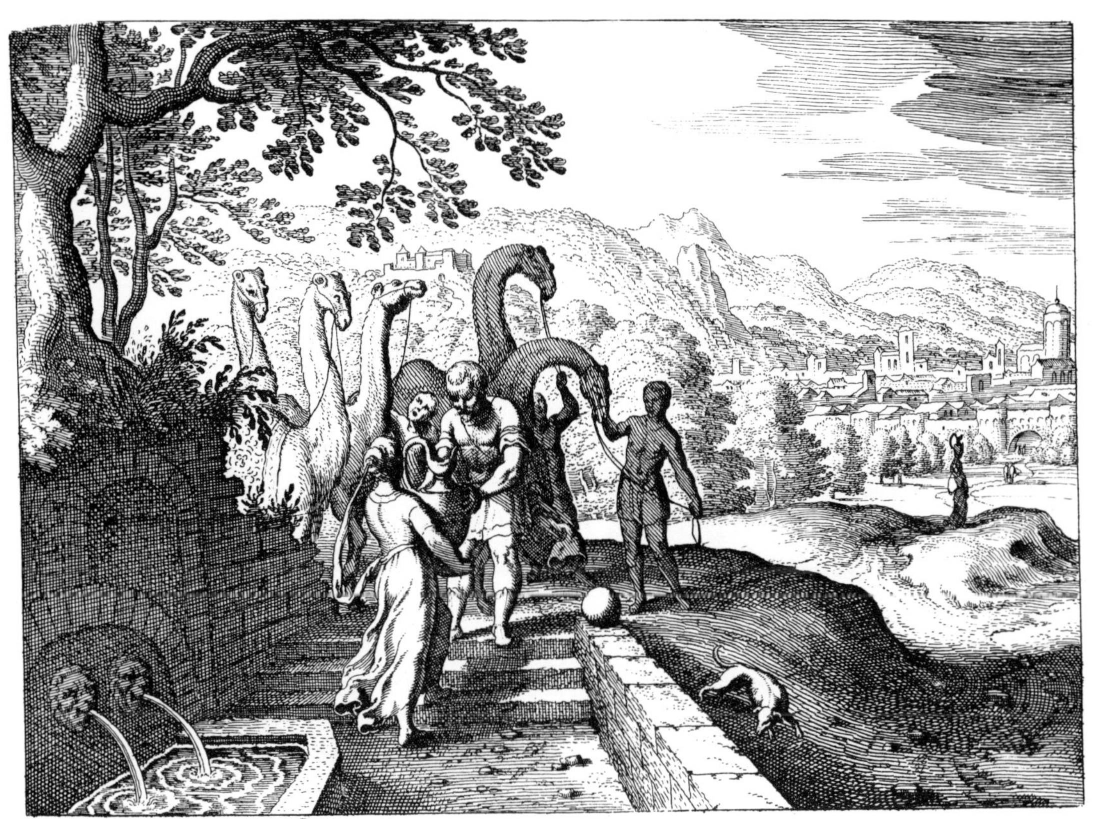

Via uni-

A Pious Wife is Heart Sent

XIX.

Via vniuerſæ carnis.

Abramus vitæque ſatur feſſusque laborum
Oppetit, & longa membra quiete leuat.
Contumulant nati Venerabilis oſſa parentis,
Hic vbi ſub quercu ſtat geminata ſpecus.

Aller Glaubigen Vatter Begraben.

Der gut fromm Abraham Müd von Alter vnd Jahren
Stirbt/ vnd verſamlet ſich zu ſein Lieben Vorfahren/
Bey ſein Haußfraw wird er durch ſeine Söhn beſtatt/
In die zwiefache Höl dort bey Hebron der Statt.

Quand Abraham le Vieil defaillit la nature
Par diſpoſition il met ordre à ſes biens
Et mourut bien content entre les mains des ſiens
Ses filz mirent le corps en creux a ſepulture.

GENES. XX

And it came to be that Abraham was tired
And gave up his ghost to be with his forebearer
Both his wife and his sons did bury him
For although it was sad he had come to peace deep within.

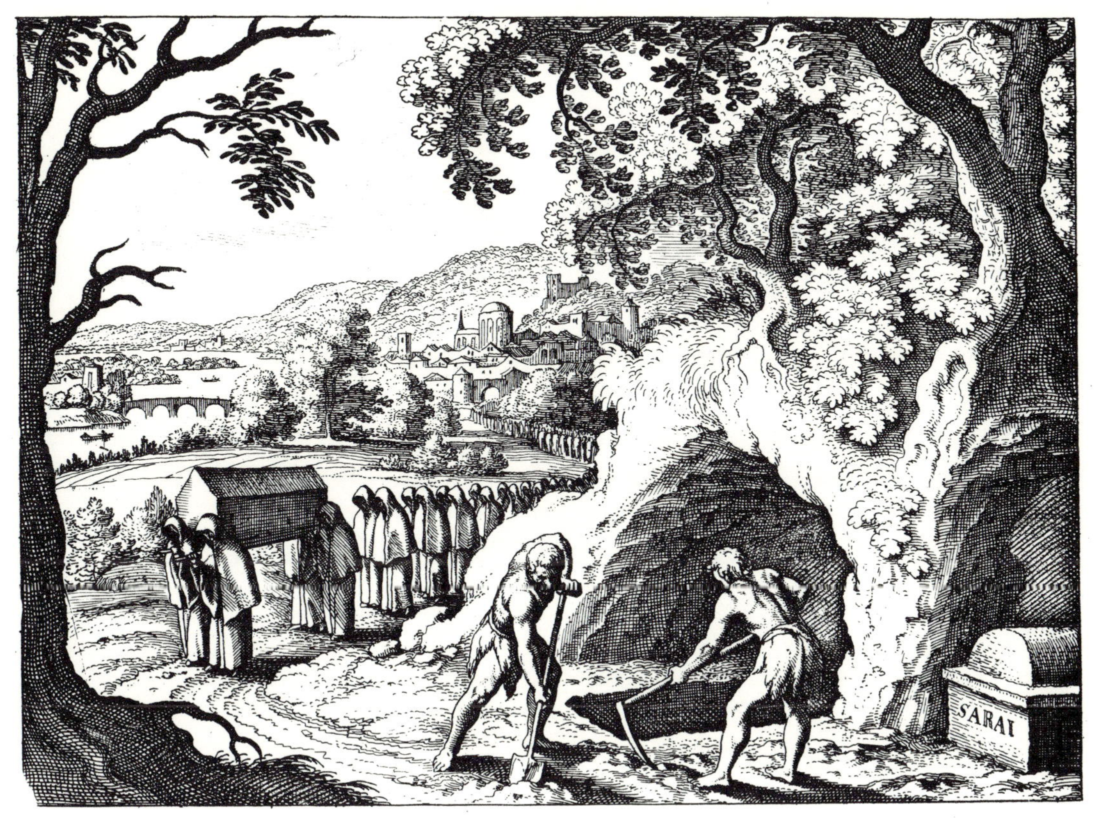

G Typus re-

Father Abraham is Buried

XX.

Typus reiicientium gratiam Dei.

En geminos fratres multum diuersa sequentes,
  Nam minor ad pecudes, maior ad arma valet.
Venatu rediens rufo pro iure Iacobo
  Trux primum-geniti iura resignat Esau.

Vorbild deren die Gottes gnad verwerffen.

Zwen Zwillings Brüder sind so gar vngleicher sinnen/
  Jacob Kocht ein Roth muß/dessen Esau jnnen/
Hungerig vnd Müth/ daß er sein Erstgeburt vernicht/
  Seim Bruder die Verkaufft vmb ein Linsengericht.

Les deux freres gemeaux en grande difference,
  L' vn chasseur & guerrier, l' autre vn berger petit.
Esau vendit son-droict à malreiglé appetit.
  Vaillance fait point tout, plus vault l' Intelligence.

GENES. XX

The two twin brothers hated each other
  To deceive did Jacob his father, and stole
His first born brother's blessing
  Which Esau sold him for lentils and dressing.

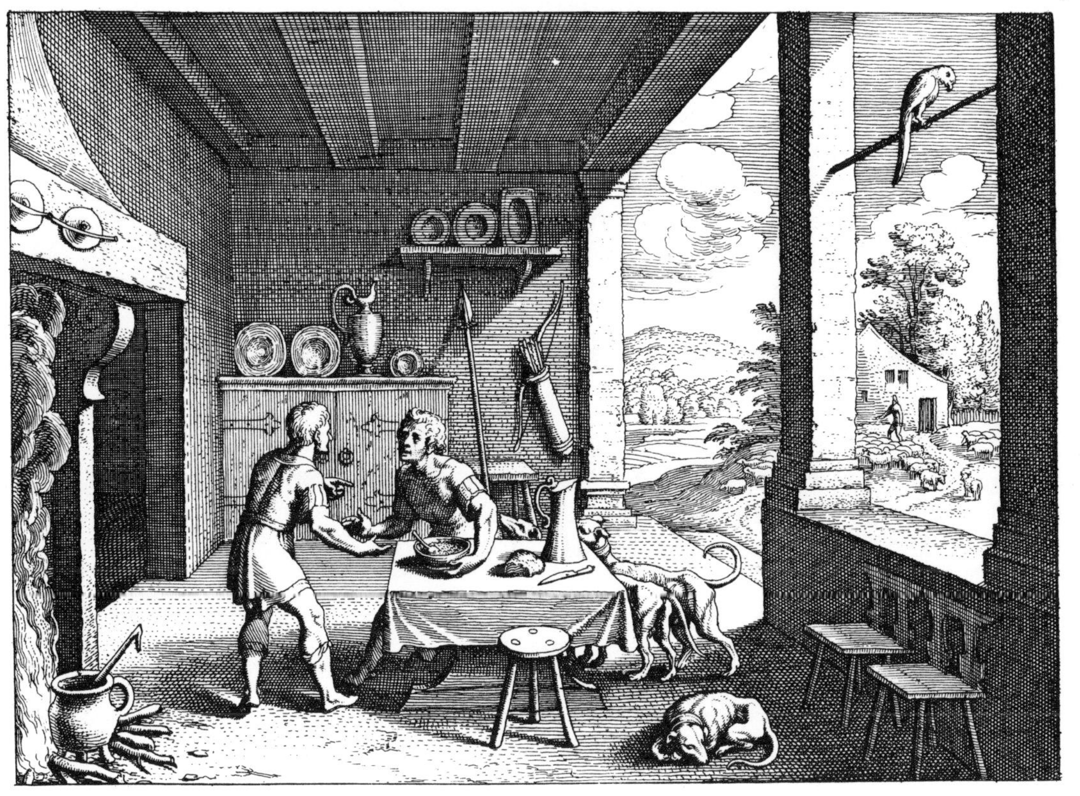

Precedent for Those Who Don't Abide God's Laws

XXI.

Sic primi erunt novißimi.

Decipit Abramiden oculis caligine captis,
Dum fratrem ſimulat matre iubente Iacob:
Anticipat benedicta patris. Redit alter ab aruo
Fraudibus illacrymans, ſed rata dicta manent.

Die erſten werden die letzten/vnd die letzten die erſten.

Durch Lügen vnd Betrug erlangt Jacob den Segen/
Weil Eſau vff der Jagt ein Wild wolt niderlegen.
Er findt ſich vbereylt/Weint/vnd wird ſehr entrüſt/
Aber es war zu Spath/das vrſacht Weiber liſt.

Par ſimulation trompant l' aveugle pere
Iacob obeiſſant au conſeil de ſa mere,
Rauit tout finement la benediction,
Donc Eſauſe marrit de la deception.

GENES. XXVI

While Esau was hunting, Jacob was blessed
His older brother in absence knew not of it yet
Upon his return he was sad and depressed
For it was but too late, his father was't rest.

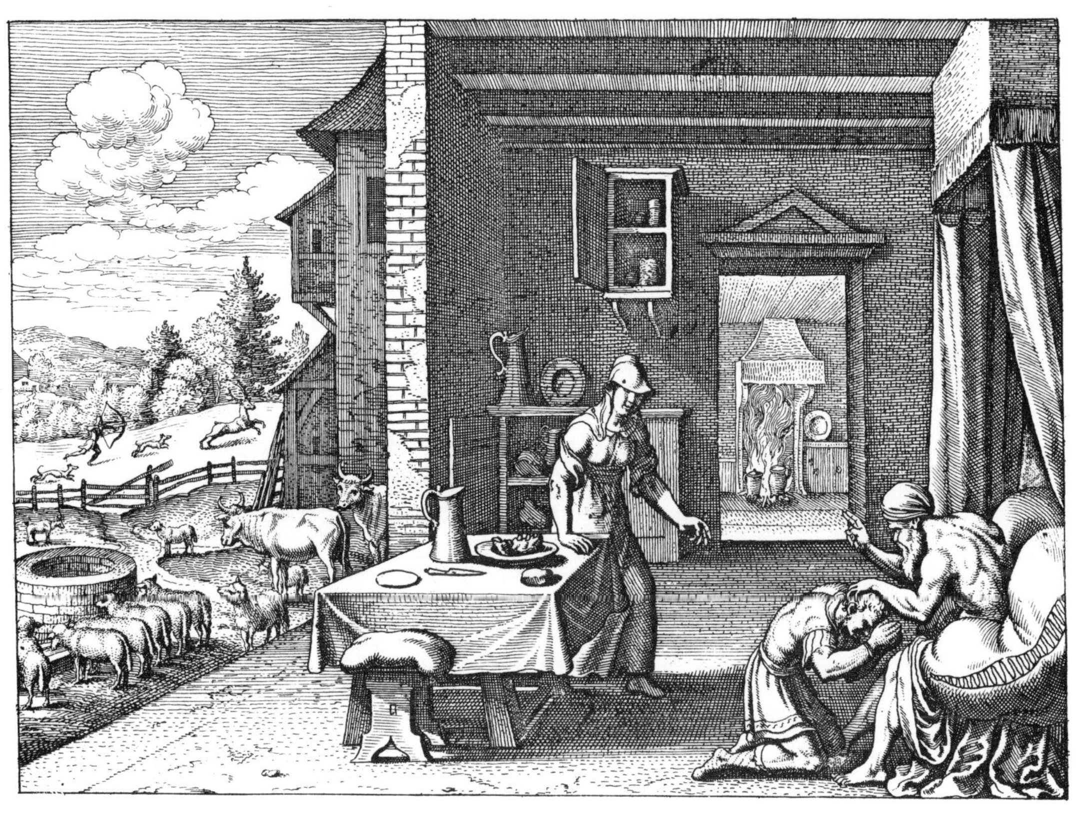

G 3 *Typus in*

The First Be the Last, and the Last Be the First

XXII.

Typus incarnationis Dominicæ.

Insidias fratrisque minas procul inde Iacobus
Effugit, & visum suaue viator habet:
Cœlestes Genios descendere cernit Olympo,
Nuncupat hinc votum rite, Beth-elque vocat.

Christus die Thür vnd Leitter zum Himmel.

Jacob sein Bruder förcht / will seinem zorn entweichen/
Ein Leitter jhm erscheint in Himmel auffgericht
Die Engel er darauff vff vnd ab steigen sicht/
Christi zukunfft im Fleisch bedeut diß Geistlich Zeichen.

Iacob s' enfuit craintif en Mesopotamie,
Void vn mysterieux & vision tres belle,
Les beaux Anges montans aux cieux par vne eschelle,
Les autres descendans, qui le Christ significe.

GENES. XXVI

Jacob is fleeing from his brother's wrath
When to him appears a holy ladder
The angels up and down it climb
Christ is coming predicts this sign.

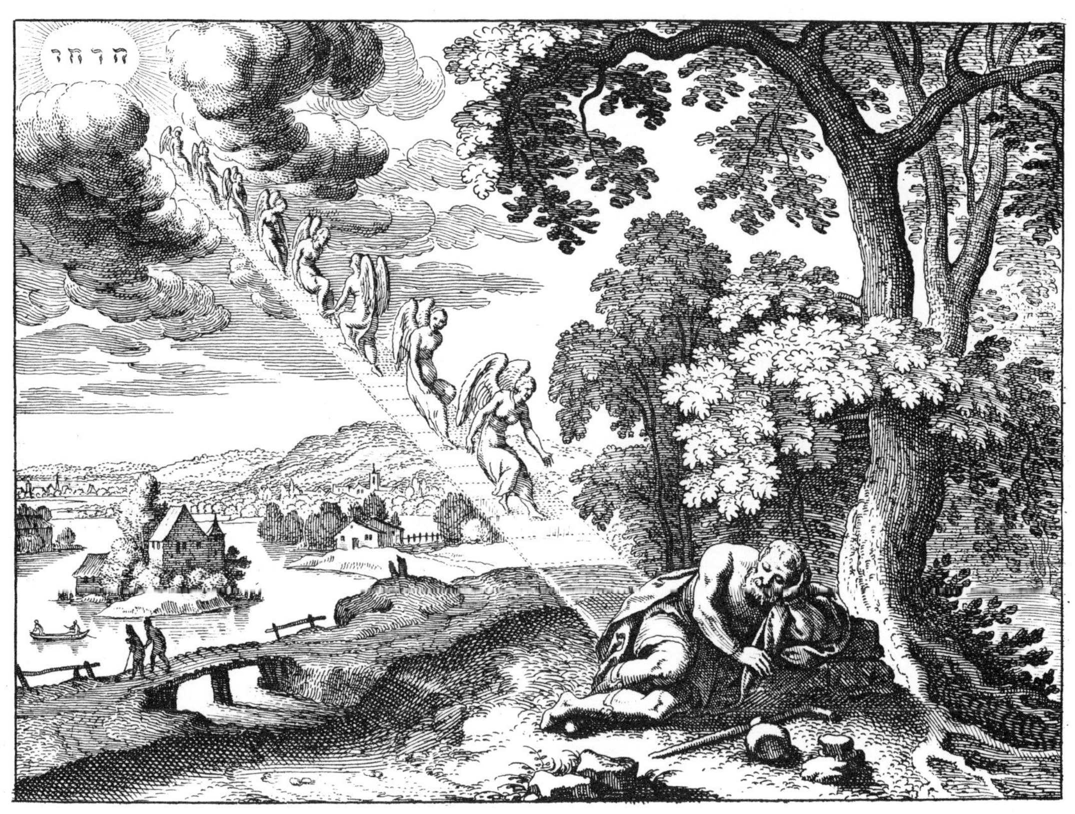

Deus au-

Christ is the Door and the Ladder to the Heavens

XXIII.

Deus author matrimoniorum inter pios.

Iſacides venit ad Charras, ſaxumque reuellit
De puteo, vt pecudes potum agat vſta Rachel.
Audit, & hunc lacrymis aſſumit Auunculus ortis
In generum, & natam iungit vtramque viro.

Verſehene Ehe iſt vnerwehrt.

Jacob gen Haran zeucht/ da er den Brunn entdecket/
Rachel ſein Bäßlein komt die Frewt bey jhm erwecket/
Sie trencket jhre Schaaff/ zeigt ſolchs dem Vatter an/
Der thut Jacob viel guts/ macht jhn zum Tochterman.

Le bon fils d' Abraham ſurvient faiſant voyage,
Quand Rachelles brebis menoit à l' abruvoir,
Iacob ouvrit le puits: & fait ſi bon deuoir,
Deux filles de Laban qu' il print en mariage. GENES. XXI.

Jacob sets forth toward Haram and
There discovers a fountain from which
Rachel is quenching her sheep, rather than go farther
Jacob weds her and becomes a father.

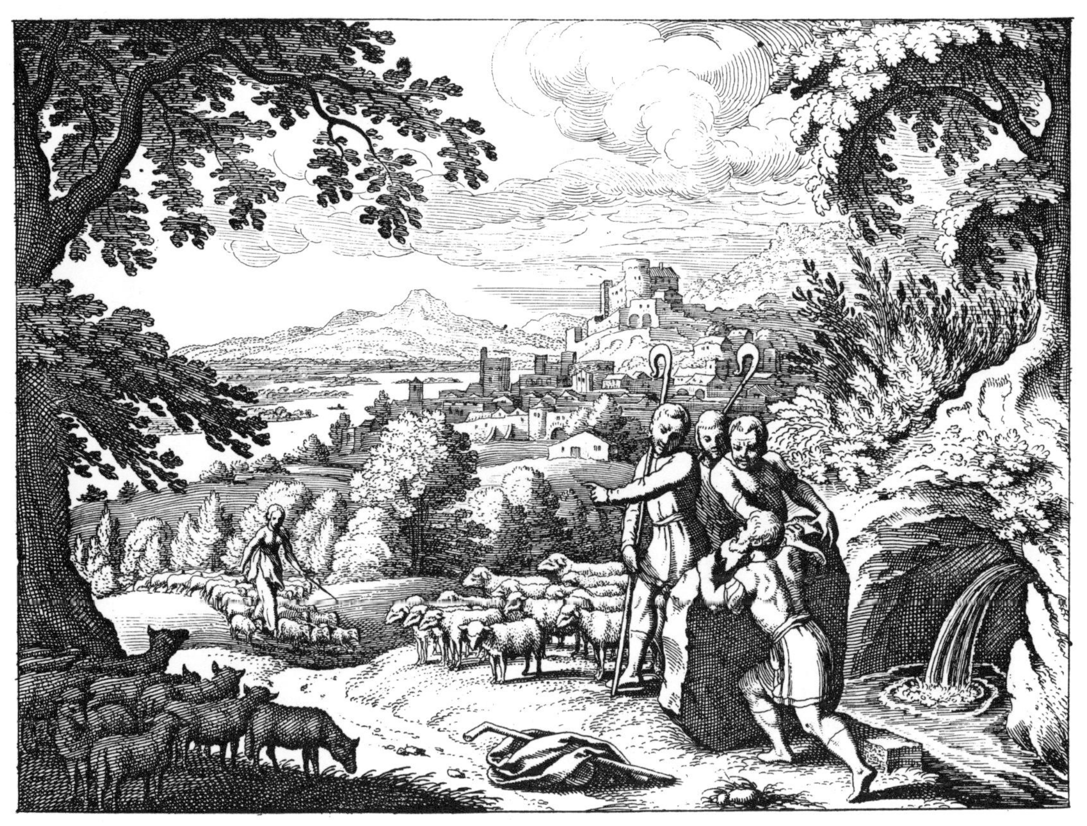

H Piis cum

Mistaken Marriage is Nullified

XXIV.

Piis cum Deo & hominibus luctandum.

Nec Soceri & Generi manſit concordia conſtans:
  Queſtus enim repetit regna paterna Iacob.
Luctatur de nocte Deo congreſſus, abitque
  Victor, ob hoc nomen Iſrael ille gerit.

Die Frommen haben mit Gott vnd Menſchen zu kempffen.

Laban ward Jacob gram/ verendert jhm den Lohn/
  Der nimbt ſein Weib vnd Kind/ ſein Vieh vnd zeucht dauon.
Da tröſtet jhn der Herr/ ſo deß Nachts mit jhm ringt/
  Den Nagmen Iſrael zum Sieg er dauon bringt.

Le Gendre & le beau Pere entre eux ſont en diſcord,
  Iacob en ſon pays retourne bien-heureux,
Puis luictant avec DIEV deuient victorieux,
  Son nom luy eſt changé en Iſrael le fort.

GENES. XXX

Laban fights with Jacob, denies his payment
  He in turn takes wife, child, animals and leaveth
Although the comfort God sends to his heart is real
  He knows he may take the name Israel.

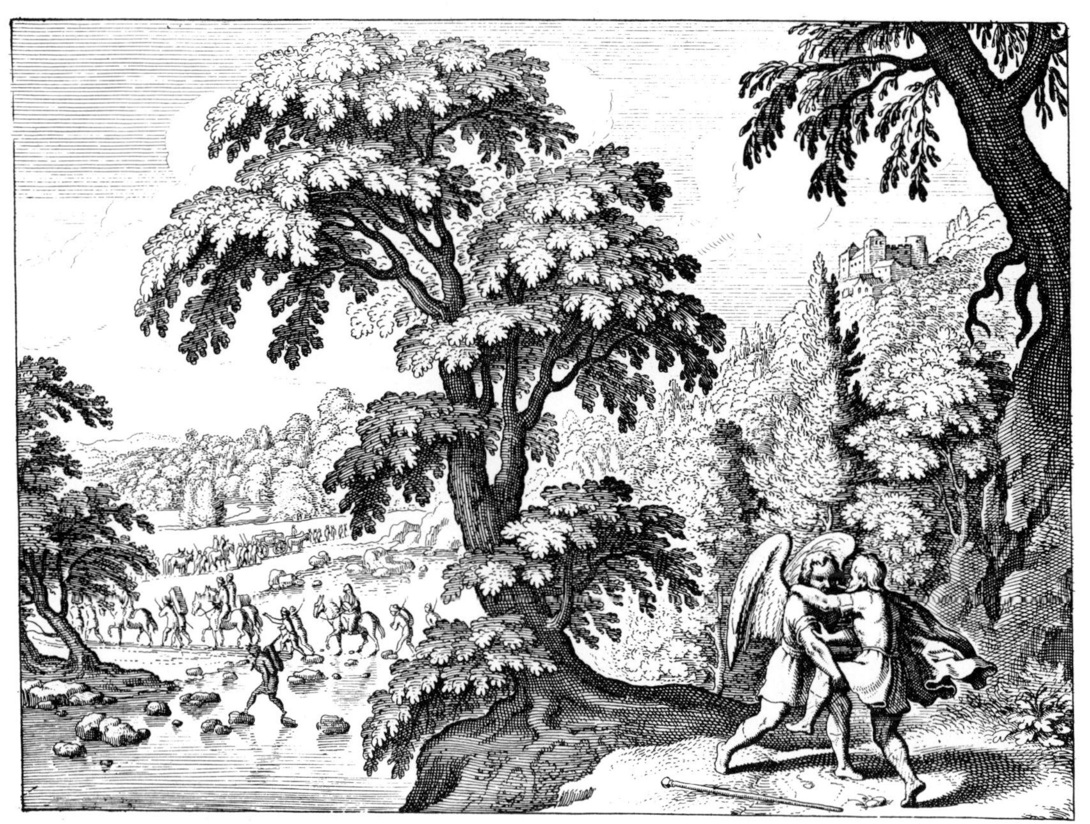

H 2 Cor ho-

Believers Put to the Test

XXV.

Cor hominis eſt in manu DEI.

Territus Occurſu fratris trepidabat Eſaui,
Munere quem miſſo conciliare ſtudet:
Nulla metus cauſſa eſt, frater fratrem excipit arcto
Amplexu, & timido baſia multa tulit.

Gott kan die Feind zu Freunden machen.

Eſau begegnet jhm mit vierhundert Soldaten/
Darab Jacob der fromm in groß ſchrecken gerahten/
Doch dorfft es keiner Forcht/dann Brüderliche Lieb
Eſau zu einem Kuß vnd Bittern Tränen trieb.

Iacob craignant ſon frere Eſau, pour l' appaiſer
Luy en voya preſens, brebis, boues, & chameaux
Cheuvres avec moutons, poulains, vaches, taureaux.
Mais l' amour fraternel les fait entre-baiſer.

GENES. XXX

Esau makes preparations to march on his
Brother with 400 soldiers
Jacob knowing this, prays in terror. He need not have feared
Esau sees him, and kisses him like the good boy he was reared.

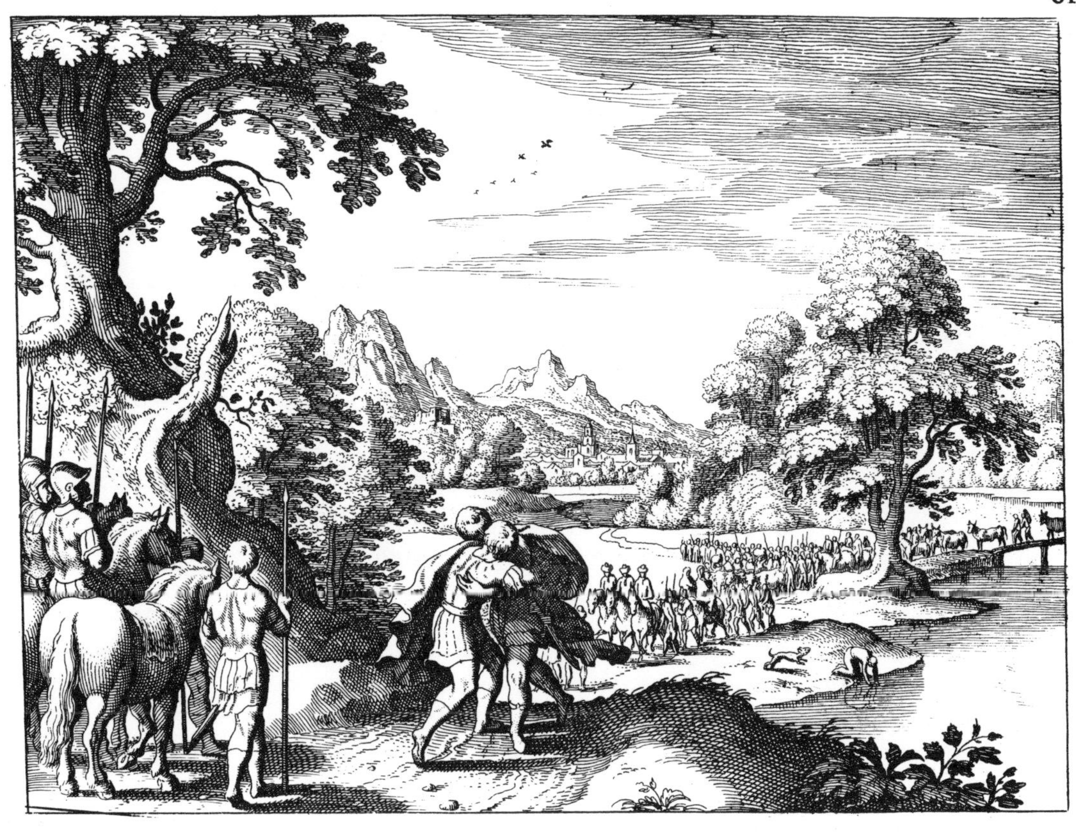

H 3 *Vis vi,*

God Maketh Friends Out of Enemies

62

XXVI.

Vis vi, iniuria iniuria punitur.

Dina ſtuprum patitur, Sichem violentior illam
  Vi rapit, vxorem poſtulat inde ſibi.
Vindictæ cupidi fratres crudelibus armis
  Bacchantes, gladio corpora multa necant.

Gewalt mit Gewalt/ Schmach mit Schmach geſtrafft.

Sichem die Dinam Raubt/ ſie mit Gewalt thut Schwechen/
  Das war den Brüdern leydt/ ſie ſchweren ſolchs zu Rechen/
Griffen das Stättlein an/ da ward alles Ermord/
  Was Mannes Nahmen hat/ Plündern darnach den Ort.

Le fils d' Hemor voyant de Dina la beauté
  Embraſse par l' amour ravit la jeune fille.
Ses freres deſpitez, par trop grand cruauté
  Tuent nombre des gens, apres pillent la ville.

GENES. XXXIV

Dena robs Sichem, in her powerful way
  Her brothers anger and plan to take revenge
Attack the little city—soon everyone is dead
  Not only that—they rob all, including the bread.

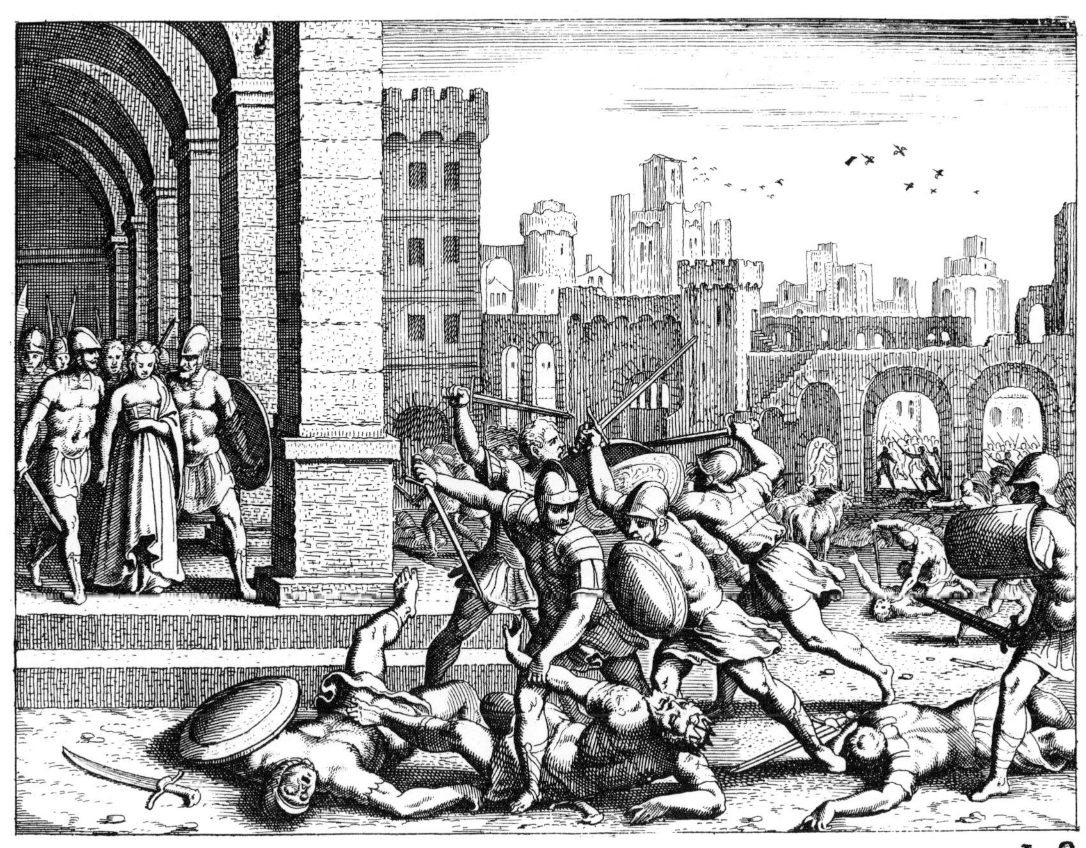

Iosephi

Power is Fought With Power

XXVII.

Iosephi venditio typus Christi venditi.

Viderat in somnis visum memorabile Ioseph,
    Quod nota venturæ prosperitatis erat.
Odit ob hoc fraterna cohors, iuuenemque profundam
    In foueam mittunt, hunc emit vstus Arabs.

Christus im Fürbild verkaufft vnd den Heyden geliffert.

Gott zeigt Joseph im Traum sein künfftig Glück zur frewden/
    Sein Ehr vnd hohen Standt/die Brüder jhn drumb neyden/
Sencken jhn in ein Grub/Judas nimbt sich sein an/
    Vmb Paargelt kauffen jhn Kauffleuth auß Midian.

Ioseph vn songe sien à ses freres predit,
    Dont ils sont irritez: parquoy dans la cisterne
En ferment le songeart. Mais Dieu qui tout gouverne
    Aux marchans survenus permit qu' on le vendit.

GENES. XXXVI

God came to Joseph in a dream
    Showed him his future high stand and position
His brothers were jealous, threw him into a ditch
    Judas found him, bought him for less than pitch.

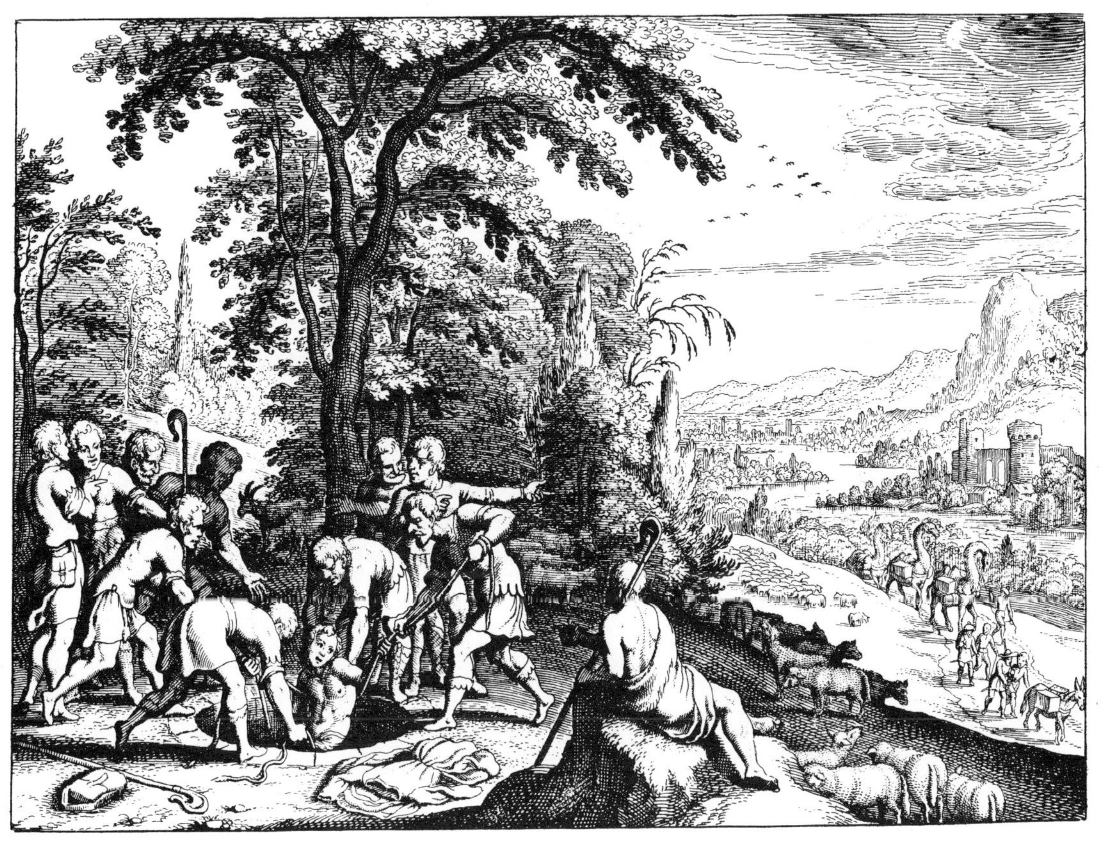

I Qui

Sold in the Name of Christ

XXVIII.

Qui decipit vicißim decipitur.

Prolis amore Thamar meretricia ſyrmata ſumit:
Vidit eam Iudas concubitumque petit,
Et potitur, ſed vafra nurus bene decipit illum,
Qui toties falſam luſerat ante nurum.

Wer Betreugt wird wider Betrogen.

Weil wider Hoffnung ſich jhr Wittwenſtandt verlängert/
Thamar Judam betreugt/der ſie vnwiſſent Schwängert/
Da ſich nuhn ſolchs befand ſolt ſie werden verbrennt/
Judas gibt jhm die Schult/vnd ſie Gerecht erkennt.

Iuda en Thamans vient, Thamar le va ſurprendre
Trempée tant de fois, pour luy pareille rendre,
Pour tant ſe deſguiſant, ſe veſt des beaux habits,
Iuda l'y engroſſa, puis va tondre brebis.

GENES XXXVI[illegible]

Contrary to all hope, Thamar remains a widow
Because of this deceives Judas and becomes with child
This situation warrants her death at the stake
Judas blames himself, she doesn't for she wants no wake.

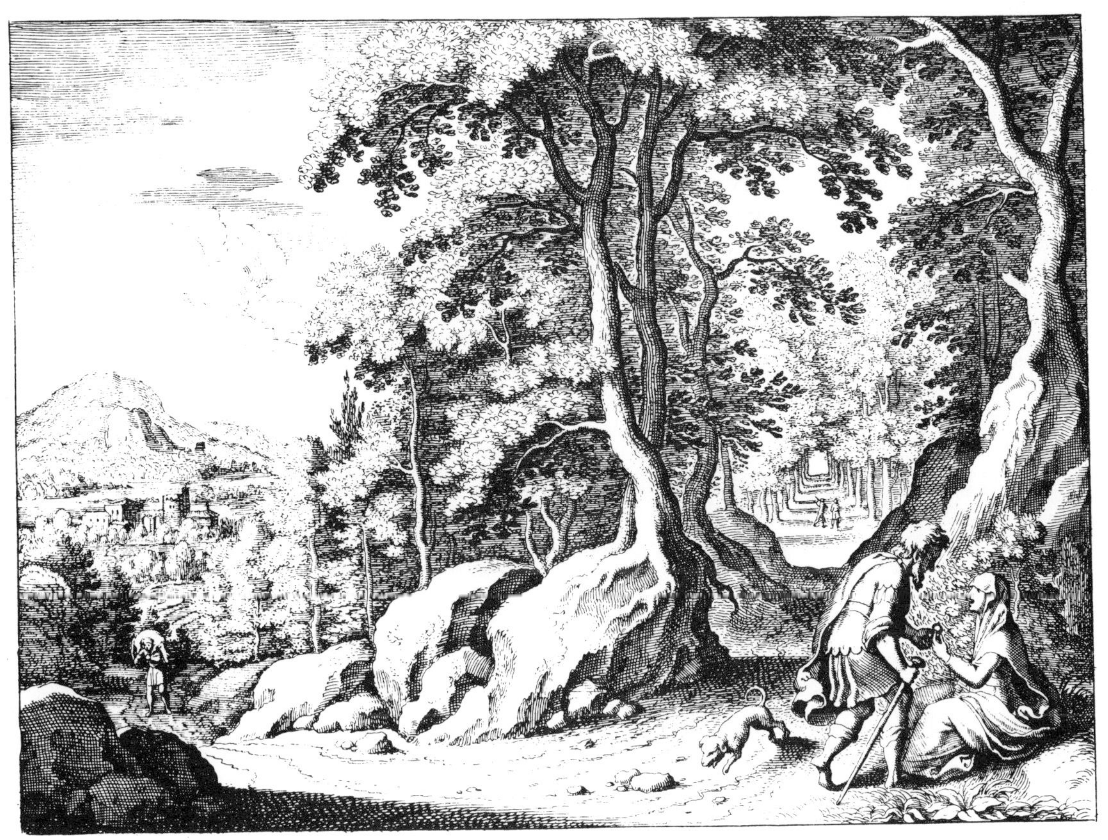

I 2 *Enecate*

Those Who are Deceivers will be Deceived Themselves

XXIX.

Enecate membra vestra terrestria, Scortationem, Impuritatem.

Niligenæ Regis custos Aulæque magister,
　　Mercatur Iuuenem, Puttiphar, ære sibi.
Ille negat Dominæ Veneris commercia, & insons
　　Astu fœmineo carceris antra subit.

Tödtet ewre Jrdische Glieder/ Hurerey/ Vnreinigkeit.

Potiphar Joseph Kaufft/ deß Weib an jhn begehret
　　Ehbruch vnd böse Stück/ der sich doch jhr Erwehret/
Fleucht/ verläst ehe sein Kleid/ darob die Fraw entrüst/
　　Macht daß er sein vnschult im tieffen Kercker Büst.

Par le Maistre d' hostel estant puis achepté
　　Le bon Ioseph, prie d' amours par la Maistresse,
Luy contredit, dont elle vsant d' vne finesse
　　Fait le bon prisonnier, c' est pour sa chasteté.

GENES. XXXIX

Joseph is bought by Potiphar,
　　Whose wife lusting after him, makes him commit bigamy
Joseph abandons his robes—would rather flee
　　And for this is imprisoned to satisfy her glee.

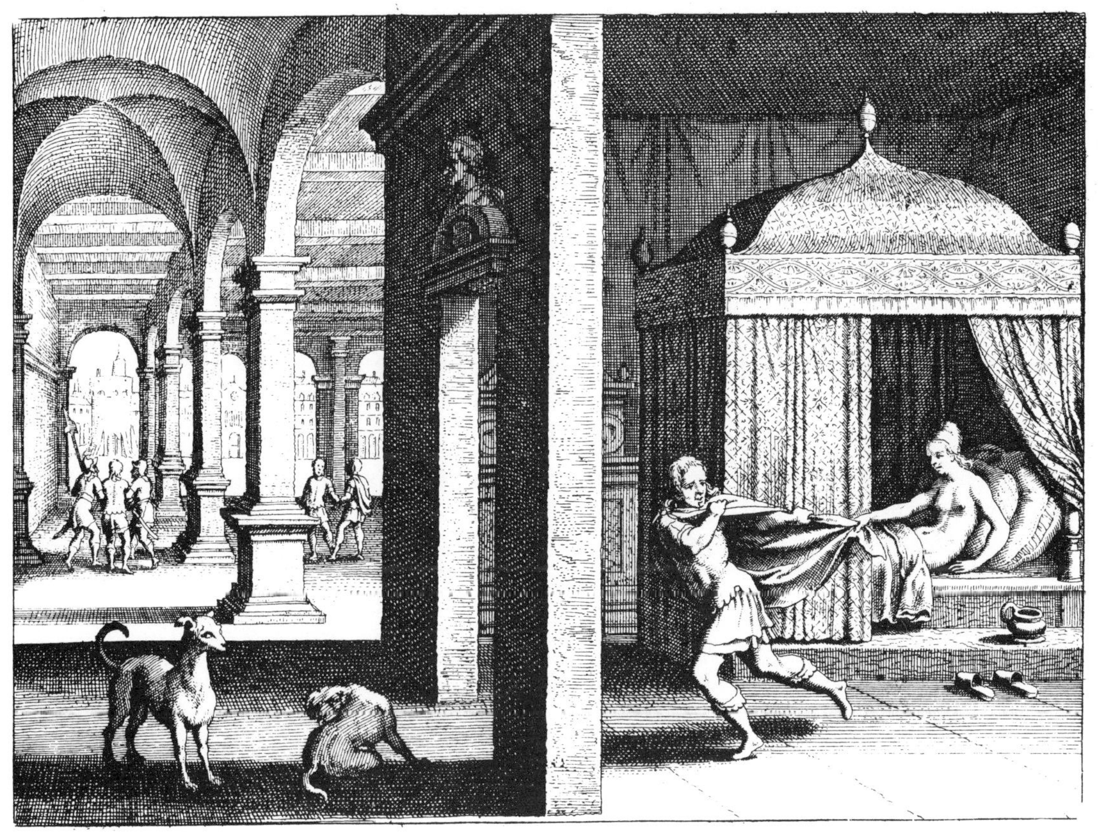

I 3 *Tollitur*

Sin and Spite

XXX.

Tollitur in altum sapiens.

Visum habet in somnis Regnator triste Canopi,
    E vinclis iuuenem carceribusque vocat:
Explicat hic quid scæua notent insomnia, deinde
    Imperium Ægypti Rege volente capit.

Weißheit vnd Verstand bringt Förderung.

Pharao hat Gesicht von den künfftigen Jahren/
    Was die Bedeutung wer/ kont er nit recht erfahren/
Joseph erklärt den Traum/ wird darumb wol Ergeßt/
    Vber das ganße Land zum Regenten geseßt.

Quand Pharao lè Roy à dormir se dispose
    Void en songe craintif, à lors soudainement
Hors de prison est mis Ioseph, qui luy expose,
    Dont sur tout le Royaume est fait maistre & Regent.

GENES. XL

The Pharaoh has a strange dream
    And is confused, for he does not understand his own prophecy
Joseph arrives, gives a good interpretation
    And for this is made to be king of the nation.

GENES. XLI. 71

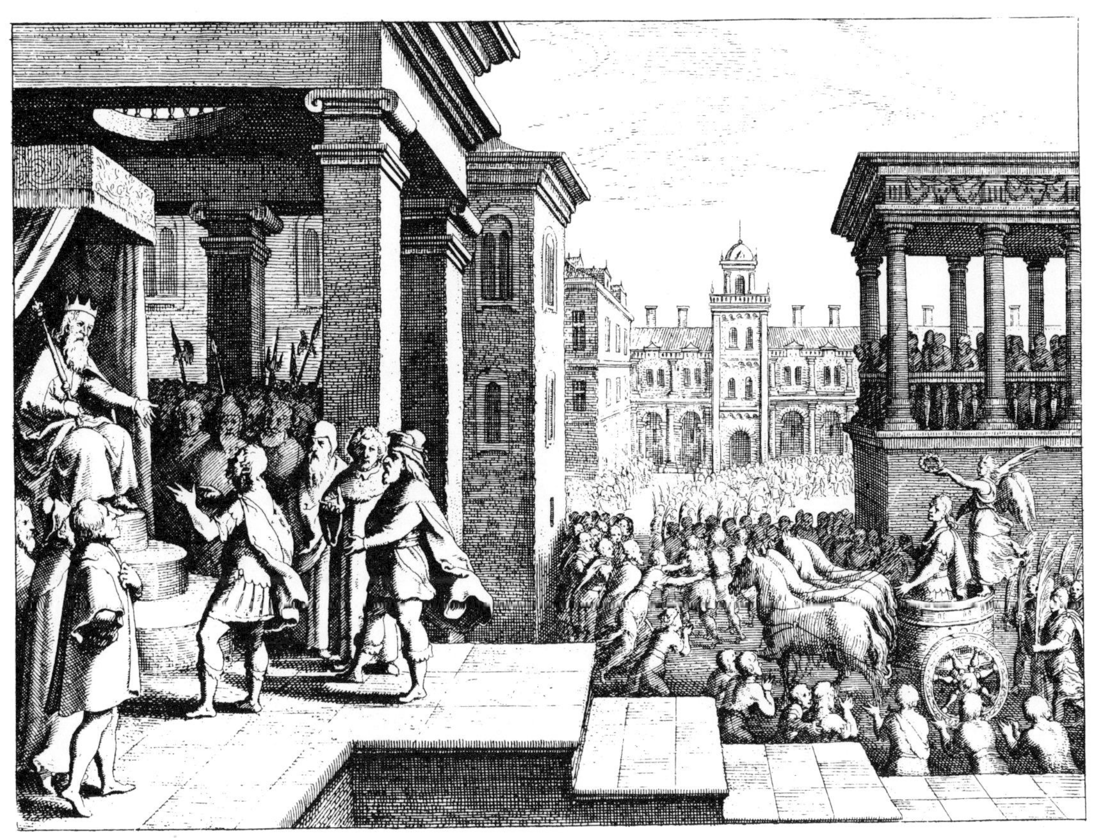

Proui-

Intelligence and Wisdom are Rewarded

XXXI.

Prouidentiæ Diuinæ erga suos exemplum.

Regna fames Chananæa premit, frumenta colono
 Credita nam Tellus heu male grata negat
Mittit in Ægyptum natos pater, emta referrent
 Farra sibi: hi faciunt prouida iussa Senis.

Exempel Göttlicher Vorsehung.

Alß die Thewrung das Land Canaan hart beschweret/
 Trug der Alt Jacob Sorg wie sie würden Ernehret.
Schickt seine zehen Söhn hin jn Egypten weit/
 Die brachten Frucht vnd Gelt. Gott hilfft zu rechter zeit.

Jacob en Canaan voyant estre famine
 Ses fils pour achepter de blé & de farine
En Egypte envoya, lesquels y aduenus
 Par son frere Ioseph sont receus & cognus.

GENES. XLI

The famine prevailed in the Land of Canaan
 Jacob worried how he was going to feed his people
He sends his ten sons into Egypt
 They brought fruit and money, God helped at the right time.

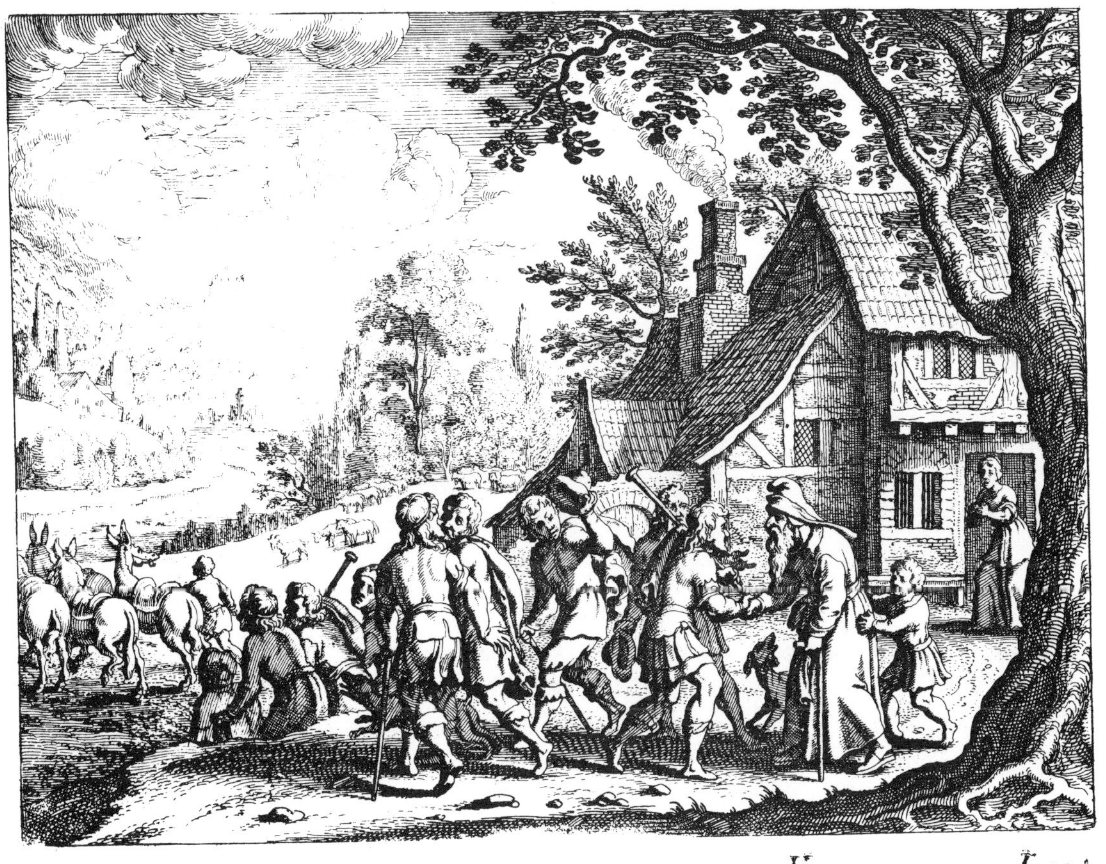

K Lapis

Example of Divine Provisions

XXXII.

Lapis ab Architectis reprobatus, fit Angularis.

Excipit hos facie ignotâ Josephus, aitque
    Exploratores Regis adesse sui.
Excusant, factumque negant prece supplice: frustra
    Omnia, nam frater carcere claudit eos.

Vorbild deß verworffenen Eckſteins Chriſti.

Joſeph ſich ernſtlich ſtellt / ſchilt ſein Brüder Verräther/
    Vnd Kundtſchaffter deß Lands/ſagts jhn ins Angeſicht/
    Sie läugnen ſteiff vnd veſt / aber es hilfft ſie nicht/
Dann er nimbt ſie in Hafft / als andre Vbelthäter.

Ioseph voit tout raui la bande fraternelle.
Mais faisant l'estranger, en prison criminelle
Les tient pour espions dans une forte Tour;
    Eux s'excusans en vain deuant luy s'humilient;
Se jettent à ses pieds & d'humble voix supplient,
Mais un demeure pris jusques à leur retour.

GENES. XLI

Joseph is angered—reveals his brothers to be traitors
    For this truth is verified by some of his messengers
His brothers deny it and render their services
    Joseph punishes them and does them justice.

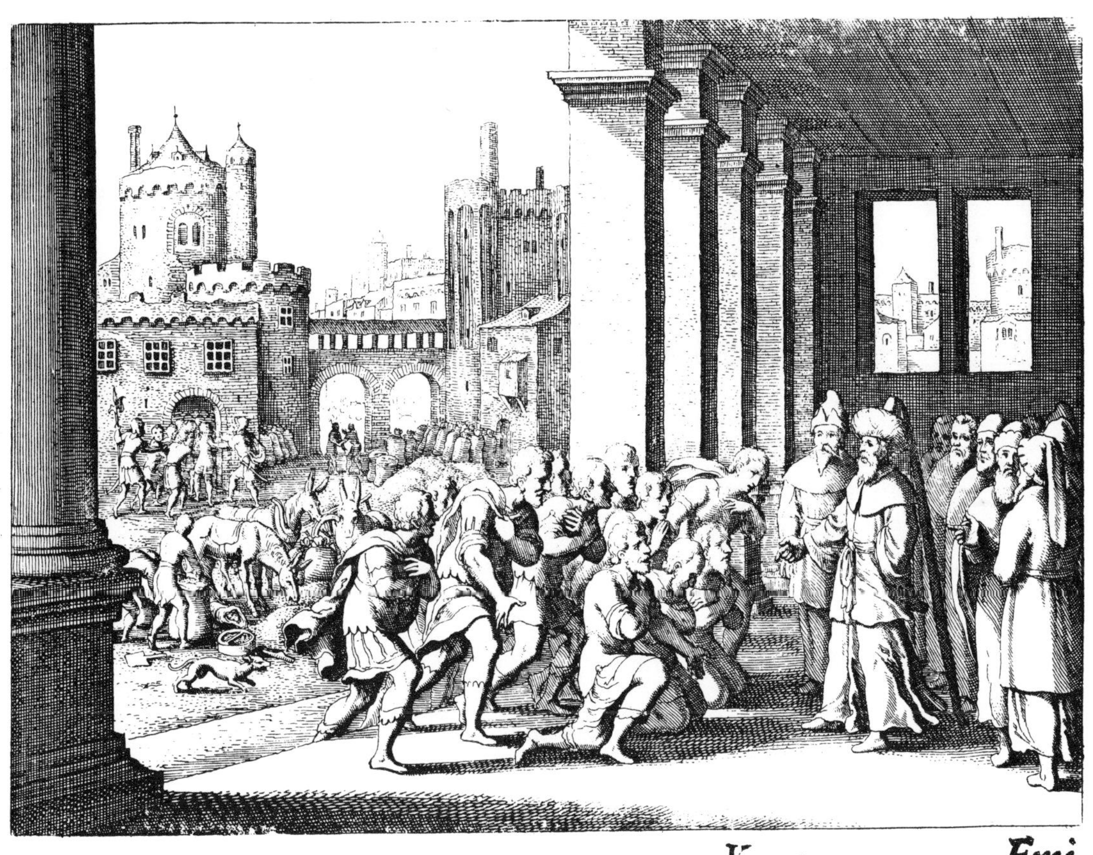

K 2 *Emi-*

Precedent for the Cornerstone of Christ

XXXIII.

Emicat hic fraternus amor.

Inſtruit inde ſuis convivia fratribus ampla
    Joſephus, dapibus lautitiiſque beans:
Poſt ſimulatoris perſonam detrahit, illos
    Terror mentis inops & ſtupor altus habet.

Brůderliche Lieb bricht zu letzt auß.

Joſeph die Brůder ſein tractirt mit Gaſtereyen/
    Woran ſie ſahen wol daß er ſie meynt mit Trewen/
Er offenbaret ſich/ anzeigt jhn Gottes Willen/
    Darob erſchrecken ſie / daß er ſie kaum kan ſtillen.

La troupe qui reuient le plus petit ameine
Des enfans de Iacob: lors la candeur humaine
De Ioſeph ne peut plus ſon coeur benin cacher:
    Les ayant feſtinés il leur fait cognoiſſance,
Les baiſe, les cherit, leur monſtre ſa puiſſance,
    S'enquerant de l'eſtat de ſon pere treſ-cher.

GENES. XLI

Joseph is kindly, plays host to his brothers
    They are made aware of his goodness
And they don't understand it, he shows them the light
    They are shamed into knowing that he was right.

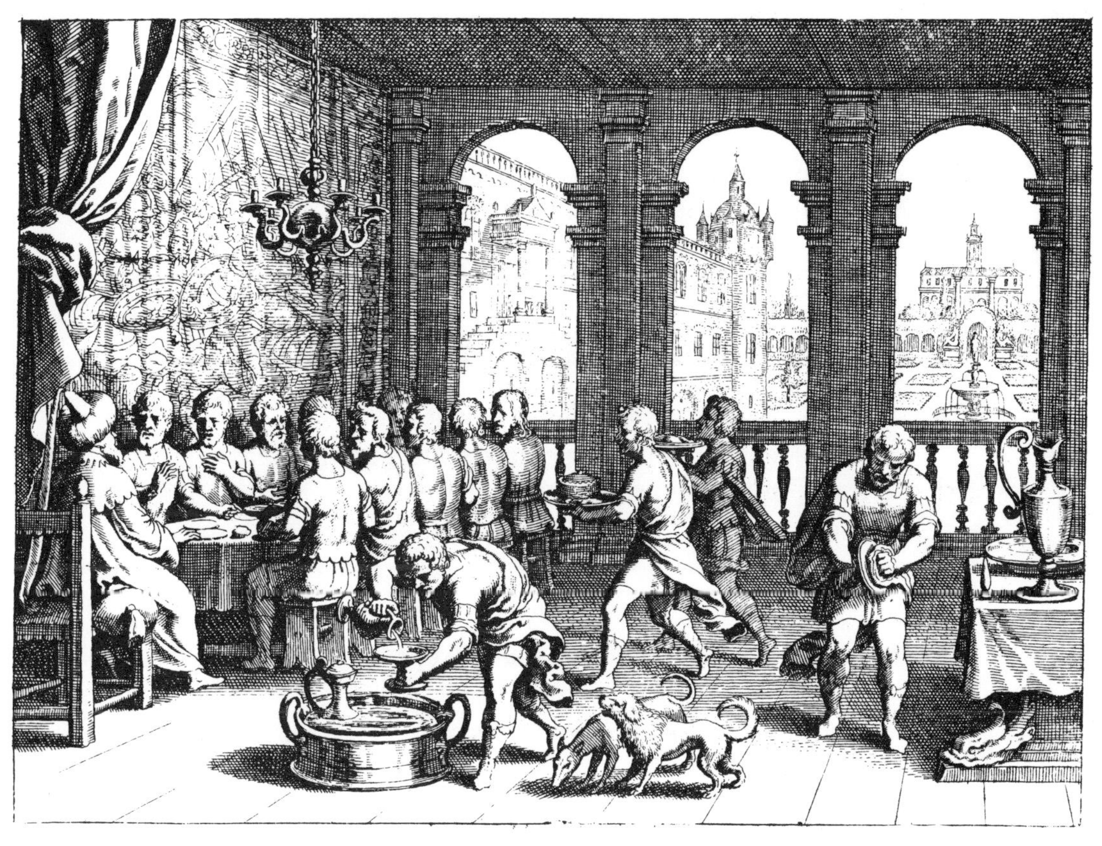

K 3 *Typus*

Brotherly Love in the End

XXXIV.

Typus innocentum Bethleemiticorum.

Protinus implentur ſummi promiſſa Tonantis,
Exigua Iſacidum fit numeroſa cohors.
Niliaco mandat pueros in flumine mergi,
Poſt ſimile exitium merſa Tyrannis habet.

Vorbild der vnſchuldigen Kindlein.

Als das Volck Jſrael ſich ſehr begunt zu mehren/
Verdroß es Pharaon/damit er ſolchs möcht wehren/
Ließ er ertränncken bald die armen Kindlein klein/
Alles was männlich war/ Gott tränckts jhm wider ein.

Du Tyran de Memphis l'ordonnance ſanglante
Fait parmi les Hebreux mainte mere dolente
Commandant de noyer leurs masles noueau-nés:
Mais l'Autheur inſolent de ceſte Tyrannie
Void de torment pareil ſa malice punie
Lorsque les rouges flots ſont ſur luy retournés. EXOD.

It came to be that the people of Israel
Multiplied fast. Pharoah tried to stop this
And all boy babies were thrown in the Nile
This action was terrible, could hear the wails for a mile.

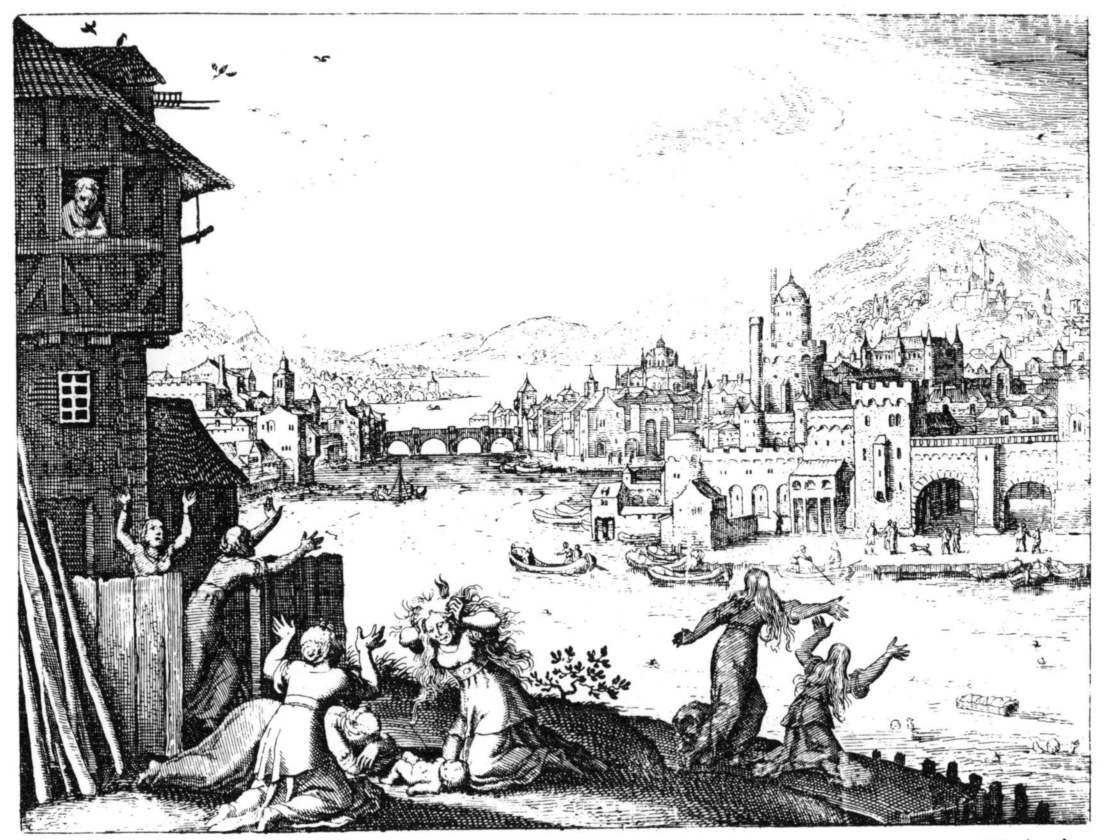

Divina

Precedent for the Innocent Children

XXXV.

Divina vocatio immutabilis.

Illita dein puerum fiscella bitumine, junco
Texta, capit Mosen, qui natat inter aquas:
Hærentem algoso sub littore filia Regis
Extrahit, & magnæ nescia sortis alit.

Den Außerwehlten muß alles zum besten dienen.

Amram vnd Jochebeth setzten mit grossen Sorgen
In einem Kästlein klein jhr Kind das sie verborgen/
Auffs Wasser/aber Gott mit jhm es seltzam spielt/
Deß Königs Tochter jhn auffzog vnd vnterhielt.

Dans un coffret de joncs un enfant on expose
Sur les ondes du Nil: le coffret se repose
Sur les Niliques bords retenu des roseaux:
La fille du Tyran le void, le prend, ordonne
Qu'il luy soit esleué, & pour son nom luy donne
Moyse, denotant un retiré des eaux. EXOD. I

Amram and Jochebeth worriedly go to the water
To send their child off in a wee basket to shelter
They need not have feared for God played a strange game
Moses is raised by the King's daughter and given her name.

EXOD. II. 81

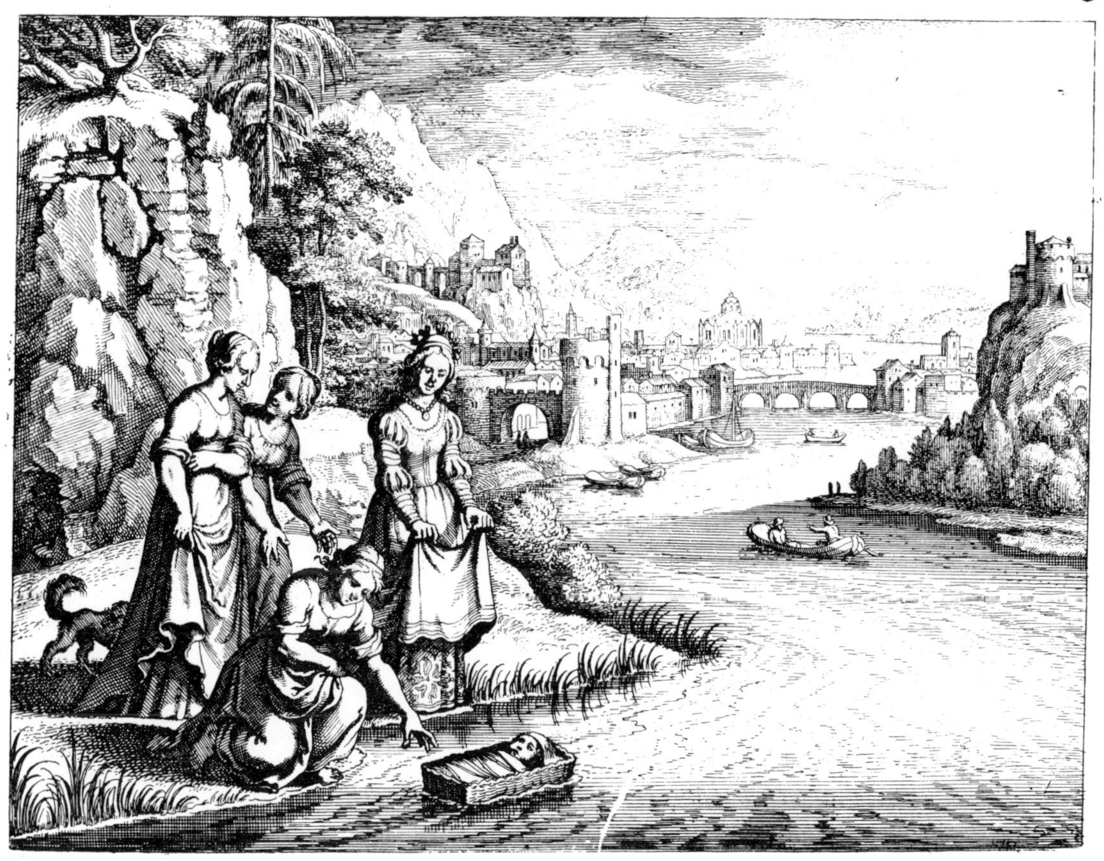

L Voca-

The Chosen One

XXXVI.

Vocationes diuinæ mirabiles.

Pascit oues soceri Moses, ignescere dumos
    Conspicit, hunc Dominus voce tonante ciet.
Inde iubet nudare pedes reuerentia montis,
    Ad populum vates mittitur inde suum.

Sendung vnd beruff Gottes Wunterbahr.

Der Engel auß dem Busch brennend mit Fewerflammen/
    Vff dem Heiligen Berg berufft Mosen mit Nahmen/
Als er hütet der Schaff zu seinem Volck jhn sendt/
    Daß er sie führte auß von dem Dienſthauß Elendt.

En feu flambant dans vn buisson incombustible
    Dieu sur le mont d' Horeb à Moyse se monstrant,
Son entreprise & son vouloir lui declarant
    L' envoye aux Hebrieux par voix intelligible.

Exod. II

High on the mountain where Moses was shepherd
    An angel appeared to him in the form of a burning bush
He was told he was chosen to lead his people
    Out of misery to a new steeple.

Exod. III. 83

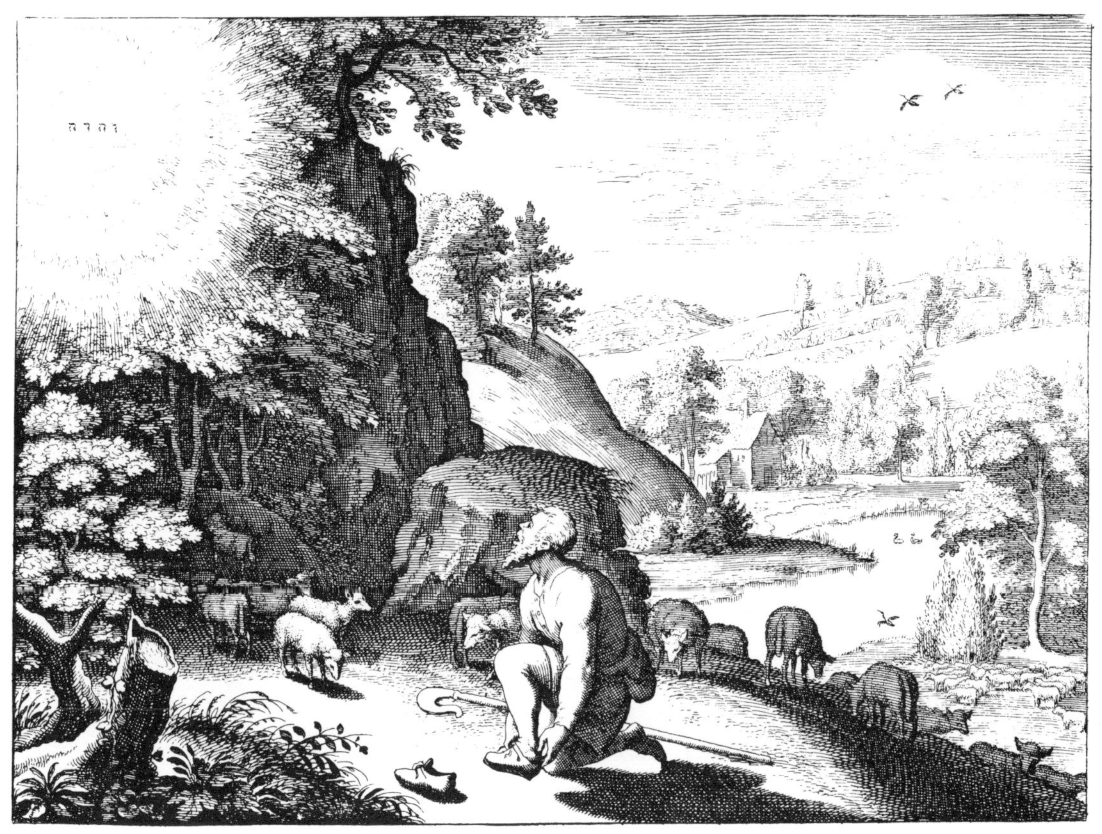

L 2 Deus

God's Message and Calling

XXXVII.

Deus quem vult indurat.

Abramidas vbi ſeruitio conculcat iniquo
Rex Pharius, Moſes iuſſa ſuprema refert:
Vtque fidem faciat baculum commutat in anguem,
Parhonem ſimili decipit arte Magus.

Gott Verſtocket welchen er will.

Pharao Trückt das Volck/ will Moſe wort nicht Hören/
Veracht Gottes Befehl/thut ſich daran nicht kehren/
Bald für jhm Moſis Stab zu einer Schlangen wardt/
Durch Zauberey ſein Hertz Verſtockt wirt vnd Verhart.

Iſrael tourmenté par grande Tyrannie
Contrainct par tel beſoing à DIEV ſon ſauveur crie,
Moyſe l' Ambaſſadeur demandant miſſion
Du peuple, en vn ſerpent transmue ſon baſton.

EXOD.

Pharoah deceives his people, will not listen to Moses
God's word he abandons, and can be told nothing
Soon Moses' staff to him appears to be a snake
The Lord punishes those who are not awake.

EXOD. V. & VII.

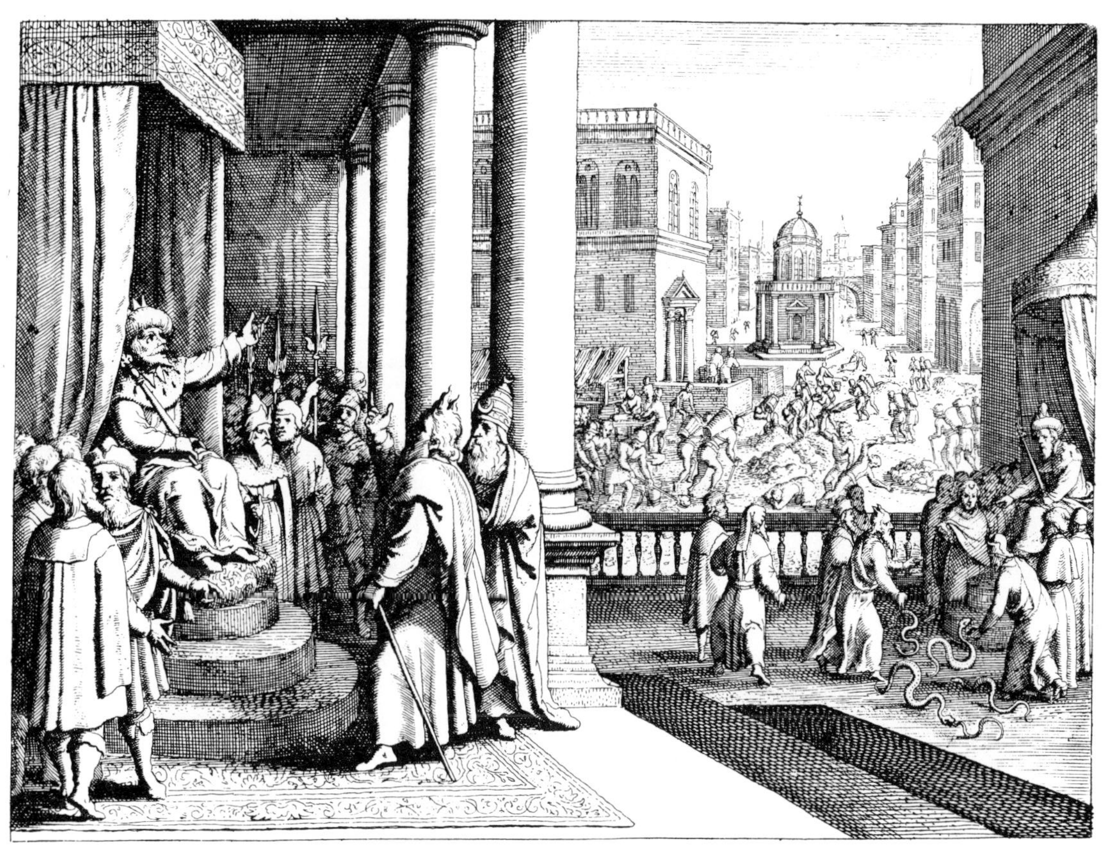

God is Righteous

XXXVIII.

Calamitas popularis pœna Tyrannidis.

Vltrix ira DEI dum regna ſuperba Canopi
  Puniat, & cæci vindicet acta ducis:
Agmina Ranarumque Rubetarumque ſubintrant
  Ægyptum, & peſtis funera mille facit.

Landplagen/Straffen der Tyrannen.

Zu Raach der Tyranney Strafft Gott das gantz Egypten/
  Mit Fröſchen vberhäufft/die Menniglich betrübten/
Als diß nit helffen wolt ſtarb deß Viehs ein vnzahl/
  Durch ſchwinde Peſtilentz/doch halffs nichts vberal.

Dieu pour punir le Roy qui ſon peuple moleſte,
  Par vn nombre infini de Grenovilles l' infeſte.
La vengeance de Dieu à lors ſe manifeſte
  Quand les grands animaux meurent ſou dain de peſte.

EXOD. VII

To revenge the tyrants, God sends forth a plague
  Millions of frogs soon torment the land of Egypt
But that doesn't help, so the animals die—
  God left nobody time to ever ask why.

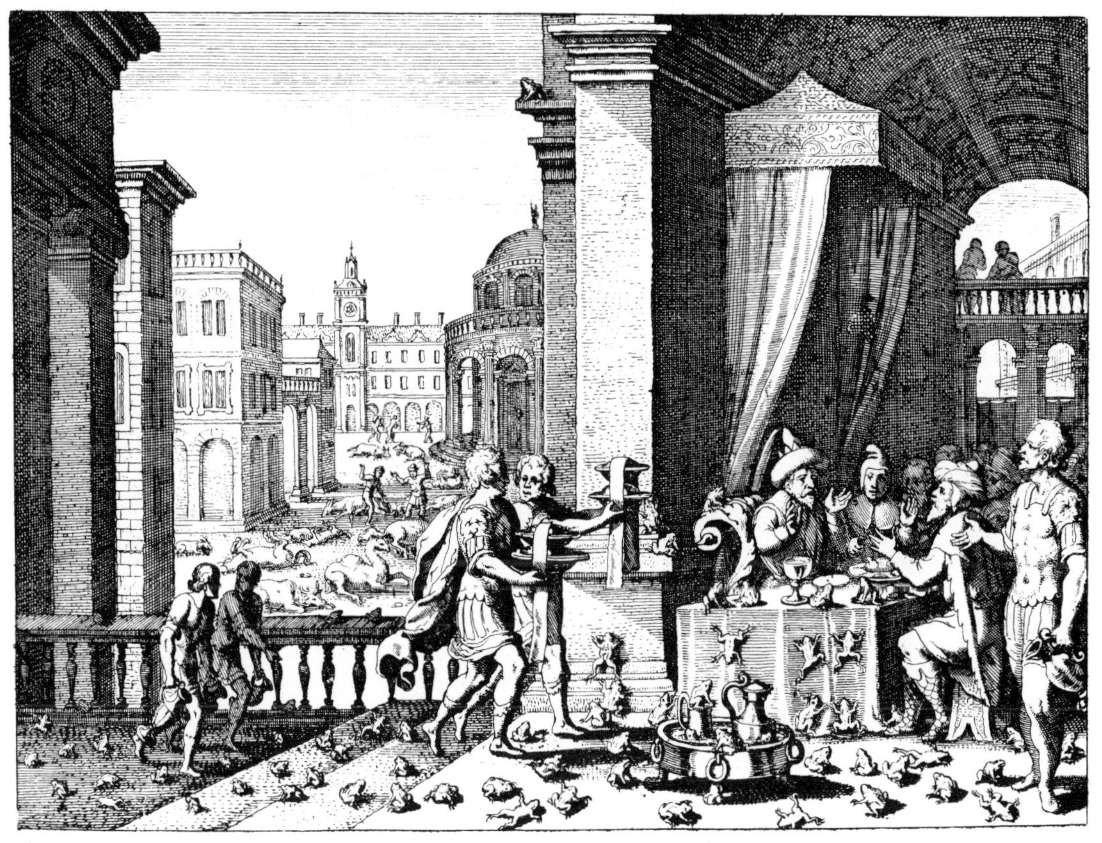

Pascha

A Plague and the Tyrants

XXXIX.

Pascha pro nobis immolatum Christus est.

Nox primum genitos pecudumque hominumque peremit,
Cuncta cadaueribus compita plena iacent.
Agnus at Hebræos effuso sanguine seruat:
Christicolæ celebrant hinc quoque Pascha suum.

Vnser Osterlamb ist Christus für vns Geopffert.

Bald wurd all Erstgeburt in Egypten erschlagen/
Auch selbst deß Königs Sohn der die Kron auff solt tragen/
Dem volck Israel Schutz das Osterlämblein bracht/
Christus ist Gottes Lamb für vnser Sünd geschlacht.

A la nuict tous premiers naiz tant hommes que bestes
En Egypte sont mors par l' Ange destructeur,
Mais les Hebrieux mangeans l' Agneau sont sans molestes.
Noster Agneau immolé est Christ nostre Sauveur.

Exod. XI

Soon in Egypt all firstborns die
Even the King's son, who was to wear the crown
But Israel is protected through its Easter lamb
For Christ is God's lamb who for us died and was erected.

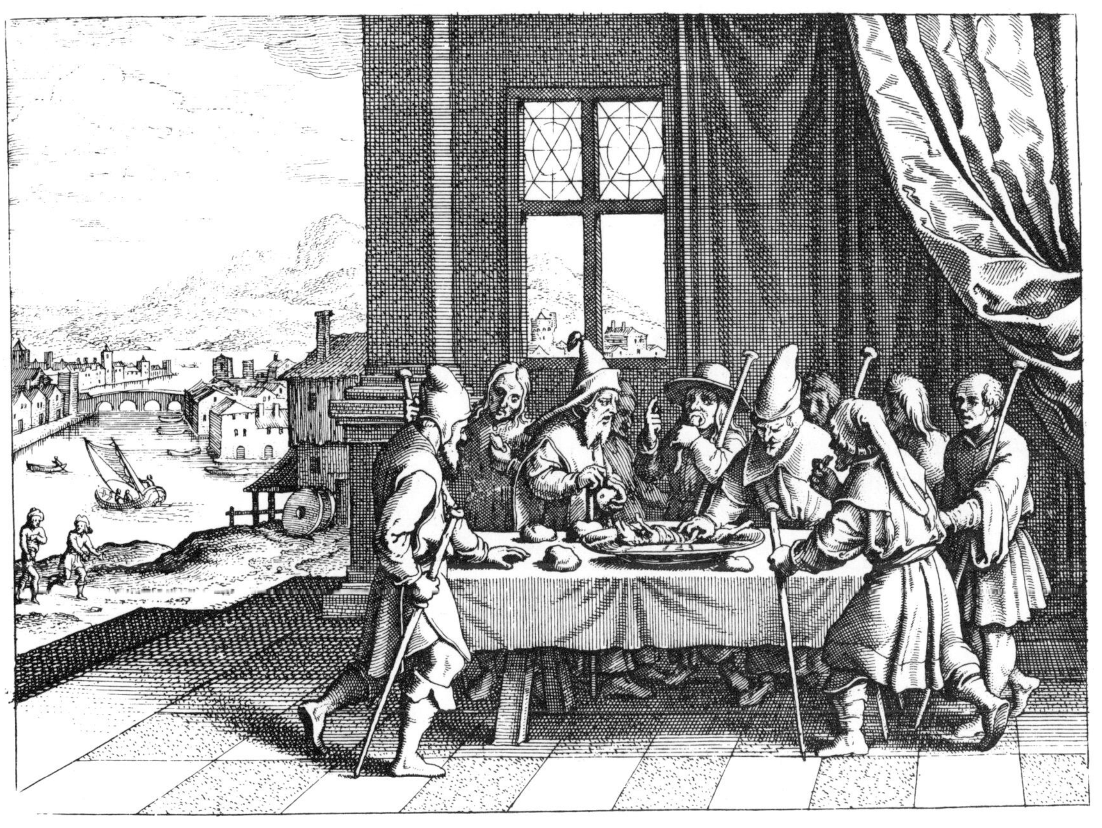

M Patres

Christ is the Sacrifice of the Easter Lamb

XL.

Patres noſtri ſub Moſe mari baptizati ſunt.

Abramidæ infeſtas terras duce Moſe relinquunt,
His per Erythræum qui mare pandit iter.
Vidit eos, ſequiturque furens ſine more Tyrannus,
Quem mox cum ſociis opprimit vnda redux.

Vnſere Vätter ſind vnter Moſe Getaufft mit dem Meer.

Damit einſt Gottes Volck auß der dienſtbarkeit wander/
Weicht jhm das Rothe Mehr/ vnd theilt ſich voneinander/
Pharao folgt hernach/ Förcht ſie würden entlauffen/
Mit allem ſeinem Heer muß der Tyrann erſäuffen.

Les enfans d' Iſrael hors du Pays d' Egypte
Marcherent par lamer, mais les eaux retournerent,
Et tous les chariots & chevaucheurs couvrirent
De Pharao, qui perit ſelon ſon de merite.

EXOD. X

So that God's people could wander to safety
Moses parts the Red Sea and Israel remains dry
The Pharoah unwisely follows, in lust for killing
And is drawn with his army as he is so willing.

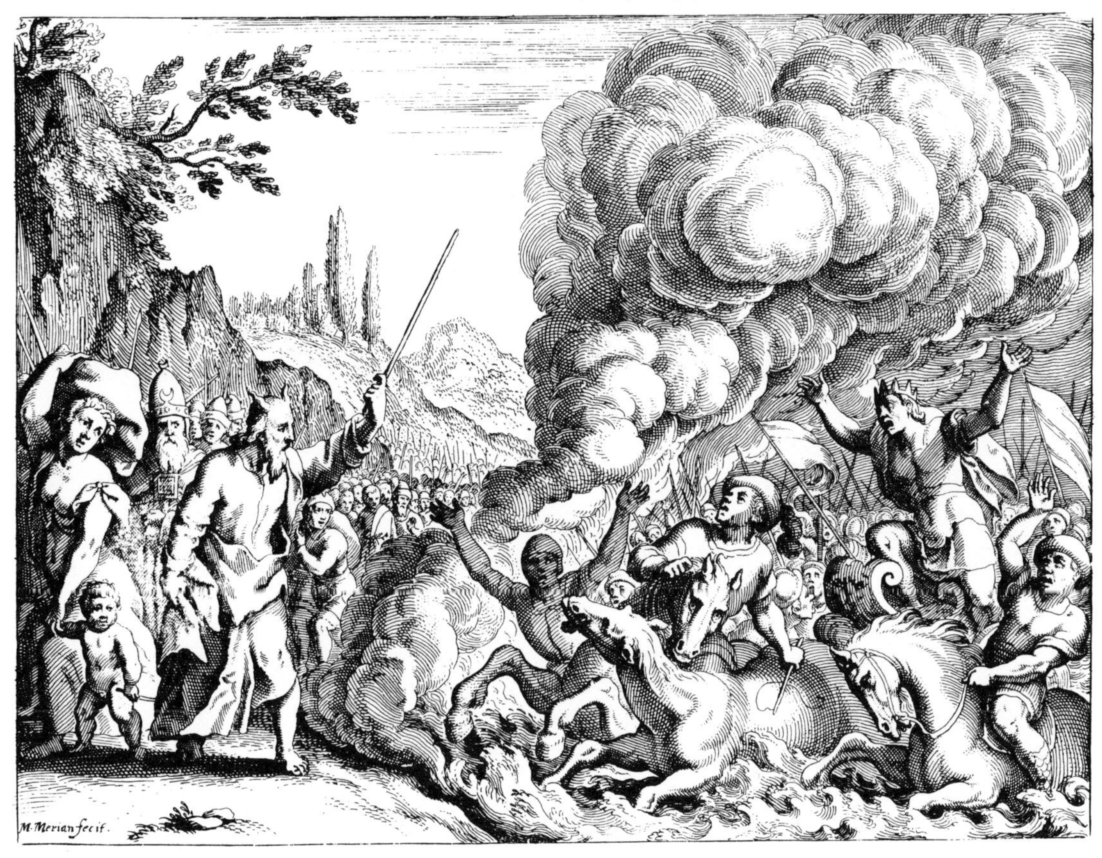

M 2 Petra

Moses Baptizes our Fathers

XLI.

Petra autem, de qua bibebant, erat Chriſtus.

Dira ſitis populum vexat deſerta colentem,
Et pecudes, hiſcit terra liquoris inops.
Saxea mox rupes in aquam percuſſa liqueſcit:
Viuifica è Chriſti corpore lympha fluit.

Sie Truncken von dem Geiſtlichen Felſen welcher war Chriſtus.

An Waſſer mangel war/ da thet der Durſt ſie Plagen/
Moſe auß Gottes Befehl muſt an den Felſen Schlagen/
Der gab Waſſer die meng/ ja mehr als jhn geliebt/
Chriſtus der geiſtlich Felß Waſſer deß Lebens gibt.

De ſoiffort affligé on murmure & eſtriue
En frappant le rocher Moyſe produit des eaux,
A boire trouvent les gens, les beſtes & troupeaux,
CHRIST de ſoy fait ſaillir abondance d' eau vive. EXOD. XV

Water was sparse and thirst did plague them
So God had Moses hit the rock with his staff
Soon water gushed out more than was needed
Christ is the holy rock of life that needs to be heeded.

EXOD. XVII. & NVM. XX. 93

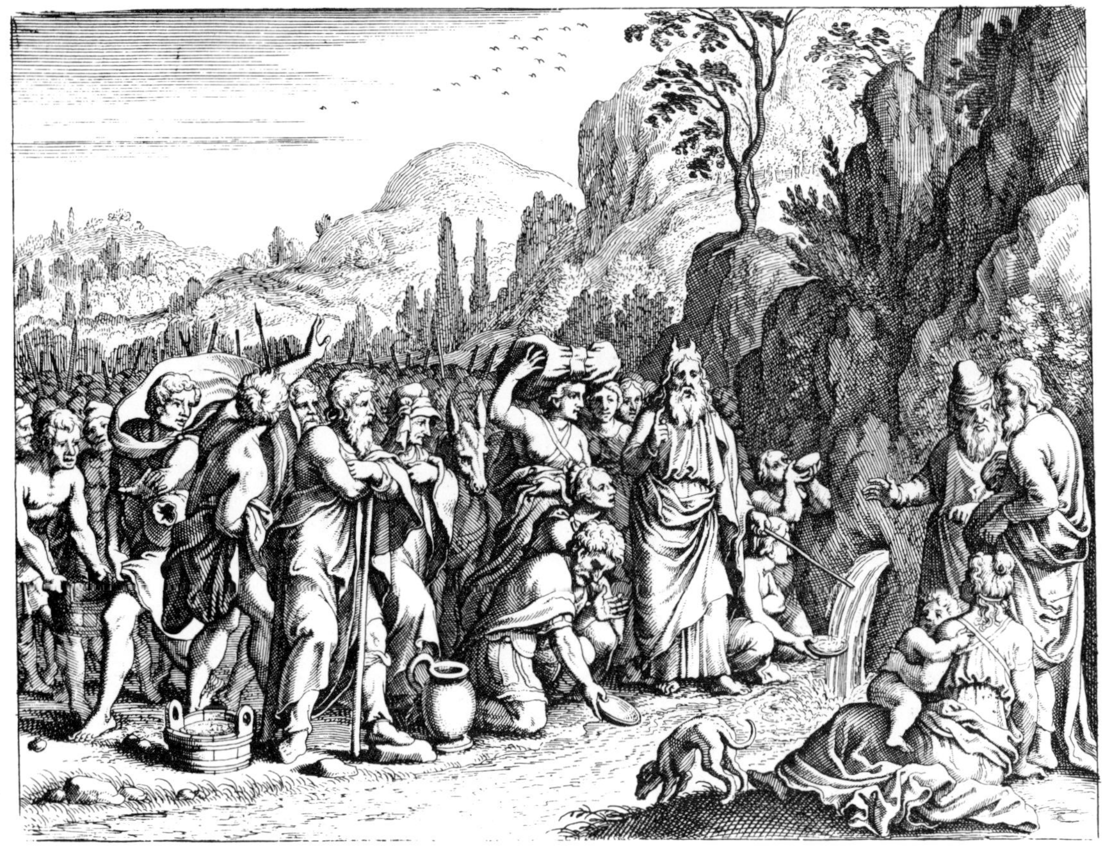

M 3 *Lex*

They Drank of the Holy Ghost

XLII.

Lex terret affligitque conſcientias.

Fulgura Sinæos & ſæua tonitrua montes
Percellunt, Domini cum tuba grande ſonat.
Inde vocat Moſen, ſignataque marmore tradit
Verba: reus mortis, qui violabit, erit.

Das Geſetz ſchrecket vnd ſchlegt die Gewiſſen nider.

Mit Schrecken/Donner/Plitz/ Poſaunenklang vnd Fewer/
Empfaht Moſe von Gott das Geſetz wehrt vnd tewer
Auff dem Berg Sinai / mit der Betröhung Scharff/
Keiner bey ſtraff deß Tods das vbertretten darff.

Fouldres, bruit & tonnere Iſrael entendit,
Avec trompe ſonnant en montagne fumeuſe
Quand Dieu fait publier ſa Loy tant rigoureuſe,
Par Moyſe, qui lors de Sina deſcendit. Exod. XV

To the sound of thunder, lightning and drumbeat
Moses in awe from God the law receives
High on the mountain of Sinai, with the request
To guard it with his life and his best.

EXOD. XVII. 95

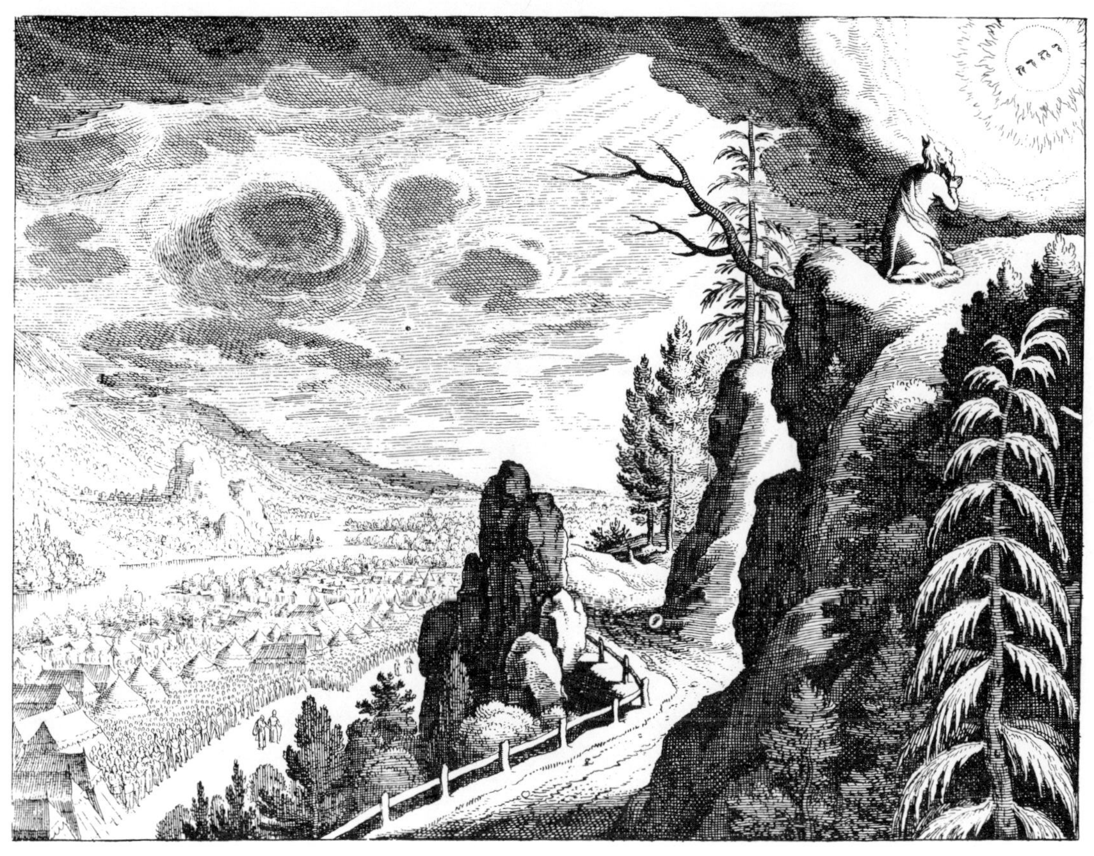

Preca-

God's Law Established Fear and Order

XLII.

Precatio iuſti multum valet.

Hinc Amalekitas ſpem præter apiſcitur hoſtes,
Iſacides vt vi tranſeat arma parat.
Mars furit, & dubiis volitat Victoria pennis,
Abramidis Moſis quæ prece certa fuit.

Deß Gerechten Eyferig Gebet vermag viel.

Amaleck Iſrael den durchzug wolt verſagen/
Mit dem ſich Joſua da vmb den Paß muſt ſchlagen/
Es war ein Heiſſer ſatz/ ein zweiffelhaffter Krieg/
Durch Moſis ſtreng Gebet erlangt Iſrael Sieg.

A lors contre Amalek, pour obtenir paſſage
Tout en paix cheminant, Iſrael combatoit,
Eſtant fort, quand ſes mains Moyſe en hault levoit,
Ainſi victorieux avance ſon voyage.

Exod. XI

Almalek tries to deny Israel passage
Joshua calls to battle all his people—
It was a long and hard fight—many were worried
But Israel won, thanks to Moses' prayers calm and unhurried.

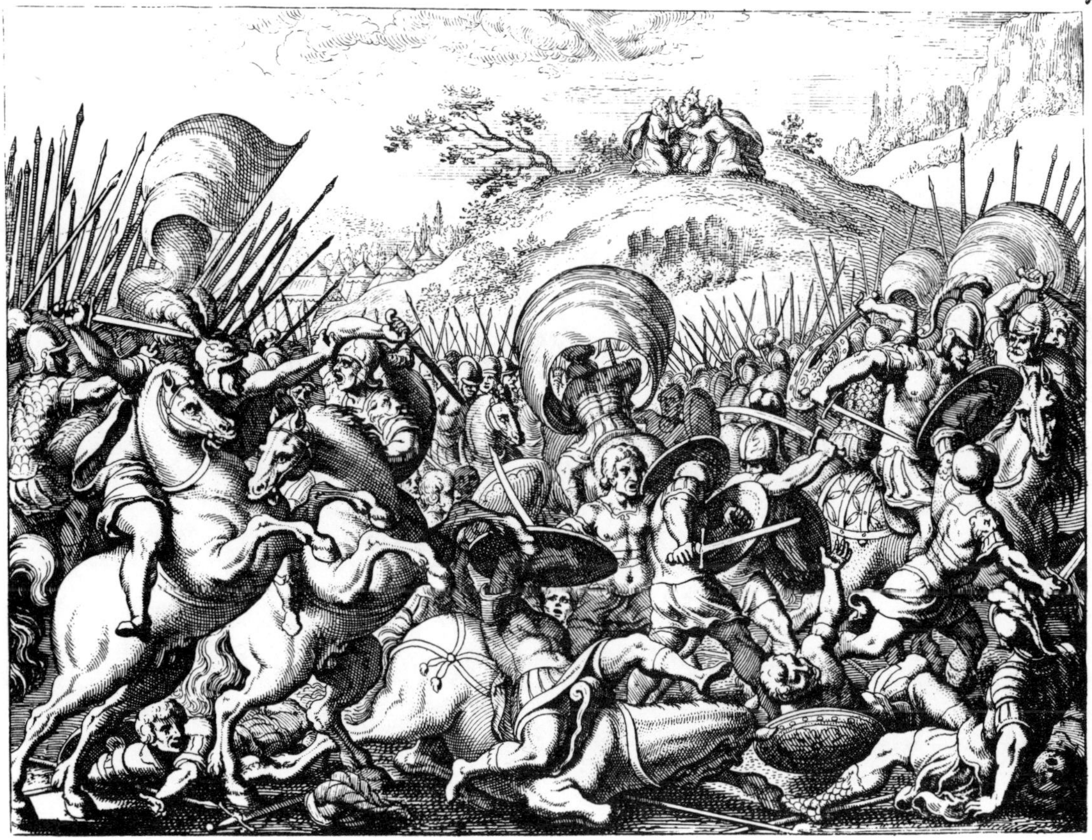

N *Typus*

Prayer is Powerful

XLIV.

Typus & umbra Sacerdotii Christi.

Fœderis Arca, duo Cherubim, Summusque Sacerdos,
Araque suffitus, & sacra vasa DEO,
Mensa ferens Panes, ellychnia, peluis, acerra
Cuncta sacerdotem te Pie CHRISTE notant.

Schatten sind Bild deß Priesterthumbs Christi.

Der Priester Aaron/ die Cherubim/ Bundsladen/
Der Tisch mit dem Schawbrot/ das Rauchfaß/ stühl der Gnaden/
Der Leuchter/ Heilig Gefäß/ der Brandopffers Altar/
Christi Hochpriesterthumb bezeugen hell vnd klar.

Le grand prestre Aaron, l' Arche de DIEV, l' Oracle,
Le Chandelier, par fums, vases au Tabernacle,
La Table avec les Pains, l' Autel de Sacrifice
Tout monstre à IESVS CHRIST, sa mort, & son office. Exod. XX

The priest, Aaron, the angels, the arc of testimony
The table, the offerings and incense—
The candles and holy bottles are all a sound proof
Of God's existence here under his roof.

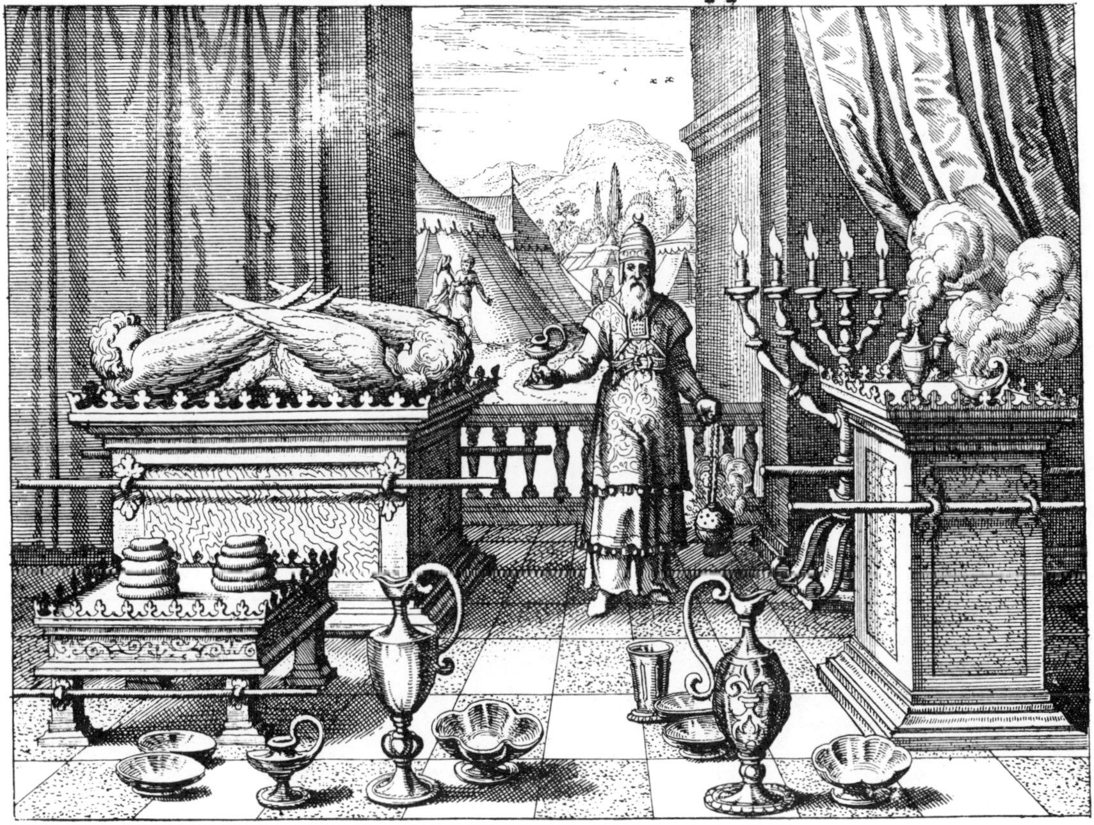

Exod. XXV. & Seqq.

N 2 *Idolo-*

The Sacraments of Christ

XLV.

Idololatria Peccatum omnium maximum.

Dum Moſes aberat vitulum conflauerat auro
  Frater,& hunc iuſſit nomen habere DEI:
Idolum populus colit, & ſimulacra veretur,
  Perdere quos Domini non leuis ira cupit.

Götzendienſt der gröſte Grewel.

Als Moſes lang verzog/wolt man von jhm nichts wiſſen/
  Aaron muſt dem Volck ein Gülden Kälblein gieſſen/
Daſſelb Verehrten ſie/ Anbettens als ein Gott/
  Darob erzürnt der Herr/troht jhn allen den Todt.

Voicytout l' Iſrael, qui ſon vray DIEV oublie
* Vn Veau fait en Horeb par grande Idolatrie,*
D' ou devient l' Eternel mal-content & jaloux
* Mais Moyſe intercede appaiſant ſon courroux.*

EXOD. XXX[illegible]

Moses withdrew, no one wanted to draw from his wisdom
  Aaron brings the people a fake god in their new kingdom
Which is prayed to as if it were a deity
  God is angered and will punish without pity.

Exod. XXXII. 101

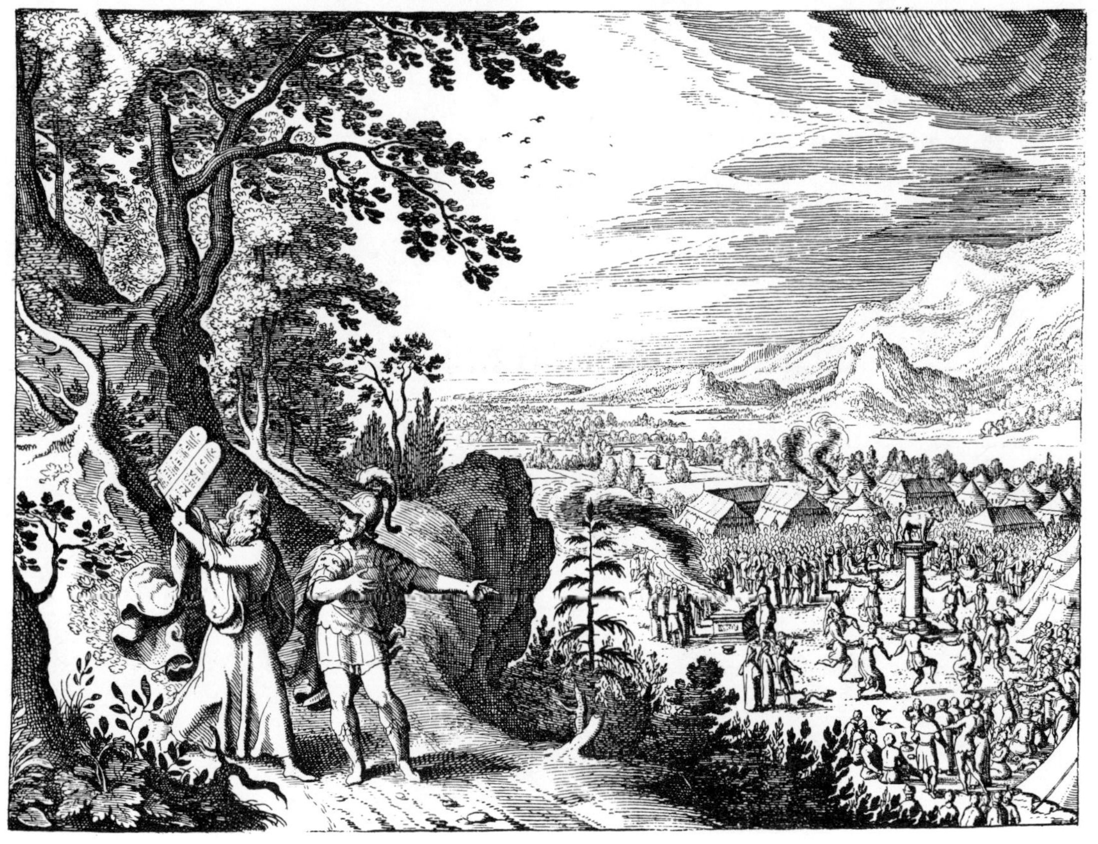

N 3 *Ethe-*

Pagan Services Condemned

XLVI.

Ethelothriſcia abominatio apud Deum.

Dum temerant fratres Nadabus & alter Abihu
  Igne peregrino Sacrum adytumque DEI:
Thuribulis fera flamma micans conſumit vtrumque,
  Non niſi legitimo Numina more cole.

Erdichter Gottesdienſt mißfelt dem Herꝛen.

Aarons Söhn vor Gott ſich trotzig han vermeſſen/
  Frembd Fewr zubringen dar/ drumb ſie das Fewr muſt Freſſen/
Gott heiſt ſie werffen hin/ Auſſerhalb der Gemein/
  Will nicht das mans Begrab/ Beklag oder Bewein.

Nadab avec Abiu ſon frere, feu eſtrange
  Au Dieu le ſouverain contre ſon vueil offrent,
Dont les deux dure mort par feu bruslez ſouffrent.
  De tous durs cerveaux DIEV marri ſe revenge.

LEVIT.

Aaron's sons into fools themselves make
  Holy fire out of the altar do take
The fire kills them, they die outside of the congregation
  Pity, tears and sorrow forbidden to all relations.

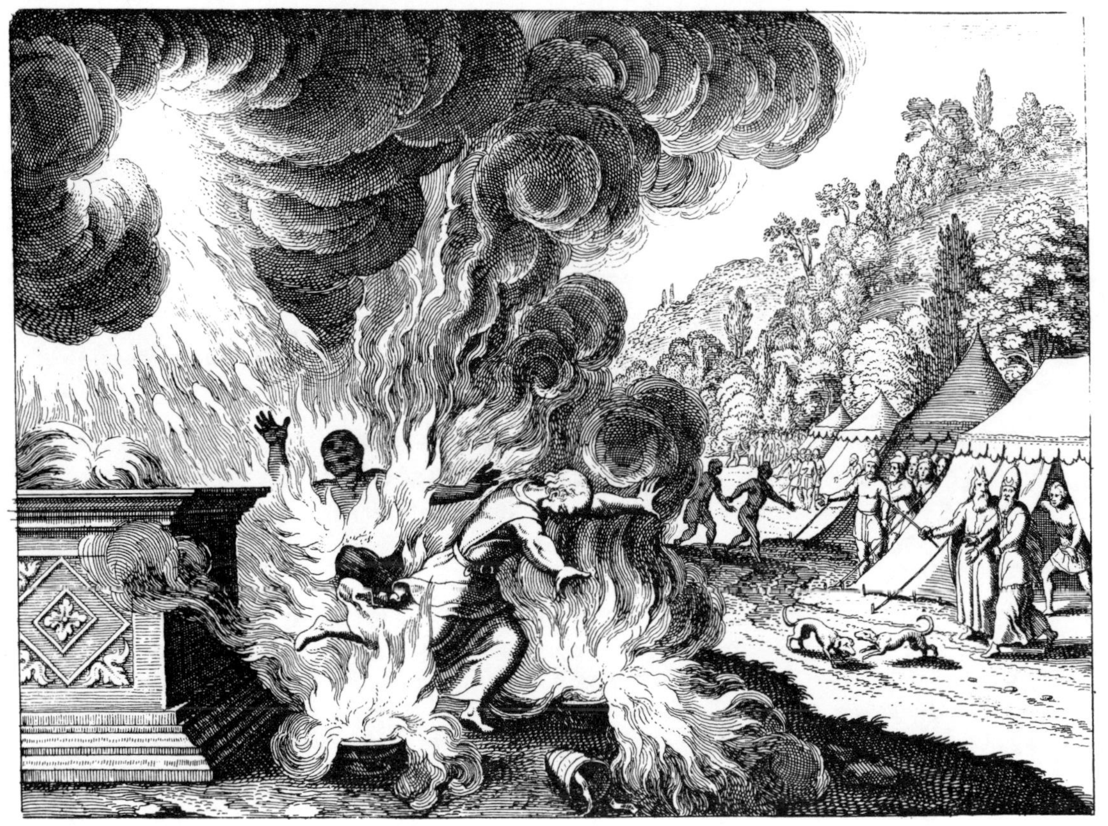

Pinguis

Pagan Service of No Use

XLVII.

Pinguis hæreditas filiorum DEI.

Exploratores Chananæas mittit in oras
Legifer, & fructus inde referre iubet.
Iosua magnanimus botrum comitante Calebo
Baiulat, indicium fertilitatis habens.

Fett ist das Erbtheil der Kinder Gottes.

Moses Kundschaffter send das new Land zu erkunden/
Vngleich berichten sie wie sie es hetten funden/
Ein Trauben brachten sie/an dem jhr zwen zutragen/
Caleb vnd Josua wenden deß Pöfels zagen.

Moyse envoya principaux per sonnages
Pour le peuple & Pays Canaan espier.
Deux portent vn raisin tresgrand sur vn leuier,
A cognoistre les biens, les fruicts & advantages. NVM. XI

Moses' messengers return from their tour of the new land
Opinions are varied, but huge grapes are carried by each hand
Uneven their reports did Moses find
But people of their worries they did blind.

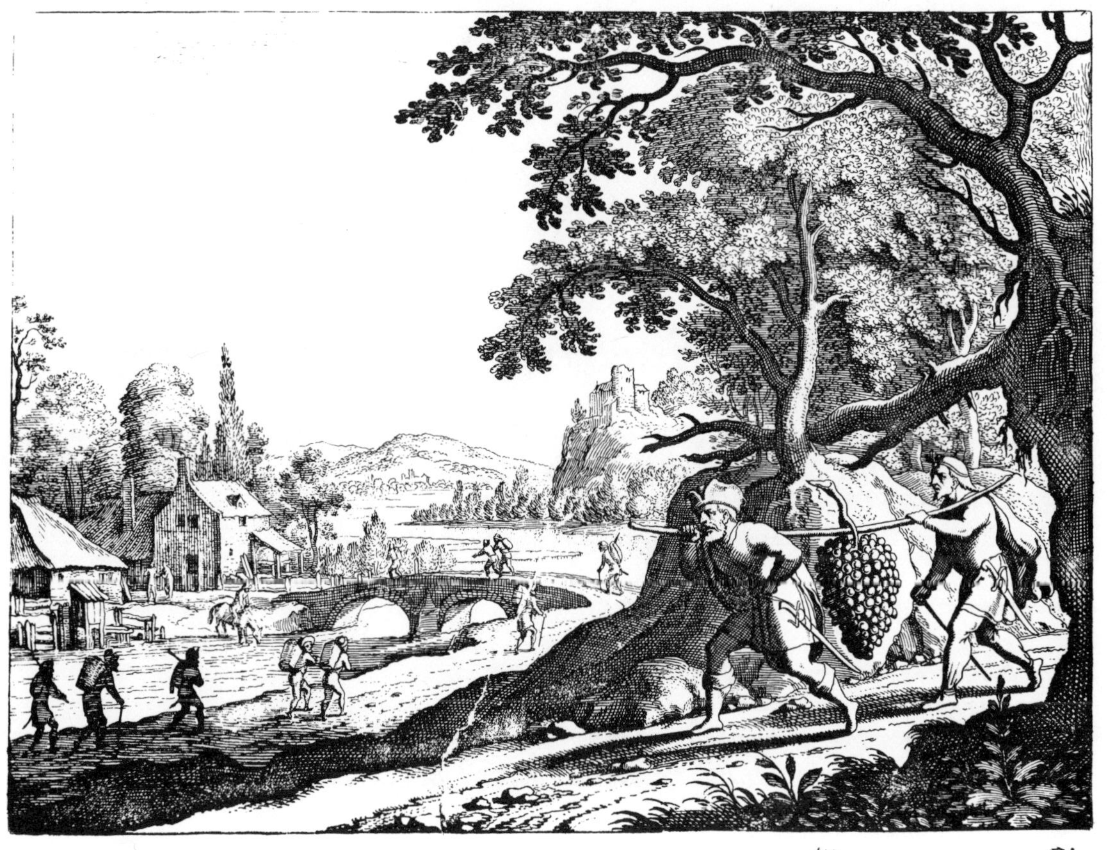

O Sicut

The Inheritance of God's Children

XLVIII.

Sicut Moſes in deſerto ſerpentem exaltauit.

Protinus ingratum laniantes Dipſades agmen
Morſibus æſtiferis, corpora multa necant.
Aere cauo colubrum ſuſpendit in aere Moſes,
Illius adſpectus vulnera dira leuat.

Alſo muß deß Menſchen Sohn erhöhet werden.

Das Volck murꝛt wider Gott/der ſchickt Fewrige Schlangen
Vnder die Böſe Rott/dadurch viel hingericht/
Moſes auff Gotts befehl ein Ehern Schlang aufricht/
Wer ſolche Schawet an/ ſolt Geſundheit erlangen.

Chaſcun-des murmurans par les ſerpens greué,
Seraguari, ſi toſt quand il aura levé,
Ses yeux & ſon regard vers le ſerpent d' airain
En CHRISTI nous trouverons remede ſouverain.

NVM. XX

God's people dissatisfied, he sends forth fiery serpents
To torment and plague them for the wicked and bent
One special snake by Moses is put high on a stake
By looking at it, the epidemic will break.

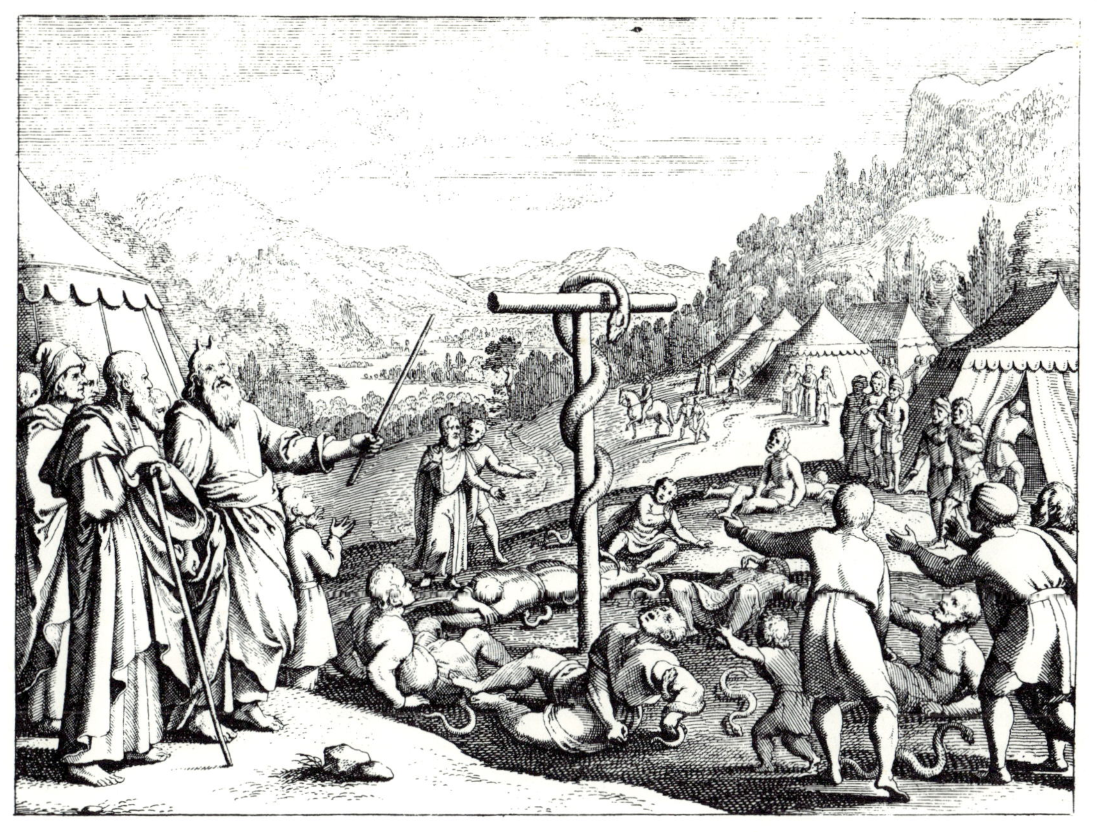

O 2 *Ipsi*

Moses and the Serpent

XLIX.

Ipsi maledicent, ego autem Benedicam.

En maledicturum Vatem Moabita Balacus
Hebræo populo te Bileame vocat.
Non ſinit hoc genius: miſeram quid cædis aſellam,
Quæ te mirifico corripit ore loquens?

Fluchen ſie/ ſo Segnet der Herr.

Balack rufft Bileam bey jhm ein Rath zuſuchen/
Weil er in Angſten war/ er ſolt Iſrael Fluchen.
Der Engel wehret jhm / die Eſelin jhm zu redt/
Daß er an ſtatt deß Fluchs Iſrael Segnen thet.

Balak Roy de Moab envoya pour conduire
Envers ſoy Balaam pour Iſrael mauldire.
Mais l' Ange defendit, l' aſneſſe tant farouche
Son maiſtre icy reprend, DIEV luy ouvre la bouche,

NVM. XXI

Bralack from Billean seeks advice
His task is to curse Israel or pay the price
He's rebuffed by the angel, who'd rather he bless
He does it, both his conscience and Israel out of the mess.

NVMER. XXII. 109

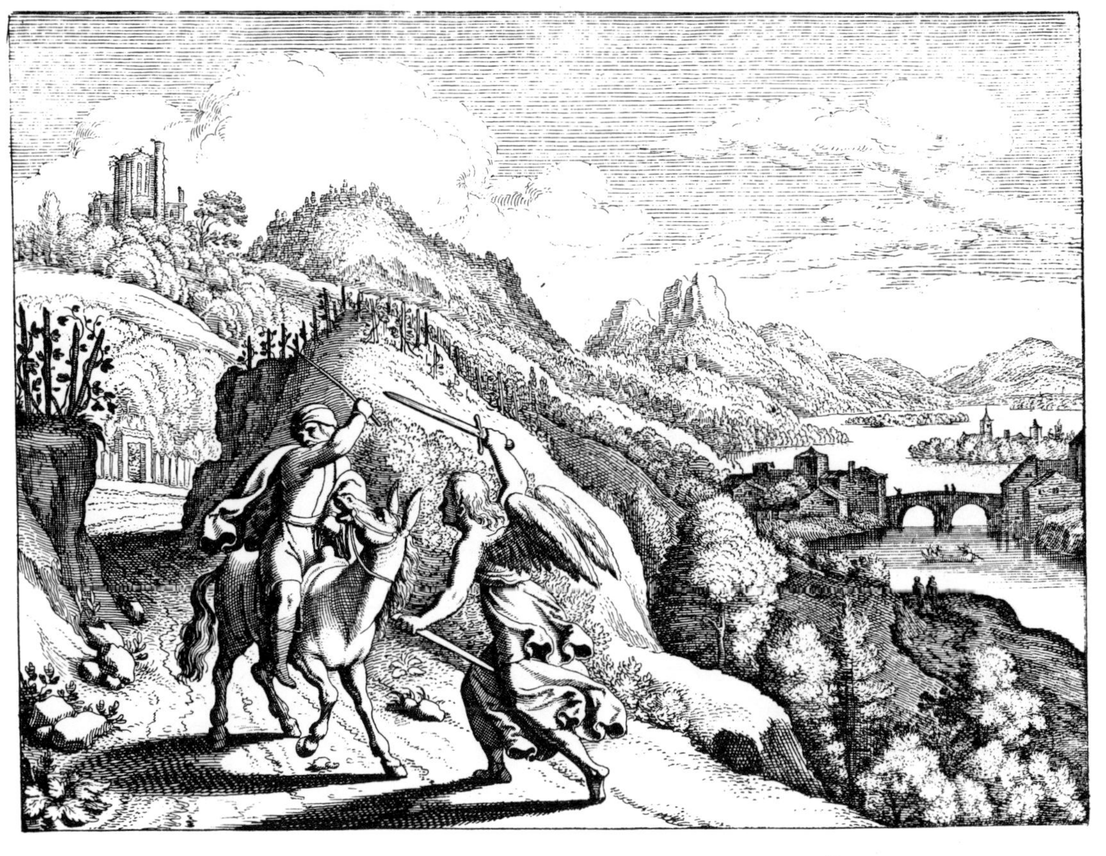

O 3 *Hic*

To Bless Instead of Curse

L.

Hic in spe, olim in re.

Venerat ad fluuium Moses, vbi culmina montis
  Scandit, & ex alto regna futura videt.
Hic moreris Vir amice DEO, ter sanċte Propheta,
  Quem DEVS ignota contumulauit humo.

Hie sehen wirs in der Hoffnung / dort werden wirs besitzen.

Zu letzt sicht der Prophet Moses das Land von weitten/
  Darein Josua solt das Volck Jsrael leyten/
Auff dem Berg Nebo stirbt der Thewre Gottes Mann/
  Gott führt jhn durch den Todt ins Himlisch Chanaan.

A la fin le Seigneur fait voir au Sainct Moyse
  Les Cantons & beauté de la terre promise.
Icy mourut de DIEV le feau seruiteur,
  Le quel enseuelit mesme le Createur.

DEVT. XXI

In the end roses see at a distance the promised land
  Into which Joshua will lead his people by the hand
High on Mt. Nebo Moses lays himself to rest
  After his death God leads him to the land of his quest.

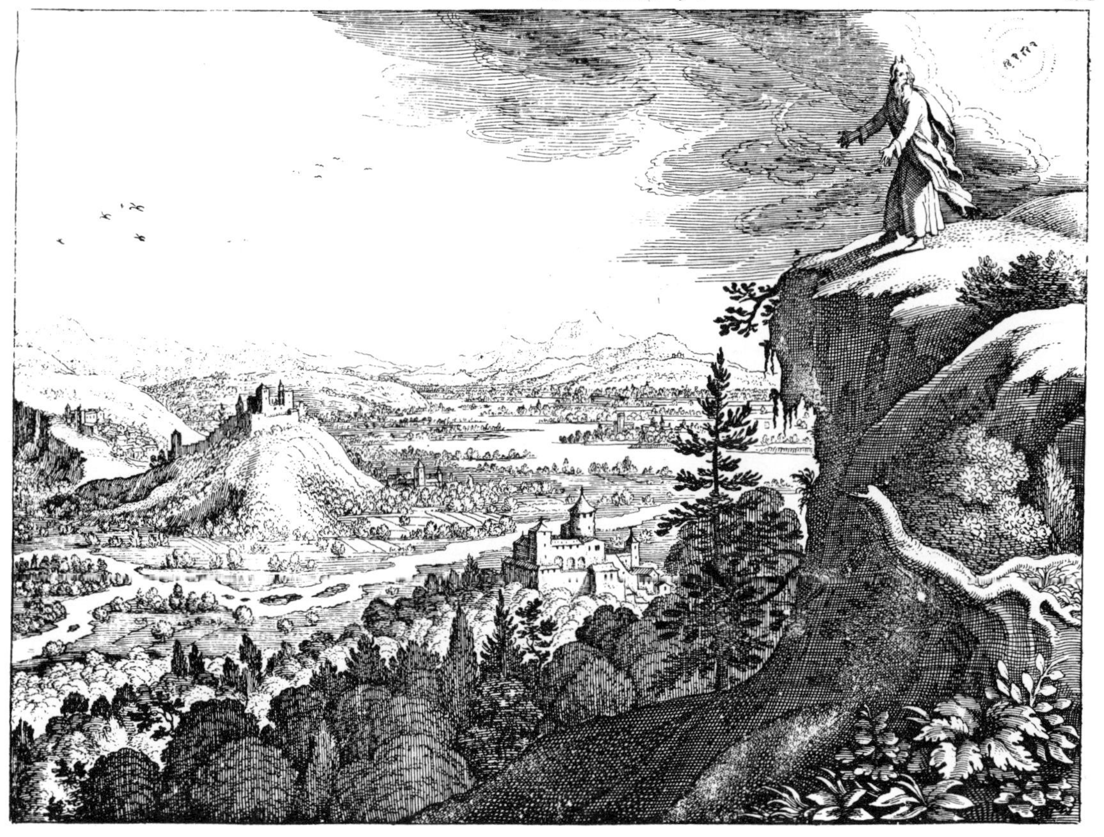

FINIS.

We Will Soon Be Part of What We Now Pray For

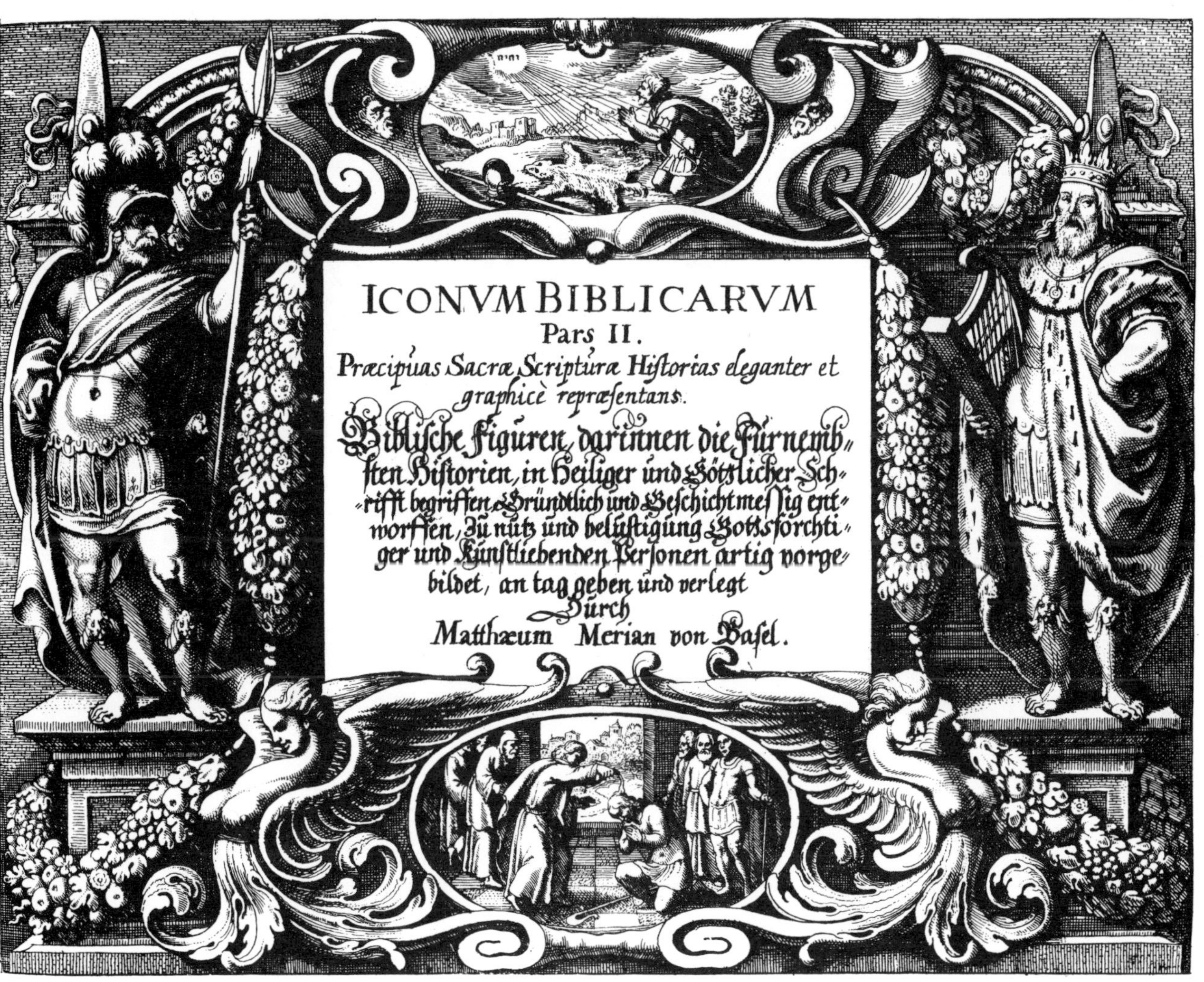
ICONVM BIBLICARVM
Pars II.
Præcipuas Sacræ Scripturæ Historias eleganter et
graphicè repræsentans.
Biblische Figuren, darinnen die Fürnemb-
sten Historien, in Heiliger und Göttlicher Sch-
rifft begriffen, Gründtlich und Geschichtmessig ent-
worffen, Zu nütz und belüstigung Gottsförchti-
ger und Kunstliebenden Personen artig vorge-
bildet, an tag geben und verlegt
Durch
Matthæum Merian von Basel.

PART II

Biblical accounts in which parts of history are thoroughly and scholastically investigated, put together in historical and theological manner and presented to God-fearing and art-loving people for educational and entertainment purposes.

by Matthaus Merian of Basel

Strasburg
Published by Lazari Zetzner
in the year MDCXXX

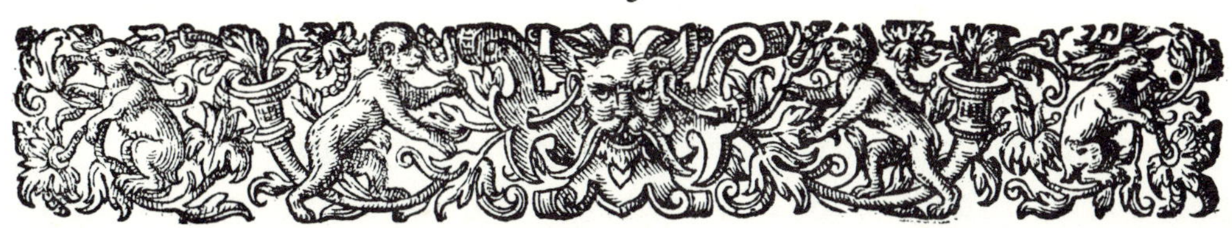

Der Ehrenreichen vnd Tugendsamen Frawen / Anna Maria Königin / Herrn Jacob Sandrarts / Bürgers vnd Handelsmanns zu Franckfurt am Mayn / Ehelichen Haußfrawen / Meiner in Ehrengebühr geliebten vnd vielgeehrten Frawen.

EHrenreiche vnd Tugendsame / derselben seyen mein jederzeit bereitwillige Dienst bestes Vermögens in Ehren zuvor / Vielgeehrte / in gebühr gönstige Fraw.

In was sonderbarem Respect, Ansehen vnd Achtung die Mahlerkunst / die bestehe gleich in entwerff- vnd representirung der Historien / Landschafftē vnd andern willkührlichen Inventionen / so von freyer Hand herrühren / oder in gleichförmiger Contrafactur vnd Abbildung der Menschen / vnd anderer / so wol lebendigen als todten Objecten / bey männiglichen Hohes vnd Niderstands Persohnen jederzeit gewesen vnd noch / da doch fast alle gute vnd löbliche Künste zusterben kranck sind/achte ich dißmals für vnnötig/auß den Schrifften der vergangenen Geschichten oder Exempeln der abgewichenen vnd schwebenden Zeiten zubeweisen/als ein ding welches Sonnenklar am Tag.

Nun ist widerumb bekant/daß obermelte Malerkunst fürnemlich in zweyen stücken beruhe/nemlich/da man mit vielerley Farben/künstlich zusamen gerichtet vnd temperiret/die gestalt eines Dings/so viel als müglich/dem Leben gemäß für Augen stellet/oder wann solches allein mit einer Farb beschicht/welches am allermeisten in der Kunst deß Blatschneidens oder Kupfferstechens zu sehen.

Nun wird zwar von etlichen Kunstliebenden vnd Verständigen gefragt/welche vnter diesen beyden Künsten der andern vorzuziehen. Die meiste Stimmen oder Vota gehen dahin/daß es allem ansehen nach gleiches Ingenium, Kunst vnnd Verstand bedürffe/ein ding nur allein mit einer/nemlich der schwartzen Farb auff weiß Papier/dergestalt für Augen zustellen (es seyen gleich Historien/Landschafften oder Pourtraicten) daß männiglich solches mit verwunderung im ersten Anblick erkennen möge/vnd gestehen muß/es sey der Natur vnd Leben in der stellung vnd schatten gemäß/daher dann solche auch bey den Alten in jhren Ehren vielerley vnd Würden/auch von jhnen Monochromata genent worden. Darzu dann auch kompt daß ein stück/so auff die Kupffer oder Stahelblatten geetzet oder geschnitten/etlich hund rt ja tausendmahl durch den Truck/vnd Preß auffs Papier gebracht/vnd der Abtruck davon männiglich vmb ein geringes communicirt werden

den kan / da es dann mit den von seinen Farben gemahlten Tafeln oder Stücken weit ein andere meynung / da viel zeit / mühe vnd vnkosten erfordert wird / ehe man ein einigs zu werck bringet vnd vollführet / bleibt doch entlich nur an einem orth allein / vnd kompt nit männiglich zu gutem ins Gesicht / wie jenes. Diese Frag aber will ich allhie vnerörtert lassen / vnd diß allein melden / daß nicht wenig fromer ehrliebender Leuth beneben mir mit schmertzen klagen / daß beyde so edele Künst / vnd also ins gemein die gantze Malerey in einen schändlichen mißbrauch / wie fast mit allen andern Gaben Gottes verfahren wird / gezogen werden / in deme viel schandliche ärgerliche Bilder / ja solche sachen / die vnter vns Christen / wie der Apostel Paulus sagt / nicht genennet noch gehöret oder gesehen werden solten / gemahlet / getruckt / feyl getragen / auch den Einfältigen vnd lieben Jugend zu grossem ärgernuß spargirt werden. Andere ob sie wol in diesem stück sich enthalten / können sie doch nicht lassen / jhren vnzeitigen Eyffer oder Geyffer bey diesen schweren betrübten zeiten herauß zustossen / durch solch Gemälde vnd Abriß / dadurch sie deß Nechsten / auch wol grosser Herren vnd Potentaten Ehr / guten Nahmen / Leymuth vnd Reputation Paßquils weise gantz leichtfertig antasten / vnerachtet der straff / so die geschriebenen Rechten dergleichen Paßquillanten vnnachlässig bestimmen.

Diesen beyden Mißbräuchen schnurstracks zuentgegen / hab ich mir vor einem Jahr fürgenommen / die fürnembsten Historien der heiligen Bibel in einer kleinen bequemen form geschichtmässig abzureissen vnd auffs Kupffer zubringen /

A iij der

der hoffnung / es werde solche meine Arbeit vnd Fleiß kunstliebenden vnd verständigen Personen nicht allein zur ergötzung vnd lust der Augen vnd deß Gemüths / sondern auch zur bewegung der Hertzen / zur Gottesforcht / vnd nachdencken Gottseliger Geschichten dienlich seyn.

Vnd zwar / demnach ich in publicirung der ersten fünfftzig Figuren / in die fünff Bücher Mosis vorm Jahr den Anfang gemacht / vnd dabey befunden / daß solche vielen vornehmen Leuten sehr wol gefallen / dergestalt / daß sich derselb Erste Theil guter massen verkaufft / auch noch täglich gesucht vnd begert wird / als hab ich mich verursachet befunden / das angefangene Werck zu verfolgen / vnnd bin durch die hülff Gottes so weit kommen / daß ich auch den Andern Theil Iconum Biblicarum, Inhaltend die fürnembsten Historien der Bücher Josuæ / der Richter / Ruth / Ersten vnd Andern Buchs Samuels / wie dann fürters deß Ersten vnnd Andern Buchs der Königen verfertigt / vnd mit Versen vnnd Reymen in dreyen Sprachen gleich dem Ersten Theil gezieret / an deß Tages Liecht gebracht / vnd in vier vnd sechtzig Figuren begriffen / vor Augen gestellt habe.

Diesen Andern Theil nun / Ehren vnd Tugendsame / in Ehrengebühr gönstige Fraw / deroselben zuzuschreiben vnd zuverehren / hat mich erstlich bewogen / daß ich dickmals verspürt / welcher gestalt die Fraw nicht ein gering gefallen an der Mahlerey vnd Kunststücken getragen / Insonderheit zu Gottsfürchtigen Historien sich mit fleissiger anschawung vnnd betrachtung derselben zum offtermahl belustigt /

belustigt/ auch hiedurch bewogen worden/ durch anleytung deren den Biblischen Text selbst auffzusuchen vnd nach zuschlagen/ welches dann der fürnembste zweck ist/ dahin ich in diesem meinem Werck eygentlich ziele vnnd sihe: darnach daß ich durch diß schlecht vnd ringfertig Præsent/ so E. Ehrn vnd Tugenden ich hiemit gantz dienstlicher gebühr offerirt vnd verehret/ auch vnter dero Namen publicirt haben will/ ich männiglich zuerkennen gebe/ waser gestalt ich der Frawen/ dero lieben Ehewirt Jacob Sandrart/ auch Herrn Schweher-Vattern/ meinen sonders geehrten gönstigen Herrn vnd Fürderern verobligirt/ affectionirt vnd zu allẽ müglichen diensten vrpietig were/ auch die zeit meines Lebens seyn vnd bleiben wolle.

Langt demnach an E. Ehrn vnd Tugenden mein gantz fleissig bitt die wollen jhr dises Wercklein angenehm vnd zum besten recommendirt seyn lassen/ sich nach belieben darinn ersehen vnd belustigen/ vnd darauß meine Dienstfertigkeit/ guten Willen vnd danckbar Gemüt erkennen/ deß eygentlichen versehens/ daß ich meine Affection lieber in einem grössern vnd mehrern wolte zuverstehen gegeben haben/ wann solches dißmals in meinem Vermögen gewest were. E. Ehren vnd Tugenden hiemit sampt dero geliebten Ehewirth/ auch allen An- vnd Zuverwandten/ dem Gnadenschutz deß Allmächtigen befehlend. Datum Franckfurt deß Ersten Tags Mertzens/ im Jahr Christi 1626.

E. Ehrn vnd Tugenden

In gebühr Dienstgeflissener

Mattheus Merian.

TRANSLATION OF PART II DEDICATION

Dedicated to the young and honorable Anna Marie Konigin, Sir Jacob Sanbrarts, native and businessman of Frankfurt on Main, also to the bewedded wives and to my honorably loved women.

Honorable and youthsome woman, to whom at any time I dedicate my worldly and spiritual services:

It is respectfully and honorably that the art of painting which exists and represents to us history, landscapes and other random inventions which originate in freestyle or in flowing contrast, are images of people, and others such as living and dead objects, remain the same both with persons of upper and lower ranks, because all art is suffering from sickness.

I don't believe it necessary to prove a thing, which to me seems clear as day from writings and examples of the past. It is well known, that the art of painting as referred to above is based on two things: namely to copy an object with many colors put together as close as possible to life, or to achieve the same goal with one color, as occurs most often in the art of printing or engraving.

More often than not art lovers will wonder which of the two types is preferable. According to data, it is said that, all in all, genius, feeling for art, and intelligence are needed to present something in black and white (be it histories, landscapes or portraits) and to have it appear lifelike and be referred to as Monochromatic. Also, a picture engraved on copper or metal plates is pressed hundreds, no thousands of times onto paper and is something entirely different in itself compared to colored tablets, because of the time and output involved. I will not go any deeper into that issue, and leave it unanswered for now, but move to something else. Many pious, law-abiding people complain to me bitterly of the state in which types of art, nay, art in itself finds itself. Pictures, paintings, drawings of such kinds as St. Paul would say are better not seen, heard, or spoken of, shamefully corrupting our youth. Others cannot help but ridicule and take in vain collections such as these and the name of the Lord regardless of punishment or etiquette. To avoid these misuses, one year ago I decided to publish a small, comfortable edition of the holy Bible in the hopes that it be not only a feast for the eyes but also be moving and maybe put some fear of God into those that need it.

After my publication of the first fifty figures, in which were depicted the five books of Moses, I found that these were enjoyed tremendously by the public and even now I still get requests for copies of this first edition. So I decided to continue something once begun, and was able to put together, with the Lord's help, this second part which contains the books of Joshua, the Judges, Ruth, First and other books of Samuel, First and other books of the Kings and, of course, various rhymes and verses in three languages which explain or reversely illustrate the 64 prints. In this second part then, honorable and youthsome lady, whom I respect and honor so much, and who helped me achieve a fuller understanding of woman and the not unimportant role she portrays in paintings and works of art, I was inspired by these histories to amusement and yet also to go more deeply into the matter, which brings me to the goal that I aim for with this publication: that this low and menial present might show more fully the feelings of respect, love and affection that I hereby publicly declare for this woman and her dear husband, Jacob Sanbrart and Master Schweher, father of myself, and announce that my services are theirs to call upon for the rest of my life.

So, dear ones, take this then and read of it, amuse yourselves and recommend as best you can knowing that it shows my willingness to work and serve and my grateful disposition. Know that, this the better way for me to declare my affection was through this and I would, this communicated to more people.

To the noble and honorable lady and her loving husband many blessings and protection always.

To the noble and honorable lady
your respectful servant
Matthaus Merian

8

I.

Sicut adſui Moſi, ita tibi adero.

Ingrato poſtquam Moſes valedixerat orbi
Protinus Iſacidum JOSUA ſceptra capit.
Dividit hic Jordanis aquas Regnator Olympi,
Arva petit ſicco plebs Chananæa pede.

Ich will dich nicht verlaſſen noch von dir weychen.

Da Moſe von der Welt ſein Vrlaub hat genommen/
Vnd das Commandement war auff Joſua kommen/
Theilt Gott gantz wunderbar das Waſſer im Jordan/
Iſrael gieng hindurch in das Land Chanaan.

Möyſe deliuré des mondaines moleſtes
Pour trouuer le repos dans les gloires Celeſtes,
Ioſué prend le frein du peuple circoncis.
Lors, le flot mi-coupé du Iordain ſe ſepare;
Dieu fait paſſer à ſec ſon peuple, qui s'empare
Des champs Cananëens pour luy jadis choiſis. JOSUA II

When Moses himself to his final rest had laid
Joshua the new commander of people was made
God parted the Jordan, they marched through with a song
To Israel's new home the land of Chanaan.

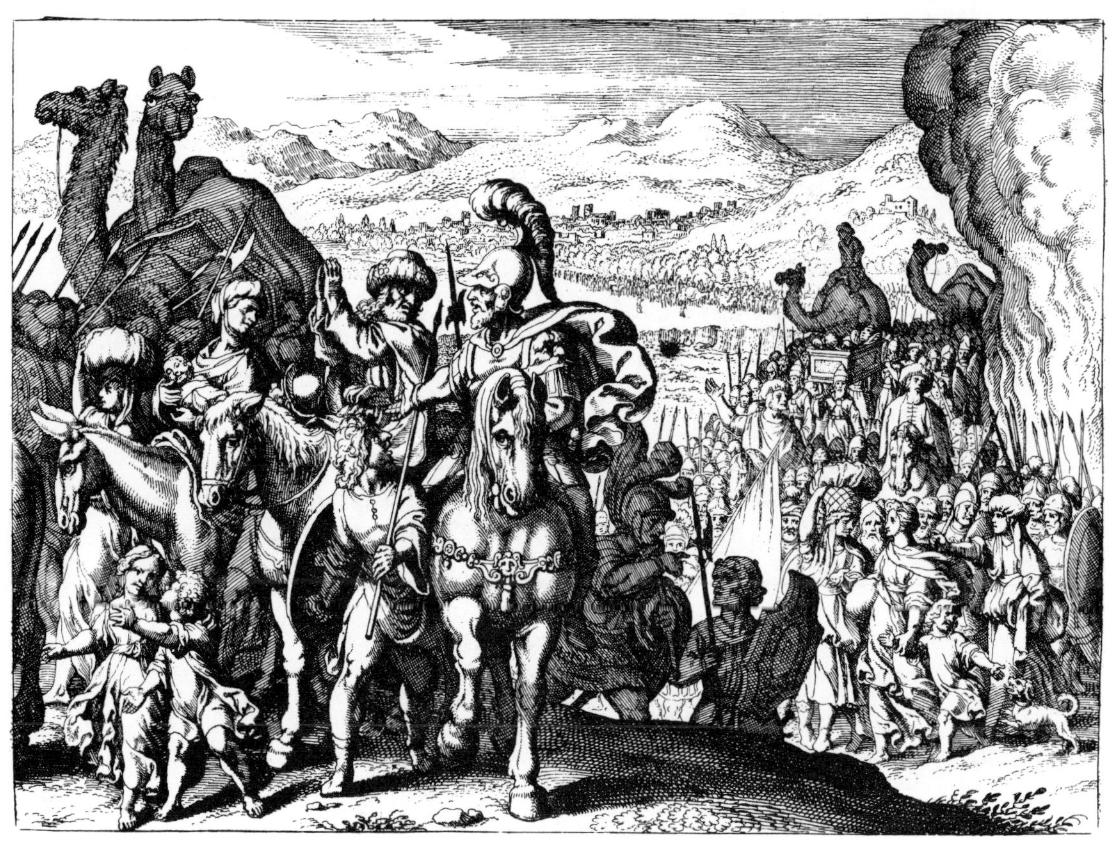

B Fide

I Will Never Leave You or Forsake You

10

II.

Fide corruerunt mœnia Ierichuntis.

Clauſerat Hebræis portas, ter circuit illam
Turba Sacerdotum clangere juſſa tubis.
Mœnia ſponte cadunt populi clamore ſoluta,
Arſit, & vrbs JERCHO tota ruina fuit.

Durch den Glauben fielen die Mauren Jercho.

Jercho ſich widerſetzt / die Prieſter vnd Leuiten
Machen ein Feldgeſchrey / vnd all Jſraeliten.
Die Mauren fallen vmb / Juda dringt ein mit Macht /
Die Statt wird abgebrannt / die Bürger vmbgebracht.

Des ſots Ierichontins la prudence peu-ſage
Fait garde iour & nuit, refuſant le paſſage
A l'Iſacide camp dans ſon terroir maudit:
Mais les cors fanfarans en la bouche Leuite
Font cheoir de Iericho les hauts murs viſte, viſte,
Pour mettre tout à feu, à ſac, à l'interdit. IOSUA. V

Jericho rebels; people and priests
Gather in number in the fields for a feast
The walls they tumble, Juda enters with might
The city burns, all are killed in the fight.

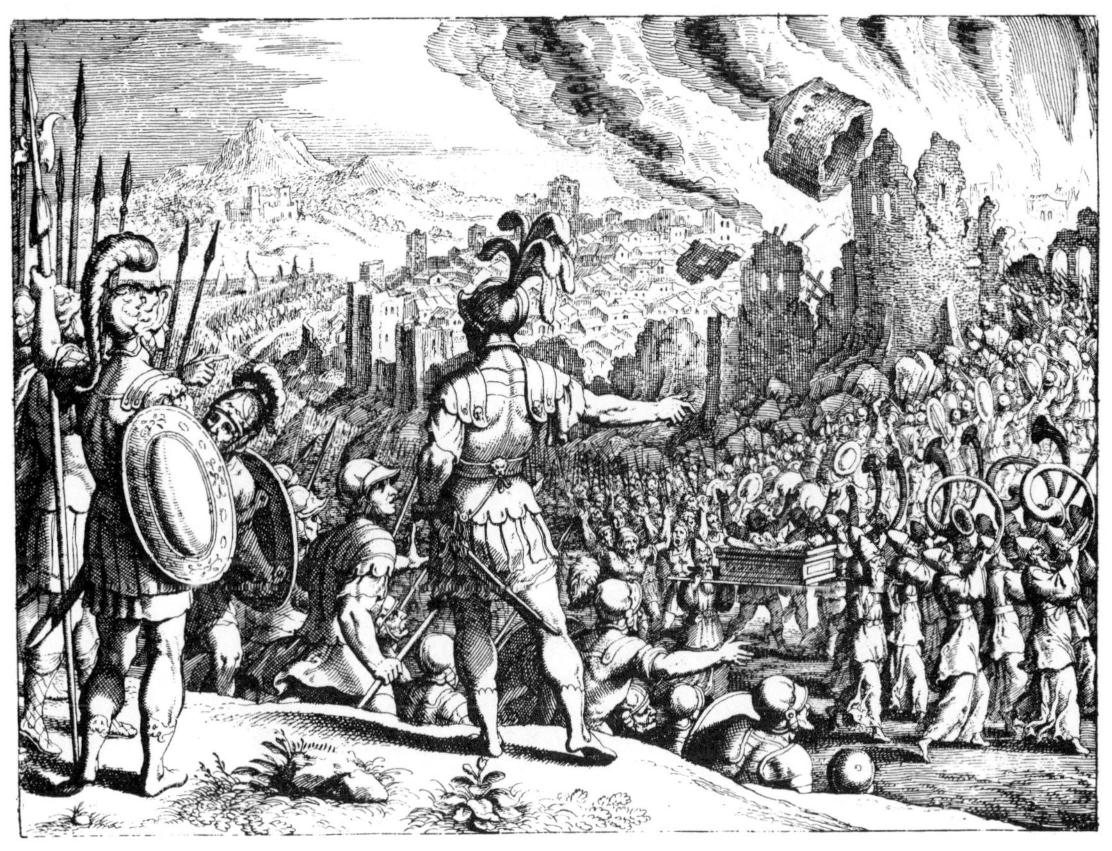

B 2 Sacri-

The Fall of the Walls of Jericho

12

III.

Sacrilegium causa cladis publicæ.

Cedit & ancipiti succumbit victa duello,
Dum malè consuluit Numen Hebræa cohors
Detegit hinc furtum, Viresque redintegrat Heros,
Ferro homines, flammâ JOSUA perdit AIN.

Gottes Dieb verursachen allgemeine Plagen.

Vor Ajn Israel wird in die flucht geschlagen /
Weil Achan von dem Raub verbannt Gut hat enttragen /
Der Diebstal wird entdeckt / der Held greifft widrumb an
Verbrennt die gantze Statt / erschlägt zwölff tausent Mann.

Pensant prendre Häy sans notable deffence,
Iosué fuit battu: fust-ce pas pour l'offence
D'un malheureux Hacan qu'arriua ce malheur?
Mais, ce meschant puni, Dieu veut que par embuche
Häy fiere par trop par fer & feu trebuche,
Iacob pillant pour soi tout le butin meilleur.

JOSUA VI.

Israel by Ain is forced to escape
From the seige Achan has robbed, and is in bad shape
They discover the thief, the hero attacks again
Burns up the city, loses twelve hundred men.

JOSUA. VIII. 13

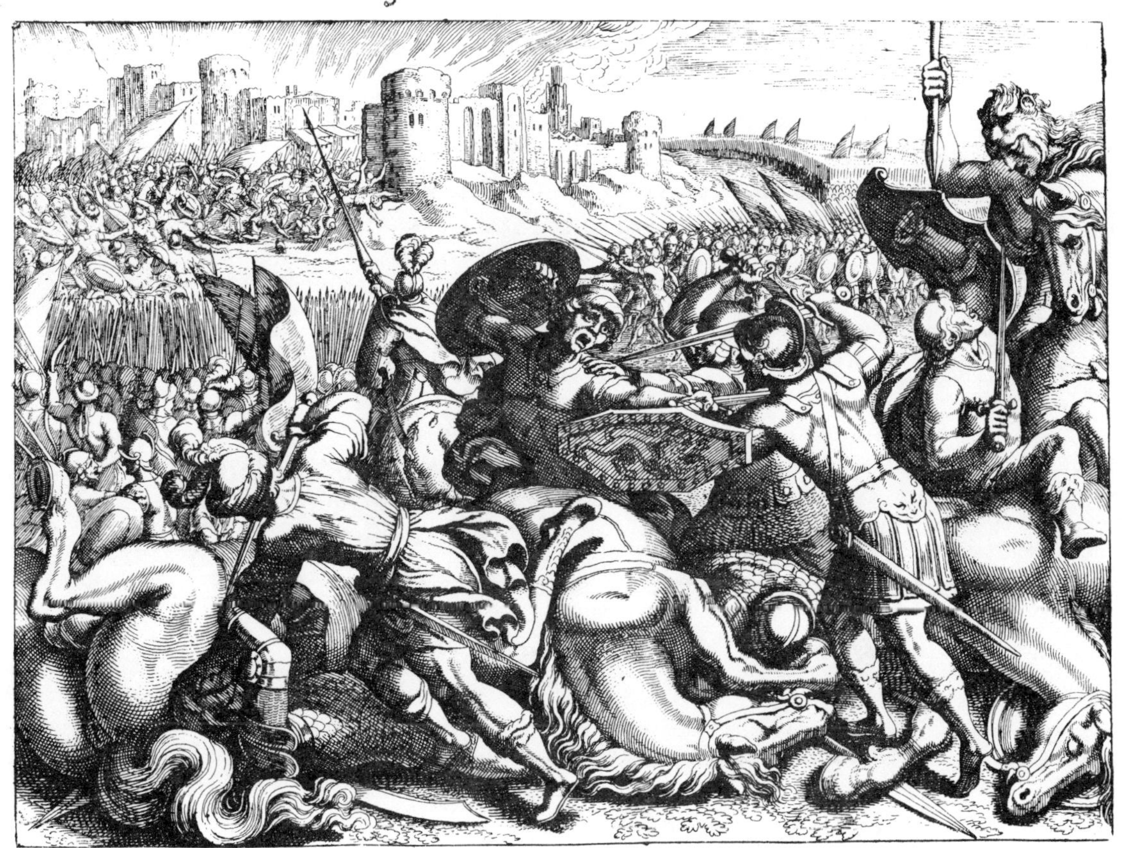

B 3 *Sol*

God's Thief Causes Much Pain

IV.

Sol ſtat & Luna ad juſſa Joſuæ fidelis.

Joſua dum victor ſæuos vlciſcitur hoſtes
Sol ſtetit in ſummo *Lunaq́;* plena Polo,
Et mutata ſuos requierunt ſidera curſus
Longior in toto non fuit orbe dies.

Auff deß Gläubigen Wort ſtehet die Sonn vnd Mond.

Joſua in dem Streit erlegt die Amoriter /
Verfolgt ſie in der flucht ſchlägt viel tauſend darnider.
Die liebe Sonn ſtund ſtill / Das gab ein dopplen Tag /
Der Mond blieb auch zurück / Sieh was der Glaub vermag.

Lors que le fils de Nun par diuine vengeance
De l'Amorrhëen fier veut ruiner l'engeance
Le Soleil à ſon mot s'arreſte dans les Cieux:
Phebé n'oſe bouger, Ioſué le commende,
Tant que les ennemis ayent payé l'amende,
Mettant en vn gibet leurs Rois pernicieux.

IOSUA.

The Amorites lose to Joshua in a fight
He followed the enemy to attack with great might
For 24 hours the sun did then shine
The moon never rose, believers knew it was fine.

IOSUA. X. 15

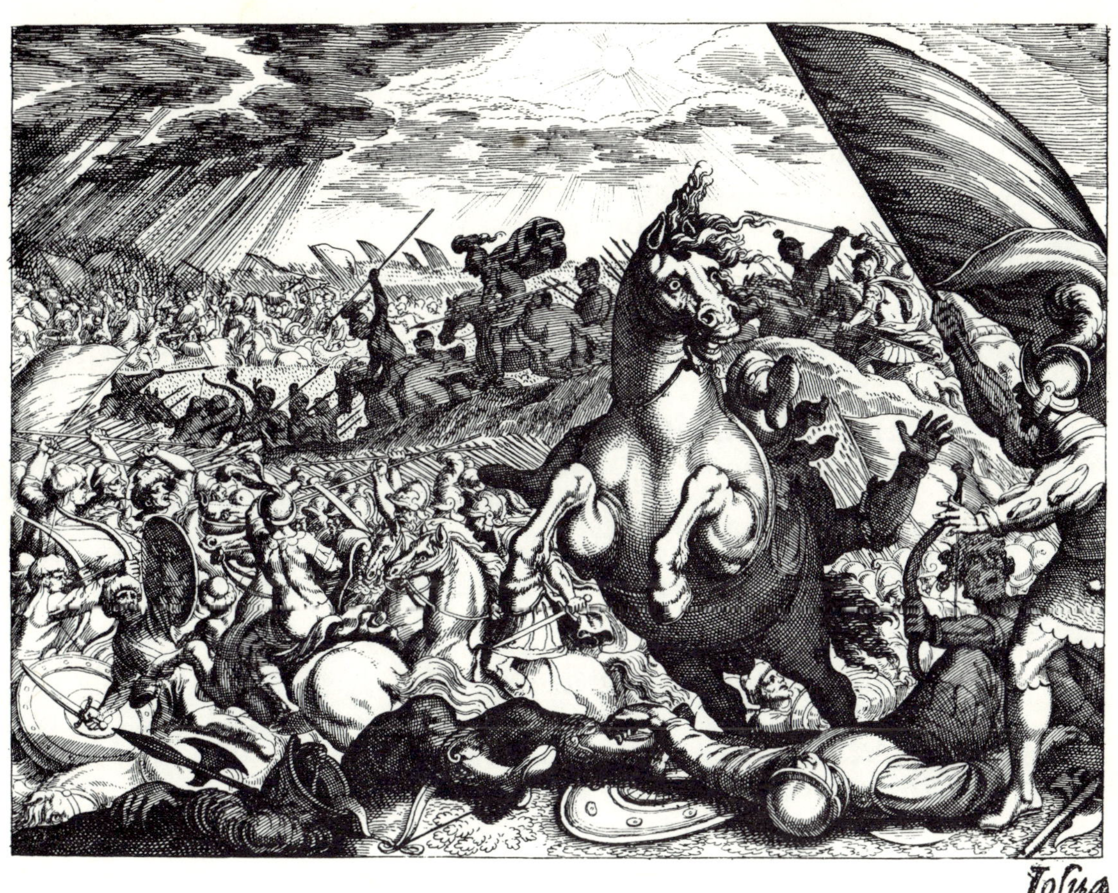

Josua

Sun and Moon are Manipulated by Belief

V.

Josua cæsis hostibus equos currusq́ eorum corrumpit.

Indigenæ multi coeunt in federa reges,
Abramidas contra JOSUA vincit eos.
Hinc cæsis suffraginibus vim perdit equorum,
Igne cremat currus, oppida cuncta capit.

Josua schlägt die Feind / verlähmt die Pferd und Wagen.

Da wider Israel sich viel König verbunden /
Und mit blutiger Schlacht erlegt und uberwunden
Werden jhr Pferd verlähmt / Jhr Heerwagen verbrant
Josua mit dem Schwert gewint das gantze Land.

Vn grand nombre de Rois en vn moment s'assemble
Ligués contre Iacob: &, bien vnis ensemble,
Pour perdre les Hebreux se donnent maints trauaux:
Mais du chef indompté la genereuse lame
Bat ces Rois sans retour, met leurs chars tout en flame,
Coupant net les iarrets à leurs braues cheuaux.

JOSUA X

Many countries to battle did Israel challenge
Many wars did she win, but with great loss and damage
So God burned the chariots and the horses fell lame
Joshua triumphed and gained great fame.

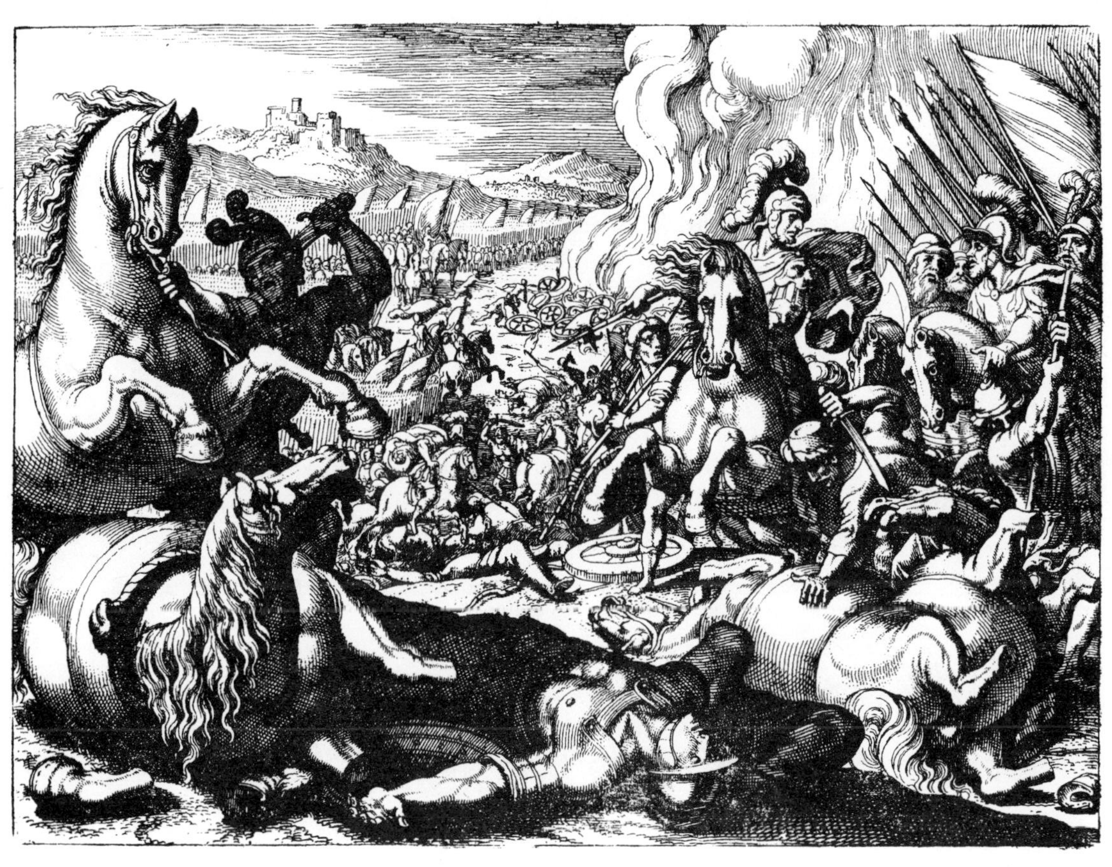

C Arripit

Joshua Conquers the Enemy by Eliminating Their Source

18

VI.

Arripit injustos talio justa viros.

Occupat Abramides vrbem Regnumque BESEKI,
  Rex fugit, insequitur Juda, virumque capit.
Pollicibus mutilant plantasque manusque Tyranni:
  Talio crudeles sic premit vlta viros.

Wie Ich andern gethan/ so hat mir Gott vergolten.

Juda sampt Simeon die Statt Bezeck einnamen/
Der König gab die flucht/ gleichwol sie jhn bekamen/
Die Daumen stümlens jhm beyd an Händen vnd Füssen/
Was er andern gethan/ das mußt der Bluthund büssen.

Le Tyran Besekin voyant prise sa terre
Se sauuera s'il peut en s'enfuyant grand'erre;
Mais d'eschapper ainsi le Ciel ne l'a permis:
Puis se sentant couper des pieds & mains les poulces;
O juste Dieu, dit-il, c'est ainsi que tu pousses
Les meschans dans le mal qu'eux mesmes ont commis.

IUDICUM

Juda and Simeon, the town of Bezek did conquer
  They tried to flee, their hands he fell into
They cripple him by hewing off both thumbs and toes
  As he had done to others, he now suffered the blows.

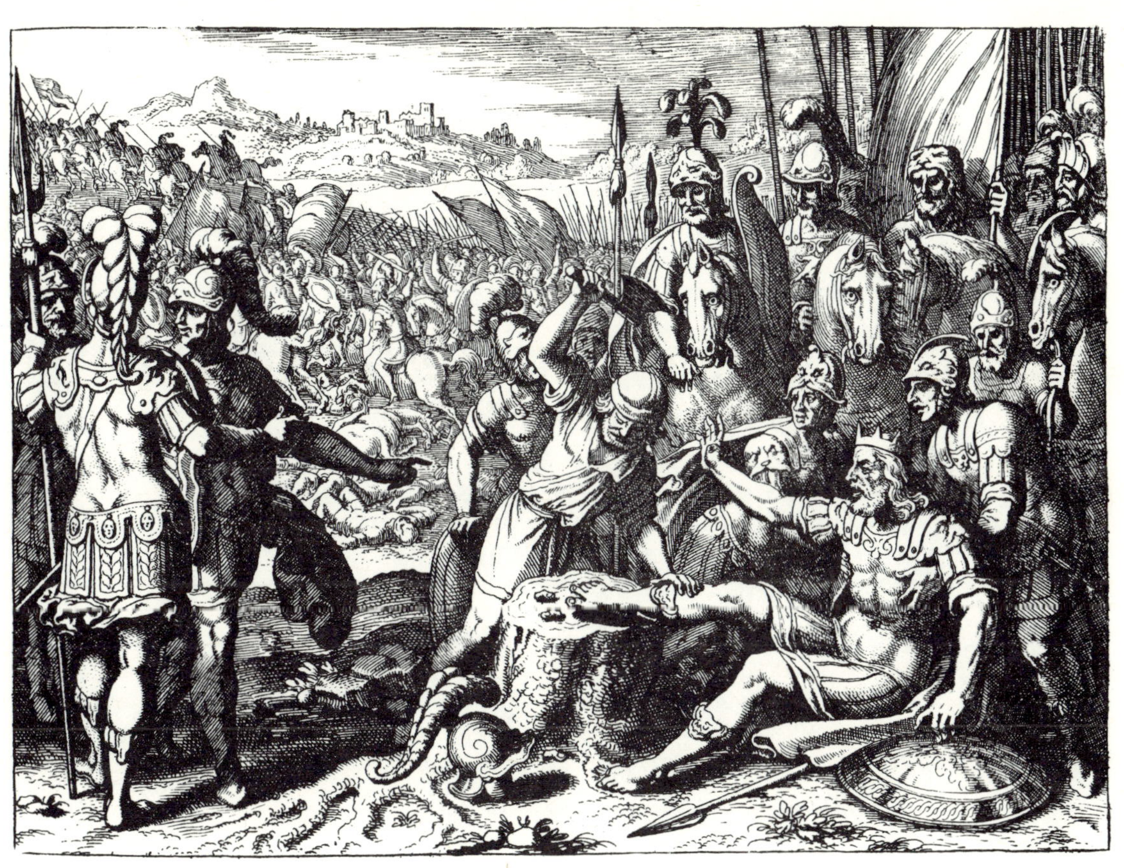

C 2 Virtus

If You Do Unto Others,
They Will Do Unto You

20

VII.

Virtus Dei in infirmitate perficitur.

Ad monitum Chananæum hostem plebs pressa Deboræ
Vicit, & eripuit libera colla iugo
Vafra JAHEL SISARÆ transfigit tempora clauo
Quomodo consilium, dic, Muliebre placet?

Durch die Schwachen macht Gott die Starcken zu schanden.

Das Volck sehr hart betrengt / Erlegt die Chananiter
Deboræ guter Rath befreyt Israel wider /
Jahel schlägt Sissera ein Nagel durch das Haupt /
Daß er durch Weibes Hand seins Lebens wird beraubt.

Sainte femme d'honneur, c'est toy, Debore sage,
Qui mandes à Barac le celeste message;
Mais sans l'auspice tien marcher il ne veut pas:
Tu fais que Sisera fuyant trouue la Tente
D'vne braue Iabel, qui l'endort, & attente
De luy percer le chef d'vn clou donne-trepas. JUDIC.

The people are threatened and slay the Chanatites
Deborah's good advice sets Israel free from its imprisoning mates
Tahl into Sisera's head does drive a nail
So by his wife's hand, his life ends in a wail.

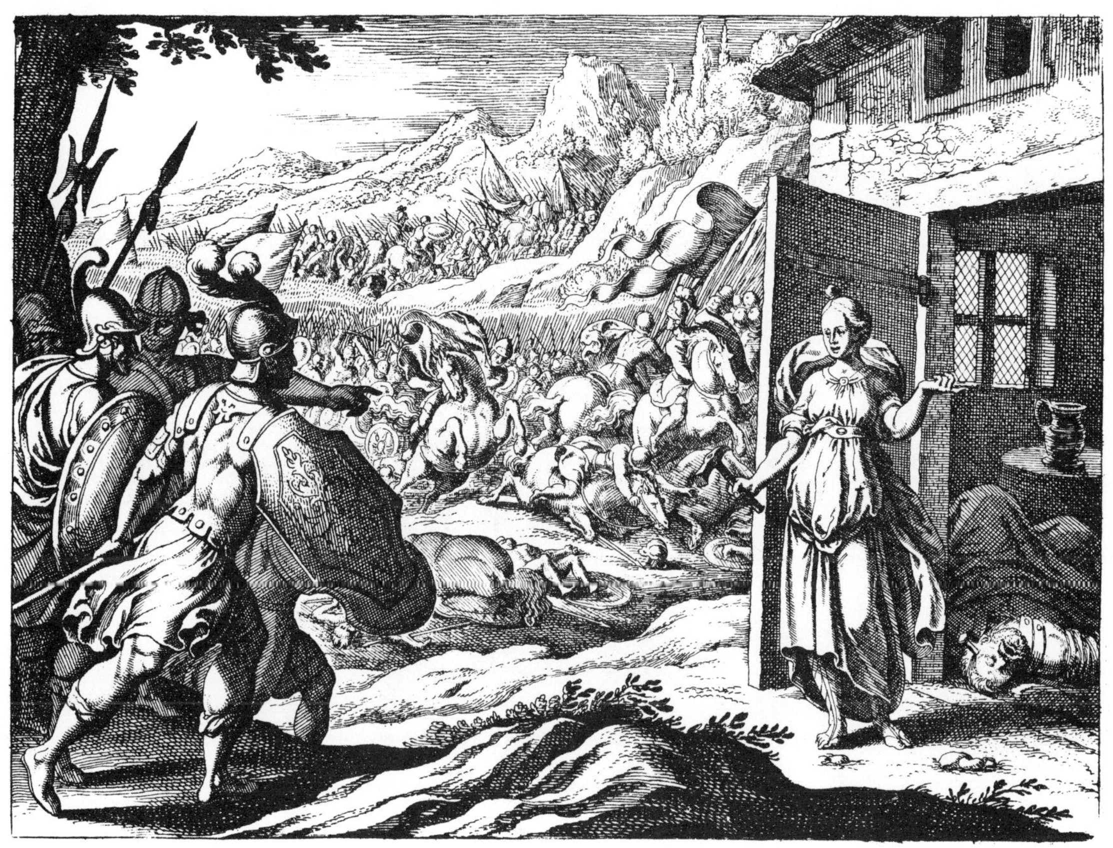

C 3 Voca

God Belittles The Strong Ones Through The Weak Ones

22

VIII.

Vocationes Dei admirabiles.

Dum ſpolias Cererem paleis, dum tundis ariſtas
  Angelus ad Gladium te GEDEONA vocat.
Accipis imperium, madidas mox deuorat ignis
  Rupe micans carnes, & rata dicta facit.

Gedeons Beruff wunderbahr.

Gedeon hoch betrübt triſcht Weitzen in der Schewer/
Der Engel trägt jhm auff ein Ampt ſehr werth vnd thewer
  Daß er deß armen Volcks ſolt ein Erlöſer ſeyn/
  Sein Speißopffer verzehrt das Fewer auß dem Stein.

De fort batteur de grains Gedëon, ô miracle!
Fut fait chef des Hebreux par vn diuin oracle
Quand l'Ange fit ſortir la flamme du Rocher:
Ce fut pour lui donner vne preuue certaine
Qu'il deuoit à Iacob ſeruir de Capitaine,
Faiſant ſous ſa valeur Madian trebucher.

IUDICUM V

Gedeon sadly daily reaps wheat
  When an angel approaches, with him wants to meet
His new task she tells him, to be a saviour of people
  His food offering smokes high to the sky in a steeple.

IUDICUM VI.

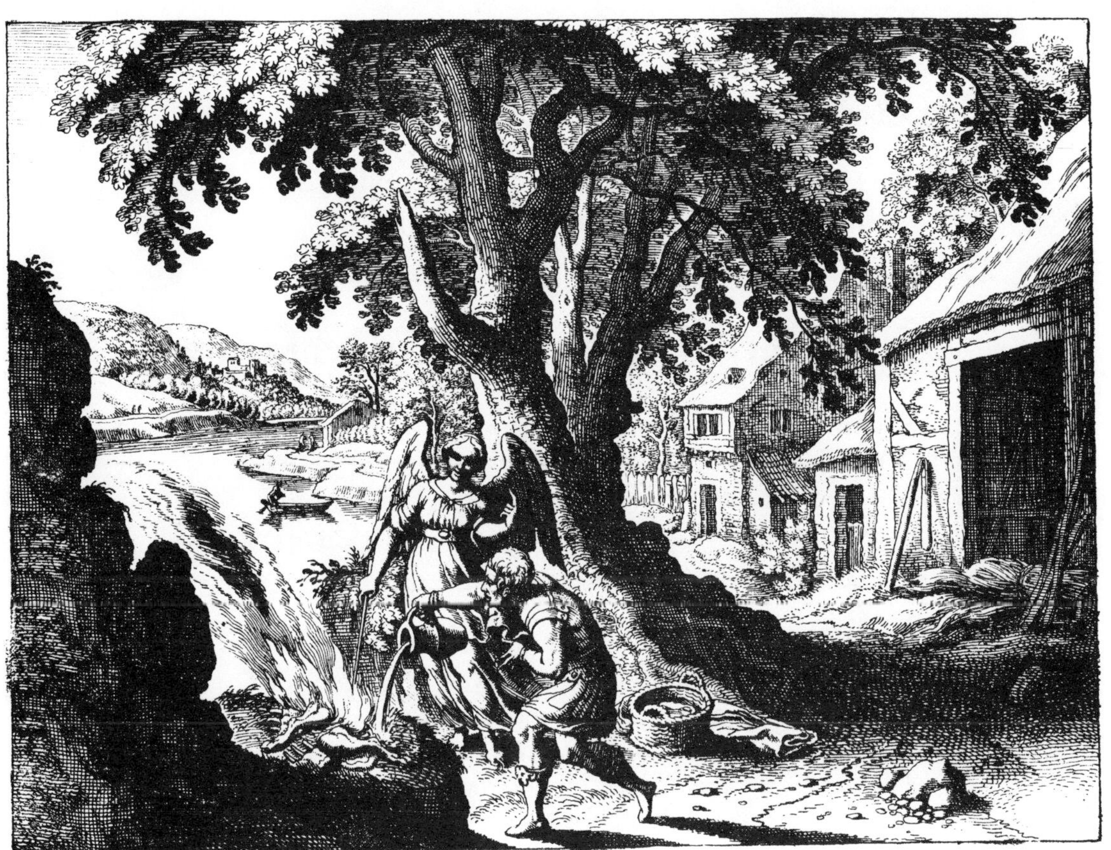

Typus

The Calling of Gedeon

24

IX.

Typus gratuitæ vocationis gentium.

Cum populi delecta cohors numerosior esset,
 Ducitur ad fluuium iussa leuare sitim,
Dux GEDEON quos ore videt linguaque liquores
 Lingere ceu catulos, ad fera bella legit.

Vorbild deß GnadenBeruffs der Heyden.

Vom Volck dreyhundert Mann / die auff die Erd sich sträckten /
Das Wasser wie ein Hund mit jhren Zungen leckten
 (Weil der andern zuviel) Gedeon jhm erwehlt
 Zeucht damit an den Feind / ein schönen Sieg erhelt.

Dieu qui ne vainc tousiours par vn nombre fort ample
Pour vaincre Madian commande qu'on contemple
Ceux qui boiront és eaux à genoux croupissans;
Ou ceux qui lapperont comme chiens és fontaines:
Par eux Dieu veut donner les victoires certaines,
Et par trois cens soudards domter des Rois puissans. JUD. V

Three hundred men on the ground do lay
 Quenching their thirst from the sea in this way
Gedeon was chosen and made use of the sequence
 Triumphed over his enemy in quick frequence.

JUDIC. VII. 25

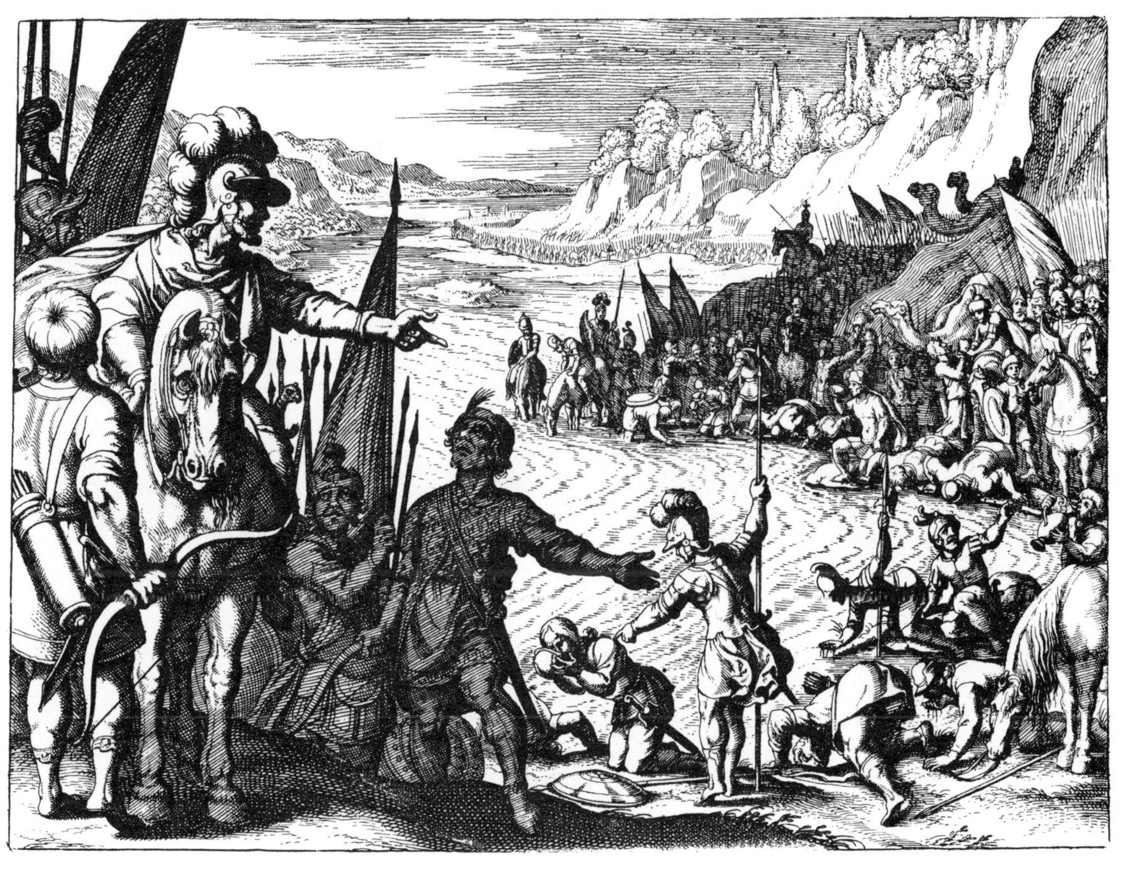

D Vox

Precedent For The Calling of Heathens

26

X.

Vox Evangelii destruit hostes.

Hic Midianitas per cæca silentia noctis
Dux Gedeon flammis territat atque tubis.
Cadmei pereunt per mutua vulnera fratres,
Victrici capitur maxima præda manu.

Die Waffen vnserer Ritterschafft sind geistlich.

Gideon bey der Nacht mit Fewer vnd Trommetten
Fällt in der Feind Quartir / Die sich gelägert hetten /
Ein blinden Lärmen macht / Das Volck auß Midian
Reibt selbst einander auff / da blieb manch tausend Mann.

Madian endormi, sur la seconde veille
Plein d'horreur & d'erreur effrayé se resueille,
Quand il oit les clairons, & void les grands flambeaux:
Chacun met dans les flancs de son frere l'espée:
Ceste force se vid à l'instant dissipée
Pour laisser à Iacob thresors & butins beaux. IUDIC. V

In deepest night Gedeon approached the enemy camp
Attacked them with much noise and light of many lamps
The Midians were baffled and in their confusion
Killed many of their own men, trying to prevent an intrusion.

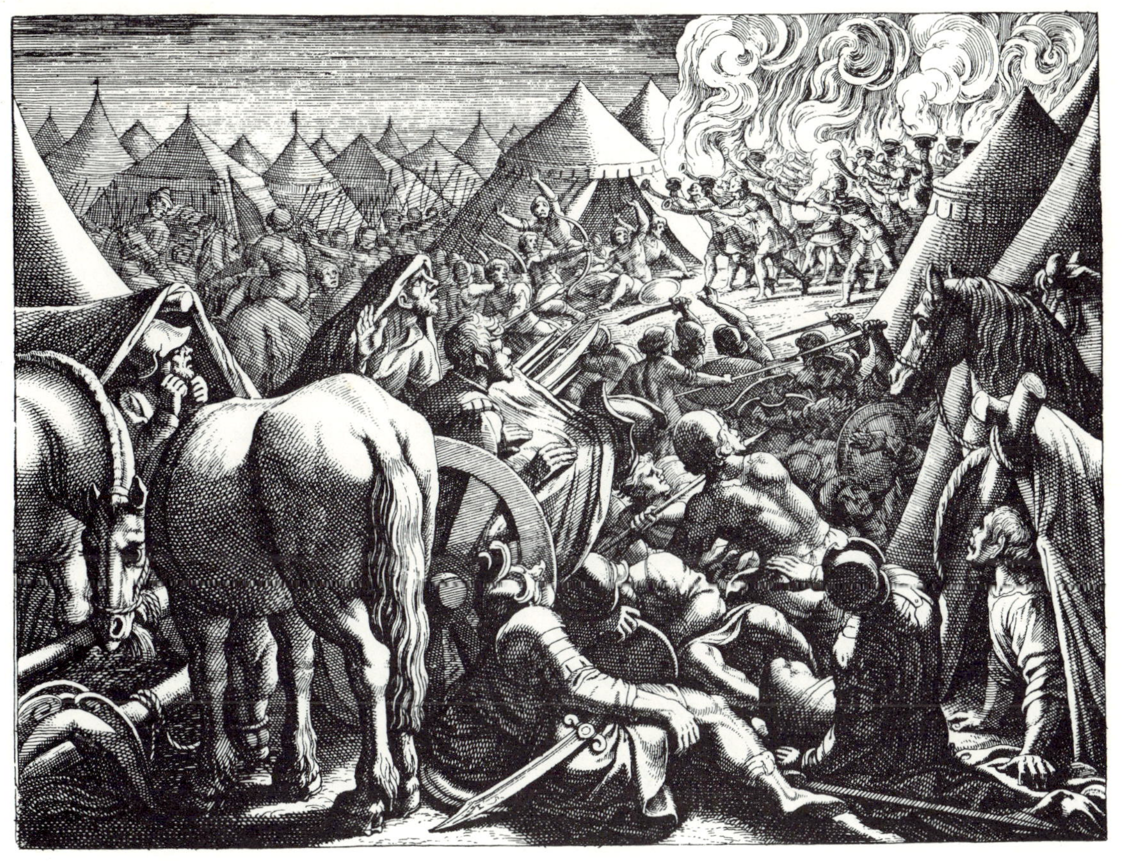

D 2 Abime-

The Weapons of Our Knighthood Are Spiritual

XI.

Abimelechus jactu molaris lapidis occumbi.

Trux ABIMELECHUS turrim expugnare Thebezæ
　Nititur, aut miseros igne necare ferox,
Ictus fœmineâ saxo caput occidit arte,
　Tot fratrum Nemesis sic fuit ulta necem.

Brudermord an Abimelech gerochen.

Den Thurn zu Thebetz will Abimelech bezwingen /
Mit Fewr die armen Leuth all vmb das Leben bringen /
　Ein Weib jhn mit eim Stein wirfft von der Mawr zu todt /
　Den grossen Brudermord strafft der gerechte Gott.

Ce fratricide faux qui, furieux, s'efforce
De prendre dans Tebets la forte tour de force,
Reçoit d'vn braue coup son juste chastiment:
　Vne femme laschant vne meule pesante
Sur ce malheureux chef luy causa mort presente
Vengeant le sang versé par lui si laschement.

JUDIC. I[...]

Abimelech, the tower of Thebes, wants to conquer
　To cheat all out of their land his desire
One woman killed him with a stone she threw
　God's prevention of sin came out of the blue.

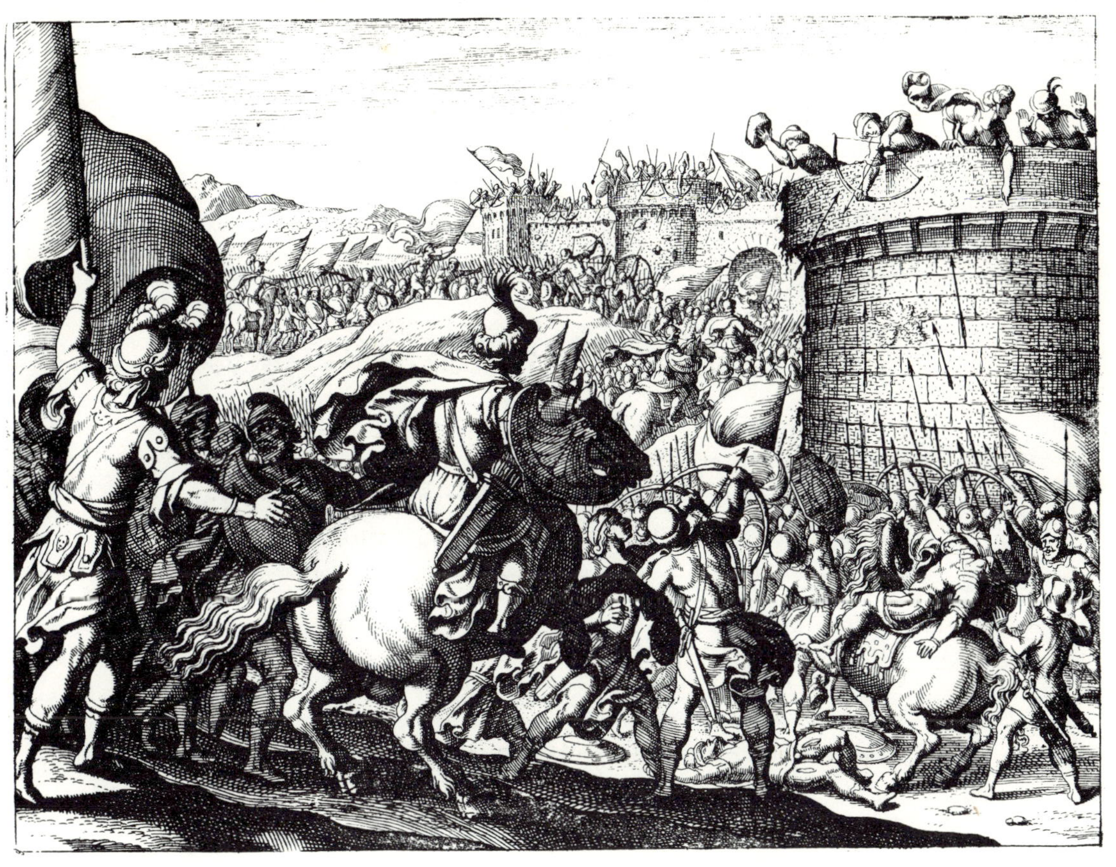

Sin is Prevented

XII.

Votum temerarium.

Cur agis heu JEPHTAH ſævum pro patre tyrannum,
Dum natam innocuam ſacrificare voves?
Victima conveniens Domini cædatur ad aras:
Impia qui ſapiunt ſolvere vota cavent.

Vnnöthig Gelübd bringt Hertzenleyd.

Jephtah gelobd das erſt zum Brandopffer zu ſchlachten
Das jhm entgegen gieng / Sein Tochter kam voll frewd /
Mit Paucken vnd Geſang / Das bracht jhm Hertzenleyd /
Ehe man thut ein Gelübd / Soll mans zuvor betrachten.

O Iephté peu prudent, qu'eſtoit il neceſſaire
De voüer, ſans ſavoir (vainquant ton aduerſaire)
Ce qui vendroit premier du ſueil de ta maiſon?
Tu vois venir à toy ta fille, ton vnique;
Tu fus fol en ton voeu, en le gardant, inique.
Faut corriger par droit le voeu fait ſans raiſon. IUDIC. X

Jeprah swore to make an offering
Of the first thing that happened on him
T'was his daughter—it broke his heart
Rash promises are not always smart.

IUDICUM XI. 31

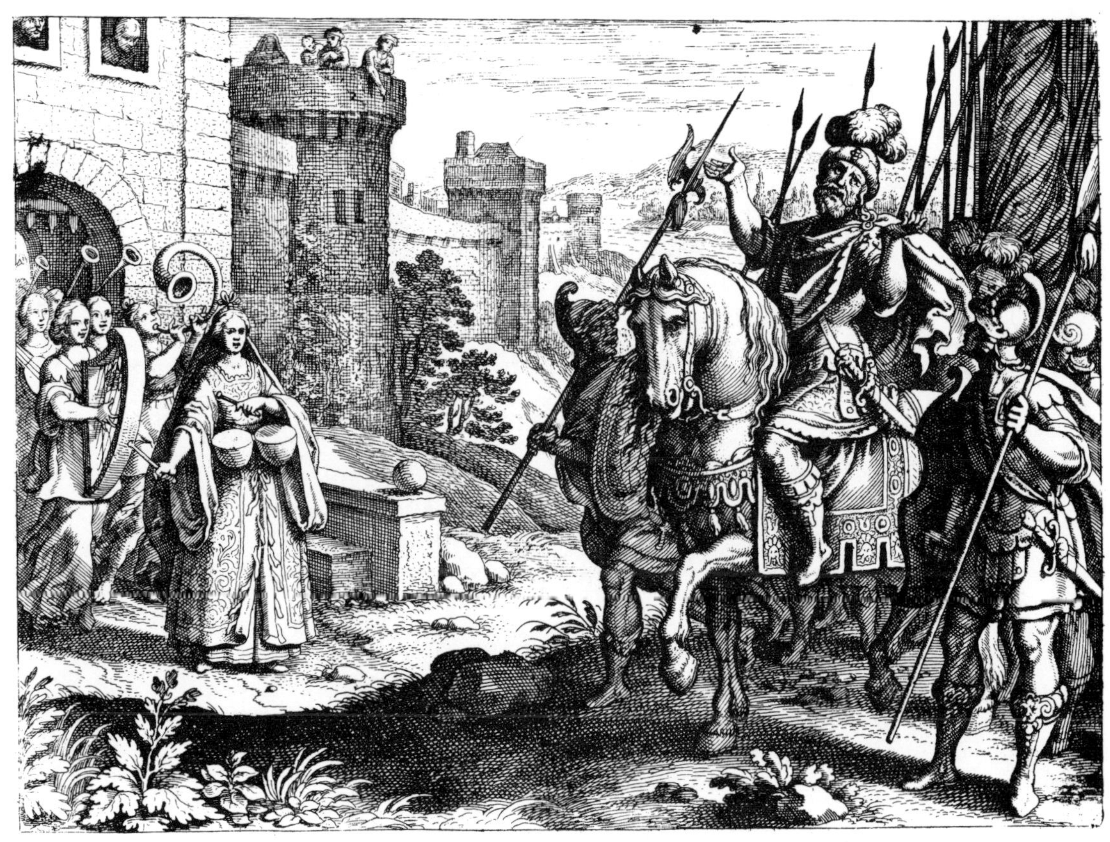

Typus

Unnecessary Vows Bring Heartaches

XIII.

Typus victoriæ & Triumphi Chriſti.

Hic homines ſolitum morſu laniare Leonem,
  Dilacerat SAMSON, dum ſua vota petit.
Amphitryoniadæ ſileant miracula Thebæ
  Nil Nemeæ ad noſtrum *Samſona* terror habet.

Vorbild deß Todtenkampffs vnd Siegs Chriſti.

Simſon geht vber Feld / will ſein Bulſchafft anſprechen /
Ein Löw begegnet jhm / der jhn mit grim̃ anfelt /
Den doch ohn ſondre müh zerreiſt der kühne Held /
Herculis Thaten groß ſind hieher nicht zu rechnen.

Nazariën puiſſant, quelle force nouuelle
Sens tu dedans tes nerfs? qui, di-moy, te reuele
Que d'vn Lion ſi fort tu ſeras le vainqueur?
Le fabuleux Hercul en vain ceſte peau porte,
C'eſt à toy que l'honneur de ce fait ſe rapporte:
Qu' Hercul porte ton los, il n'eut iamais ton coeur. JUD. XIV

Samson passed through a field, wanting to claim his right
  There encountered a lion, who was ready to fight
In minimal time he had slain the beast
  Here Hercules' deeds are not worth a feast.

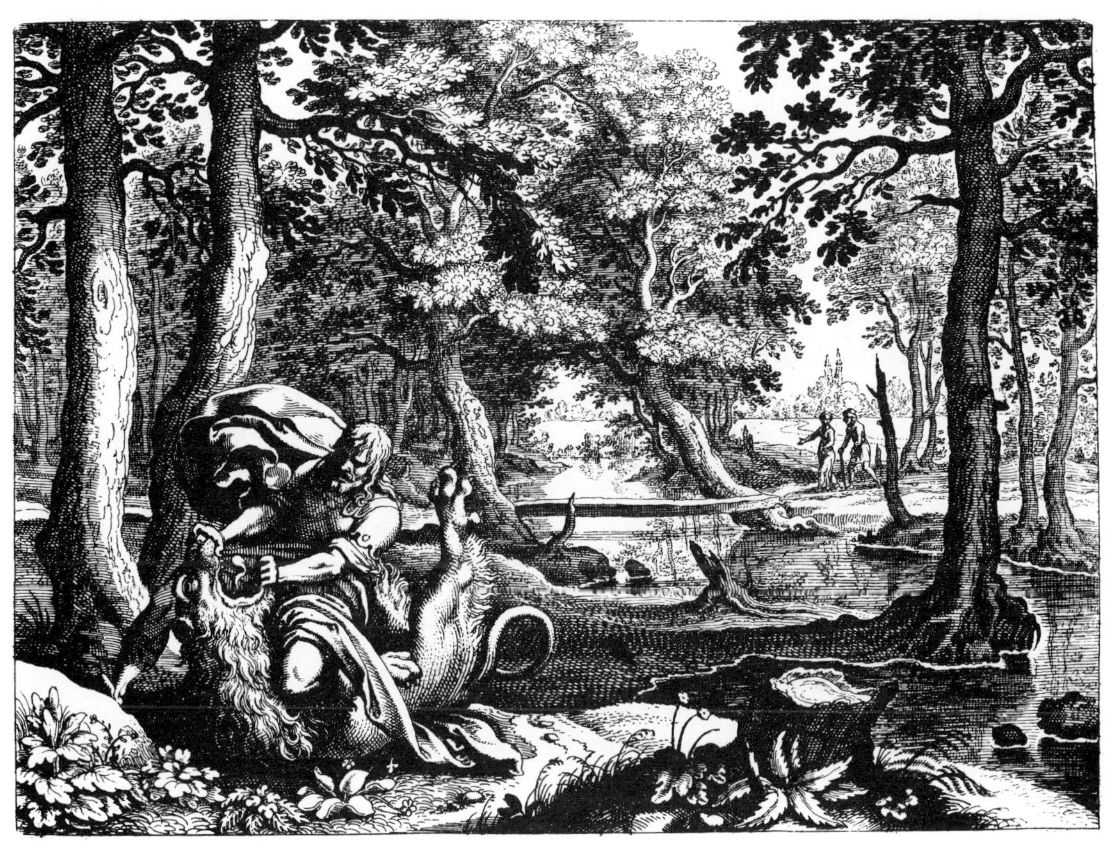

E Victoria

Precedent For The Death Struggle And Victory of Christ

XIV.

Victoria mortui de vivis.

Farra Palæſtinorum immiſſis Vulpibus ardent,
  Inde necat SAMSON corpora mille furens;
Non gladio ſed mandibula tardantis Aſelli,
  Fiſſo dente ſalit fons, levat inde ſitim.

Durch verächtliche Inſtrument ſieget Gott.

In der Philiſter Korn läſt Simſon Brandfüchs lauffen /
Erſchlägt hernach der Feind tauſend Mann auff ein hauffen.
  Ein Eſelskifel war ſein Schwert / ein Brunn herquillt /
  Auß eim geſpaltnen Zan / der Held ſein durſt da ſtillt.

Ie voi des Philiſtins les moiſſons jauniſſantes;
Mais ie voi des renards les brigades paſſantes
Porter par tout le feu dans les grains des meſchans:
  Puis d'vn os empoigné frappant vne millaine,
Samſom perdoit de ſoif & la voix & l'haleine,
Mais l'eau de l'os rompu le rafreſchit aux champs.

IUDIC. XV

Samson sends foxes into the Philistine cornfields
  That aid him to win a battle even without a shield
His sword is a donkey's leg, a split tooth his spring
  Believing in God is like wearing a magic ring.

IUDIC. XV. 35

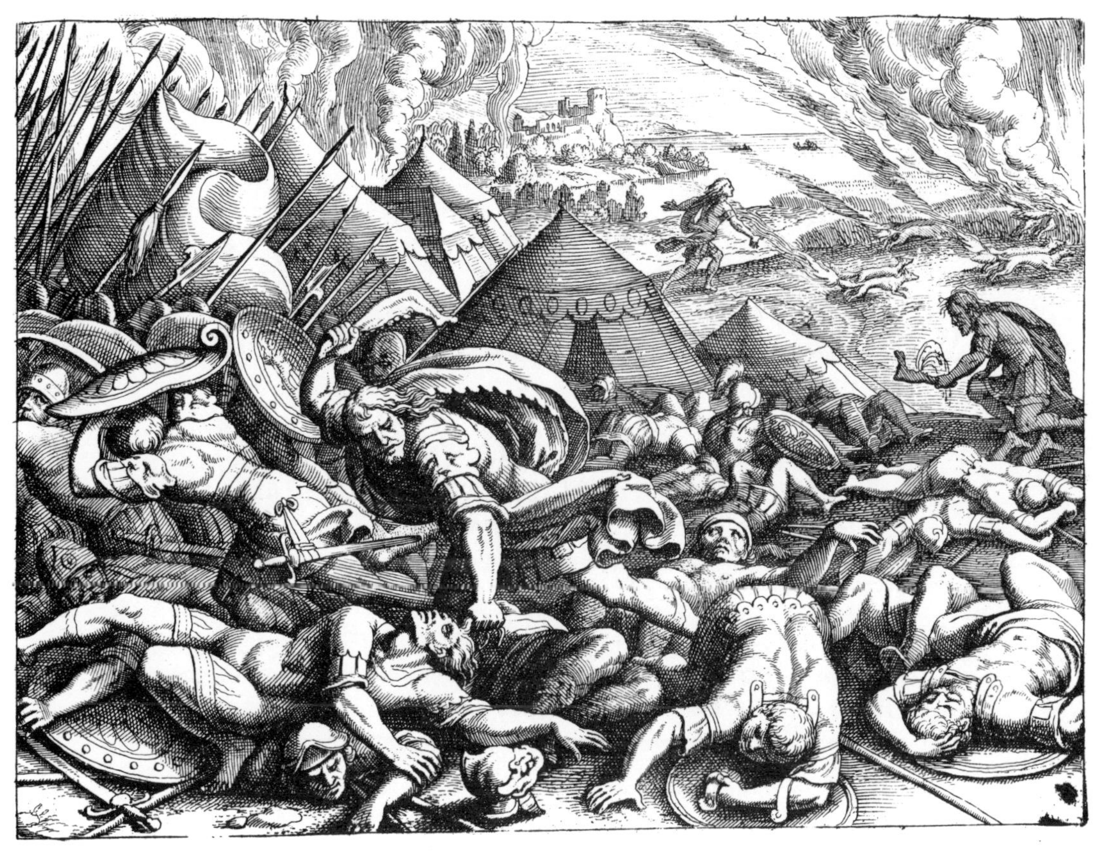

E 2 *Impoſsi-*

God Uses Strange Tools To Aid Him To Victory

XV.

Impoßibile erat eum à mortis vinculis teneri.

Hinc petit Amplexus Gazæ meretricis & intus
 Clauditur, ad reditum porta nec ulla patet.
Cardinibus SAMSON valuas avellit apertis,
 Tollit, & ad montis culmina summa locat.

Christus eröffnet die Pforten deß Gefängniß.

Simson gen Gaza kompt sein Bulschafft zubegrüssen/
Die Bürger hinder jhm die Pforten hart beschliessen/
 Auß den Angeln der Held durch Gottes Geist bewegt/
 Hebt auß die beyde Thor/ auff einen Berg sie trägt.

Saisi d'vn fol amour Samsom d'humeur gaillarde
Pratique dans Gaza le cœur d'vne paillarde:
Mais il est assiegé & ia pres d'estre pris:
 Lui, brauant ses hayneux, charge sur soi la porte
De leur noble Cité, & sur vn mont l'emporte,
Monstrant qu'il ne craint pas d'estre par eux surpris. JUD. XV

Samson to Gaza came to greet his mates
 The people there behind him shut the doors with hate
Strengthened through God he removes both doors
 As if they had never been attached to the floor.

JUDIC. XVI. 37

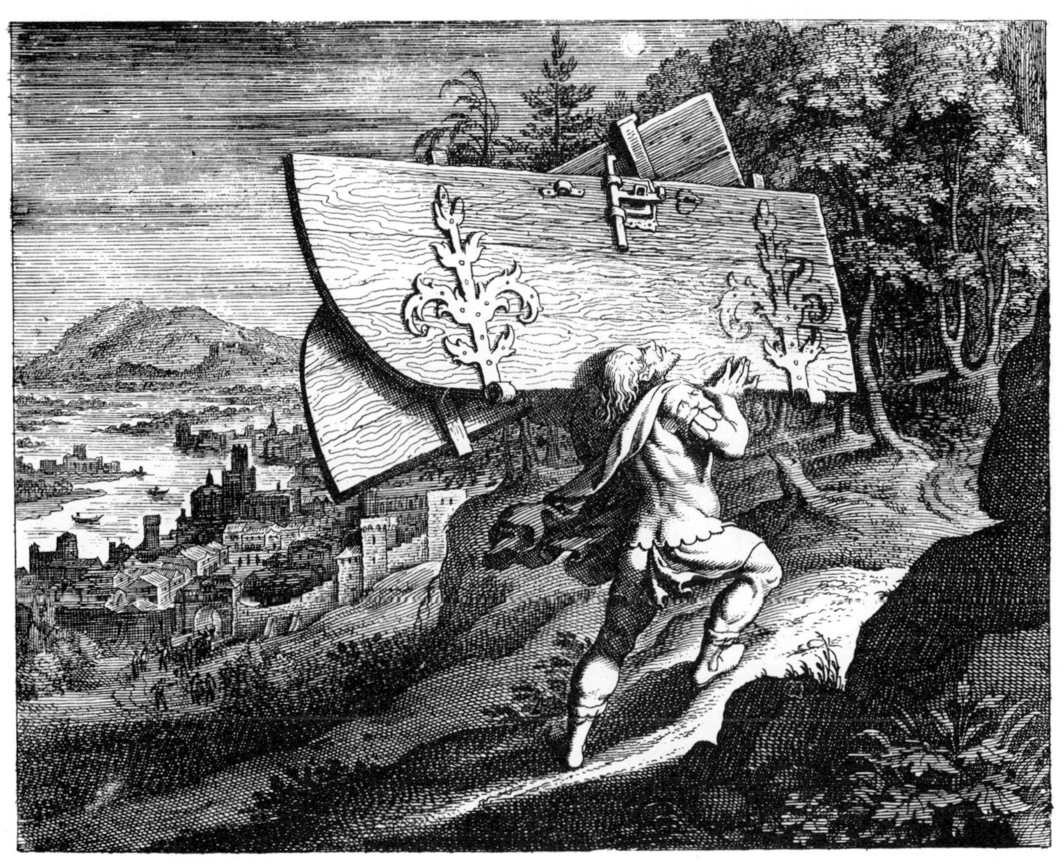

E 3 Simson

The Prison Door is Opened By Christ

XVI.

Simſon moriens ulciſcitur hoſtes.

Inde thori ſociæ manifeſtat operta *Delilæ*
  Tondetur, capitur, luminibusque caret,
Opprimit everſis populum domus ampla columnis
  Hoſtibus extinctis commoriamur, ait.

Simſon ſterbend ertödt mehr Feind als lebend.

Simſon ſeim falſchen Weib all g'heimnuß offenbahret/
Darauff er beſchoren wird/ gefangen/ wol verwahret/
  Geblendet vnd verſpott/ zwo Seulen ſtarck vmbreißt/
  Das Hauß manch tauſend Menſch/ jhn ſelber mit erſchmeiſt.

Par l'effort attrayant d'vn amour trop infame
Samſom va ſon ſecret reueler à ſa femme,
Qui le tond, & pour or aux Philiſtins le vend:
  Puis, donnant paſſetemps à ceſte gent peruerſe,
Samſom fait que ſur eux la maiſon ſe renuerſe,
Mourant, en tuant plus qu'il n'auoit fait viuant. Iud. XV

Samson his secrets all does tell his wife
  She deceitfully has him arrested and endangered is his life
In anger and sorrow tears down two pillars
  Hundreds die through this innocent killer.

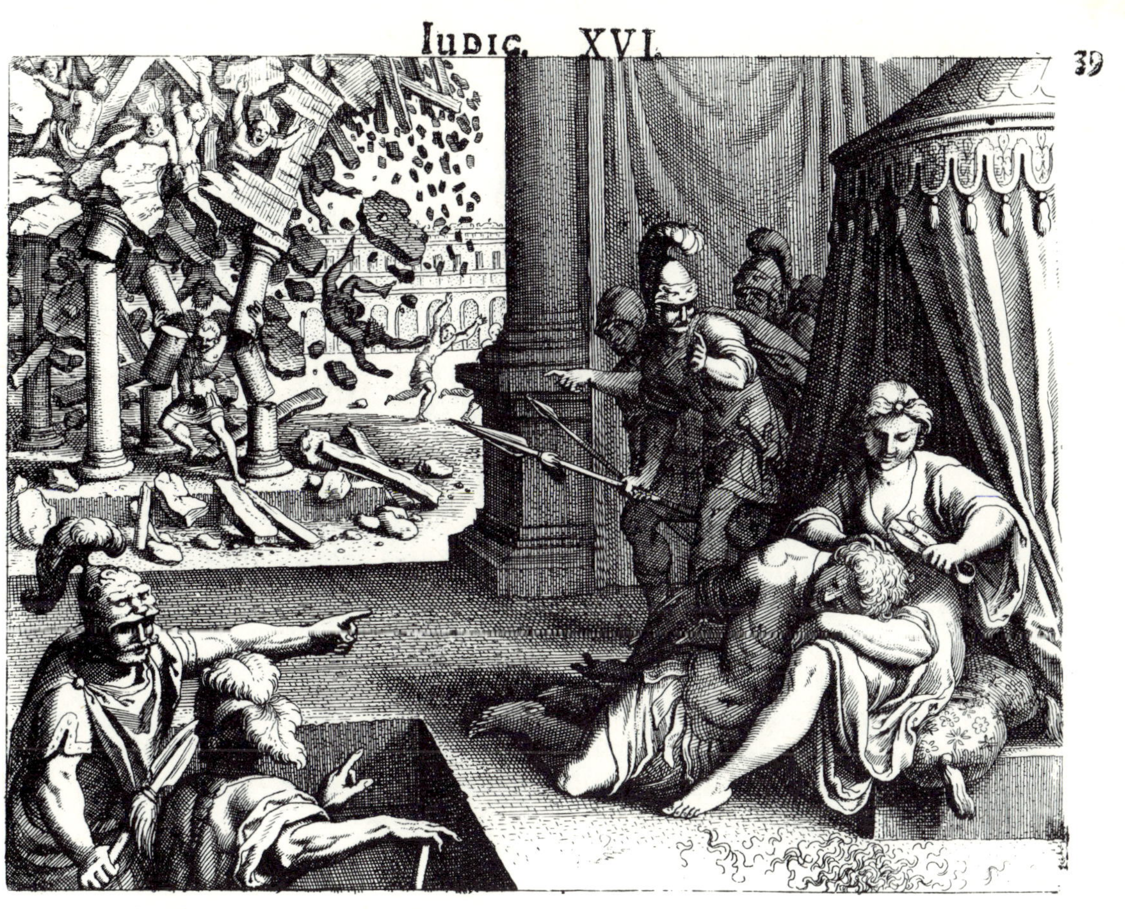

Tribus

Samson Kills More In His Death Than In His Life

40

XVII.

Tribus Benjamin à cæteris propè deleta.

Abramidum bis quinque tribus vincuntur ab una,
Et duplici pugna millia multa cadunt.
Iſrael inſidias ponit, quas BENIAMIN intrans
Cæditur, & Gibæa mœnia flamma vorat.

Der Stamm Benjamin bey nahe vertilgt.

Zehen Stämm Jſraels werden zweymal geſchlagen
Von Benjamitern wild / die jhnen hart nachjagen/
Zum dritten gibt ſie Gott in jhrer Brüder Hand/
Der gantz Stamm wird vertilgt / Gibea abgebrannt.

Pour vn vilain forfait le dépité Leuite
De punir Benjamin tout Iſrael inuite:
Benjamin par deux fois ſes freres mit à-bas:
Mais jeuſnant & priant de vrai cœur, d'œil humide
Pour fin obtint du Ciel l'autre camp Abramide
Qu'il aura le deſſus és troiſieſmes combas. JUD. X

Ten tribes of Israel twice are defeated
The Benjamites were not to be beat, although they competed
The third time 'round God is merciful
Gibea burns down, since no one is watchful.

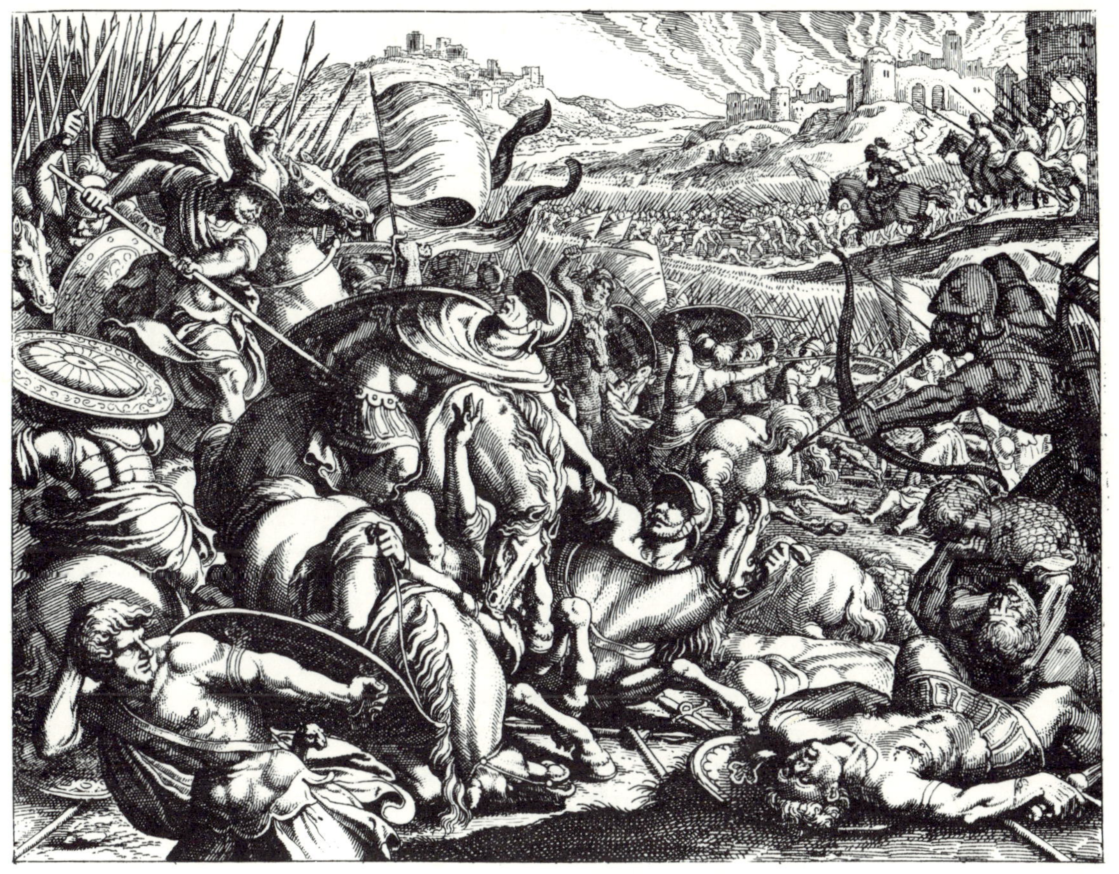

Benjamin In Danger

42

XVIII.

Raptus filiarum Silo.

Ne tribus occideret clarissima Benjamin, & cum
Nemo suam gnatam jungere vellet eis:
Romulea pavidas rapiunt feritate puellas,
Dum saltant celeri tripudiante pede.

Töchter zu Silo von Benjamitern geraubet.

Weil in gantz Benjamin kein Weib mehr war zu finden
Daß ein so Edler Stamm nicht gäntzlich blieb dahinden
Ziehens gen Silo hin / ligen im hinderhalt
Die Töchter gehn herauß / sie raubens mit gewalt.

Benjamites chetifs, voylà vostre lignée
Du tout, ou peu s'en faut, à ce coup ruinée;
Vos femmes ne sont plus & n'en pouuez trouuer.
En la necessité pratiquez la Prudence,
Iettez-vous, courageux, à trauers ceste dance
Pour sa femme chacun là dedans enleuer. Iud. XX

In the whole land of Benjamites, no women were found
And in Silo so many, yet all pretty and round
So as not to let the race die, they were freely abducted
In a whisk they were gone, this was so well conducted.

IUDIC. XXI. 43

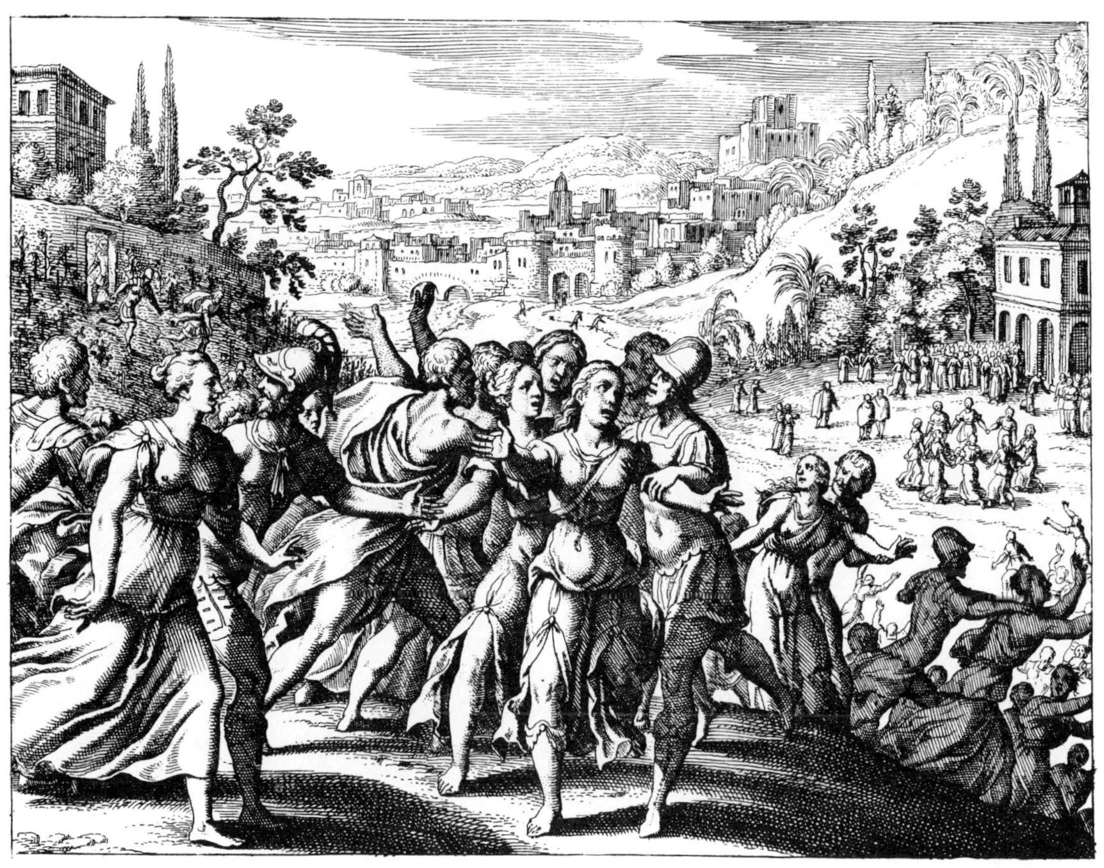

F 2 Typus

Daughters of Silo Are Robbed By Benjamites

44

XIX.

Typus vocationis gentium in Rutha.

RUTHA manu ſpicasque leves Cereremque caducam,
Mergitibus miſſis, ordea ſparſa legit,
Adſpicit hanc, viſæque favet, verbiſque BOAZUS
Solatur placidis, conjugioque beat.

Entwurff der Beruffung der Heyden in Ruth.

Ruth in der heiſſen Ernd vnverdroſſen vnd wacker
Die Gerſten Ehern lieſt auff jhrs Verwandten Acker
Boaz beſchämbt ſie nicht / thut jhr viel guts vnd Ehr /
Nimpt ſie hernach zum Weib / davon kompt Chriſtus her.

Ruth au champ de Boöz va moiſſonner, chetiue,
Recueillant des eſpics, modeſtement craintiue,
Le Maiſtre qui la void approuue ſon deſſein.
Puis s'informant de pres par les paroles d'elle,
Boöz la recognoiſt pour femme ſi fidele
Qu'il ſe fait ſon eſpoux pour dormir en ſon ſein. RUTH I

Ruth daily in the hot fields does work
Pulling the reeds there without a quirk
Boaz courts her; is friendly and warm
Beweds her and in her causes Christ to be born.

RUTH II. 45

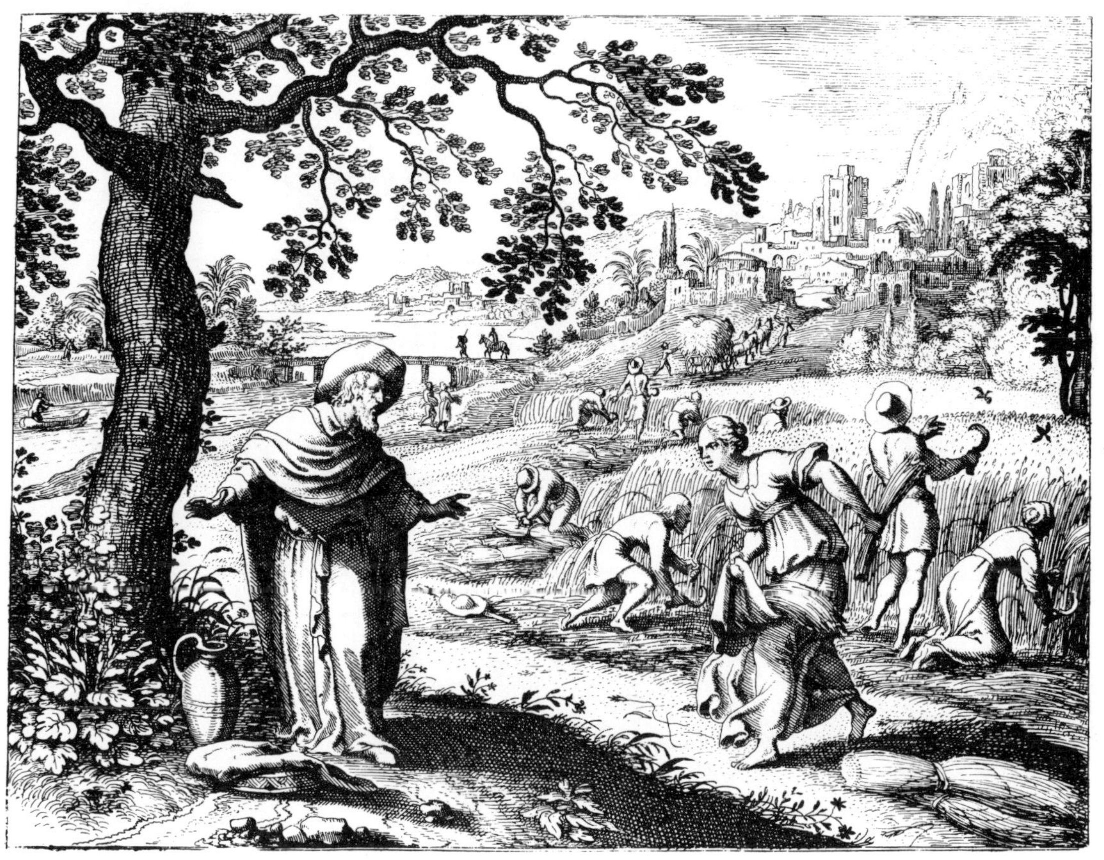

F 3 Eli

Birth of a Vocation

XX.

Eli lapſus à ſolio frangit cervices.

Labitur à ſolio fractis cervicibus ELI
Mole ſua, ſenio triſtitiaque gravis,
Hanc tulit in ſobolem nimia indulgentia pœnam,
Arca DEI capitur, natus uterque cadit.

Straff deß nachſehens an vngerathenen Kindern.

Eli fällt von ſeim Stuhl / bricht ab den Halß mit ſchmertzen /
Weil er ſein Söhnen beyd von ſchalckhafftigen Hertzen
All Boßheit vberſah / die fallen iñ der Schlacht /
So wird die Lad deß Bunds in der Feind Läger bracht.

Heli, Preſtre ſacré ce Viellard honorable
Tombe tout roide mort, ô cas trop deplorable,
Sçachant l Arche de Dieu priſe du Philiſtin:
Ses deux fils y ſont morts: Ce fut ſon indulgence
Qui des Cieux attira ſur luy ceſte vengeance,
Le jettant au tombeau par ſi triſte deſtin. I. SAMUEL. I

Eli falls from a chair and breaks his neck
By not supervising his sons, their lives he does wreck
They are both soon killed in the battlefield
The holy tablets stolen, with no guard left or shield.

I. SAMUEL. IV. 47

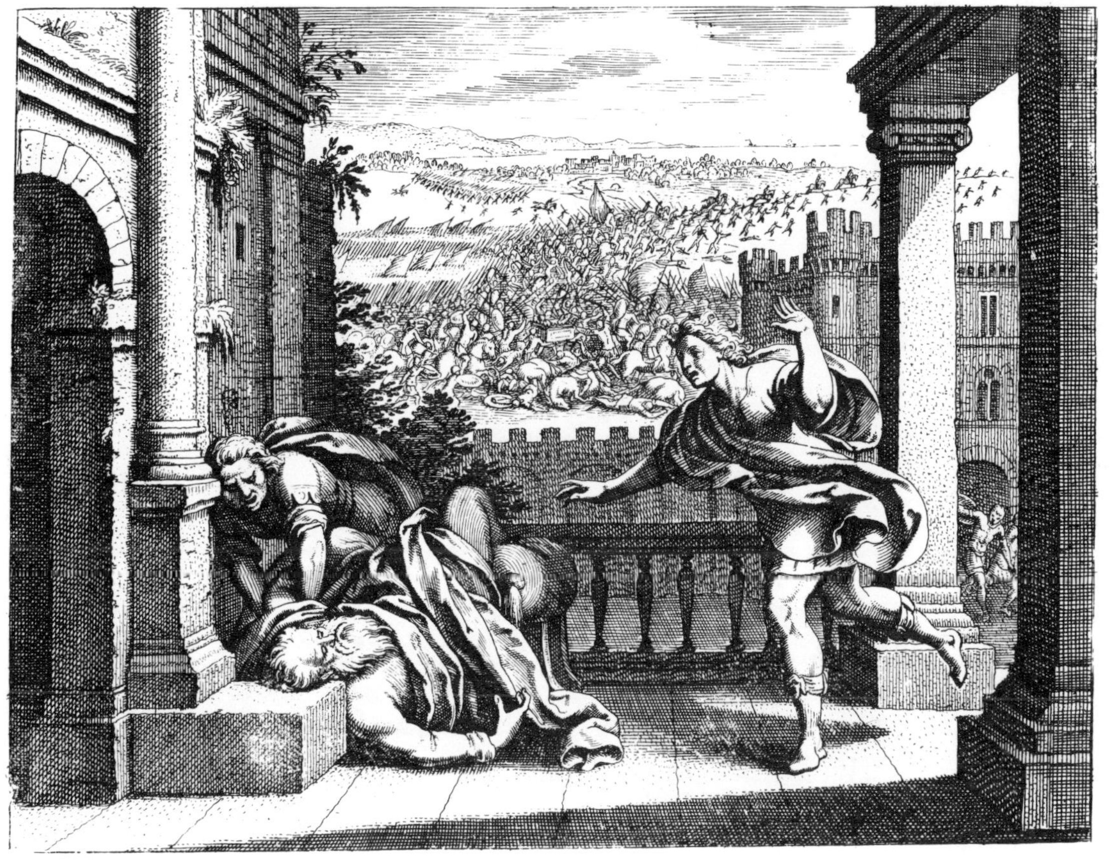

Dagon

Parents Are Punished As Are Their Children

48

XXI.

Dagon Idolum evertitur.

Ducitur Azotum, DAGONIS in æde locatur
  Anchiaſi, ſummi fœderis Arca DEI.
Corruit Idolum, manus utraque decidit illi
  Et caput. Haud ſocium Numina magna ferunt.

Dagon fällt in gegenwarth der Bundsladen.

Die Philiſter die Lad in Dagons Tempel ſtellen /
Den thut die Göttlich Krafft zweymal darnider fällen
Der Götz verliert ſein Haupt / der Rumpff ligt auff der Schwellen
Auch manglen jhm die Händ / Dann Gott leyd kein Geſellen.

Le Philiſtin enflé d'vne gloire fort ample
Met l'Arche pour Trophé dans l'Idolatre Temple,
Mais Dagon chet, briſé & de chef & de mains:
Quoy donc? penſerois tu, gent vainement folaſtre
Triompher du vray Dieu ſous ton toict idolatre,
Captiuant ſous tes fers le Prince des humains? I. SAM

The Philistines the tablets in Dagon's temple do place
  He falls over twice, the heavenly power like mace
The heathen statue falls on his head and is broken
  Obviously God has shown his disapproval in a token.

I. Samuel. V. 49

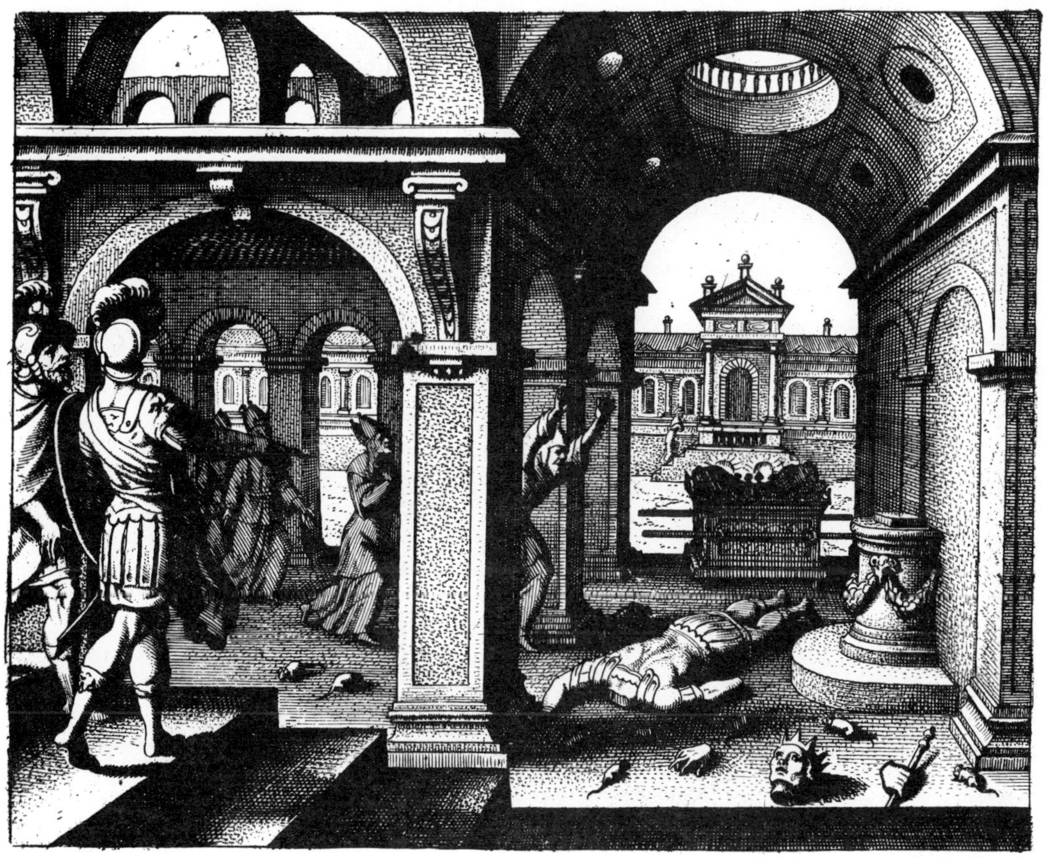

G Palestini

Dagon Falls In The Presence Of The Sacred Fathers

50 XXII.

Palæſtini remittunt Arcam Fœderis.

Inde Palæſtinos MURES ſævæque MARISCÆ
  Affligunt, ſummo percutiente DEO.
Aurea dona ferunt triſtes, Arcamque remittunt,
  Excipit hanc populus, ſacrificatque boves.

Die Bundslade wird von den Philiſtern widerbracht.

Als die Philiſter lang von Mäuſen geplagt worden
Vnd mit ſchmertzen deß Leibs an den heimlichen Orten/
  Wird die Lad mit geſchenck an jhren Ort gebracht/
  Das Volck wird ſehr erfrewt / die beyde Kühe geſchlacht.

Tous, & grands & petits en la gent Philiſtine
Sentent au fondement la douleur inteſtine
Qui les fait lamenter triſtement deſolés:
  Rendez l'Arche de Dieu, leur diſent leurs Augures,
Et de vos fondemens faites d'or cinq figures,
Auec cinq ſouris d'or, vous ſerez conſolés. I.SAM.

The Philistines soon are tormented by mice
  And have pains in places that are not very nice
They bring back the tablets to where they belong
  The Israelites are happy and thank in a song.

I. SAMUEL. VI. 51

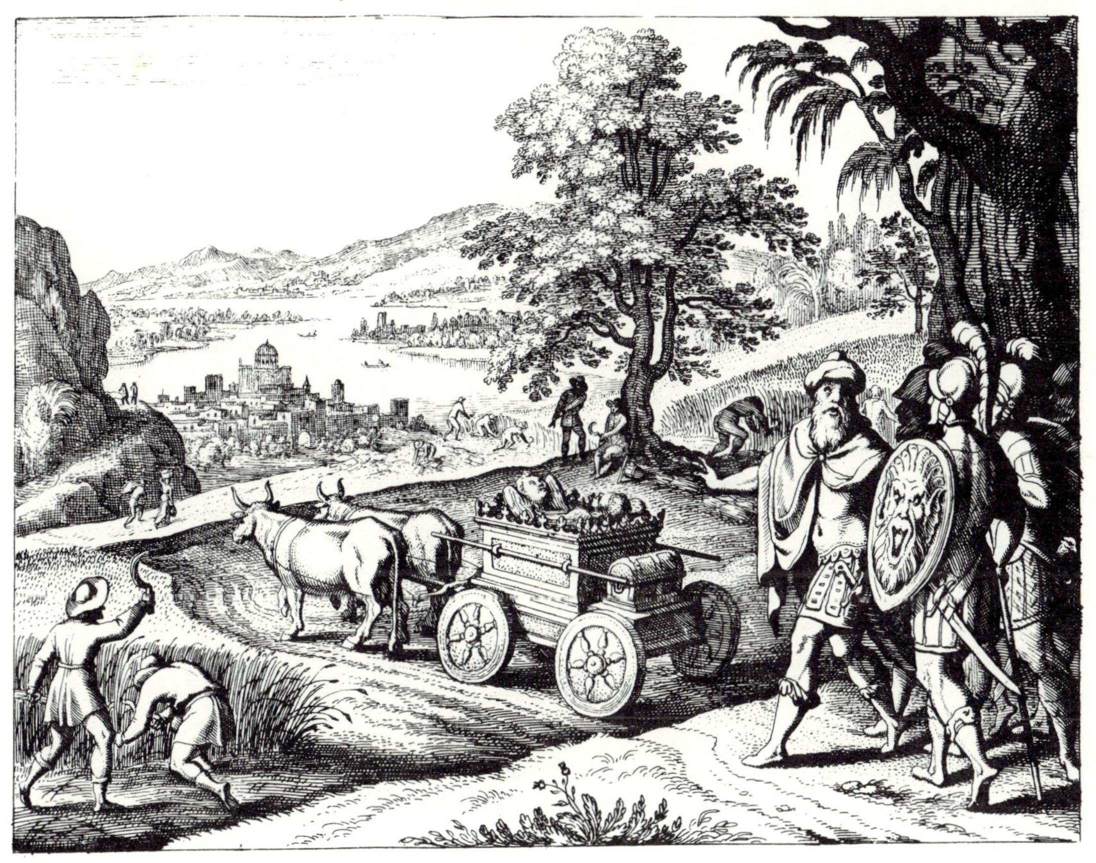

G 2 Samuele

The Commandments Are Restored

XXIII.

Samuele ſacrificante perduntur hoſtes.

Sævus Hebræorum campis irruperat hoſtis.
　Agnum offert *Samuel* & pia vota facit:
Audiit omnipotens, & tempeſtate rebelles
　Grandine, cum tonitru fulminibusque fugat.

Samuels Opffer ſchlägt die Feind.

Die Feind mit groſſer Macht waren ins Land gefallen/
Samuel ſchlacht ein Lamb opfferts für jhnen allen/
　Thut ſein Gebett zu Gott/ der ſolches bald erhört/
　Ein Donnerwetter groß die Feind ſchreckt vnd vmbkehrt.

Du terroir Paleſtin la troupe ſe r'aſſemble
Sachant bien qu'en Mitſpa Iacob eſt tout enſemble;
Ce qui donna grand' peur aux eſperdus Hebreux:
　Tandis que Samuel offre ſon ſacrifice,
Que le peuple priant void le diuin office,
Dieu tonnant fait fuyr tout le camp malheureux. I. SAMUEL. V

The enemy in great number the land had invaded
　Samuel slays a lamb—appeased God was persuaded
The prayers to him reached his ear
　A thunderstorm made everyone flee in fear.

I. SAMUEL. VII.

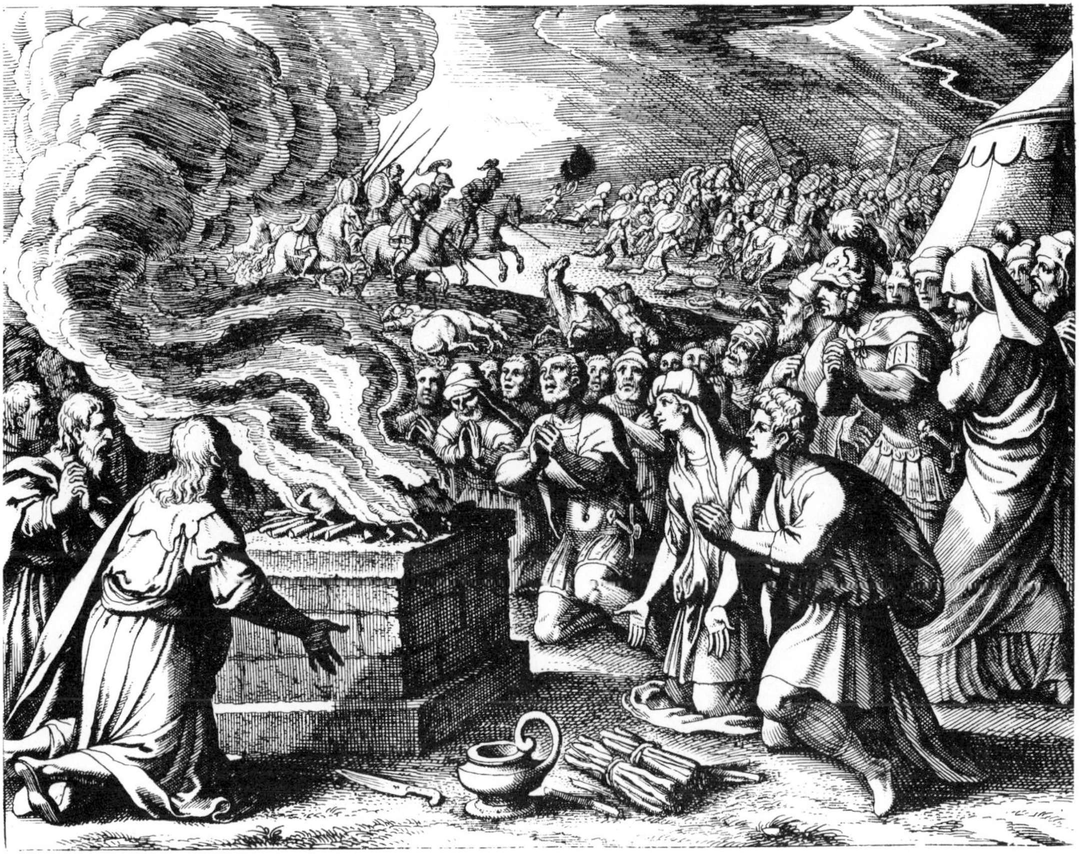

G 3

Saulus

Samuel's Offering Slays The Enemy

54

XXIV.

Saulus primus Rex Hebræorum.

Primus Hebræorum *Saulus* rex ungitur, impar
Viribus, hunc Samuel regia jura docet,
Cuncta viro eveniunt quæ dixerat ante Propheta,
Omnia, ſic regni ſanctio certa fuit.

Saul wird zum König geſalbet.

Zum König Iſraels wird Saul durch den Propheten /
Mit Oel köſtlich geſalbt / viel Zeichen das beſteten /
Die jhm begegnet ſind / Gott jhm ſein Geiſt verleyt/
Daß er wie ein Prophet / Weiſſagt vnd Propheceyt.

Le peuple mal appris vn Roy ſacré demande:
Dieu (par juſte deſpit) au Saint Voyant commande
D'oindre le fils de Kis pour vn Royal honneur.
Samuel ſur ſon chef l'huile ſainte renuerſe,
L'aſſeurant qu'il aura mainte preuue diuerſe
Qui le confirmeront en ſon receu bon-heur. I.Samuel.

To be the new king of Israel Saul is anointed
'Tis a high position to which he is appointed
Those who encounter him are amazed by his wisdom
To be a prophet he has given up his freedom.

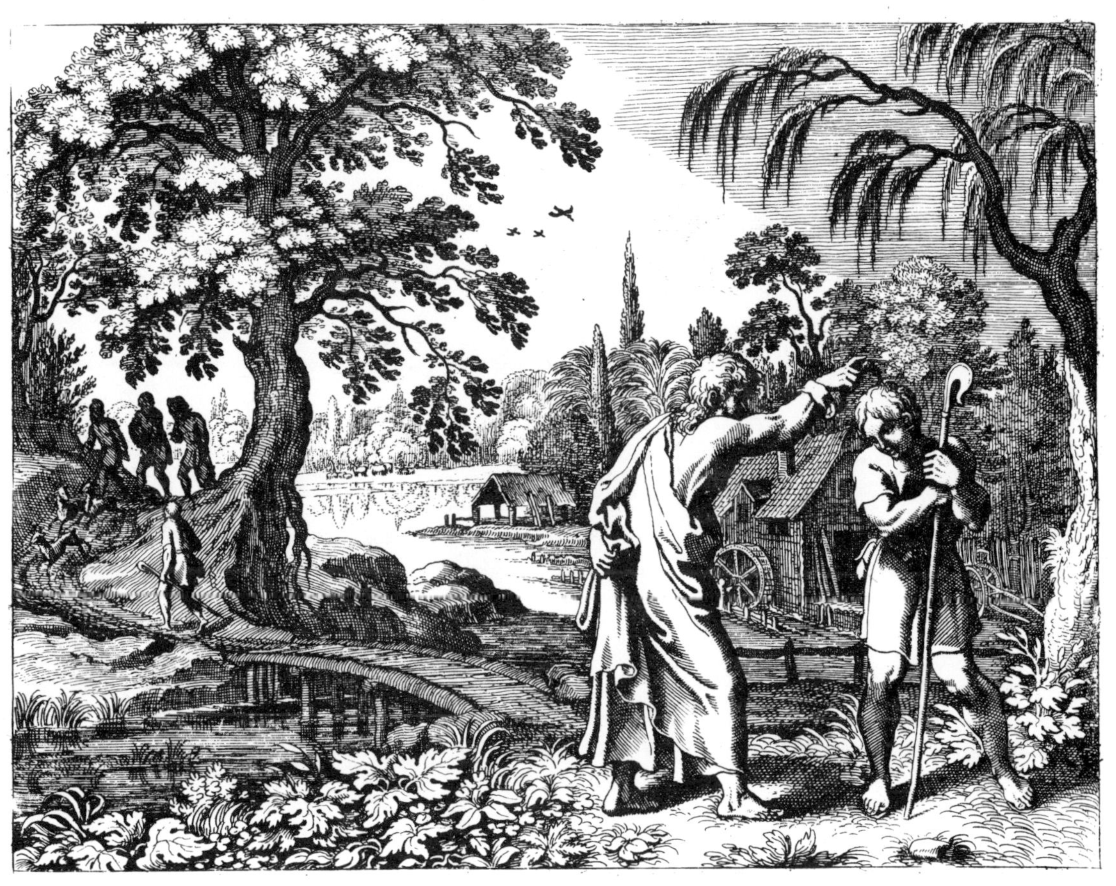

Jonatha

Saul Becomes a King

XXV.

Jonathæ victoria de Palæstinis.

Armigero solo comitatus, ad ardua montis
Erepit JONATHAS castra inimica petens.
Bina Palæstinæ fugiunt (res mira) cohortes
Corpora, præcipites quas vir Hebræus agit.

Zween Gläubige schlagen ein gantz Heer Vnglaubiger.

Deß Sauls Sohn Jonathas mit seinem Waffenträger/
Klimmen den Berg hinan in der Philister Läger/
Schlagen jhr viel zu todt: Der gantze Hauffe weicht/
(Ists nicht ein wunder ding) vor zweyen Mannen fleucht.

O d'vn fort Ionathan le genereux courage!
Qui, secondé d'vn seul, ressemblant vn orage
Deffait des Philistins les corps de garde forts:
L'effroy saisit le camp de la gent Philistine,
Qui, deffaite ce coup, Iacob ses biens butine,
De ses fiers ennemis reprimant les efforts. I.Samuel.XI

Saul's son Jonathan and his weapon carrier,
Sneak up the mountain to the enemy barrier
Up there kill many, flee must the rest
Two believers are stronger than an army at best.

I. SAMUEL. XIV. 57

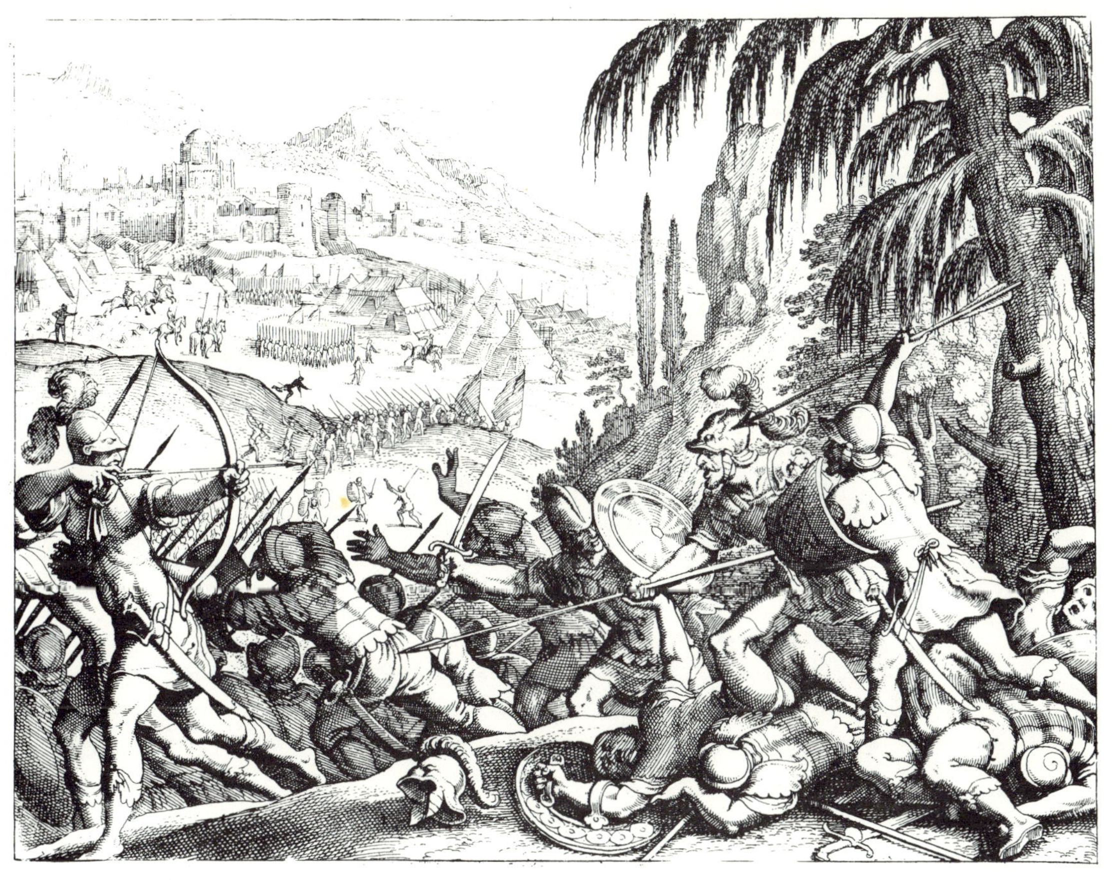

H Inobe-

Two Believers Are Stronger Than An Army

XXVI.

Inobedientia peccatorum maximum.

SAUL Amalekitas jussus delere, pepercit
Pinguibus armentis, lanigeroque gregi.
Increpat hunc Samuel, qui mox generosus AGAGUM
Arripit, & Zelo fervidus ense secat.

Vngehorsam ist ein Zauberey Sünde.

Saul solt den Amaleck vertilgen vnd außrotten/
Er schont deß fetten Viehs/ das jhm doch war verbotten.
Bringt sich damit vmbs Reich/ das jhm Gott hat vertrawt/
Den Agag Samuel im grimm zu stücken hawt.

Saul deuoit ruiner du tout l'Amalekite,
Mais de l'enjoint deuoir laschement il s'aquite,
Dont il reçoit l'arrest de sa rejection.
Puis le zelé Voyant d'vne lame trenchante
Coupe le Roy mignard de la race meschante,
Poußé d'vn zele sainct & non de paßion. I. SAM. X

The Amalek was to be forsaken by Saul
He spared the fattened beasts which was his fall
Is denied thereby his promised kingdom
And slain by Samuel because of lack of wisdom.

I. SAMUEL. XV. 59

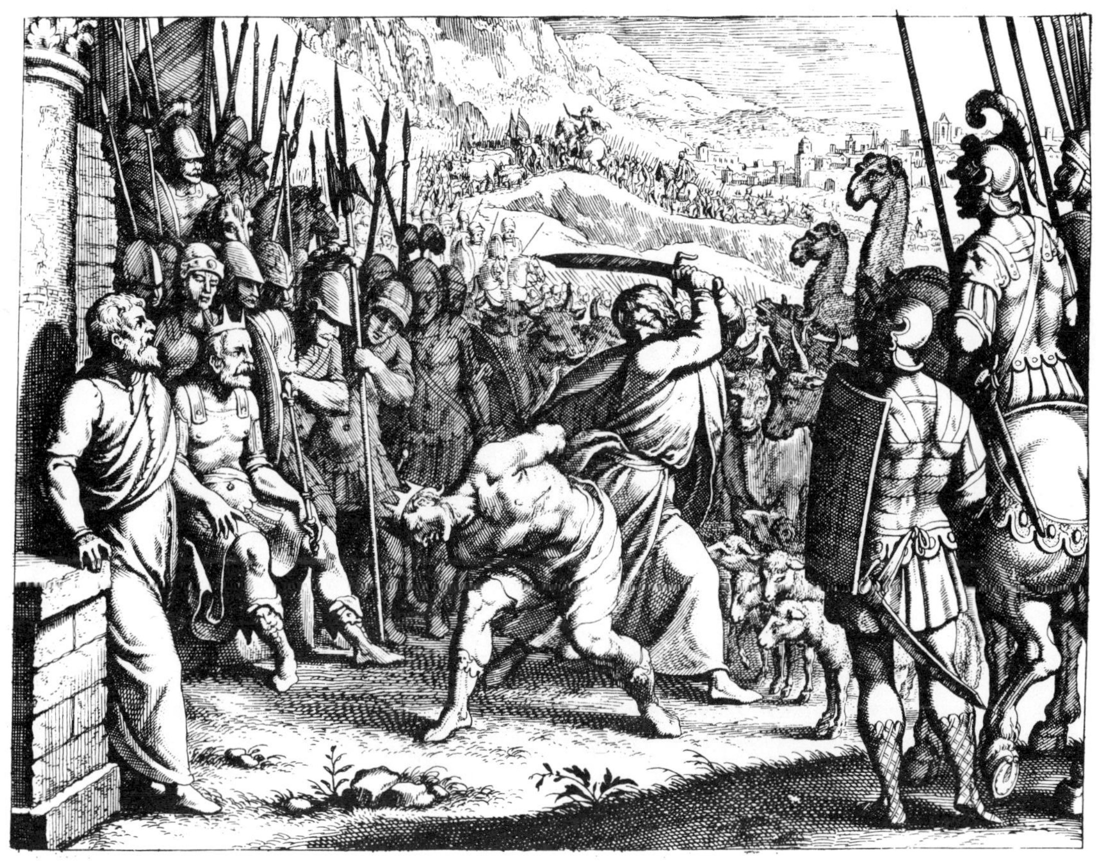

H 2 Victoria

The Sin of Not Being Obedient

XXVII.

Victoria Davidis de Goliatho, Typus Christi.

Mole Giganthea GOLIATHUM & dira loquenti
  E funda silicem mittit in ora *David.*
Amputat huic immane caput Iesseius Heros,
  Hostes, dum fugiunt, cedit Hebræa cohors.

David schlägt den Riesen Goliath im Fürbild auff Christum.

Da Goliath der Rieß Israel Hohn thut sprechen/
Tritt David auff den Plan solches an jhm zu rechen/
  Wirfft jhm ein Stein an Kopff daß er todt niderfelt/
  Das Volck erschlägt viel Feind / ein schönen Sieg erhelt.

O coup trois fois heureux! ô duël honorable!
Quand le Geänt frappé d'vn coup tant admirable
Tombe deuant Dauid jeune foible Berger!
  Et qui du fier Geänt tirant la propre lame
Separe du grand corps l'injuste chef & l'ame
Donnant d'vn coup la mort à tout l'ost estranger. I. SAM. XVI

The giant Goliath ridicules Israel
  David plans to revenge this with a will
Takes a stone, throws it high onto his head
  Victory is his, the giant falls down dead.

I. SAMUEL. XVII. 6

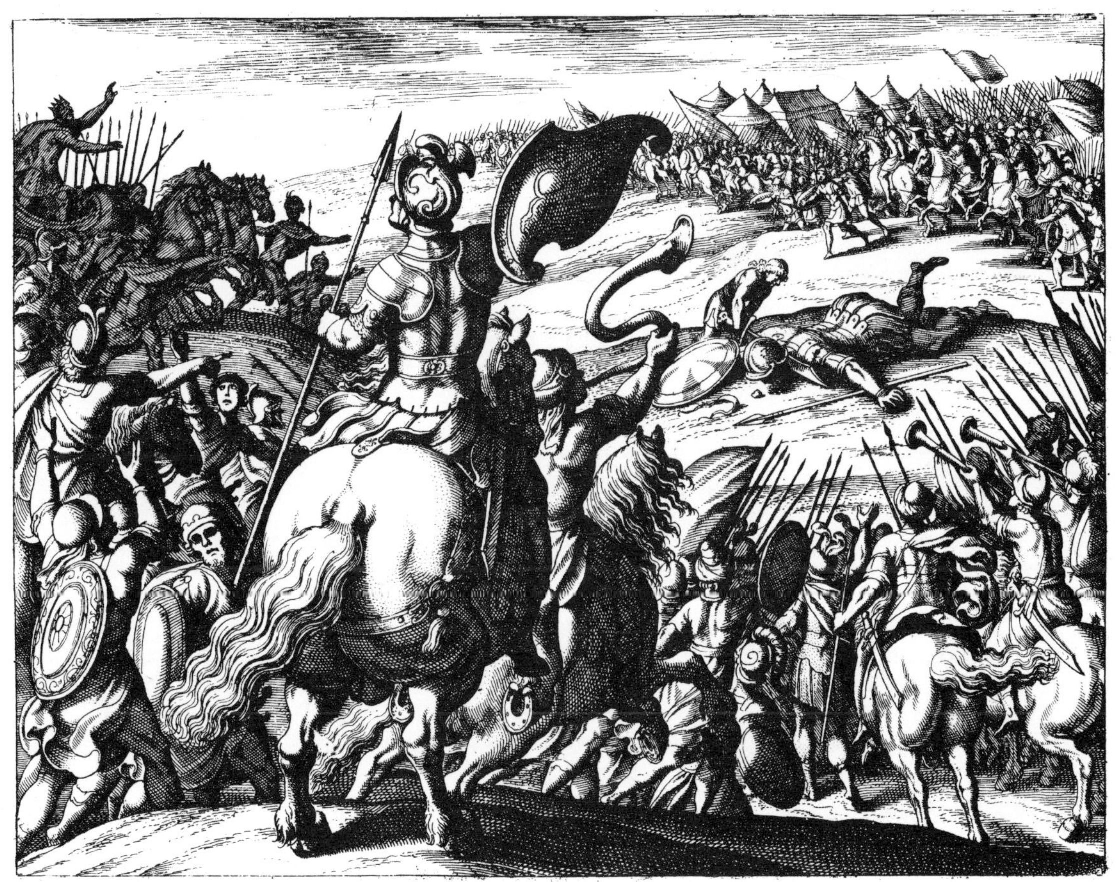

H 3 Trium-

David and Goliath

XXVIII.

Triumphus Saulis & Davidis.

Hostibus expulsis parta SAUL pace triumphat,
It Comes & præfert celsa trophæa David:
Antæi prægrande caput gladiumque tremendum
Pæan iò pæan, obvia turba canit.

Sauls vnd Davids Triumph.

Saul herrlich triumphirt / weil er die Feind geschlagen/
David deß Riesen Haupt vnd Schwert jhm läst fürtragen/
Zum zeichen seines Siegs / das Volck sehr jubilirt/
Glückwünschung / Seytenspiel / viel frewd gespüret wird.

Tout le peuple joyeux dans l'Hebreu territoire
Ne resonne que chants pour si noble victoire,
Clairons, fleutes, tabours benissent le Seigneur:
Au Triomphe se void du fort Geänt l'espée:
La monstre fait paroir ceste teste coupée
Qui met par dessus Saul le Berger en honneur. I. SAM. XVII

Saul is happy, the enemy conquered
The giant's head on David's sword is firmly anchored
A sign of peace, the people are festive
The overpowering job is massive.

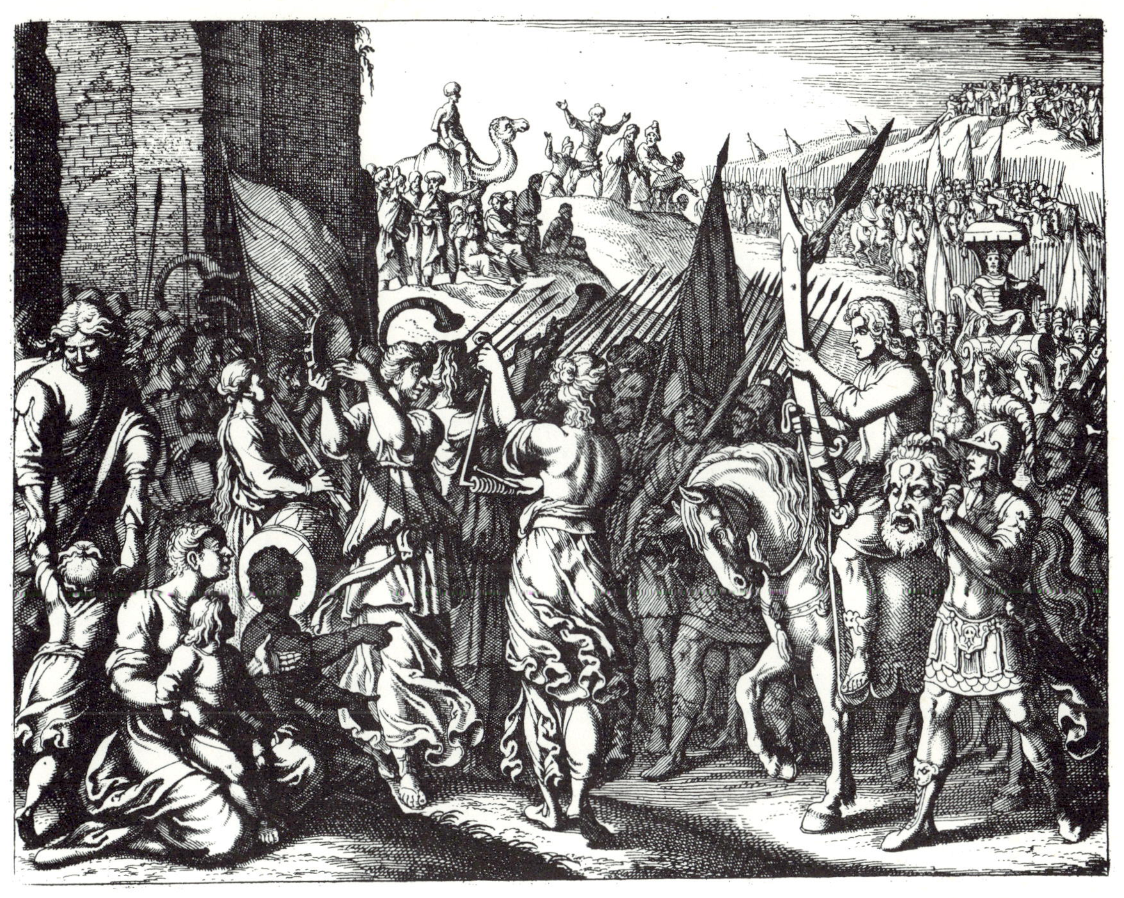

Tyranni

The Triumph of Saul and David

XXIX.

Tyranni ſine cauſa piorum vitam appetunt.

Saulus in innocuum torquens haſtile *Davidem*
Fallitur, arrepta nam fugit ille lyra.
Poſcitur ad mortem, conjux ſed vafra feneſtra
Demittit pavidum callida fune *Michol.*

Der Gottloſe trachtet nach deß Gerechten Leben.

Saul durch einen böſen Geiſt betrübt in ſeim Gewiſſen /
Will David / der entweicht / an die Wand grimmig ſpiſſen /
Er ſucht zu tödten jhn in ſeinem gantzen Hauß /
Michol ſein Eheweib fromm läſt jhn zum Fenſter nauß.

Le Roy malin pouſſé d'vn eſprit ſanguinaire
Lance le dard aigu vers Dauid debonnaire,
Mais ſelon le deſſein le coup ne porte pas.
Puis il veut dans ſon lict, cruel, à mort le mettre,
Michol qui ne peut point ce fait meſchant permettre
Le deſcendant à-val, le ſauue du trepas. I.SAM.XI

Saul enraged through a fight, David wants to kill
Tries to slay him, with the smell of his blood the air he would fill
David runs through the house, trying to flee
Michol, Saul's wife, lets him out the window.

I. SAMUEL. XIX. 65

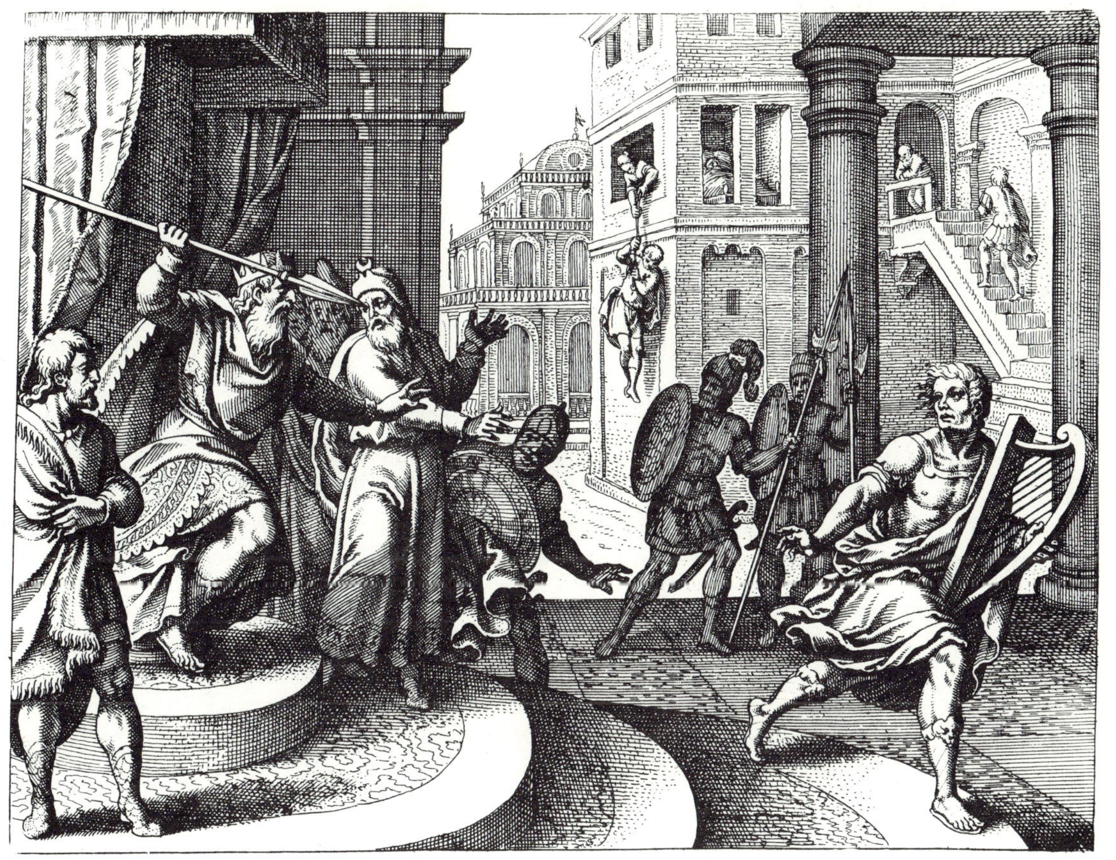

I Fœdus

A Godless One Versus a Believer

XXX.

Fœdus Jonathæ cum Davide.

Fraterno JONATHAS complexus amore DAVIDEM
De patris insidiis erudit atque minis.
Signa fugæ celeris nervo dat missa sagitta,
Ergo abit, & lacrymans dicit uterque; Vale.

Bündnuß vnd Abschiedt Davids vnd Jonathas.

Jonathas David liebt / thut jhn mit trewen meynen /
Vor seines Vatters zorn der sein verderben sucht /
Durch die geschossnen Pfeil ermahnt er jhn zur flucht /
Darauff scheiden sie beyd mit klagen vnd weynen.

Ionathan à David tres-vni de courage
L'advertit de fuir la paternelle rage
N'y restant plus d'espoir d'amander son erreur.
La fleche qu'il tira bien loin dedans la plaine
Fut à Dauid caché la certitude pleine
Qu'il faloit euiter la sanglante fureur.

I. SAM. X[illegible]

Jonathan loves David, and does him a favour
As Jonathan's father, David does not savour
Warns him to flee with an arrow-head
They must part from each other, to both of their dread.

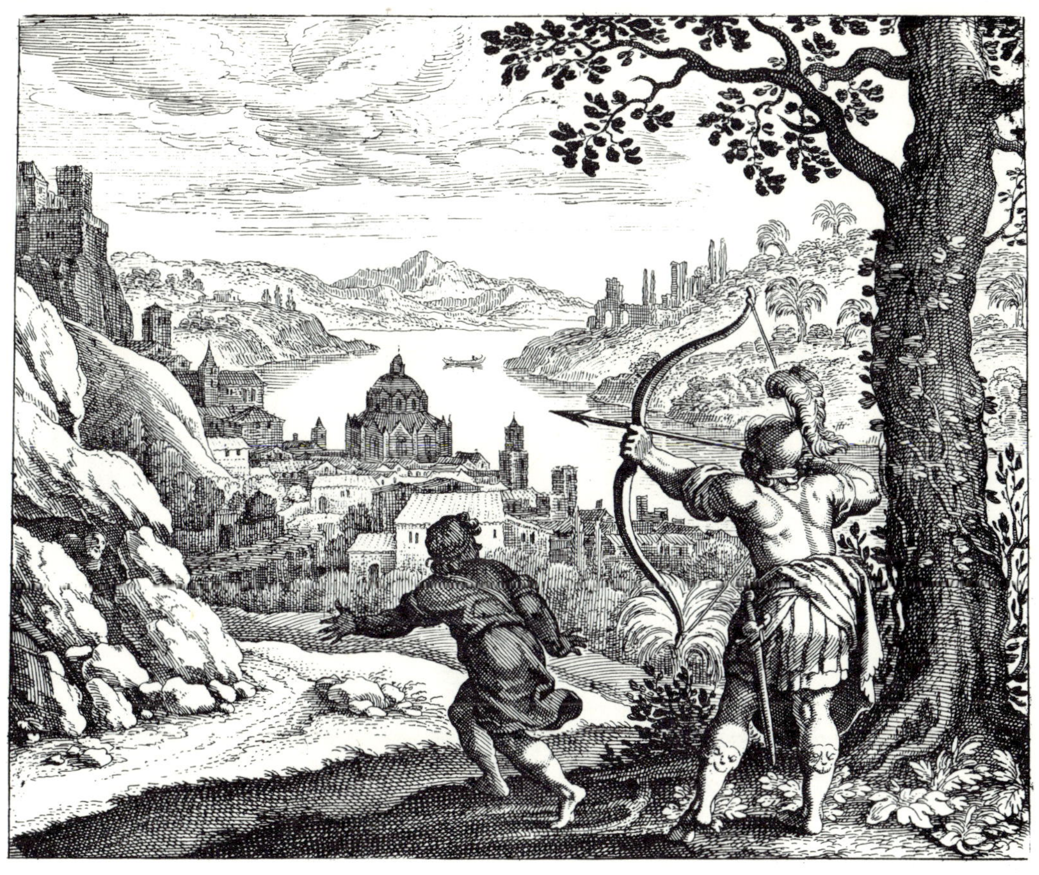

I 2 Uxor

David and Jonathan Must Part

XXXI.

Vxor prudens ſervat marito vitam.

Parva negans alimenta *Nabal* victumque Davidi
Stultitiæ pœnas morte daturus erat.
Vina, dapes, Cererem cui munus ABIGAIL offert
Sicque virum placat conciliatque ſibi.

Abigail Weißheit fürkompt groß Vnglück.

Nabal die Proviant verſagt deß Davids Botten/
Der ſchwört ein thewren Eyd den Narren außzurotten.
Abigail die Klug/ Wein / Brot vnd Speiß jhm bracht/
Durch jhre Holdſeligkeit wird bald ein Fried gemacht.

Fol de nom & de fait, par ſon ingratitude
Nabal verra bien toſt chez ſoy la ſolitude
Par le juſte deſpit de David irrité:
Si ſa femme ne vient, plus ſagement prudente,
Deſtournér par preſens ſa ruine euidente
Pour appaiſer du Roy l'aigre ſeuerité.

I. SAM. XXV

Nabal denies David's messenger a meal
He swears revenge, his anger so real
Abigail with wisdom serves him food and wine
A fight was prevented by a woman so fine.

I. SAMUEL. XXV. 69

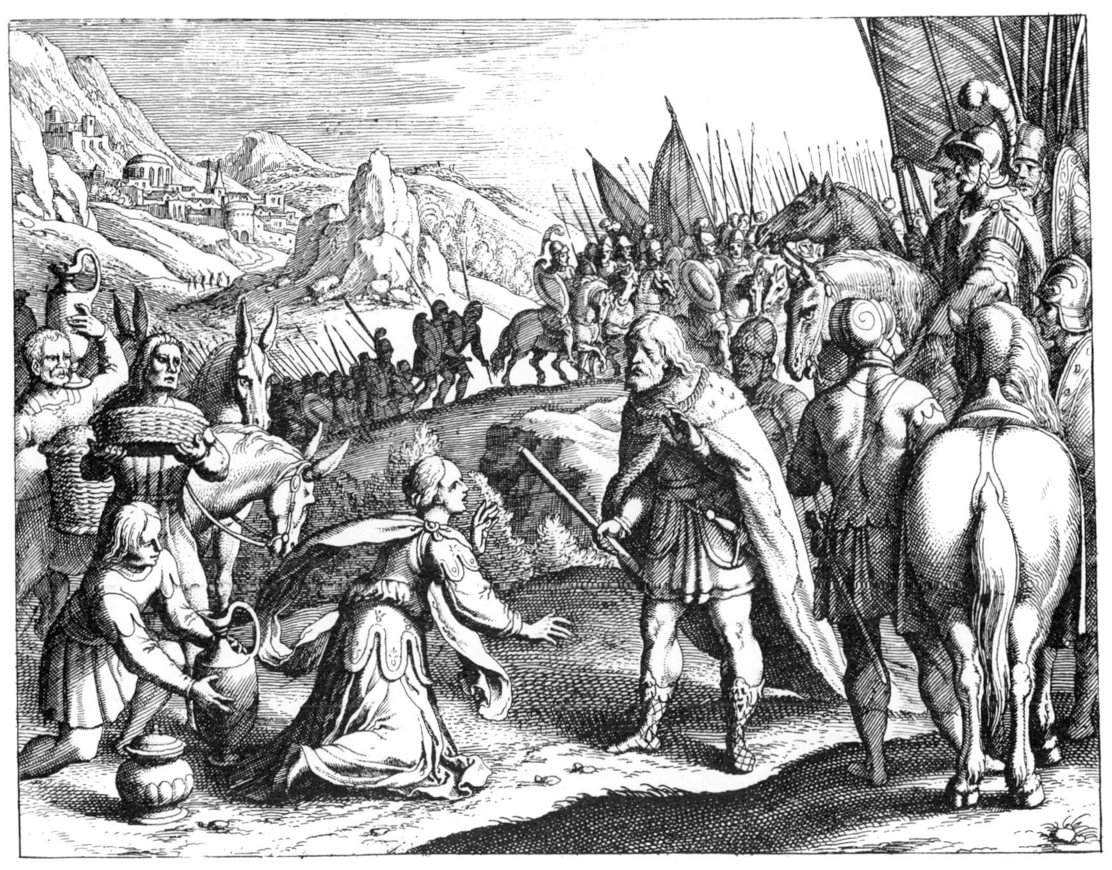

I 3 *David*

Abigail's Wisdom Prevents Damage

70

XXXII.

David abstinet manum ab uncto Domini.

Castra *David* de nocte petens hostilia, SAULUM
Stertentem poterat perdere, parcit ei,
Hastam aufert hydriamque, sui monimenta pudoris,
Abnerum melius dein vigilare jubet.

David schonet deß Gesalbten deß HErrn.

David Saul bey der Nacht wol hett können erstechen/
Schlaffend in seim Gezelt/ hett er sich wöllen rechen.
Seins Lebens er verschont/ sein Spieß vnd Becher nimpt.
Hauptman halt besser wacht/ Saul Davids vnschuld rühmt.

Dauid entré de nuit dans le Camp aduersaire
Ne veut sur l Oint de Dieu rendre sa main faussaire,
Quoy qu'il peust tuer Saul endormi, sans danger.
L'esguiere soit tesmoin & la lance Royale
(Qu'il emporta de là) de son ame loyale
Qui ne veut, le pouuant, par haine se venger. I.SAM.XXV

David by Saul is almost revenged one night
Saul asleep in his tent wouldn't have been able to light
He spares his life, takes only sword and cup
Saul's praise of David is heard high up.

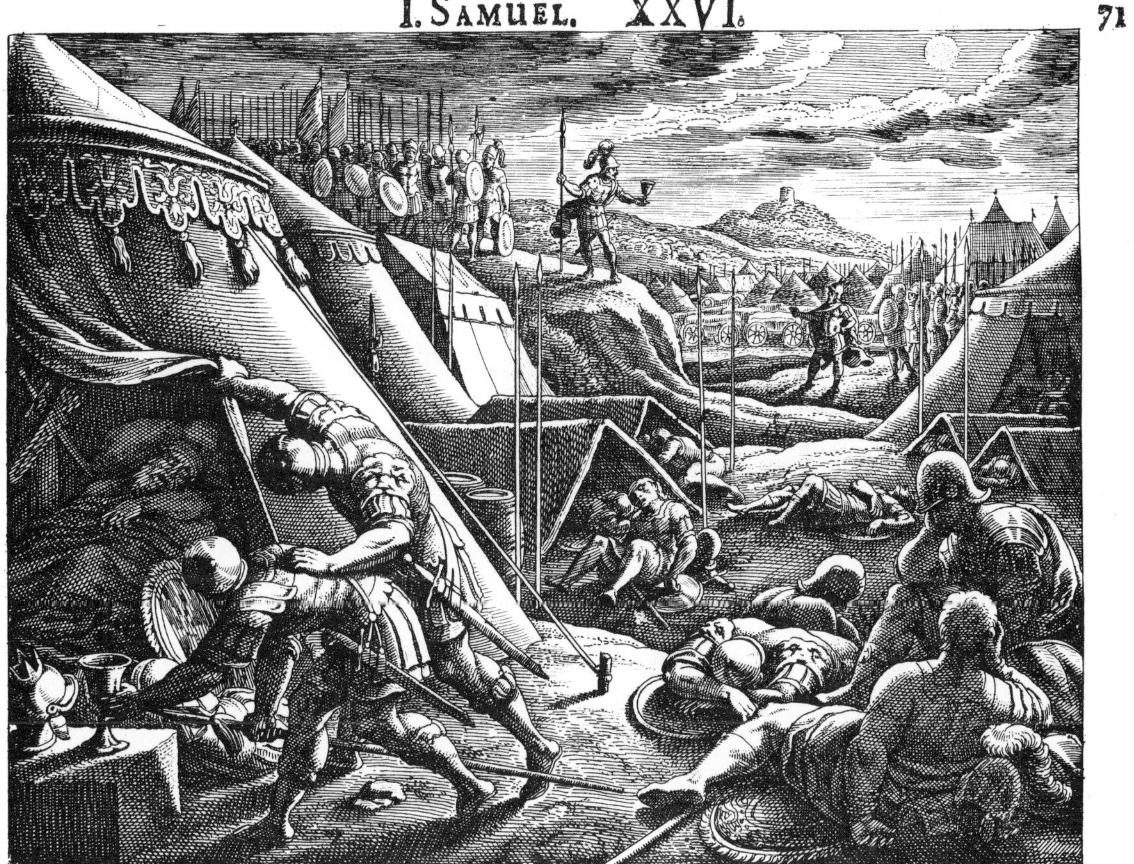

David

David Is Noble

XXXIII.

David cæsis hostibus prædam recipit.

Despoliatam opibus *Ziclam* cremat impius hostis,
Abductis pueris fæmineoque grege.
Hos DAVID aggreditur genioque gulæque faventes,
Prædaque victrici tota recepta manu est.

David erobert die Beuth von Ziklag wider.

Ziklag wird außgebrant / ein grosser Raub enttragen/
Die Weiber weggeführt / die Männer todt geschlagen/
David jagt jhnen nach da sie theilten die Beuth /
Schlägt viel tausend zu todt / bringt wider Gut vnd Leuth.

Tsiklag se lamentoit pour sa perte receuë,
Mais Dauid en ayant grande douleur conceuë
S'arme, se met aux champs & poursuit Hamalec.
Il trouue les soudards gourmandans en yurognes,
Auxquels il fait changer & de fronts & de trognes,
Reprenant leur butin & les tuant illec.

I. SAM. XX

Zitlag burns and is robbed
Women and men are killed in the mob
As they make their getaway, the robbers are followed
David slays them, brings back that which was borrowed.

I. SAMUEL. XXX. 73

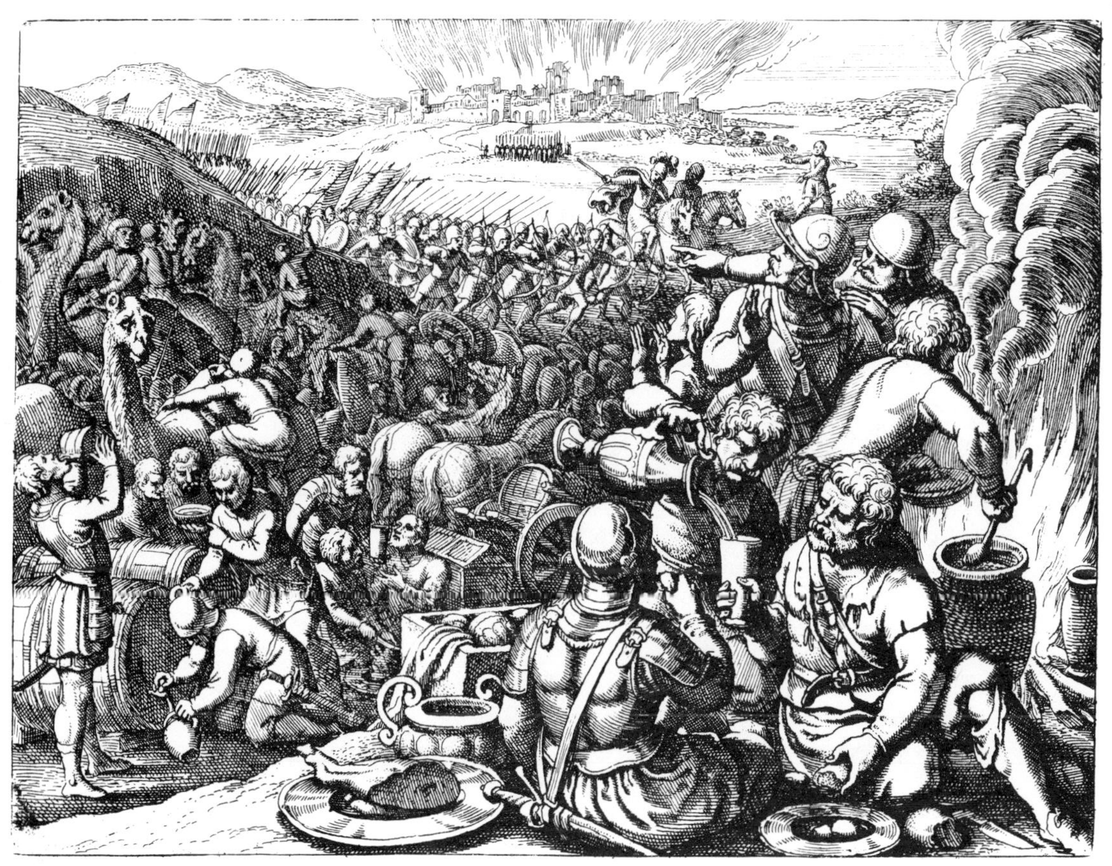

K *Tyran.*

David Claims That Which Was Once His

XXXIV.

Tyrannorum tragicus interitus.

Prælia cum populo dum miſcet Barbarus hoſtis
  Abramidæ victi dant ſua terga fugæ.
Perdita cuncta videns pectus SAUL haurit apertum
  Armiger exemplo ſe Ducis ipſe necat.

Verfolger der Gläubigen werden an jhnen ſelbſt zu Mördern.

Jſrael von dem Feind zertrennt wird vnd geſchlagen
Das gantz Heer gibt die flucht mit viel ſchrecken vnd zagen/
  Saul auß verzweifflung groß jhm ſelbſt das Leben nimbt/
  Sein Waffenträger durch ſein eygen Schwert vmbkümpt.

Le Philiſtin hardi remet ſus ſon armée,
Celle d'Iſaac s'enfuit rudement allarmée;
Là tombe Ionathan & ſes freres germains.
  Saul tout failli de cœur de ſon glaiue ſe tuë,
Son garçon qui le void, l'imitant, s'eſuertuë
De tremper en ſon ſang ſes miſerables mains.

I. SAM. XXX

Israel is persecuted by her enemy
  His whole army must flee helplessly
Saul is desperate, mistakenly commits murder
  His sword carrier is killed, this can go on no further.

I. SAMUEL. XXXI. 75

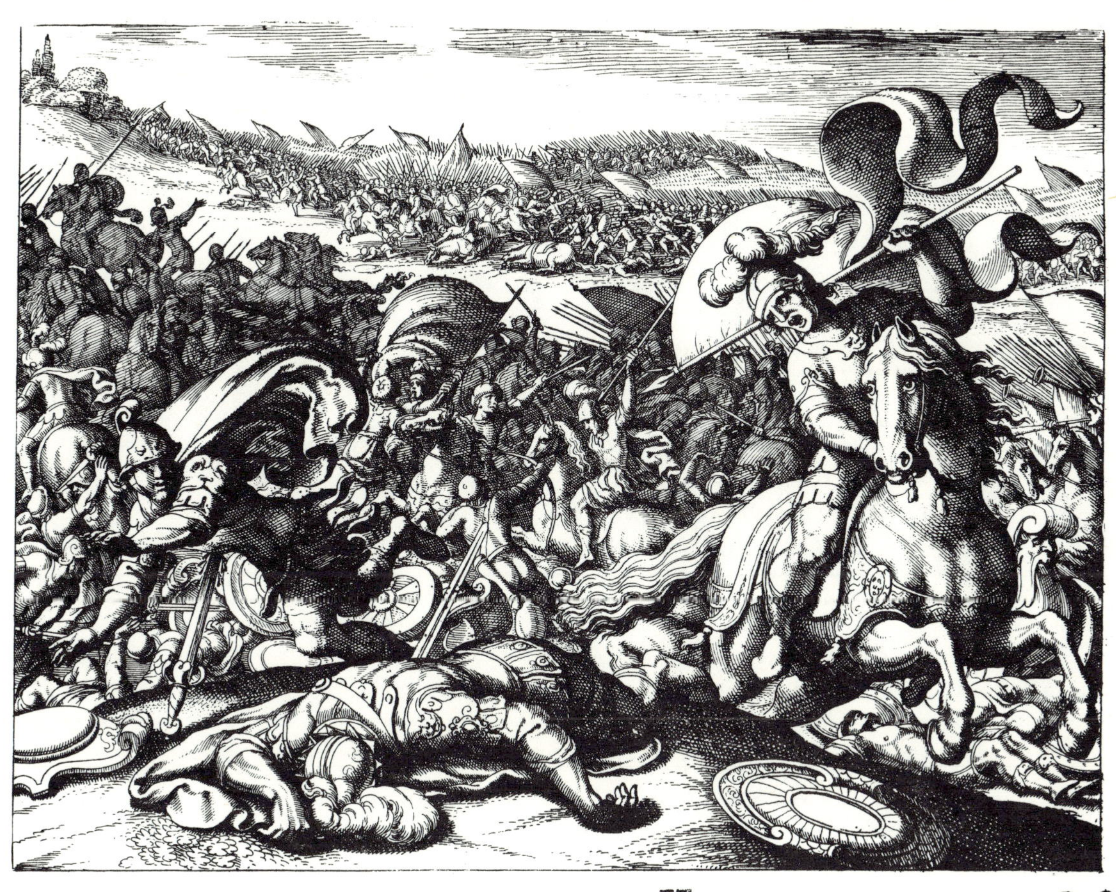

K 2 Vsa

The Murder of Believers

XXXV.

Uſa polypragmon à Deo percutitur.

Fœderis Arca Dei deducitur, hanc ruituram
  Dum timet, extenta ſuſtinet Uza manu;
Quem Deus ipſe necat, proprii zelator honoris.
  Odit Rex ſuperum τὴν πολυπραγμοσύνην.

Straff deſſen der in ein frembd Ampt greifft.

Da die Lade deß Bunds ſich neigt als wolt ſie fallen /
Streckt Vza auß ſein Hand will ſie heben vnd halten /
  Vmb dieſen Frevel er ſeins Lebens wird beraubt.
  Ein jeder thue was jhm befohlen vnd erlaubt.

David tout triomphant ſaintement ſe recrée
Conduiſant en ſon lieu l'Arche ſainte-ſacrée,
Mais vn trouble ſuruint trauerſant ce plaiſir.
Huza l'Arche touchant craignant qu'elle ne tombe
Pres de l'Arche trouua ſa mortuaire Tombe,
Dont le bon Roy reçeut vn cuiſant deplaiſir. II. Sam. V

The sacred tablets bend as if to break
  Uza reaches out as if whole again them to make
Upon that God his life took in a whim
  Each person shall do only that which is asked of him.

II. SAMUEL. VI. 77

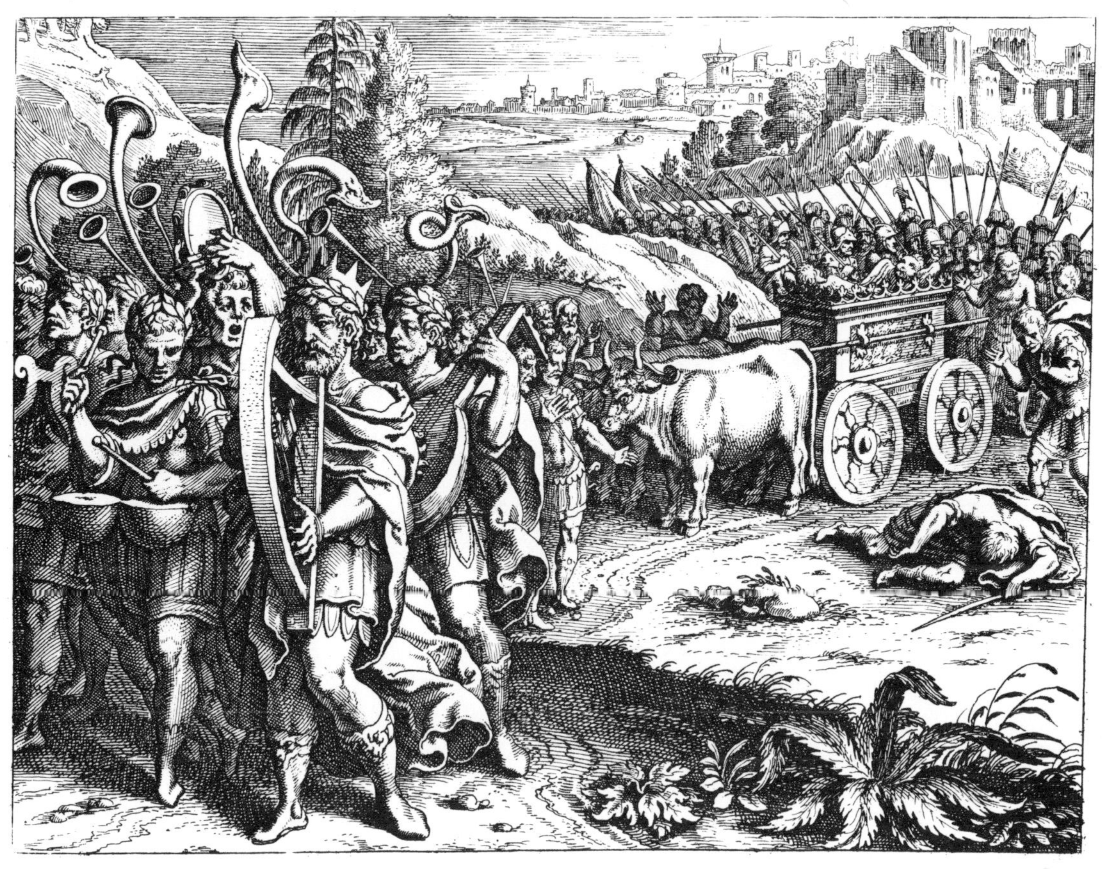

K 3 Victoria

One Who Interferes Is Punished

XXXVI.

Victoria Joabi de Ammonitis.

Excutit Imperium moderataque ſceptra *Davidis*
Ammonita ferox, & capit arma manu,
Hunc acie victum cædit Jemineius Heros,
Et perimit ferro millia multa JOAB.

Joab erlegt viel tauſend Ammoniter.

Der Ammoniter hauff gantz trutzig rebelliret/
Vnd wider Davids Reich offenbaren Krieg führet/
Joab zeucht wider ſie / ſchlägt ſie all ritterlich
Manch tauſend Mann vnd Roß da blieben ſind im ſtich.

Contre le droit des gens d'Ammon le Roy rebelle
Maltraitta les Legats d'vne façon peu belle
Que David tout benin enuoyoit par honneur.
Iöab vaillant guerrier dedans ſoi meſme iure
Qu'il vengera bien toſt deſſus eux leur injure,
Les couurant pour iamais d'vn cuiſant deshonneur. II. SAM.

The Ammonites stubbornly had rebelled
Against David's kingdom siege they had held
Brave Jacob rose against them and killed all
Thousands of men on that day did fall.

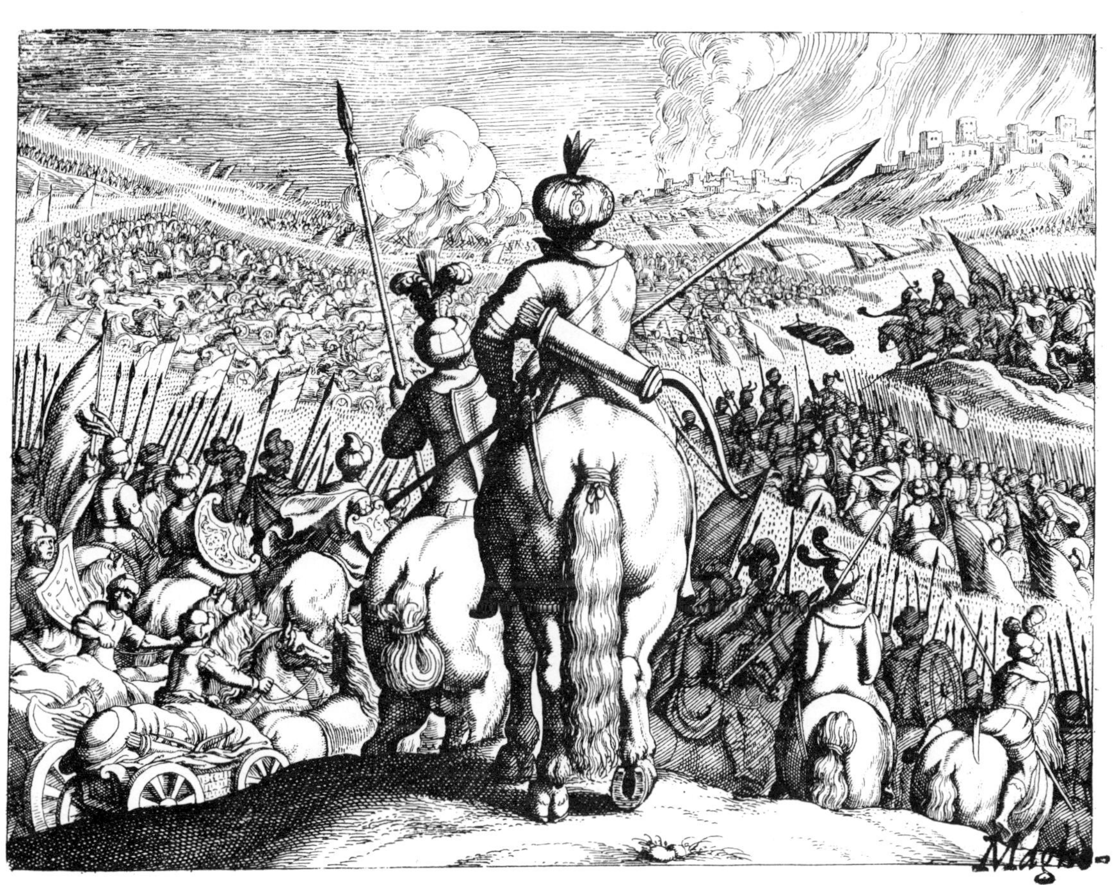

Jacob Kills Many Thousand Ammonites

XXXVII.

Magnorum virorum magni errores.

Bathſeba dum vir abeſt, latices ingreſſa liquentes
    Membra lavat Scythica candidiora nive.
Rex videt hanc, viſamque cupit, potiturque cupita,
    Fœdat adulterio facta priora DAVID.

Groſſe hohe Leuth fallen auch.

Als Bethſabe die ſchön ſich waſcht bey einem Brunnen.
Sieht David jhren Leib / drauff er ſie lieb gewonnen /
    Er fordert ſie zu ſich / Ehebruch mit jhr begeht /
    Dem HErrn dieſe That hefftig mißfallen thet.

Delicate Bathſeba, tu ne te donnes garde
Que lauant ton corps nud ton Prince te regarde,
Te conuoite, te veut, t'enleue, te rauit.
Ton objet plein d'attraits du Roy l'amour attiſe,
Qui, pour lors peu prudent, ſuiuant ſa conuoitiſe
D'adultere forſait tantoſt ſouillé ſe vid. II. SAM. X

Beautiful Bethsabe did bathe in the water
    In David this did create a want for her
Draws her to him and makes love
    God thereof does not approve.

II. SAMUEL. XI. 81

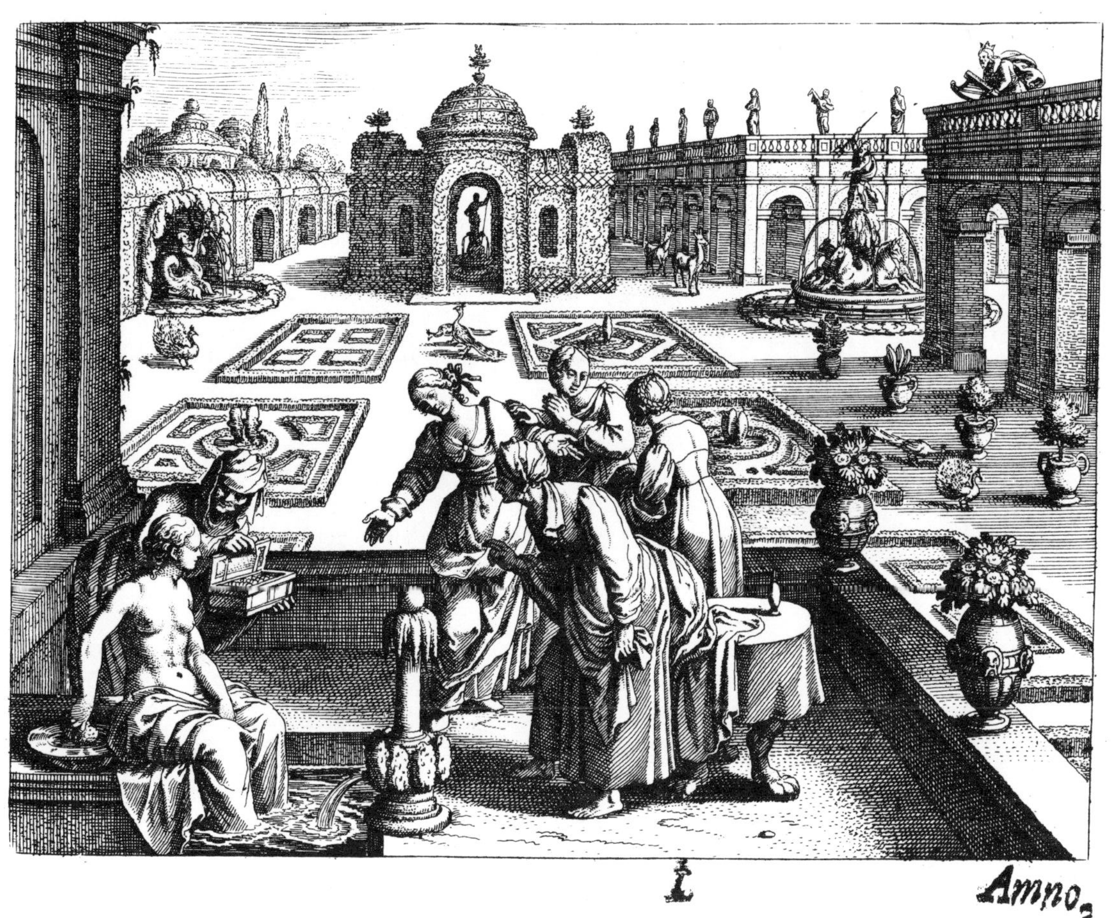

Even High Ones Fall

XXXVIII.

Amnonis cum ſorore inceſtus.

Sauciat immodico Cytherea ſororis amore
    Amnonem, ut lecto languida membra levet.
Comprimit innocuam violentior ille *Thamaram*
    Et miſeram tecto pellit agitque ſuo.

Amnons Blutſchand mit ſeiner Schweſter.

Gegen die Schweſter ſein Amnon mit Lieb entzündet/
Beſchläfft ſie mit gewalt/ kein rettung ſie da findet.
    Treibt ſie darnach hinauß/ ſich gar an jhr vergaß/
    War groß geweſt die Lieb/ noch gröſſer war der Haß.

Amnon bruslant du feu de l'orde Cytherée
Se ſent d'amour vilain l'ame trop alterée
Quand de ſa chaſte ſœur l'honneur il va tachant.
Il ſe feint indiſpos, il veut vne viande
De la main de Thamar, d'appetit & friande,
Puis il change l'amour en vn dédain meſchant. II. SAM. X

His sister forcefully by Amnon is bedded
    His soul is lost, t'was all she had dreaded
Her beauty so great, he totally forgot himself
    Though knowing that he won't be able to forgive himself.

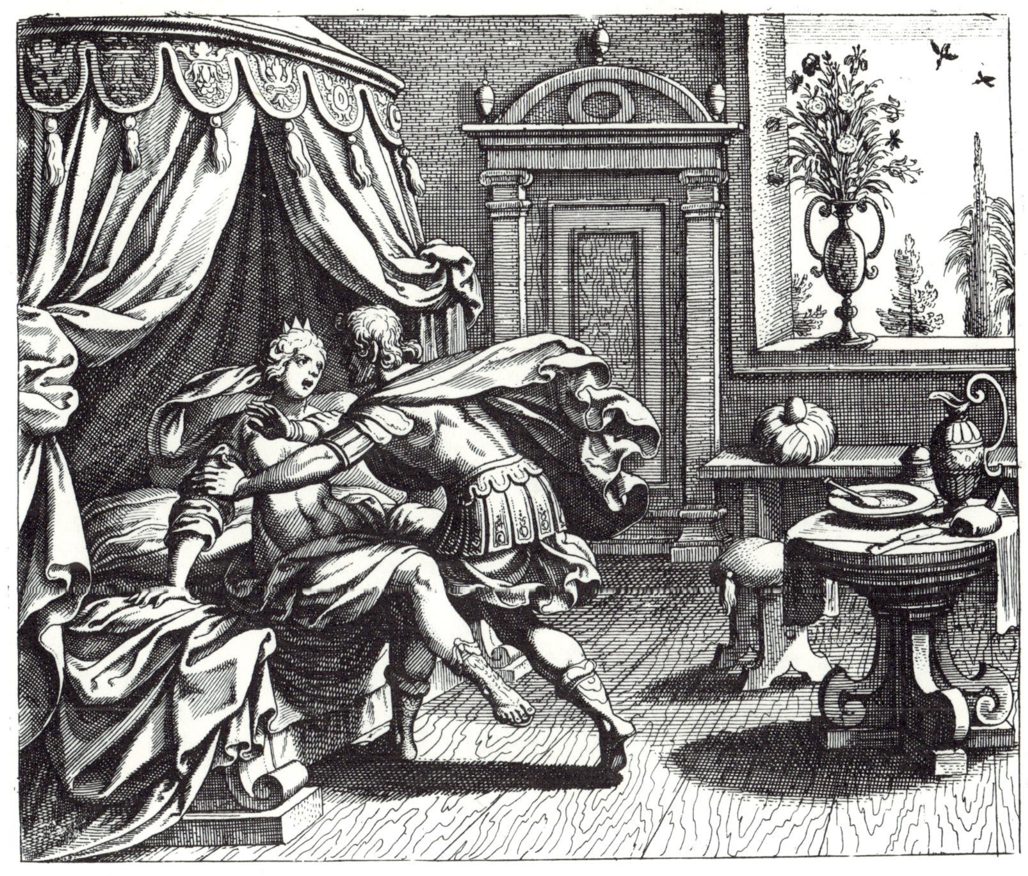

L 2 *Amnonis*

Amnon Commits Incest With His Sister

XXXIX.

Amnonis inceſtus atrociter vindicatur.

Abſalon inceſtus AMNONIS vindicat enſe,
Cujus erat ſtuprum ferre coacta ſoror.
Opprimit inſidiis poſt prandia læta locatis
Ebrium, & admiſcet pocla cruore meri.

Abſalon rächet ſeiner Schweſter ſchmach.

Weil Amnon mit gewalt die Thamar hat geſchwechet/
Jhr Bruder Abſolon ſolchs grewlich an jhm rächet:
Lãd jhn freundlich zu gaſt / vnd ſchenckt jhm dapffer ein /
Schlägt jhn darnach zu todt / vermiſcht mit Blut den Wein.

Abſalom, pour le tort que receut ſa germaine
Comuoit enuers Amnon ſa fureur inhumaine
Iusqu' à tant qu'il l'attrait en vn feſtin trompeur.
Lors les valets choiſis l'inceſtueux terraſſent
Et ſans reſpect de ſang le daguent, le matraſſent:
Les autres fils du Roy s'enfuyans de la peur. II. SAM. XI

Amnon forcefully Thamar seduces
In brother Absalom this hate produces
Makes a guest of him, asks him to dine
Kills him brutally, so blood is mixed with wine.

II. SAMUEL. XIII. 83

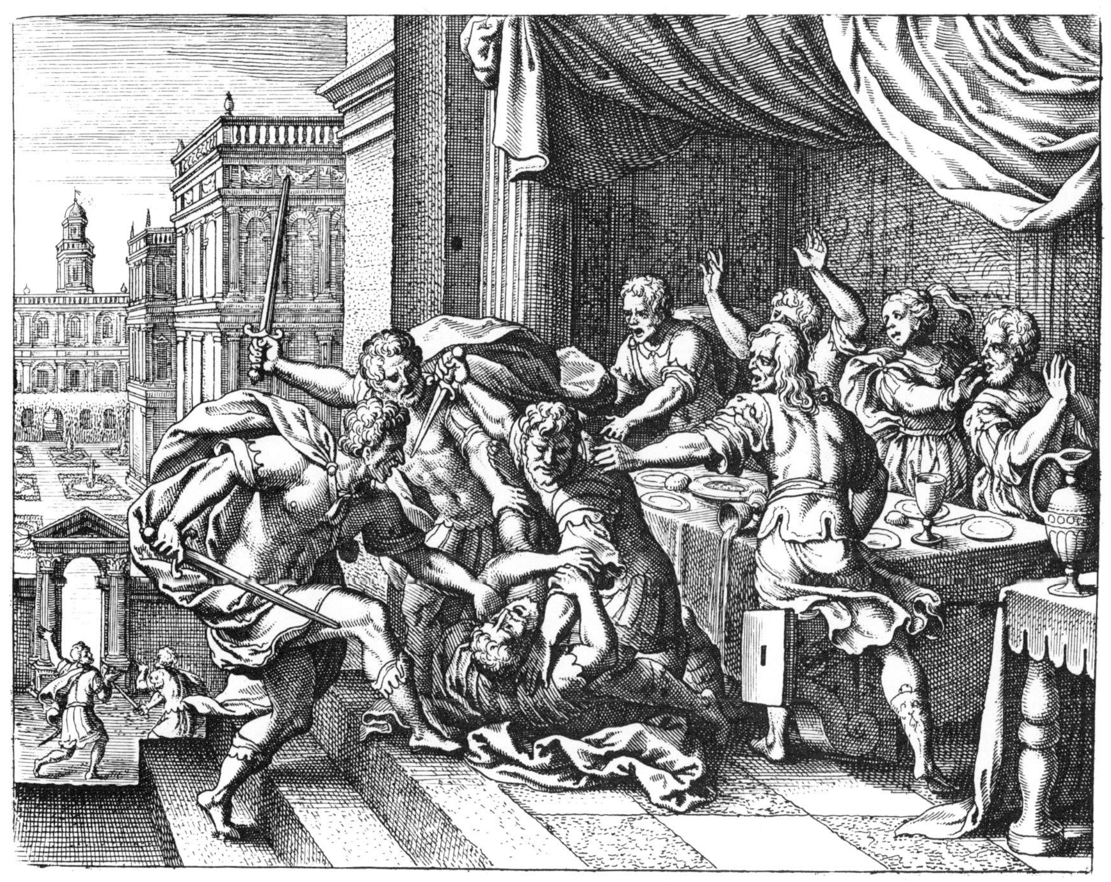

L 3 Vindicta

Absalom Revenges His Sister

86

XL.

Vindicta Divina ingratitudinis.

Impius extorquet Patri regalia ſceptra
 ABSOLON, & ſancta pellit ab urbe ſenem.
Crinibus annoſa fugiens ex ilice pendet,
 Torquet in ingratum ſpicula trina Joab.

Exempel der Straff vngerathenen Kinder.

Der gottloß Abſolon durch böß begird verhetzet/
Sein Vatter David alt/ deß Königreichs entſetzet/
 An einer Eychen hoch mit dem Haar hangen bleibt
 Mit drey Spieſſen Joab jhn durchſticht vnd entleibt.

Quand Abſalom, meſchant, eut dechaſſé ſon Pere
Souillant ſon lict Royal d'vn maudit vitupere,
Luy meſme ne peut pas fuïr de Dieu la main:
Le Ciel a prononcé contre luy la ſentence,
Son poil fut ſon licol, vn cheſne ſa potance
Ioab perçant d'vn dard ce cœur tant inhumain. II. SAM. XV

The pagan, Absalom his father trouble causes
 The kingdom shocked, now for punishment pauses
In a tree he is caught, comes close to death
 Three spears pierce his body, he breathes his last breath.

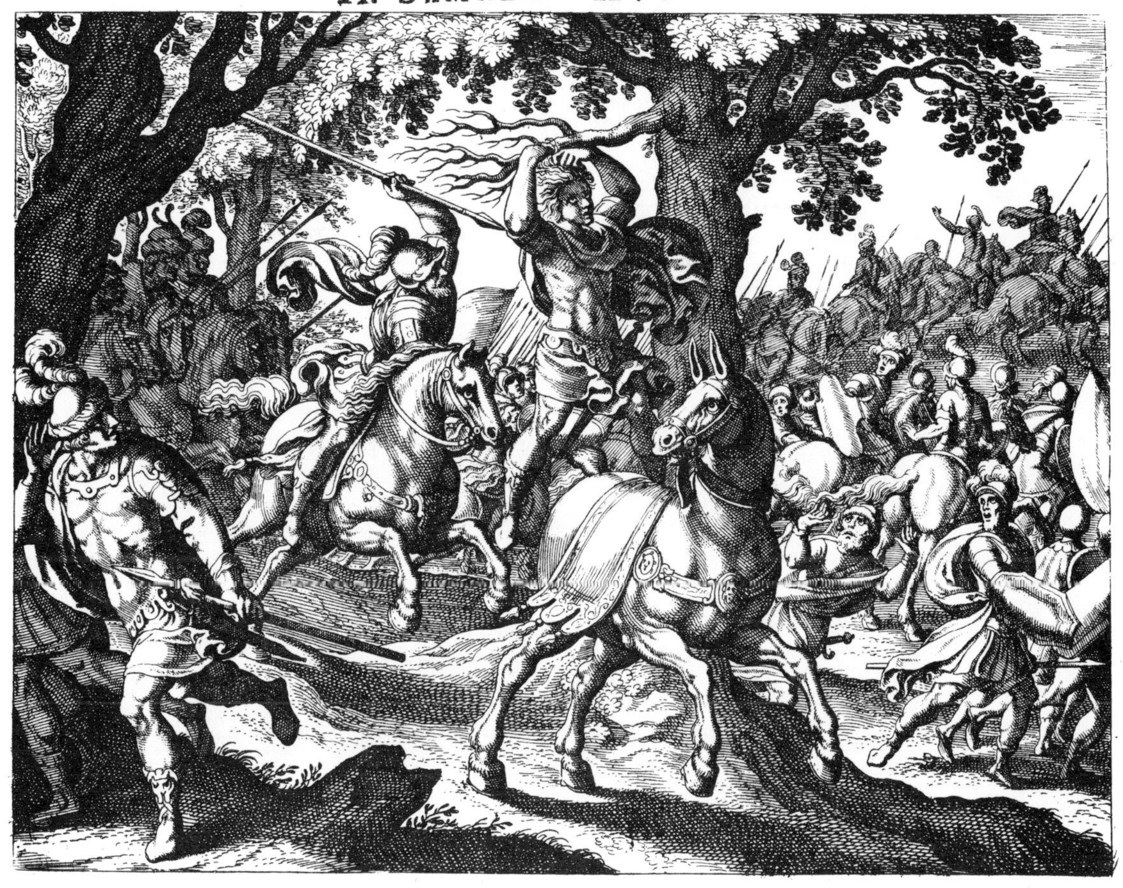

Pœna

Punishment of Naughty Children

XLI.

Pœna ſeditioſi Zebæ.

Naſcitur in populo duce magna rebellio SEBA
Qui fugiens intra ſe mœnia claudit Abelæ,
Conſilium huic muliebre caput præcedit, at illo
Accepto lætus JOAB obſidione recedit.

Straff deß Auffruhrs an Zeba.

Seba ein Auffruhr macht / David den G'horſam wägert /
Fleucht in Abel die Statt / wird von Joab belägert /
Man hawt jhm ab den Kopff durch eines Weibes Rath /
Würfft jhn zur Maur hinauß / Joab verläßt die Statt.

Scebah ſeditieux eſmeut la populace
Qui le ſuit, & ſe rend dans Abel forte place,
Mais Ioab la ſapant la faiſoit trebucher.
D'vn femme l'aduis ſagement equitable
Fait couper à Scebah la teſte deteſtable
Dont Ioab tout content fait ſon camp demarcher. II. SAM. X

Seba is in uproar, David does not follow orders
Curses the city, enemies line the border
For this he is beheaded, his remains thrown away
His body is left beyond the wall to decay.

II. SAMUEL. XX. 89

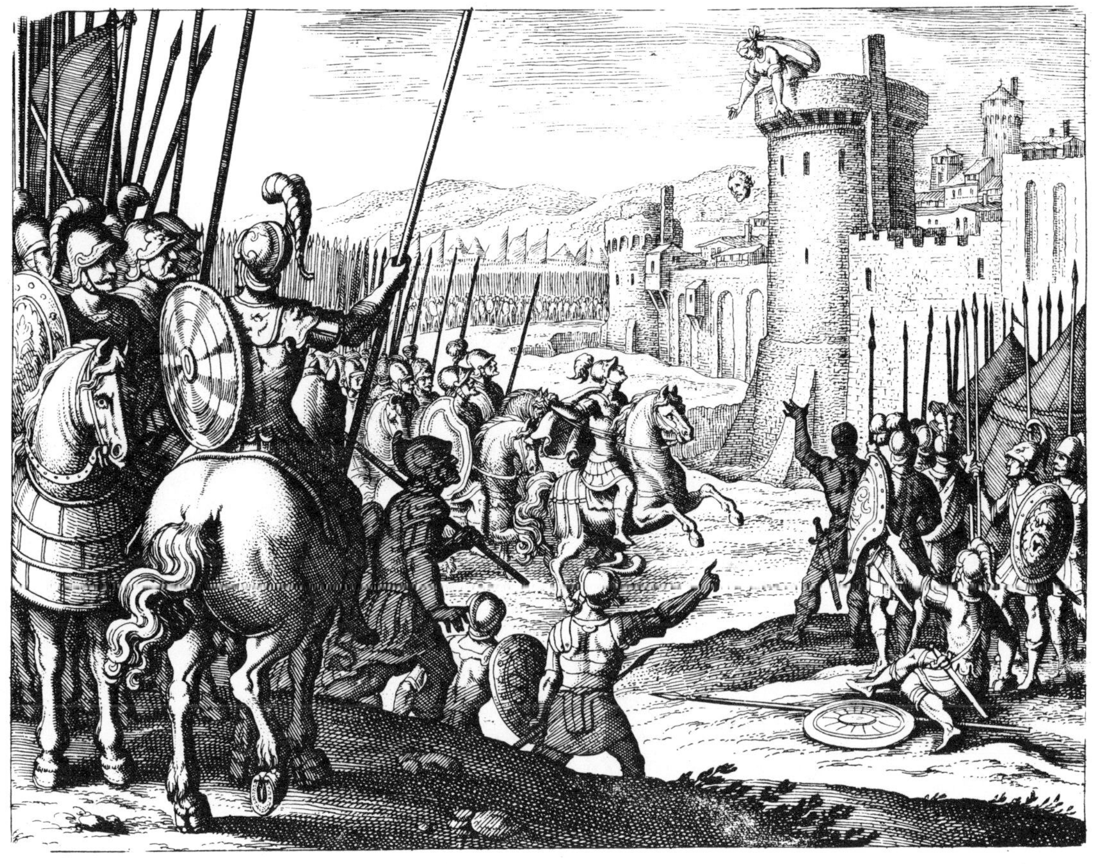

M *Prudens*

An Uproar Is Punished

XLII.

Prudens Judicium Salomonis.

Quæſitor Minos, Rhadamantus & Aeacus altum
Hic ſileant, JUDEX juſtior ecce ſedet.
Noſcitur affectu pietas Maternaque fibra,
Litigium SALOMON ſic muliebre ſecat.

Exempel eines weiſen Gerichts in Salomon.

Die Weißheit Salomons ſich klärlich hie entdecket/
Als dieſer Weiber eins jhr Kindlein hat erſtecket/
Verbergen kunt ſich nicht der Mütterlich affect,
Diß löblich weiß Gericht dem König Lob erweckt.

L'enfant vif eſt à moy (diſoit la mere an Iuge)
L'autre dit, c'eſt le mien, il faut qu'on me l'adjuge:
Que feroit en ce cas le Iuge plus prudent?
Coupez-le (dit le Roy) Ouy, dit la fauſſe mere:
Non, dit l'autre tremblant d'horreur & peur amere:
Pren-le, dit Salomon, ton fait eſt euident. I. REGUM. II

Solomon's wisdom became evident and clear
When a woman tried to hide her child so dear
But hide it not she could from him
His wise judgment was precise and quick as a whim.

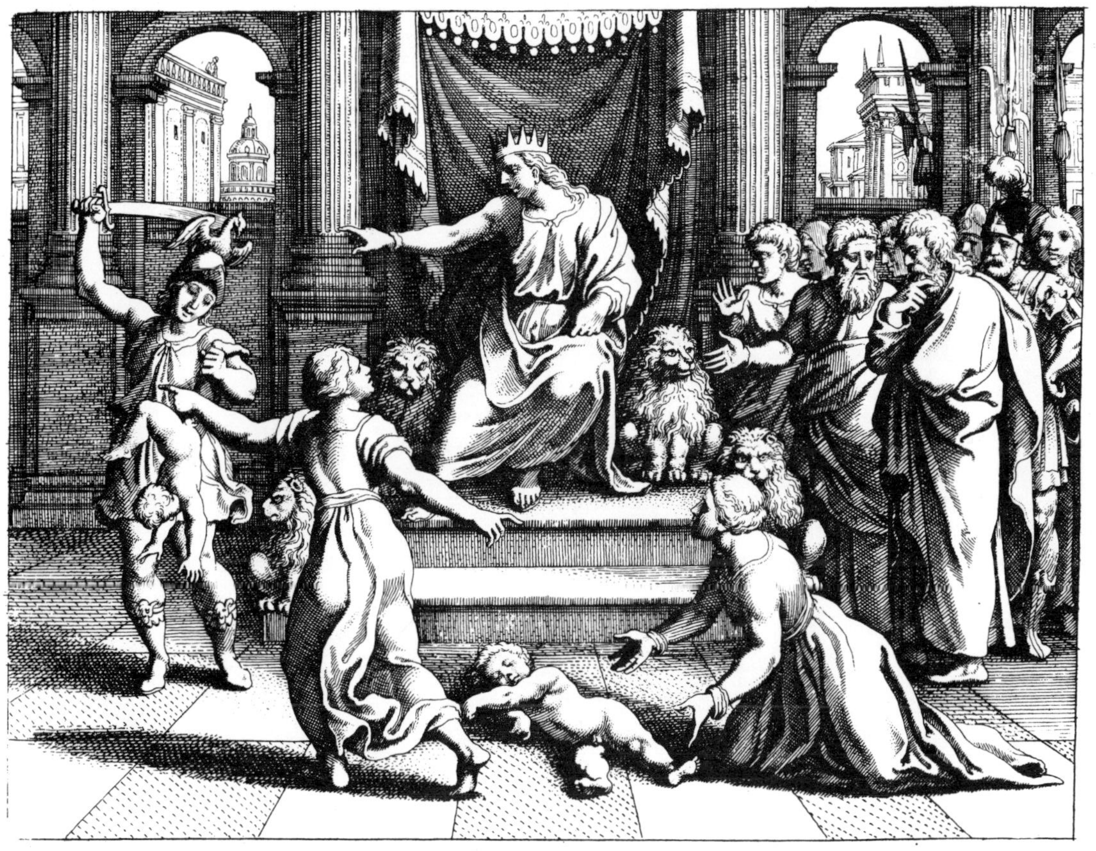

M 2 *Templum*

Example of Wise Judgment

XLIII.

Templum Materiale typus ſpiritualis.

Rex *Salomon* poſtquam Diademate tempora cinxit
Ex ebore argentoque habenoque & marmore *Templum*
Extruit, & fulvo tegit interiora metallo,
Hoc habuit nil ſplendidius nil ditius Orbis.

Irrdiſcher Tempel ein Fürbild deß Geiſtlichen.

Als Gott dem Salomon das Königreich vertrawet/
Ein Tempel groß vnd ſchön er jhm zu Ehren bawet/
Von Silber/Helffenbein/Hebenholtz vnd Marmor/
Nichts in der gantzen Welt thats dieſem Baw bevor.

Les miracles vantés de ſi braue ſtructure
Ne furent iamais rien pres de l'Architecture
De ce Temple ſacré baſti dedans Salem:
Qui ſçait que vaut le plus en ce Saint edifice,
La matiere de prix, ou le grand artifice?
Tout le monde n'a rien tel que Ieruſalem.

I. Regum. V

When God gave Solomon his new kingdom
A new temple was built to honor his wisdom
Made out of silver, ivory, marble and wood
Nothing anywhere close to this come could.

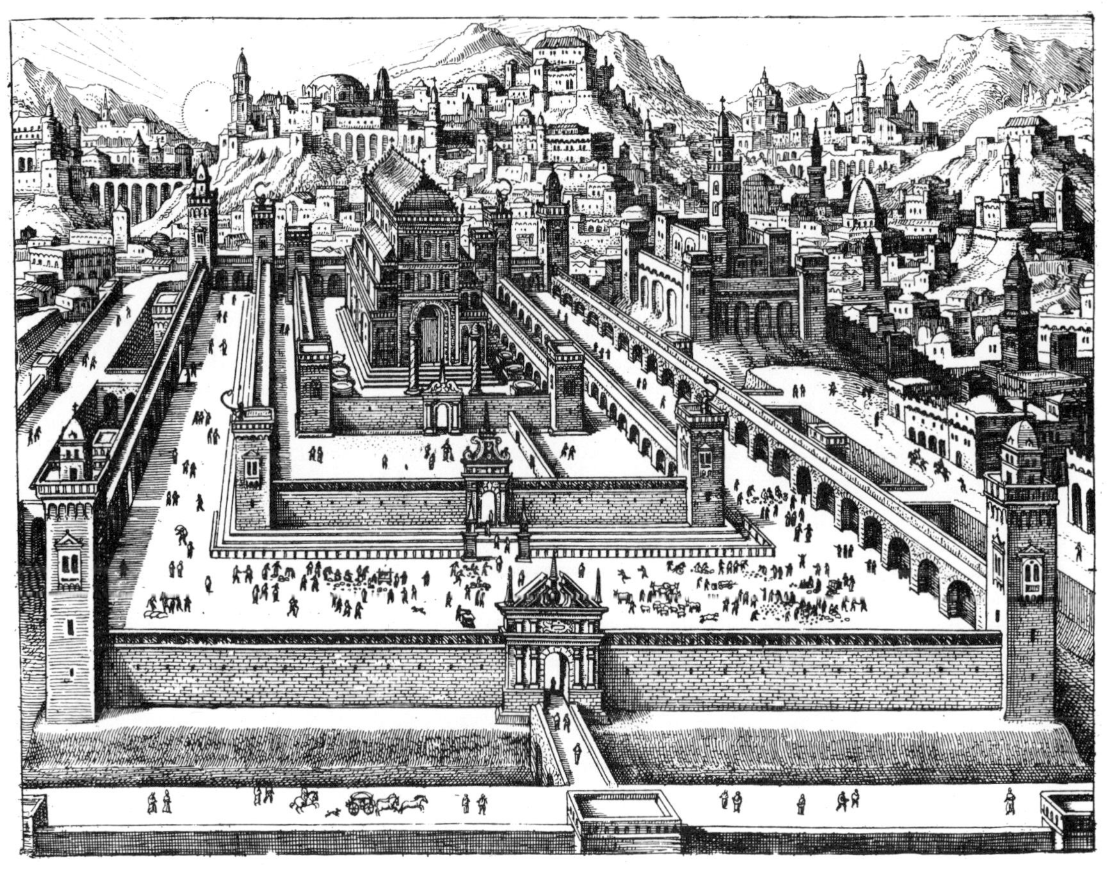

M 3 Domus

Earthly Temple Precedent For Heavenly One

XLIV.

Domus mea Domus precationis erit.

Struxerat in Solymis quo non operosius ullum
Rex *Salomon* templum, nec magis arte nitens.
Dedicat hoc superum thure & prece supplice Regi,
Cæsaque pro populo victima vota facit.

Mein Hauß wird ein Bethauß heissen allen Völckern.

Der König Salomon ein Tempel hat gebawen/
Daß in der gantzen Welt seins gleichen nicht zu schawen.
Zu Ehren weyht er jhn dem HErren Zebaoth/
Thut sein Gebet fürs Volck/ opffert dem wahren Gott.

Comme ce Temple Saint fut dressé dans Solyme,
Pour adorer de Dieu la Majesté sublime,
Seruant aux cœurs zelés d'vn saint lieu d'oraison;
Aussi le Roy pieux consacrant ceste place
Prie, non tant pour soy que pour la populace
Que Dieu promet d'oüyr prians dans sa maison. I. Reg. VI

King Solomon a temple built for all people
For all with glory it carries a steeple
To honor God he praises all
The people below him hear him call.

I. REGUM. VIII. 95

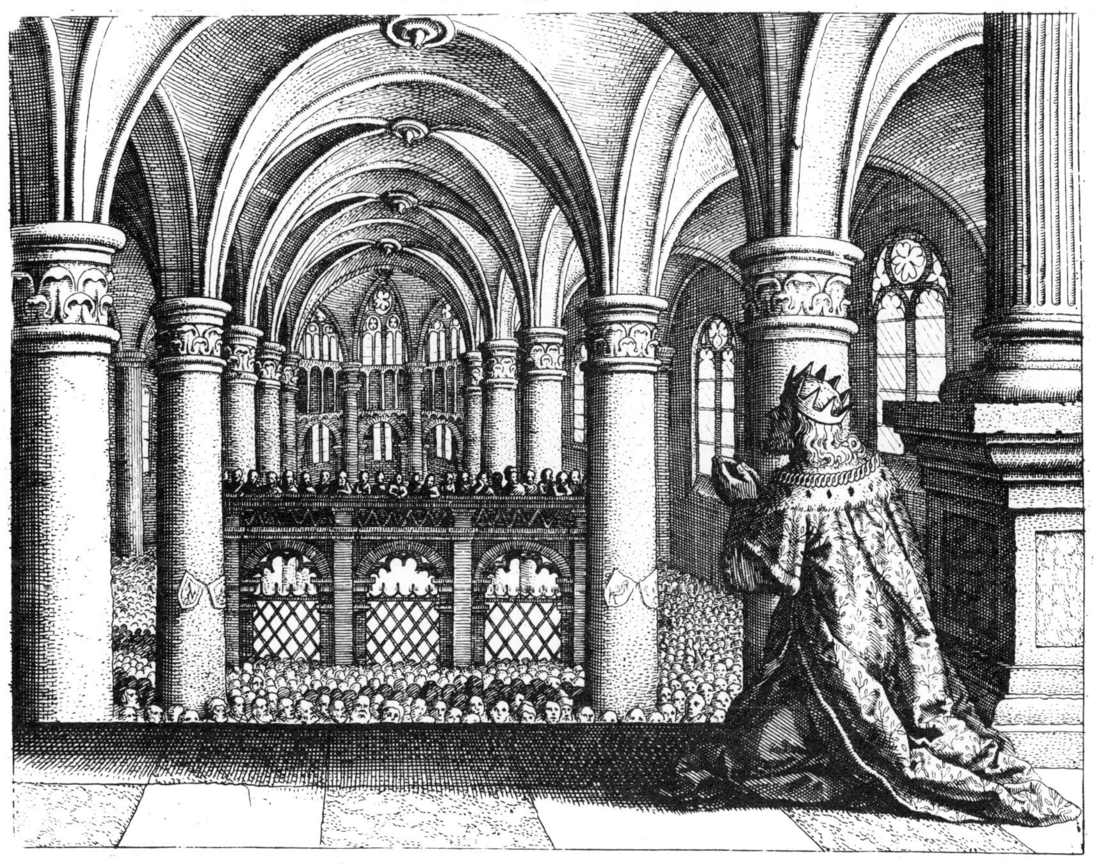

Sapientiæ

My House Be A Prayer Place To All People

XLV.

Sapientiæ laus etiam ad exteros ſpargitur.

Intactæ SALOMONIS opes, Sapientia, Regni
 Gloria ad Æthiopas ad Meröenque volat.
Hinc Arabum regina viro fert munera, tentans
 Illum Aenigmatibus fœmineiſque gryphis.

Weißheit wird in ferne Land berühmet.

Die Weißheit Salomons / Reichthumb / löblich Regirn.
Erſchallt in ferne Reich / ſolchs alles zu probirn
 Bſucht jhn die Königin auß der Araber Land /
 Erforſcht ſeinen Verſtandt durch Rätzeln mancherhand.

La ſageſſe ſans pair, la gloire nompareille
Qui ſont chez Salomon viennent jusqu'à l'oreille
Des peuples plus lointains viuans ſous autres Cieux:
Vne Royne d'honneur de region lointaine
Vient chez lui par expres pour s'en rendre certaine
Luy preſentant des dons cherement precieux. I. REG.

Solomon's wisdom, like a fair ruling hand
 Is well known and reaches far unto the land
A queen from far away visits his kingdom
 Asks him much, challenges his wisdom.

I. REGUM X. 97

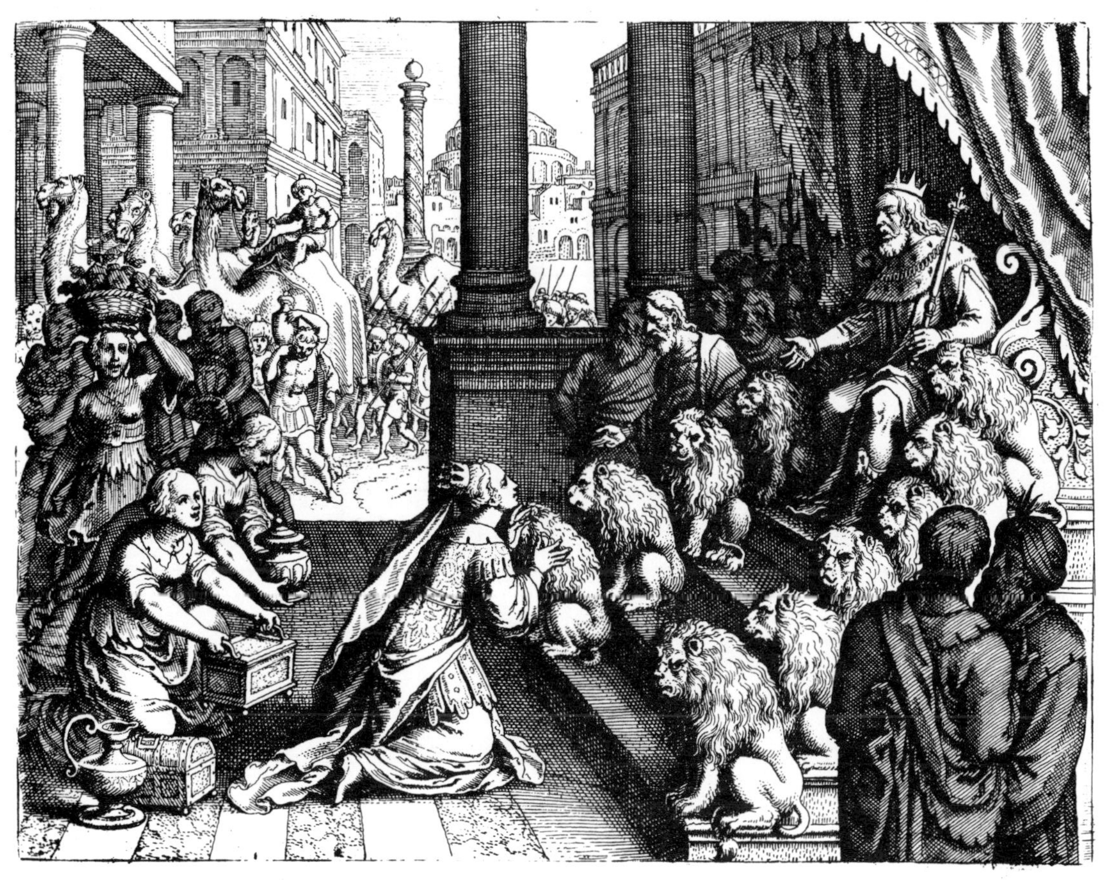

N Pœna

Wisdom is Known Throughout The Land

XLVI.

Pœna inobedientiæ in ministris Dei.

Interitum canit *Altarisq;* urbisque *Bethelæ*,
Propter Apostasiam Jeroboame tuam,
Negligit hinc pia jussa Dei, comeditque *Propheta*
Quem Leo dum repetit tecta paterna necat.

Straff deß Ungehorsams an den Predigern.

Ein Prophet wird gesandt gen Bethel zuverkünden/
Die Rach vnd schwere Straff vmb Jerobeams Sünden/
Der schreit auß seim Beruff/ Ißt wider Gottes verbott/
Ein Löw jhn auff dem Weg vom Leben bringt zum Todt.

Tu auois tres-bien fait, Prophete veritable,
Parlant contre l'autel faussement detestable;
Mais tu ne poursuis pas en ta commission:
Tu reuiens pour manger, non obstant la deffence,
Le Lion te meurtrit & ton asne n'offence,
L'Asne n'a merité, mais toy, punition. I. REG. XI

A prophet was sent to Bethel to tell there
Of a punishment to come that would be a scare
Jerobeams, who was cause, did bitterly cry
God sent a lion who bit him and made him die.

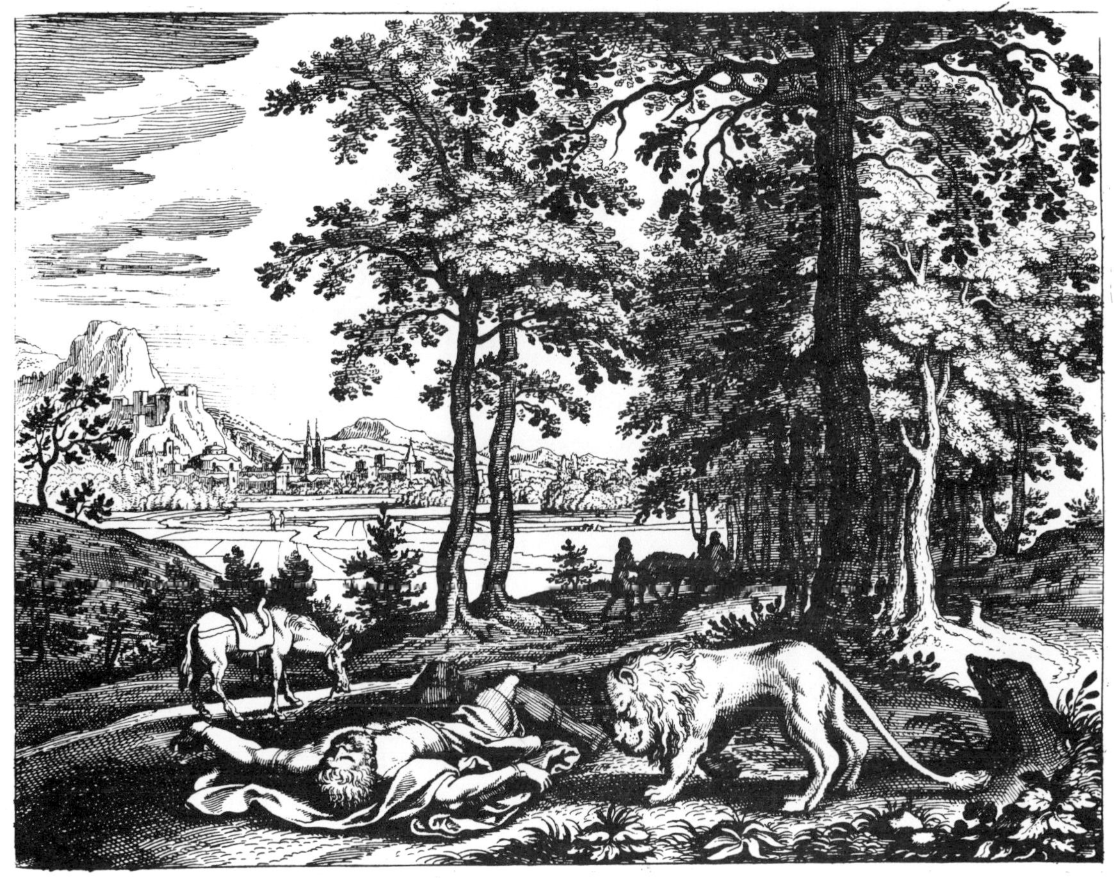

N 2 Inter-

Punishment For Not Heeding a Preacher

XLVII.

Interfector regis sui atrociter punitur.

Isacidum Regem SIMRI jugulaverat ELLAM
  Hinc brve septidui vix diadema capit.
Obsidet hunc *Amri* pœnas sumturus, at ille
  Desperans, facibus seque domumque cremat.

König-Mörder kommen schröcklich vmb.

Simri hat mit betrug König Ellam erschlagen/
Felt an das Königreich/ verleurts in sieben Tagen/
  Amri belägert jhn/ der auß verzweifflung groß
  Steckt Fewr in den Pallast/ verbrennt sich sampt dem Schloß.

Zimri tuant son Roy vsurpe sa couronne
Qu'il ne tient que sept iours: Car Homri l'enuironne
Dans Tirtsa la Cité, l'assiege, bat & prend.
Se voyant pris, Zimri eut si peruerse l'ame
Qu'il mist & son Palais & son corps tout en flamme;
C'est ainsi que le mal les Tyranneaux surprend. I. REG. XV

King Ellam was killed, his country perished
  Within seven days all had diminished
Amri attacked the enemy, who in a flurry
  Set fire to the palace and died in a hurry.

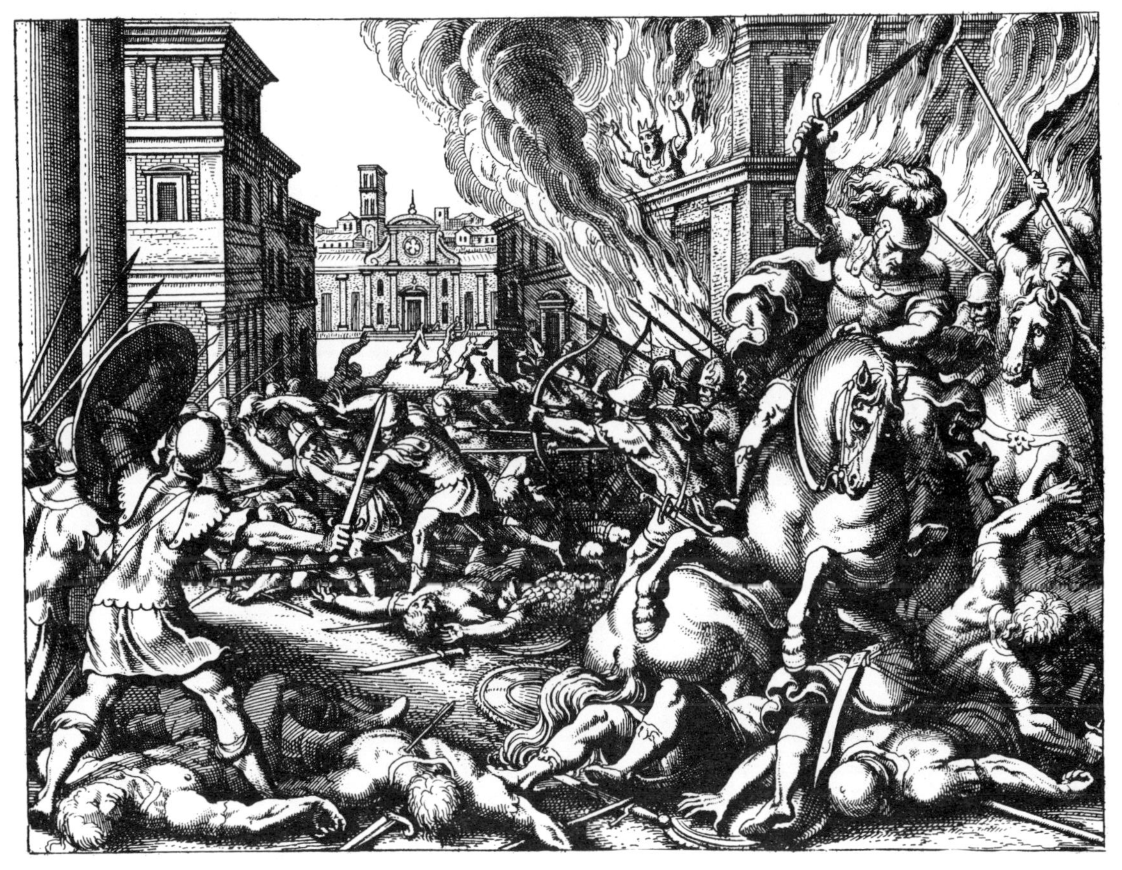

N 3 Deus

Kings and Murderers Perish

XLVIII.

Deus mira ratione suis prospicit.

Vim metuens deserta colit, torrentis ELIAS
Critthæi latices exul inopsque bibens.
Coruorum cui turma dapes panesque ministrat,
Estque rapax volucris promere jussa cibos.

Gott speiset vnd erhält die seinen wunderbarlich.

Für Ahabs Tyranney Elias in den Wälden
Flüchtig sein Leben muß an dem Bach Crith erhalten.
Die Raben bringen jhm daselbst hin Brot vnd Speiß/
Gott seine Diener fromm fein zuerhalten weiß.

Le Prophete sacré qui predit la famine
Par diuin mandement au desert s'achemine,
S'assied pres d'vn Rocher pour boire du torrent:
Mais Dieu par les Corbeaux, ô miracle notable,
Couure de pain & chair suffisamment sa table
Tant que du ruisselet l'eau viue va courant. I. REG. XVI

Elija escapes, in a wood he must hover
For he no one can follow him, he is undercover
But even here is he fed
God sent nourishment to one he had wed.

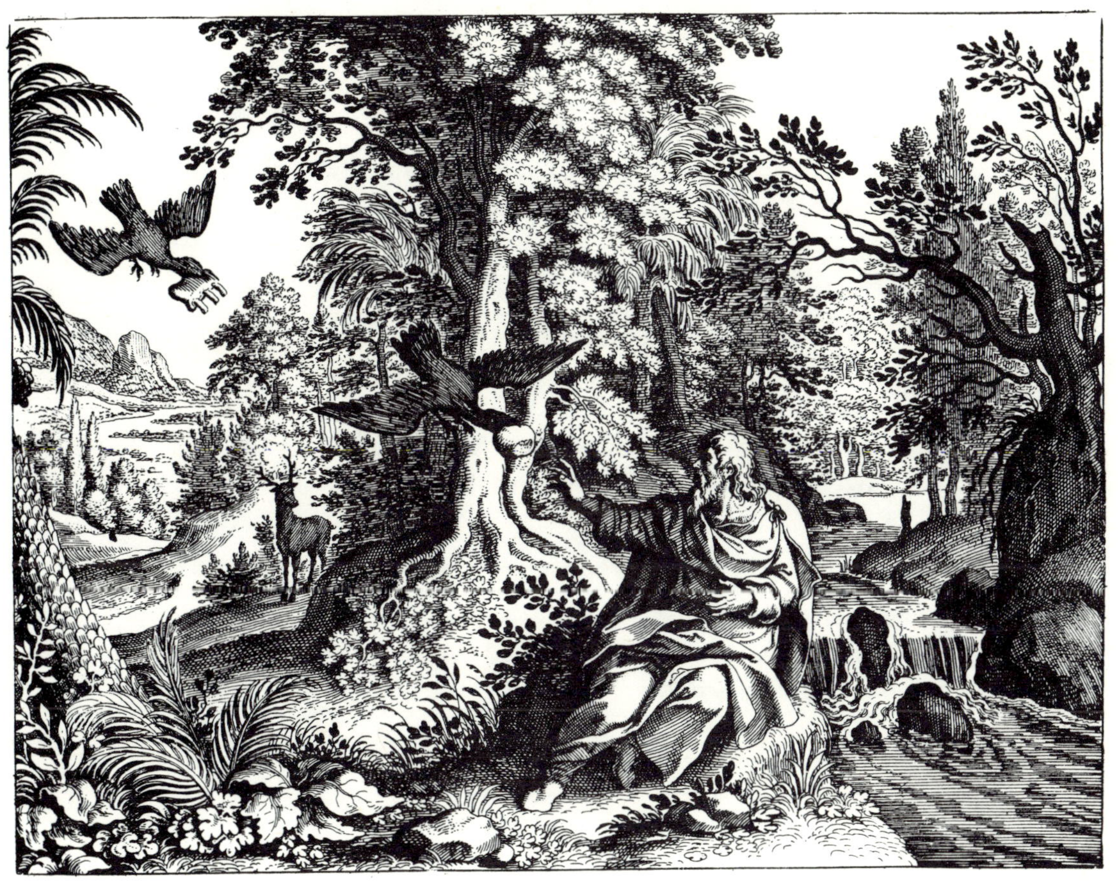

Examen

God Feeds and Keeps His People

XLIX.

Examen veri & Idololatrici cultus.

Sitne JEHOVA Deus vel ſit Baal igne probatur,
Qui cœlo veniens holocauſtum abſumit ELIÆ.
Fruſtra Idololatræ lacerant ſua pſeudoprophetæ
Membra, ſuumque cient ſtolido clamore Deaſtrum.

Prob deß Gottes / vnd Götzendienſts.

Das Fewr vom Himmel fällt / das Brandopffer verzehret /
Beweiſt der HErr ſey Gott / welchen Elias ehret /
Die Baalspfaffen ſich ſelbſt letzen mit geſchrey /
Nichts Närriſchers auff der Welt iſt dann Abgötterey.

S'il faut à l'Eternel rendre diuin hommage,
S'il faut du faux Bahal ſeruir pluſtoſt l'image,
Le monſtre l'vn des deux qui eſt le Dieu puiſſant.
Dieu conſume par feu l'holocauſte d'Elie:
Le Preſtre de Bahal ſe decoupe, ſupplie,
Mais ſon Dieu ne l'oit pas, ou mort ou impuiſſant. I. REG. XVI

The fire pours from the sky, burns up the offering
Elija has moved, God is the real king
The godless they scream in their pagan rites
Nothing more terrible than pretense of might.

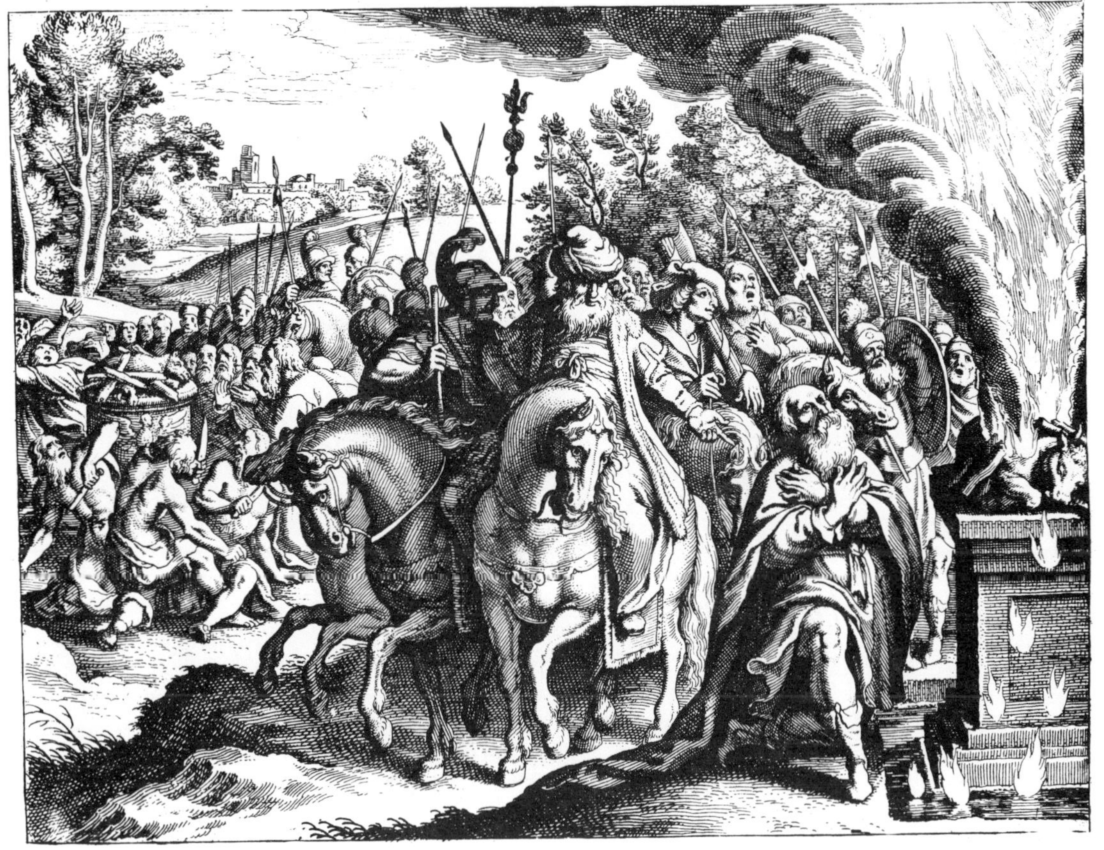

O Typus

Trials of True and False Services

L.

Typus jejunii Christi in deserto.

Juniperi levis umbra tegit, dum dormit, ELIAM,
   Huic Genius panem præstat, & urceo aquam.
Angelicas capit ille dapes, & montis Horebi
   Viribus instructus mox juga sacra petit.

Vorbild deß viertzigtägigen Fastens Christi.

Vnterm Wackholderbaum Elias in der Wüsten
Vom Engel wird geweckt / zur flucht solt er sich rüsten/
   Wasser vnd Brot er fand / vnd thät durch krafft der Speiß/
   Biß an den Berg Horeb / ein viertzig tägig Reiß.

Triste, dolent, fuitif, ennuyé de sa vie
Le Prophete voudroit qu'elle luy fust rauie
Puis s'endort au couuert d'vn arbre gracieux:
   Lors mangeant par l'aduis de l'Ange qui l'esueille,
Quarante iours il vit sans manger, ô merueille,
Tant qu'il vint en Horeb, mont à Dieu precieux. I. REG. XI

Under a tree in the deserts Elija rests
   Is wakened by an angel; to flee would be best
Bread and water he found, and so much strengthened
   In forty days his journey to Mt. Horeb is lengthened.

I. Regum XIX. 107

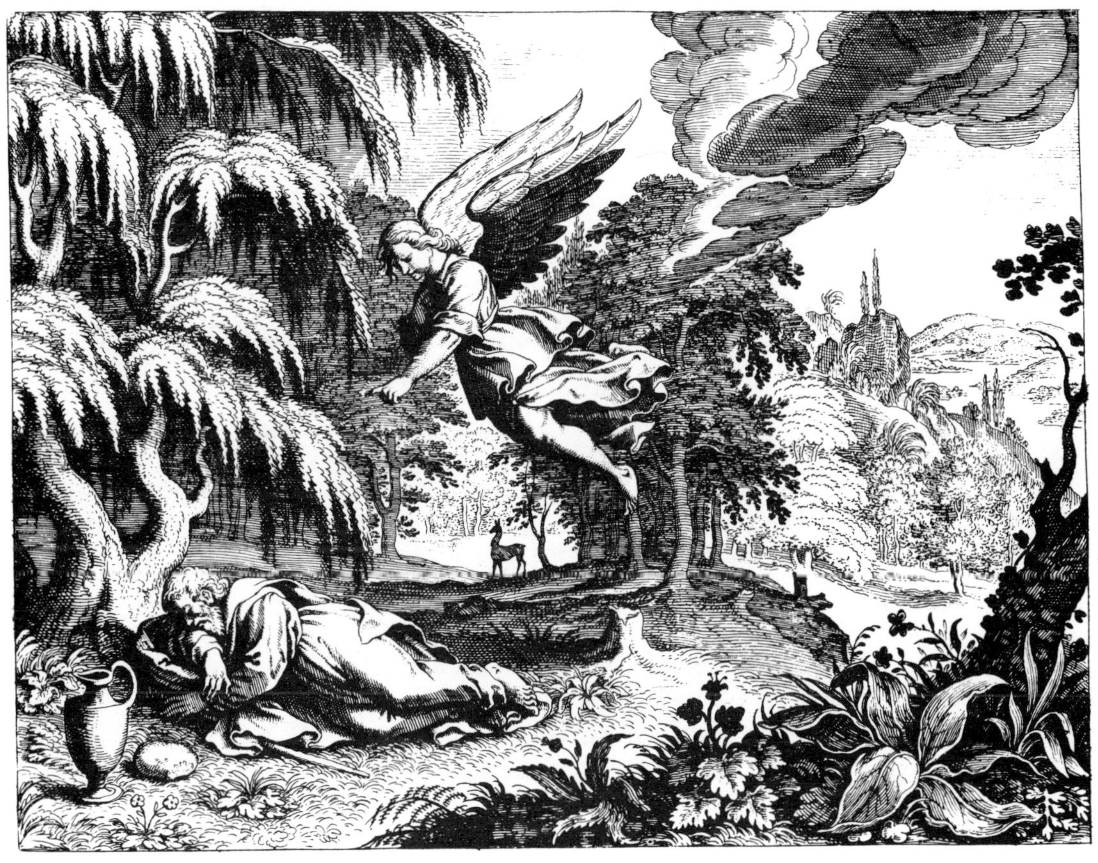

O 2 *Injustè*

Precedent For The Forty-Day Fast of Christ

LI.

Injuſtè fuſus ſanguis ſanguine punitur.

Marte Damaſcenos hoſtes Aggreſſus ACHABUS
In latus emiſſa vulnus lethale ſagitta
Accipit & fugiens campis expirat apertis
Hanc cæſi injuſtè pœnam exigit umbra NABOTHI.

Vnſchuldig vergoſſen Blut mit Blut am Tyrannen gerochen.

König Achab im Streit hart an die Syrer ſetzet/
Der wird mit einem Pfeil getroffen vnd verletzet/
Tödtlich verwund man jhn heim auß dem Treffen führt/
Naboths vnſchuldig Blut/ durch Blut gerochen wird.

Achab veut guerroyer le peuple de Syrie,
Mais c'eſt contre luy ſeul que toute la furie
Du combat ſe fondra par diuin jugement.
Et, quoy que deſguisé, la penetrante fleche
Fait ruiſſeler ſon ſang que le Chien aſpre leche,
Comme luy fut predit pour juſte chaſtiment. I. REG. XX

King Achab fought hard at war
Was hit by an arrow and much gored
Deathly sick, he is transported home
Innocent blood leaves no room to roam.

I. Regum XXII. 109

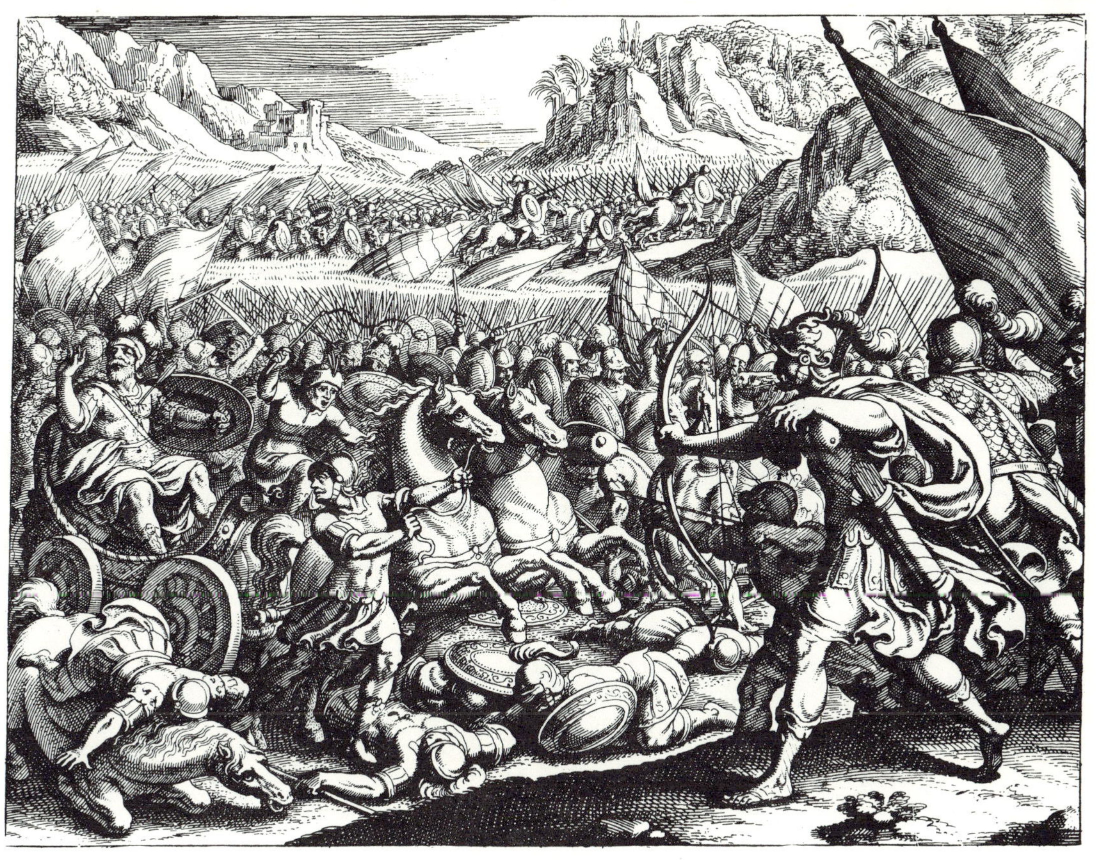

O 3 Typus

Blood For Blood

110

LII.

Typus Ascensionis Christi ad Cœlos.

Fervidus & summi Zelator honoris *Elias*
Quando ministerium finiit ille suum:
Igne coruscantes veniunt de nube Quadrigæ,
Et Vatem emeritum celsa sub astra vehunt.

Reiche Belohnung getrewer Diener Gottes.

Als sein Prophetisch Ampt Elias hat vollführet/
Gesucht deß HErren Ehr/ Eyffrig/ wie sichs gebühret/
Holt jhn Gott von der Welt mit fewrig Kutsch vnd Pferd
Lebend ins Himmels Thron. Gott hat fromm Diener werth.

Quand le Prophete Sainct eut acheué sa charge
Le flambant Chariot pour l'enleuer se charge,
Laissant pour son depart son disciple marri;
Qui frappant du manteau de son Maistre fidele
La Iordane liqueur separa l'onde d'elle,
Pour repasser deçà sur le sable tari. II. Reg.

When Elija the prophet was ready to die
He was sad, but quite pious and did cry
God sent down a carriage to take him to his kingdom
Alive, for having always had great wisdom.

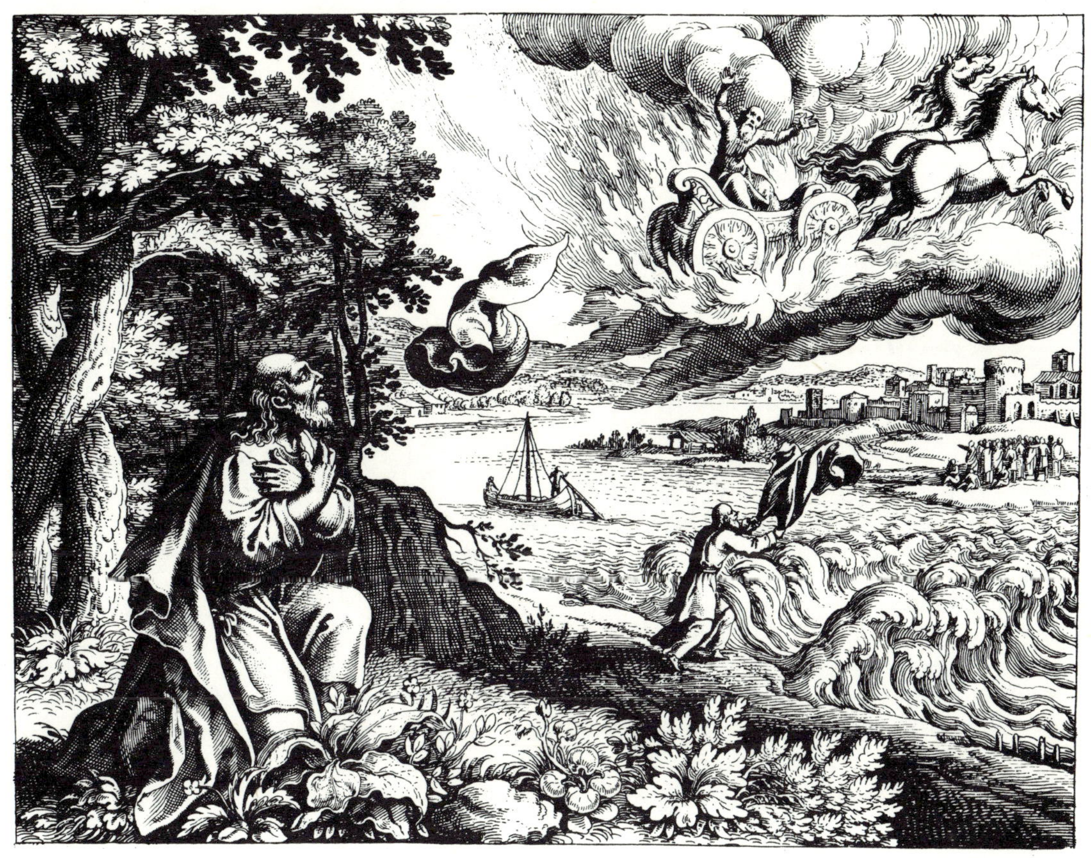

Pœna

Reward For Pious Behavior

LIII.

Pœna illudentium ſervis Dei in pueris.

Calvitium objiciunt Pueri petulanter ELISÆ,
 Et lacerant ſannis opprobriisque Senem,
Qui maledicit eis. Mox quadraginta viciſſim,
 Quos urſi laniant & periêre duo.

Straff-Exempel deren ſo Gottes Diener verſpotten.

Eliſa wird verſpott von muthwilligen Kinden/
Wegen ſeins kahlen Haupts / die bald jhrn Richter finden/
 Der Prophet fluchet jhn / zween Bären grimmiglich/
 Der Knaben viertzig zween zerzeiſſen jämmerlich.

 Des enfans mal appris l'impudence volage,
Diſoit, Monte, pelé, *au voyant à qui l'aage*
Faiſoit tomber le poil du venerable chef:
 Mais luy les maudiſſant; deux Ours de violence,
Deuorent ces garçons, vengent leur inſolence,
Quarante deux d'entr'eux tombans par ce meſchef. II. REG.

Elija is ridiculed by children for his baldness
 They don't know their play will soon be earnest
The prophet curses in the name of God
 Two bears make a feast of childmeat it is no fraud.

II. REGUM II. 113

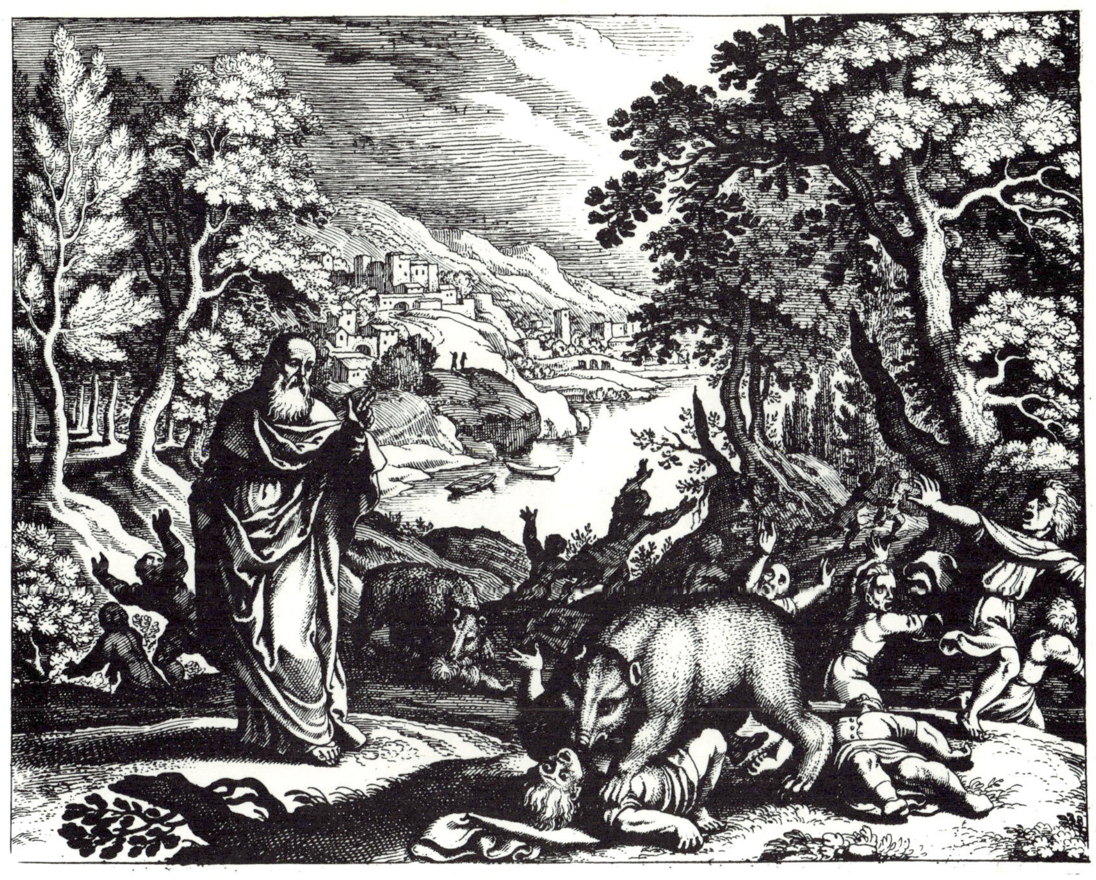

P *Ditat*

Punishment: Example of What Happens To Those Who Ridicule God's Servants

LIV.

Ditat benedictio Domini.

Pauper Eliſæus viduæ fit pauperis hoſpes
    Quam poſt fata viri debita multa gravant,
Succus in urceolo ſuccreſcit pinguis olivæ
    Vendit eum, & redimit nomen ab ære ſuum.

Der Segen deß HErrn machet reich.

Ein Witwe arm vnd ſchlecht beherbergt den Propheten
Dern wegen groſſer Schuld die Gläubiger trang thäten /
    Eliſa mehrt das Oel / daß an vaſung gebricht /
    Die Fraw löſt da viel Gelt / all jhre Schuld abricht.

D'vn Prophete fidel la vefue diſeteuſe
Verra vendre ſes fils d'vne façon honteuſe
S'Eliſé ne pouruoit à ſa neceſſité:
    Lui, le pot d'huile ſeul tellement multiplie
Qu'il en a ſur le champ mainte cruche remplie,
La vefue la vendant rend ſon debt aquité. II. Reg. I

A prophet stays with a widow poor and weak
    She's in great debt, her outlook bleak
Elija doubles the oil, so that the vases break
    She can sell it for money, no longer is her honor at stake.

II. Regum IV. 115

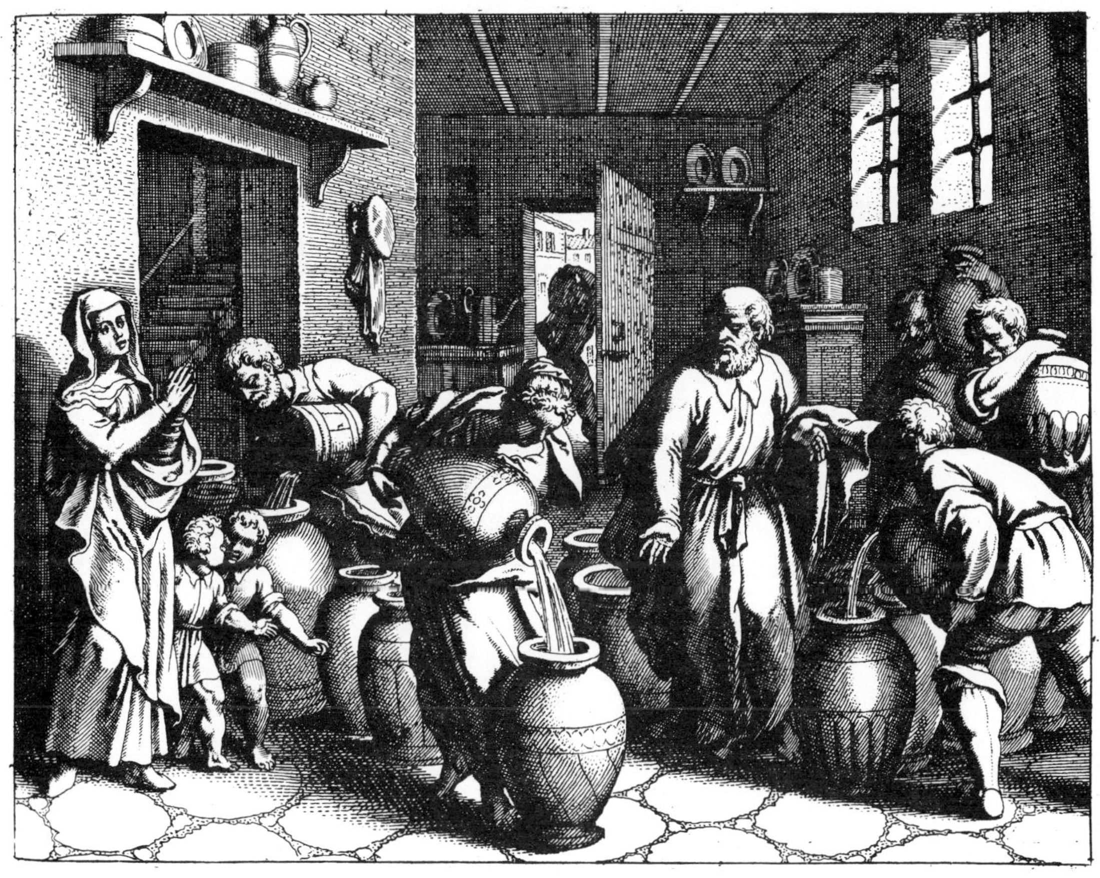

P 2 Typus

God's Blessings Are Enriching

LV.

Typus lavacri regenerationis.

Mentagra ſcabieque peruſtum membra *Naeman*
Se ſeptem vicibus mergere ELISA jubet.
Paret hic, abſterſaque lepra novus exit ab undis,
Juſſa Prophetarum qui facit, ille ſapit.

Vorbild der Reinigung durchs Waſſerbad im Wort.

Naeman den Hauptman mit Auſſatz hart beladen/
Der Prophet ſiebenmal heiſt in dem Jordan baden/
Er wäſcht den Auſſatz ab geht friſch vnd geſund davon/
Wer den Propheten folgt/ kriegt davon guten Lohn.

Ce lepreux Syrien venant vers le Prophete
De ſa lepre reçoit la gueriſon parfaite
Si toſt qu'il obeït au receu mandement:
Car s'eſtant par ſept fois laué dans l'onde pure
Des Iordaines liqueurs, ſa chair jadis impure
Se rend ſaine ſur luy dés le meſme moment. II. REG

Naeman the soldier sinned a lot
Was ordered to bathe and get rid of the rot
He washed himself, was free of sin
He followed the prophet, wanted always to win.

II. Regum V. 117

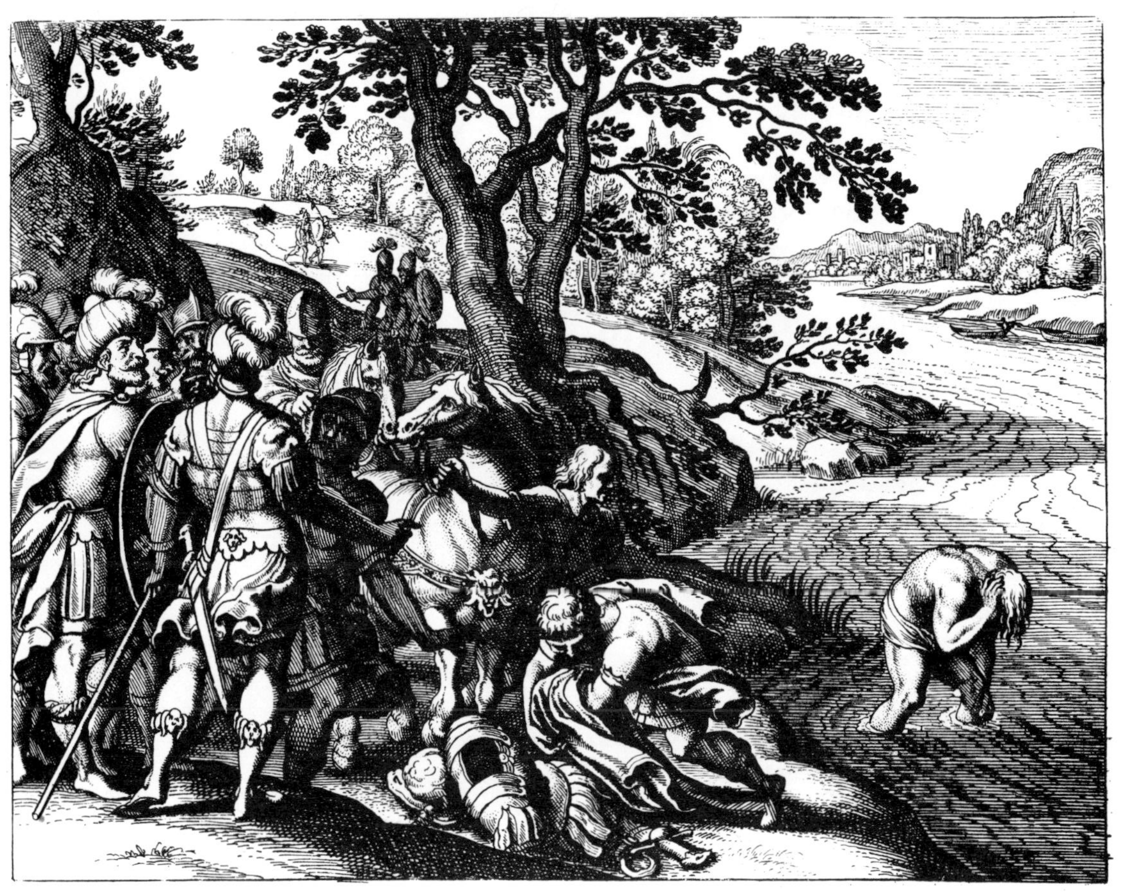

P 3 *Typus*

Precedent For Catharsis

LVI.

Typus beneficentiæ etiam erga inimicos.

Obſidione Syri te culta SAMARIA cingunt
  Obiicit horum oculis DOMINUS glaucoma, Propheta
Quos veluti cæcos ignotam ducit in urbem,
  Inde cibo reficit patriasque remittit ad oras.

Thut guts denen die euch hassen vnd verfolgen.

Wider Samariam der Syrer Macht ſich wendet
  Gott auff Eliſa bitt mit Finſternuß ſie blendet.
Der führt ſie in die Statt / war jhn ein frembder Ort /
  Speißt ſie / thut jhn kein leyd / vnd ſchickt ſie wider fort.

Ie voy des Syriens grande gendarmerie,
Frappés d'aueuglement, menés dans Samarie,
Puis leurs yeux deſillés cognoiſſent leur erreur.
Le Roy Samaritain voudroit bien les deffaire,
Mais le voyant luy dit qu'il leur doit pluſtoſt faire
Repas de pain & d'eau que frapper en fureur. II. REG. V

The people of Samaria in darkness themselves find
  God is helping Elija who to his enemies is going to be kind
He enters the city to him a strange place
  Eats a meal, hurts them not, leaves with a smile on his face.

II. REGUM VI. 119

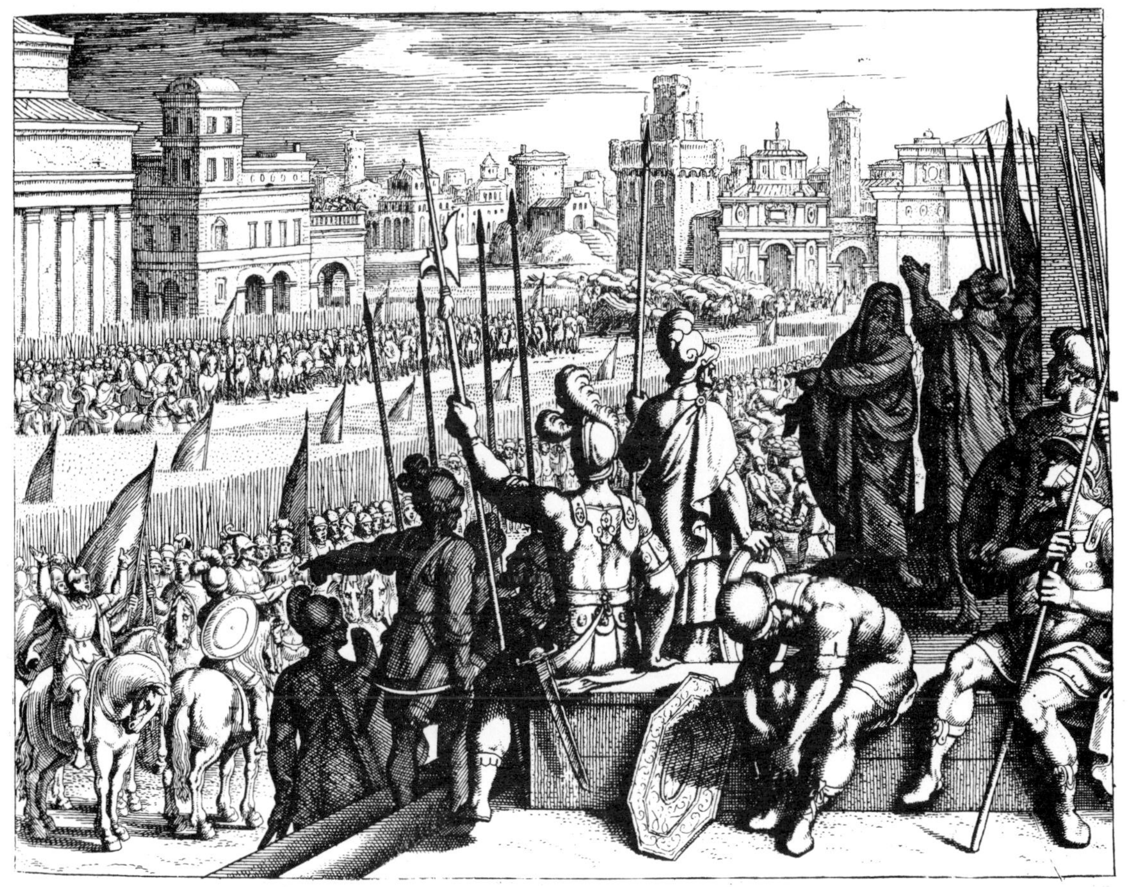

Impii

Be Good To Your Enemy

LVII.

Impii non perfruuntur visis bonis.

Vile laboranti populo promittit *Elisa*
   Annonæ precium, credere spernit EQUES.
Diffugiunt hostes castris, alimenta relinquunt,
   Aulicus opprimitur, stant rata dicta DEI.

Der Gottloß erlebts vnd geneusts nicht.

In schwerer thewrer Zeit wird Wolfeylung verheissen/
Gott wolt gantz wunderbar die Samariter speisen/
   Ein Reittersmann von Hoff wird in dem Thor erdrückt/
   Weil er nicht glauben wolt/ daß Gott solch wunder schickt.

Le Prophete promet abondance notable
Au peuple qui souffroit vne faim lamentable:
Le Capitaine fol se moque du Voyant:
   Elisé luy predit pour ce la mort expresse:
Car mourant estouffé dans la confuse presse
Ce fut le deu loyer à son cœur non-croyant.

II. REG. V

In hard, bitter times God a message sent
   To which all could come and there went
One pagan, however, was killed in the gate
   Because of his doubt towards God and his fate.

II. Regum VII. 121

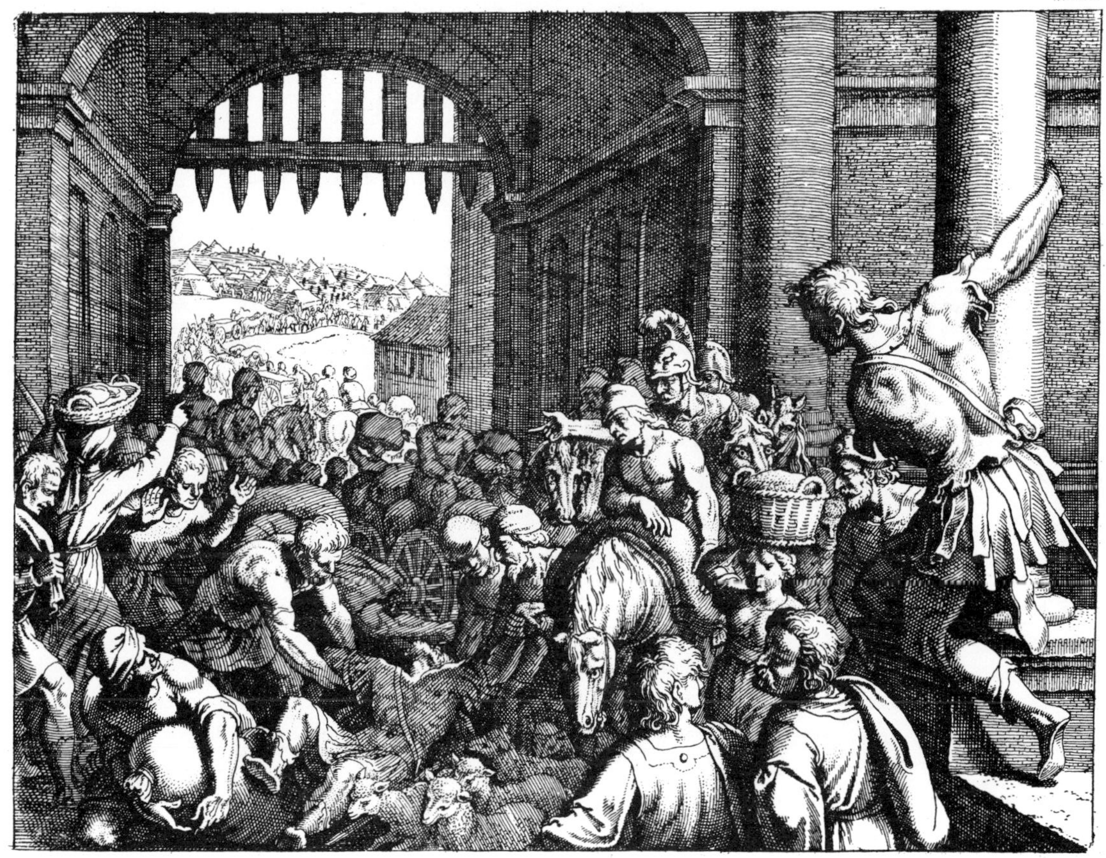

Q Pœna

Pagans Are Damned

LVIII.

Pœna Idololatriæ & crudelitatis.

Rege novo JEHU mandante proterva feneſtra
　JEZABEL in terram præcipitata cadit.
Cujus membra canes damnataque viſcera mandunt:
　Cæde Prophetarum ſic maculata perit.

Grewliche ſtraff der Abgötterey vnd Tyranney.

Die gottloß Jezabel zum Fenſter nauß geſtürtzet/
Durch einen ſchweren fall jhr ſchnöd Leben verkürtzet/
　Die Hund freſſen ſie auff biß an jhr Hand vnd Haupt/
　Die ſo manch frommen Mann ſeins Lebens hat beraubt.

Iehu executant la diuine vengeance
Doit auec Izebel deſtruire ſon engeance
Pourtant vient il armé par expres la cercher:
Puis fait precipiter ceſte putain fardée
Qui ſe paroit encor pour eſtre regardée,
Mais à l'inſtant les chiens ſe paiſſent de ſa chair. II. Reg.

The pagan Jezabel out of the window fell
　Which an end put to her life in a pell
The hounds ate her up hand and head
　She that had cast many men their life and bread.

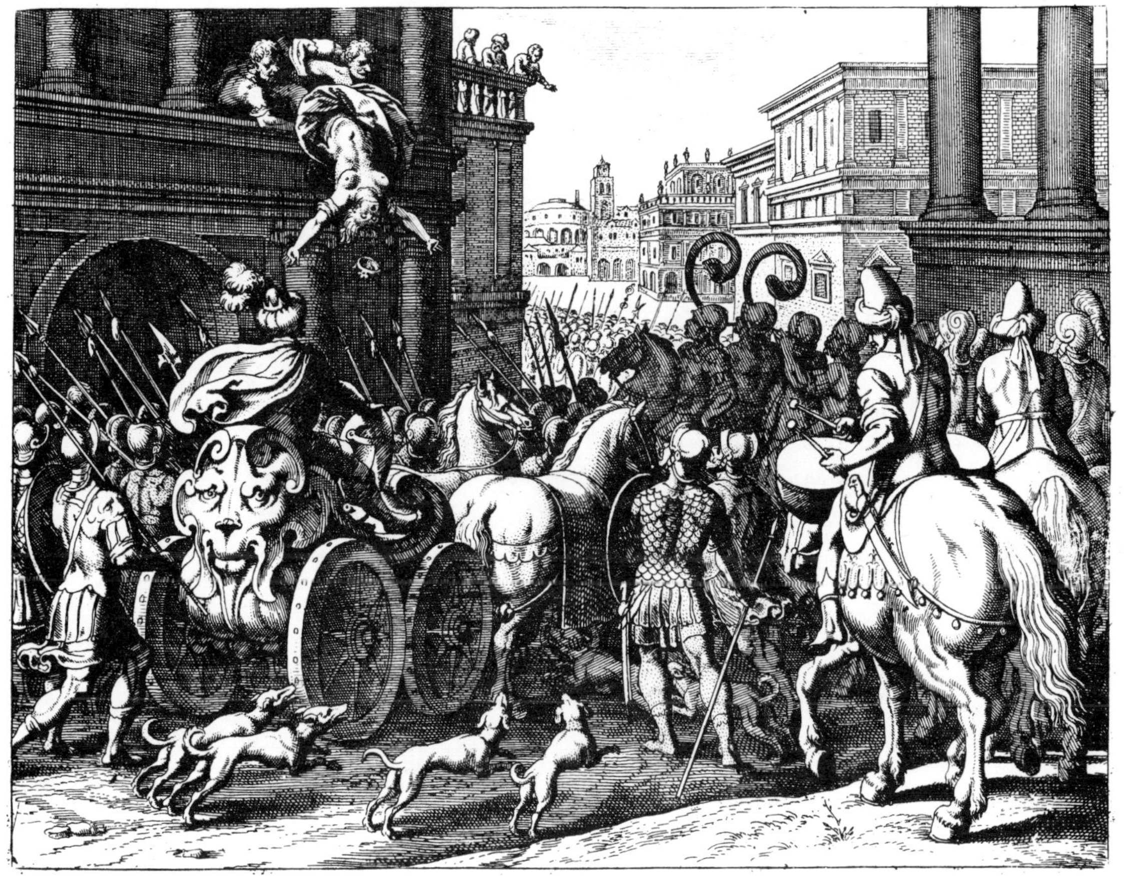

Q 2 *Memo-*

Terrible Punishment of Tyrants

LIX.

Memoria sanctorum preciosa apud Dominum.

Irrumpit castris Moabiticus hostis Hebræis
Quando viri tumulo mortua membra ferunt
Abiiciunt in *Elisæi* monumenta cadaver,
Quod recipit vitam tangit ut ossa sacra.

Gott vergißt seiner Heiligen auch im todt nicht.

Nach Elisæi todt / ein Todten zu der Erden
Das Volck bestatten will / deß Feinds sie jnnen werden /
In deß Propheten Grab der Leib geworffen wird /
Der lebt / so bald er nur die heilgen Bein berührt.

On emportoit vn mort: mais vne peur subite
Vint saisir les porteurs, voyans le Moabite
Qui court les champs Hebreux & les va degastant:
Le mort jetté de peur, où gisoit d'Elisée
La carcasse sans chair dés long temps menuisée
Dés qu'il toucha ses os reuescut à l'instant. II. Reg. X

After Elija's death, a man is buried
Into the same coffin he is hurried
As soon as his body touches the bones of the saint
He's alive again, very strong and not faint.

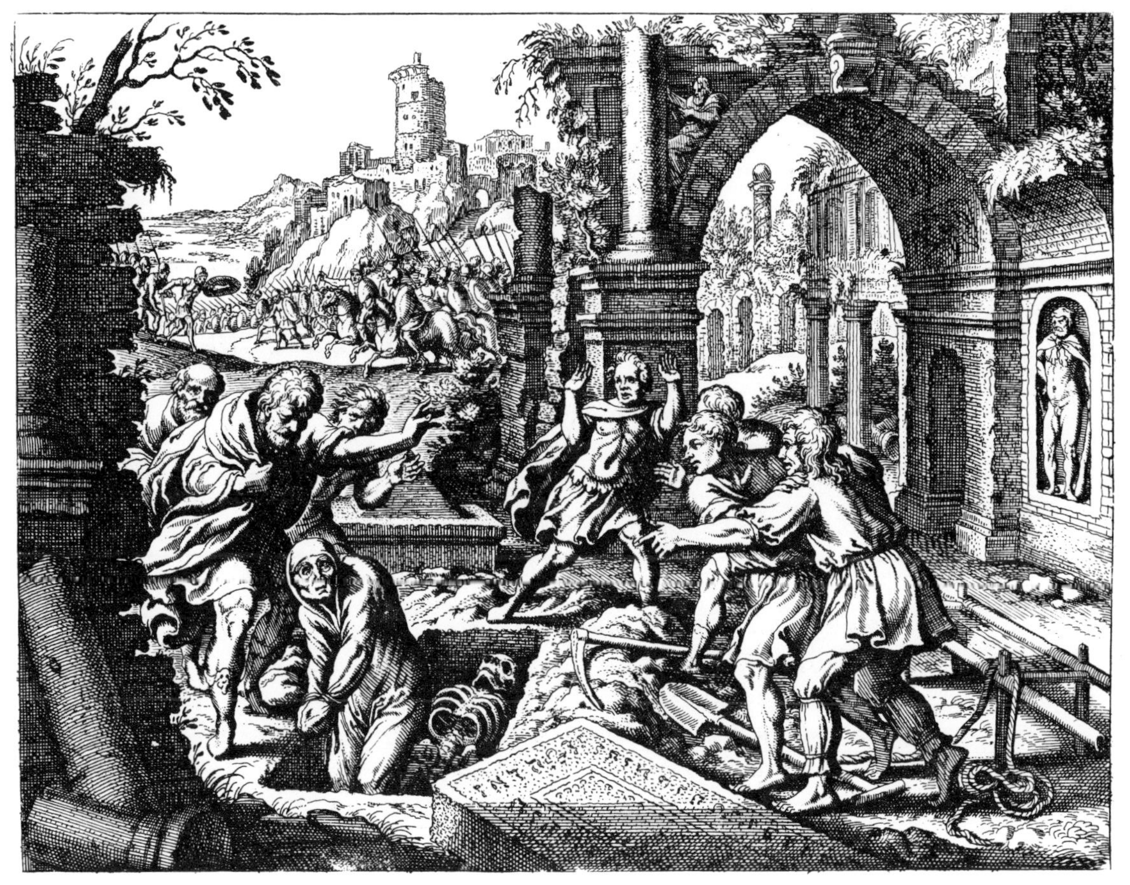

Q 3 Rex

God Does Not Forget His Saints in Death

LX.

Rex pius tollit cultum Idolorum.

Acer Imaginibus fatuisque HIZKIIA Deaſtris
　Bella facit, ſtatuas fervidus igne cremans.
Hinc Idololatris pulſis Altaria frangit
　Et ſtolidâ patriam religione levat.

Exempel wahrer Reformation durch die Obrigkeit.

König Hiskia fromm gantz löblich reformiret/
Von der Abgötterey das werthe Land purgiret/
　Verbrennt die Bilder ſtumm / zerbricht deß Bels Altar/
　Schafft ab den Götzendienſt der Gott zuwider war.

Voyez le zele ſainct d'Ezechias fidele
Qui deſtruit des faux dieux tout le cult infidele
Faiſant meſme briſer l'ancien ſerpent d'airain:
　Zelé, ne voulant point que le peuple folaſtre
Pour ce bronze fumaſt vn encens idolatre
Luy rendant les honneurs deus au Dieu Souuerain. II. REG. XVI

King Hiskia reformed was by God
　Rid the land of evil and fraud
Burns up the pictures and symbolic altar
　No more will fake services make anyone falter.

II. REGUM XIX.

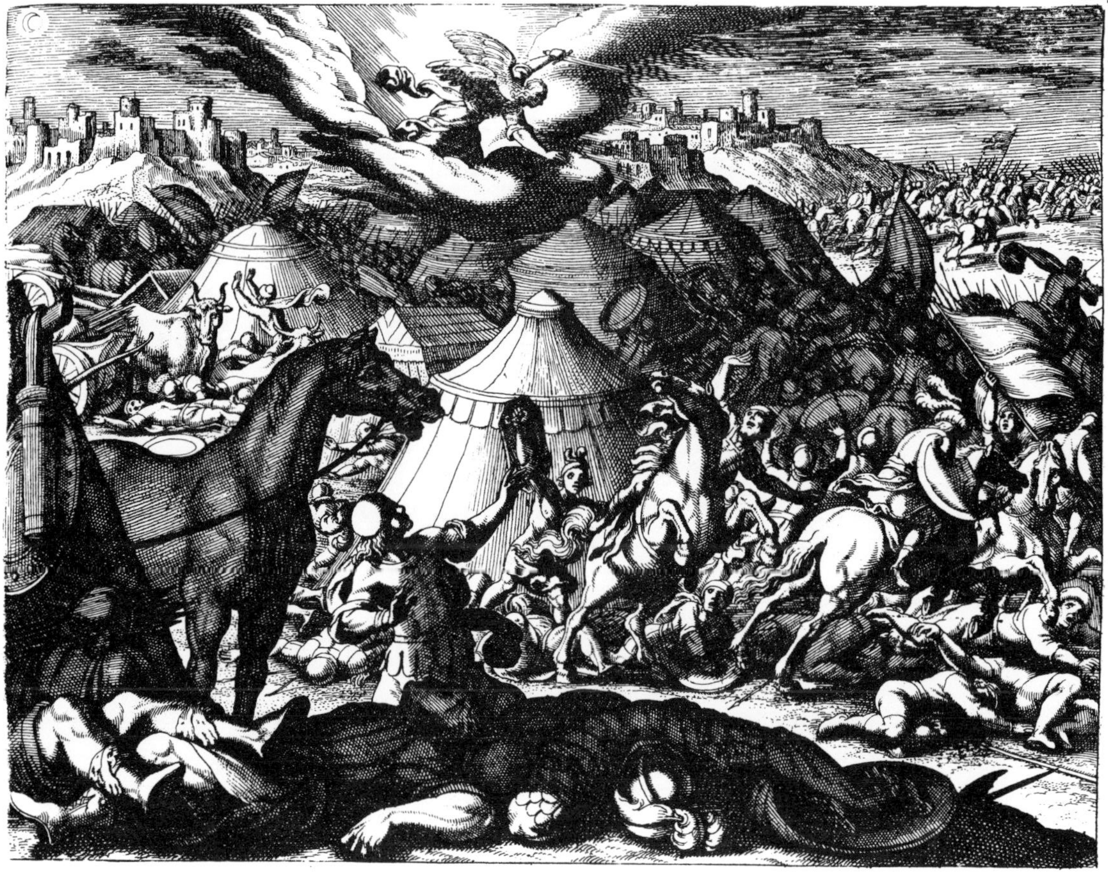

R Vita

God Beat The Enemy for His People

LXII.

Vita & mors noſtra in manu Domini.

Anthrace mortifero languentem & fata coquentem
  Colligere HISKIAM vaſa Propheta jubet.
Ploranti bis quinque DEUS vitæ adſuit annos:
  Umbra decem gradibus ſigna relapſa dabat.

Leben vnd Todt ſtehet in der Hand deß HErrn.

Hißkia todtkranck ligt / der Prophet heißt beſtellen
Sein Reich durch Teſtament / der Todt wer an der Schwellen.
  Er weint / kehrt ſich zu Gott / erlangt noch fünffzehn Jahr
  Der Schatten geht zurück am Zeiger wunderbahr.

Roy (dit le fils d'Amots) dés maintenant diſpoſe
De toi & de tes faits, Car le Ciel ſe propoſe
D'arreſter à ce coup de tes ans le progrés:
Le Roy pleurant obtient que ſon Dieu luy prolonge
Ses ans; & de quinze ans à ce coup les allonge:
Puis l'ombre du Quadran recule dix degrés. II. Reg. X

Hiskia is in his deathbed, calls for a prophet
  His kingdom is lost, God he does not scoff at
He turned back to God, lived fifteen years more
  The hands on his life clock turned back without war.

II. REGUM XX. 131

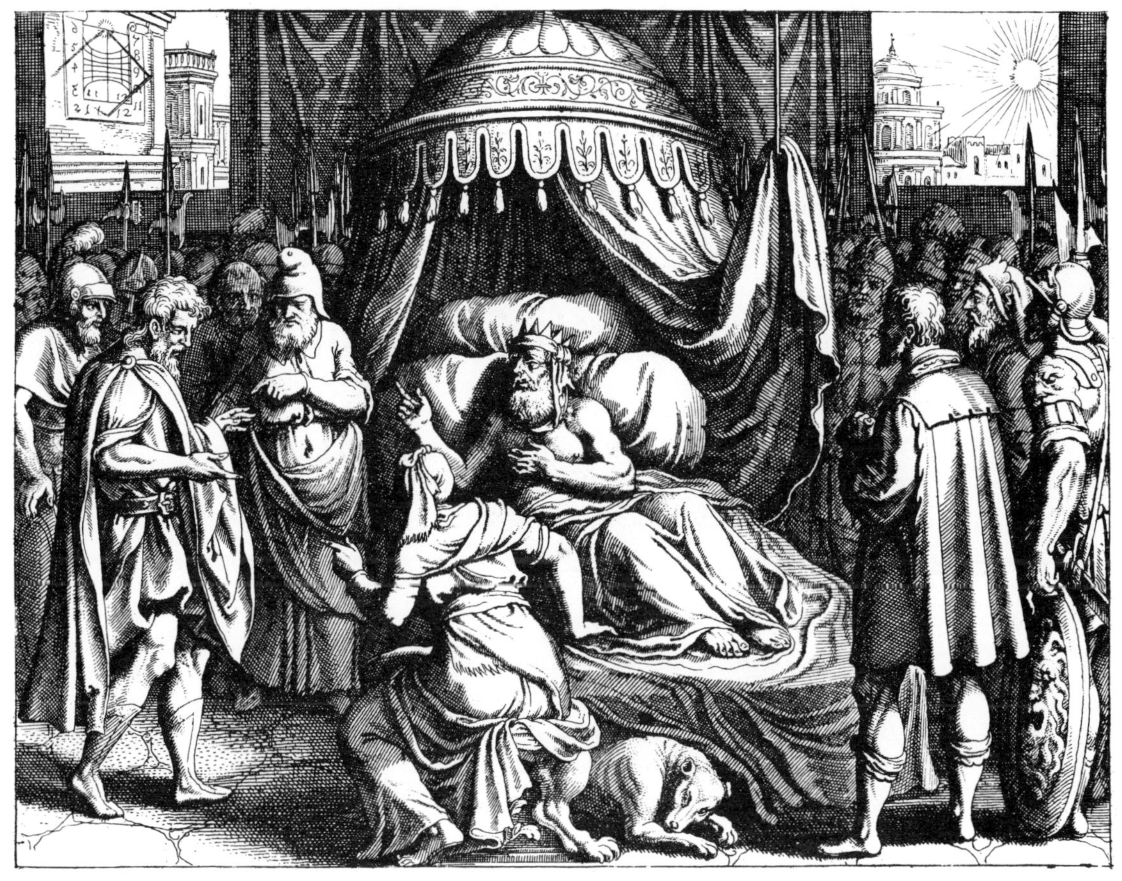

R 2 *Rex*

Life And Death in The Hands of The Lord

132

LXIII.

Rex pius curam gerit Legis divinæ.

Divinæ Codex (dictu mirabile) Legis
  Delituit, donec ſceptra JOSIA capit.
Invenit hunc in templi adytis, recitatque Sacerdos
  Hilkia qui populo verba tremenda legit.

Ein König ſoll im Geſetzbuch leſen ſein Lebenlang.

Als ein geraume zeit das Geſetzbuch war verlohren/
Biß daß Joſias ward zum Königreich erkohren/
  Im Tempel Hilkia der Prieſter ſolches fund/
  Verlißt es vor dem Volck/ vernewrt mit Gott den Bund.

Des Oracles divins le ſalutaire Rolle
Portant du Dieu viuant la viuante Parolle
Se vid ſous Ioſias, long temps deuant caché:
  Hilkÿa Preſtre Saint en ayant fait lecture
Le Roy s'humiliant deſchira ſa veſture
Se voyant & les ſiens Coulpable de peché. II. Reg. XXI

The lawbook was lost for some time or more
  Until Jona to be crowned king was sent for
In the temple of Hiskia a priest found the book
  Renewed the bond with God, placed it in its special nook.

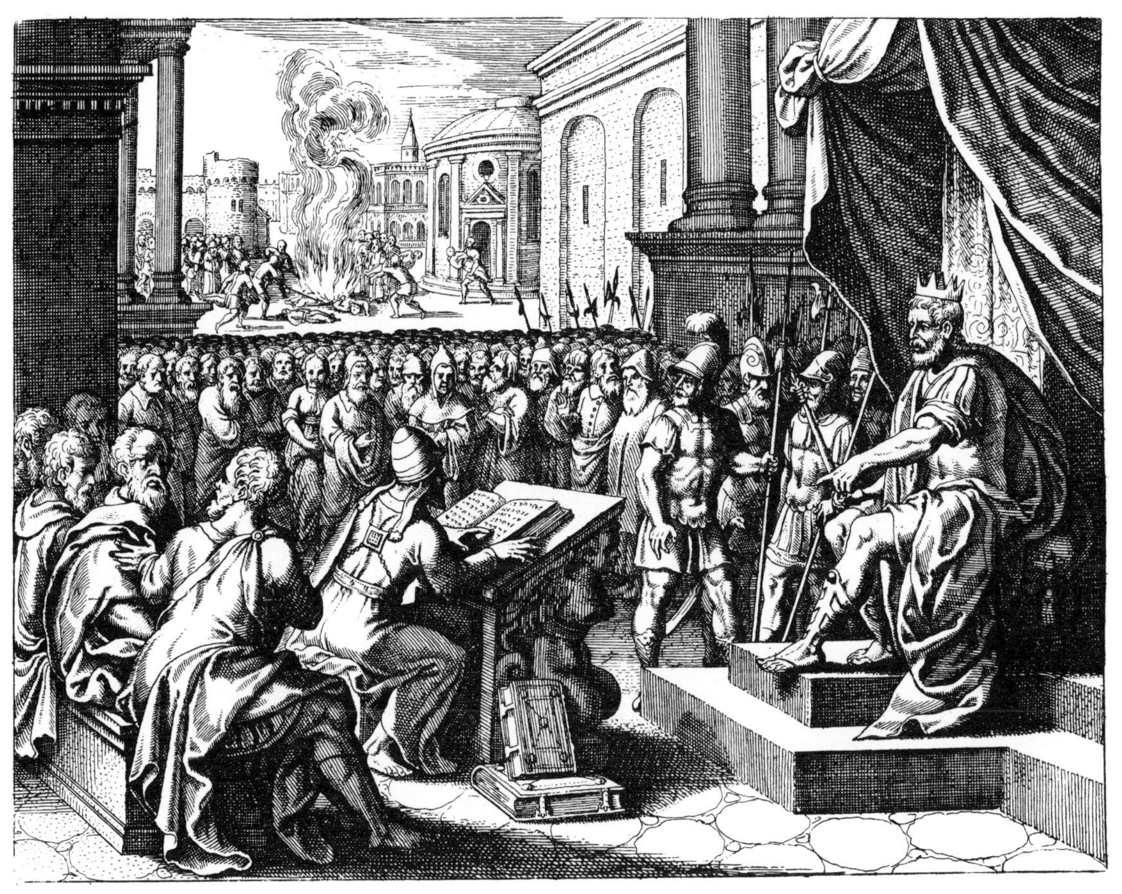

R 3 *Severitas*

A King All His Life Shall Read The Laws

LXIV.

Severitas judiciorum Dei in refractarios.

Assyrius Solymorum urbem circumsidet hostis,
Arietibus crebris mænia quassa ruunt:
Ingreditur gladioque necat fervo omnia miles,
Rex capitur, Templum sanctius igne perit.

Schröckliche straffen Gottes wider sein vngehorsam Volck.

Die Statt Jerusalem belägert vnd vmbringet
Von Nebucadnezar / ders einnimpt vnd bezwinget /
Da gieng es vbel zu / das Volck ermordet wurd /
Der Tempel abgebrannt / der König weggefuhrt.

Pour n'auoir escouté la voix de Dieu sacrée,
Le Caldëen, d'effort fait en Sion l'entrée,
Tuant, pillant, bruslant hommes, maisons, autels:
Le Roy fuyant est pris, perd ses yeux, sa lignée;
La Iustice du Ciel justement indignée
Fait sur les contempteurs tomber jugemens tels.

II. Reg. XX

The town of Jerusalem was held and walled in
By Nebucadnezar, for the people were evil and sinned
The fight was gruesome, the people did die
The temple was burned down, the king bitterly cried.

II. REGUM XXV. 135

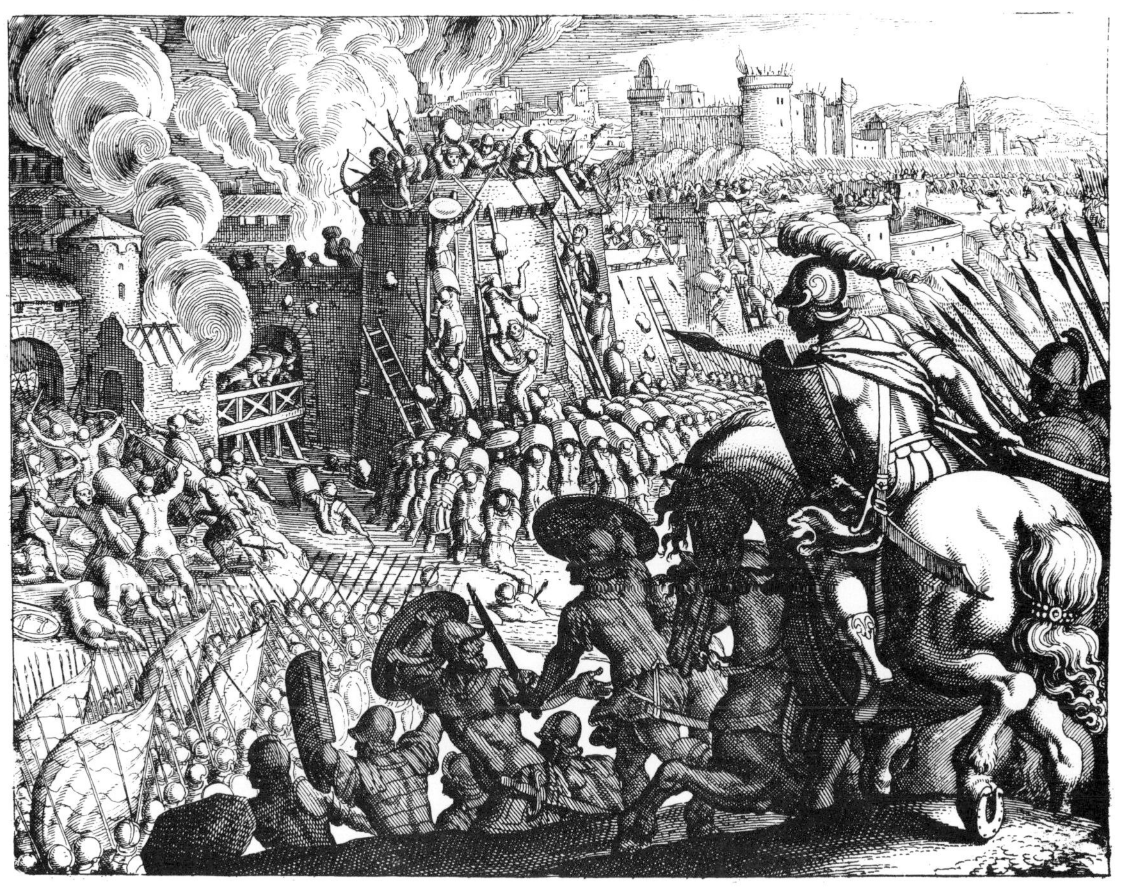

Terrible Punishments For The Sinners

ICONUM BIBLICARUM
Pars III.

PRÆCIPUAS SACRÆ SCRIPTURÆ
Hiſtorias eleganter & graphicè repræſentans.

Dritter Theyl

Bibliſcher Figuren / darinnen die

vornembſten Hiſtorien / in Heiliger vnd Göttlicher Schrifft
begriffen / gründtlich vnd geſchichtmäſſig entworffen / zu nutz vnd belu=
ſtigung Gottsförchtiger vnd Kunſtverſtändigen Perſonen artig
vorgebildet vnd an Tag gegeben

Durch

MATTHÆUM MERIAN von Baſel.

Straßburg /

In Verlegung Lazari Zetzners Seeligen Erben.

Im Jahr M. DC. XXX.

ICONUM BIBLICARUM

(Translation)

PART III

Sacred historic scriptures and graphic supplements.

Part Three

Biblical accounts in which parts of history are thoroughly and scholastically investigated, put together in an historical and theological manner and presented to God-fearing and art loving people for educational and entertainment purposes.

by

Matthaus Merian of Basel

Strasburg

published by Lazari Zetzner

in the year MDCXXX (1630)

An den Gutherzigen vnd Kunst-liebenden Leser.

ALs ich mir anfangs fürgenommen/ Günstiger/ Kunst vnd Schrifft-liebender Leser / diese Biblische Figuren nach der mir von Gott verliehenen Gabe an den tag zu geben / ist meine meynung gar nicht gewest/ dieselbe also zu verstercken / noch in so grosser Anzahl zu publiciren / daß hierauß etliche Tomi oder Theyl erwachsen möchten / sondern war allein willens / etliche vnd zwar die fürnembsten / darinnen die Kunst sich am meisten könte sehen lassen / ans Liecht zu bringen / vnd gleichsam an die Schaw außzustellen/ zu erfahren/ was die Künstler vnd deß Mahlerwercks Verständige davon judiciren würden.

Es ist aber diß mein Vorhaben verendert / vnd mir nicht allein solche Biblische Figuren zu continuiren / sondern dieselbe in stärckerer Anzahl zu verfertigen zweyerley vrsachen an die Hand gegeben worden. Erstlich / weiln ich verspüret / daß diese meine Arbeit viel mehr begert / gesuchet vnd gekaufft worden/ als ich mir selbst eingebildet/ gestalt dann solche hin vnd wider verführt/ vnd mir nicht viel von der ersten Edition vbrig gelassen worden. Darnach (welche zweyte Vrsache gleichwol auß der vorigen herfleust) weil mir in der Arbeit der Lust gewachsen / daß ich mich selbst nicht allein belustiget / sondern auch mit etwas verlangen fortgefahren bin / vnd mir vorgesetzt / solch mein Werck der Schrifftmässigen Biblischen Figuren in Kupfferstücken ferner zu continuiren.

Vnd

Vnd gleich wie ich hiebevorn in dem ersten Theyl die denckwürdigste Geschichten der fünff Bücher Mosis vorgestellet / im Andern aber mich beflissen / das jenige so ich in den Büchern Josuæ / der Richter / Ruth / Samuelis vnd der Könige / zu meinem Vorhaben dienlich gefunden / artig vnd nach vermögē künstlich auffs Kupffer zu bringen / Also præsentire ich dem Kunstliebenden Leser hiemit den **Dritten Theyl Biblischer Figuren** / inhaltend die Historias vnd Inventionen auß den Büchern der Chronicken / Esdræ / Nehemiæ / den Psalmen / Hiob / den Propheten / wie auch den Apocryphis Libris, Tobia / Judith / Adjectionibus, den Maccabeern / 2c. genommen / in solcher Ordnung / wie vns die Heilige Schrifft selbst an die Hand gibt / mit angeheffter fleissiger Bitt / solche meine Arbeit vnd Fleiß mit gönstigem vnd gutwilligem Gemüth freundlich auff- vnd anzunehmen. Anlangend die Carmina oder Reymen hinzu gethan / hab ich es auch in diesem Stück nicht wollen ermanglen lassen / damit dem Anseher der Figuren zur Schrifft / darauß die Inventiones genommen / anlaß gegeben / vnd er in die Historien selbst geleitet vnd geführet werde. Dann ich diß wol mit gutem Gewissen sagen kan / ob wol der mehrertheil diese meine Stück nur zu dem Ende kauffen / sich in den Figuren nach belieben zu belustigen / oder dieselbe zu jhrem Nutz vnd Vorhaben zu gebrauchen / daß ich doch hierüber auch dahin gesehen / wie durch anleitung der Gemählde der Leser vnd Anseher in die Heilige Schrifft selbst geleitet / vnd zu Betrachtung der Geschichten / Wunder vnd Thaten Gottes / vnd also zur wahren Gottseligkeit angewiesen werde. Welches so ich es mag erlangen / will ich dafür halten / daß mir mein Mühe vnd Arbeit vbrig vnd wol bezahlt worden sey. Gott mit vns. Franckfurt den 11. Martii, Anno 1627.

Matthæus Merian Buchführer vnd
Kupfferstecher daselbst.

a 2 *Impios*

TRANSLATION OF PART III DEDICATION

Dedicated to the warmhearted and art loving reader

When I first started, dear art loving reader, to publish biblical figures through the talent God bestowed on me, I was not going to underline them in this way of publishing so many. I was surprised so many parts grew out of it. I was going to make public only those which I thought were the most evident in their display of craftsmanship, for those with an understanding of art to judge.

My plan was altered, however, and there are more of these Biblical prints than I would have thought necessary for two reasons: First, because I felt that the need and interest for and in my work was far larger than anticipated, and my First Edition was a success. Secondly (which arises from the first reason) my interest has grown immensely since I started this work and I want to satisfy certain personal standards and to continue to print Biblical figures in copper.

And so just as I presented the interesting five books of Moses in the first part, and in the second part tried to achieve the same effect with the books of Joshua, Ruth and Samuel. So, dear art loving reader, I hereby present the *third part* including the histories and inventions of the books of Esau, Tobias, Judith, Adjechionibus and The Maccabeers, in the same order as they are presented to us in the Holy Bible itself and to request to you to generously and gently accept this in good spirits. Regarding carmina or rhymes, I added them in this part also, to clarify the historical and theological meanings to the reader. Although for the most part my readers use this book more as an amusement stimulus, many of you may find your way back to the holy scriptures through this work and indirectly then renew your peace with God. So be it and I will have been well reimbursed for my work.

Matthaus Merian, editor and printer.

4 I.

Impios vindicta vel post mortem persequitur.

Victus ubi proprio pectus penetraverat ense
  SAULUS, & immani corpore stravit humum;
Arma Palæstinus spoliumque reportat opimum,
  Et caput affixum monstrat in æde Dagon.

Die Raach verfolgt die Gottlosen auch nach dem Todt.

Als mit seim eignen Schwert sich Saul hat hingerichtet/
Durch der Philister Hauff sein Haupt ward abgehaut/
An Dagons Hauß gehefft/ daß es ein jeder schaut/
Sein Waffen auch der Feind zum Siegzeichen auffrichtet.

Apres que, transperce d'un coup trop execrable,
Saul chassa de son corps son ame miserable,
Son chef luy fut coupé du Philistin moqueur,
Qui de Dagon faux Dieu le porte dans le Temple;
Là où de son harnois le Trophé se contemple
Qui rend du Philistin d'aise raui le cœur.

I. PAR

With his own sword did Saul himself slay,
  Through the Philistine gardens, his head rolled away.
Tacked up later onto Dagon's house for all to see
  That the victors were now free.

I. PARALIPOM. X. 5

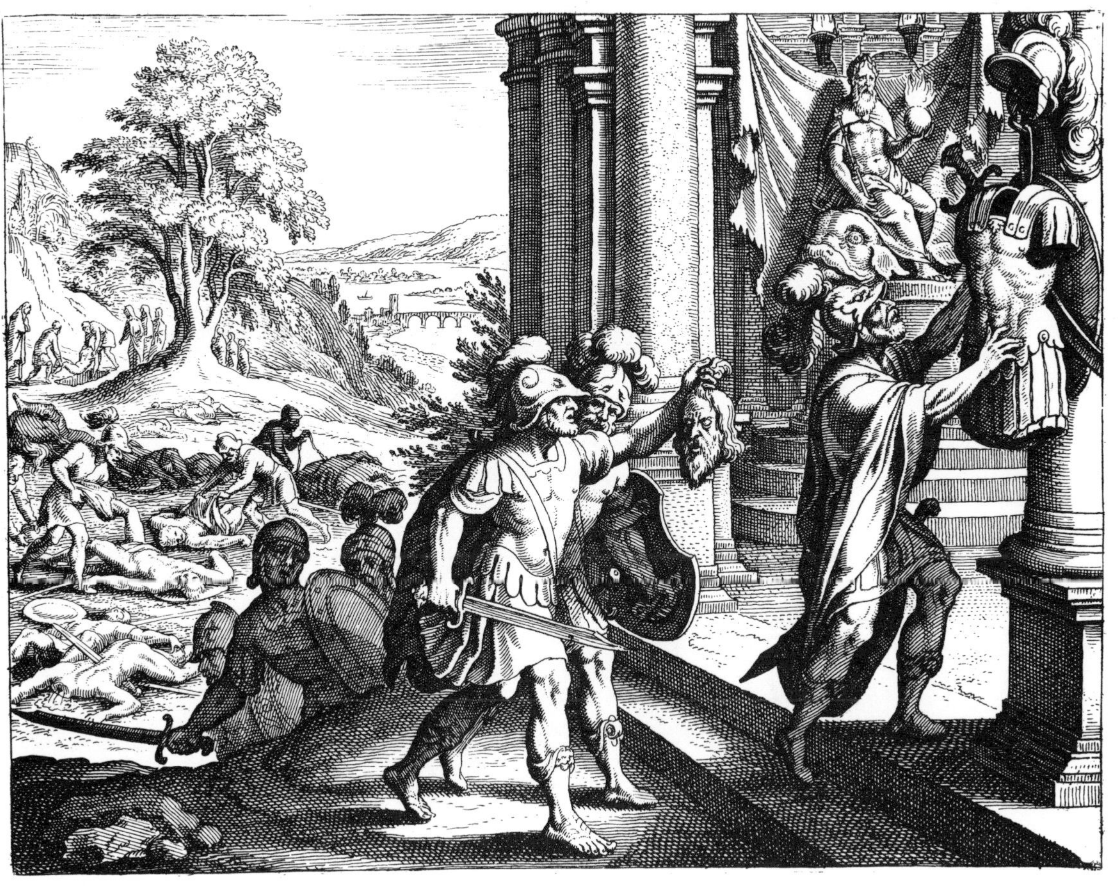

a 3 Preci-

Even After Death Revenge Seeks Out Those Who Were of No Faith

II.

Precibus & humilitate fastus expiatur.

Rex numerat populum, multum indignante Jehova,
Hinc Libitina rapit millia multa virûm.
Mortiferum in Solymos ensem vibrabat Apollo,
Hunc cohibet precibus suppliciisque DAVID.

Gebet vnd Demuth büsset den Vbermuth.

David zehlet das Volck / dadurch Gott sehr ergrimmet/
Sibenzig tausend Mann die Pestilentz wegnimmet/
Vber Jerusalem der Würger streckt sein Schwert/
David bittet vmb Gnad / die Straff wird abgekehrt.

Pour auoir denombré les legions frequentes
Du peu le circoncis quelles playes piquantes
Desfont tant de miliers des troupeaux innocens?
L'Ange destruisoit tout: Mais Dauid qui se plie,
Qui pleure, qui gemit, se repent & supplie
Fait cesser l'Ange fort & ses coups trop pressans.

I. PAR

David counted his people. God very enraged
Took seventy thousand as if by a mage
Over Jerusalem hung a dark sword
David repented and prayed to the Lord.

I. PARALIP. XXI. 7

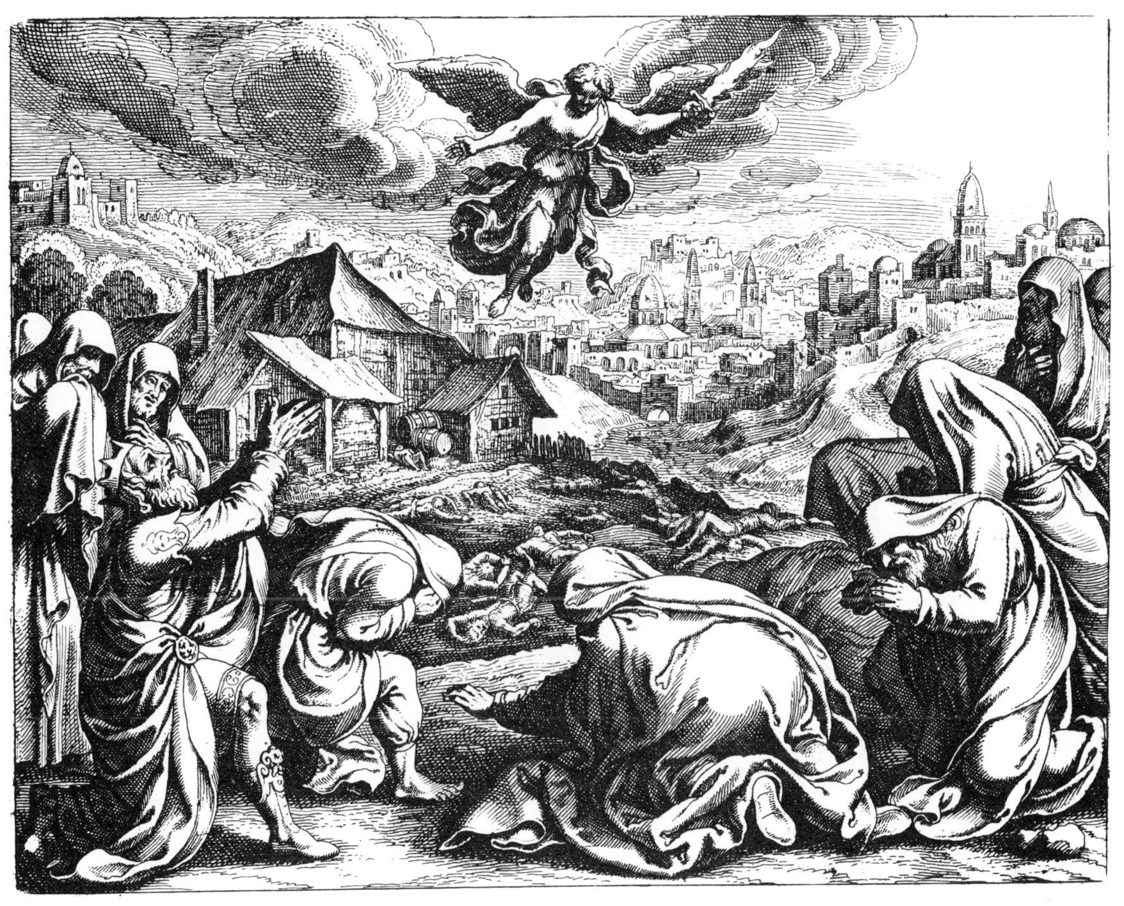

Oratio

Prayer and Humility Are Repentance For Vanity

III.

Oratio juſti fundit hoſtium aciem.

Hoſtibus innumeris cædes ſpirantibus atras
  Opponit JOSAPHAT vota precesque pius.
Qui ceu Cadmæi per mutua vulnera fratres
  Se perimunt; populum maxima præda beat.

Deß Gerechten Gebet ſchlägt die Feinde.

Die Feind viel tauſend ſtarck ins Land Iſrael kommen/
Joſaphat ſchreyt zu Gott in ſolchen groſſen Nöthen/
Der verwirrt jhren Sinn / daß ſie ſich ſelbſt ertödten/
Der König vnd das Volck ein ſchöne Beut bekommen.

D'ennemis tres-puiſſans les frequentes milaines
Couuroyent non ſans effroy les Hebraïques plaines;
Ioſaphat eſt en pleur, & ſon peuple dolent:
Mais le Roy vers le Ciel addreſſant ſa priere
Moab contre Sehir met ſa lame meurtriere
Pour laiſſer à Iacob vn butin opulent.

II. PAR

When pious Zacharias did try to guide the king
  As to his pagan beliefs, he was dead in a fling
Joas the killer in his own bed was not safe
  His own trusty servants did away with the waif.

II. PARALIP. XXIV.

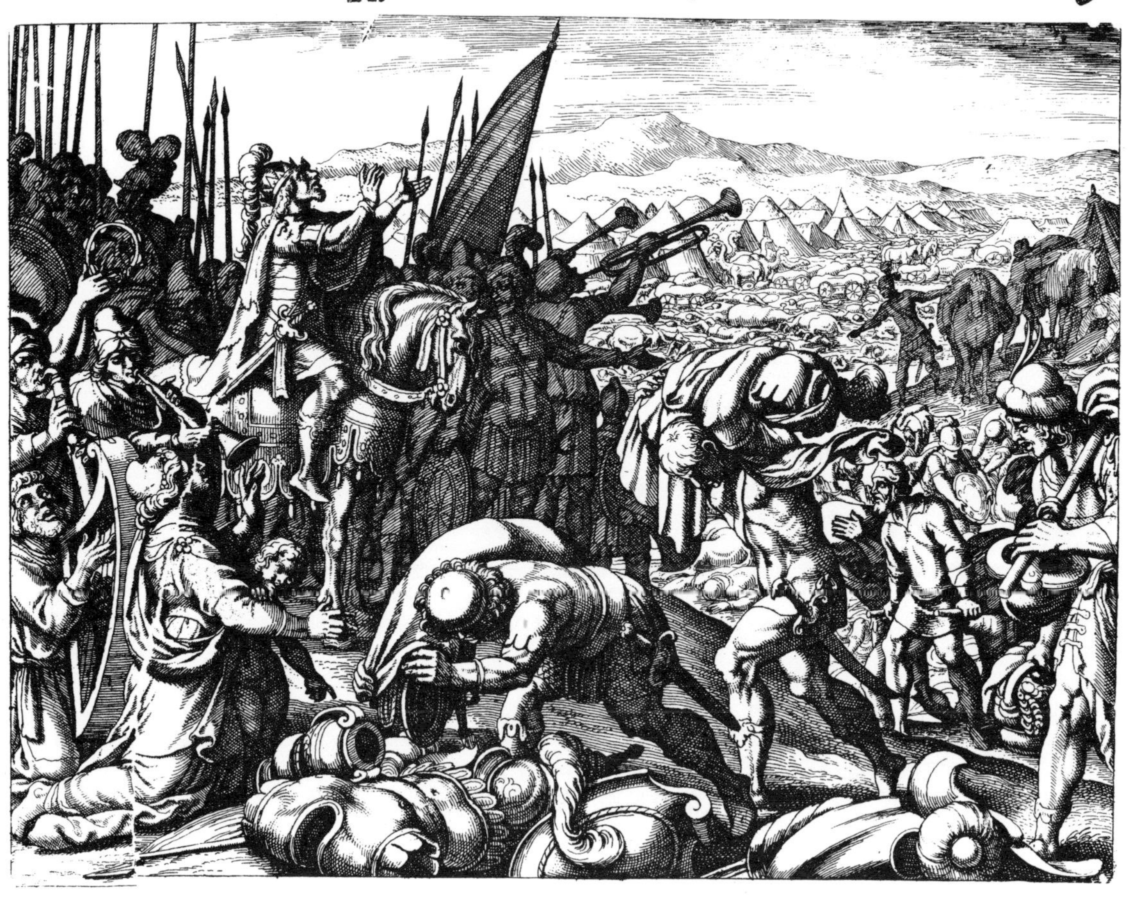

b Qui

Murder is Revenged

10

IV.

Qui necat servos Dei, à servis necatur.

Regem Idololatram ZACHARIAS voce Sacerdos
 Increpat, hunc lapidum perpluit imbre JOAS.
Hunc decumbentem famulorum turba vicissim
 Enecat: ingratus sic homicida perit.

Priester-Mord an der Obrigkeit gerochen.

Als Zacharias fromb den König hat bescholten
Umb sein Abgötterey / wurd er bald umbgebracht/
Joas hinwiderumb durch seine Knecht geschlacht
Auff seinem eignen Betth: so ward Untrew vergolten

Ce Prophete sacré, ce zelé Zacharie
D'un Prince trop ingrat ressentit la furie,
Quand il fut pres l'Autel assommé de Cailloux.
Mais de ses Courtisans le complot Tyranique
Poignarde dans son lict ce Potentat inique
Qui de l'honneur de Dieu se monstra peu jaloux.

II. Par

Israel in large number is invaded by the enemy
 Josaphat cries to heaven for mercy
God jumbles their minds, so that they kill themselves
 The people are happy and thank God overwhelmed.

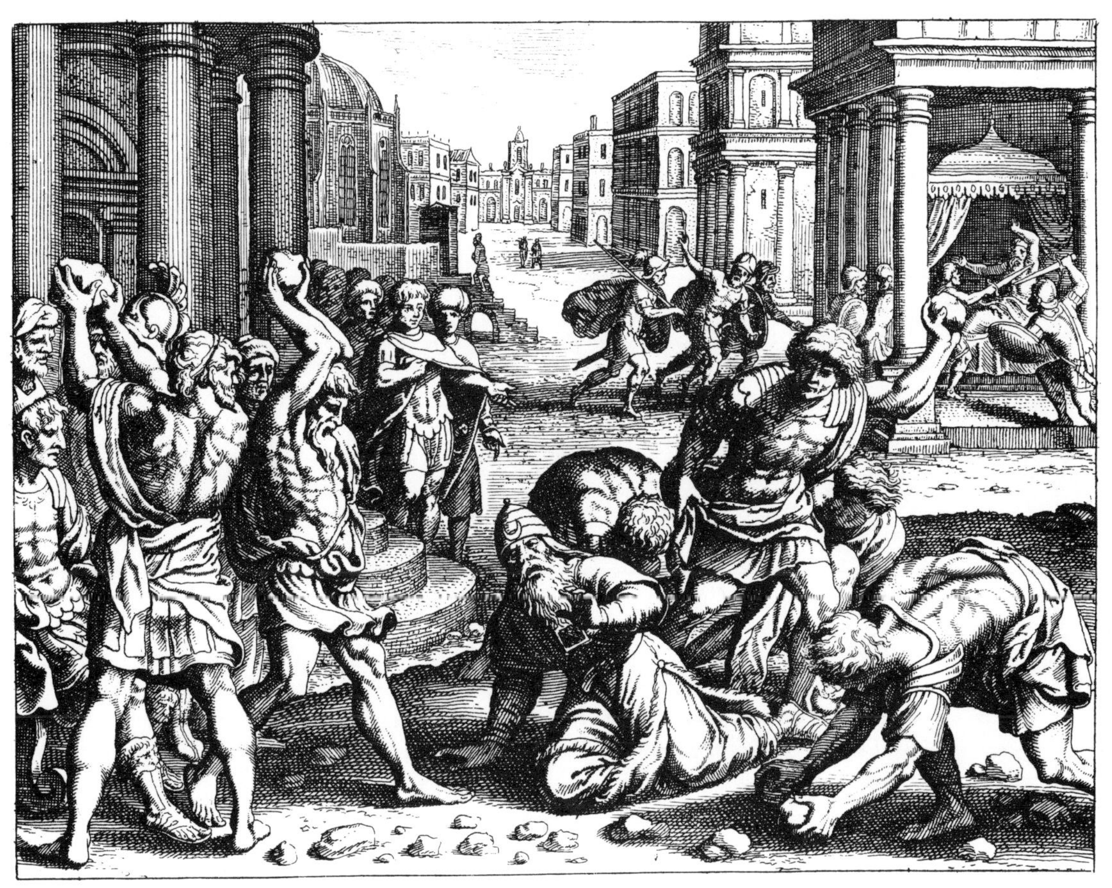

b 2 Typus

Prayers of The Righteous Win The Battle

V.

Typus architecturæ templi ſpiritualis.

Mœnia dum populus *Solymorum* inſtaurat Hebræus,
Impedit ædificaturos vicinia livens.
Ergo ut ab inſidiis & vi ſit tutus aperta
Una manus lapides locat, altera ſuſtinet arma.

Vorbild deß Geiſtlichen Tempel-Bawes.

Den Juden wird erlaubt jhr Statt widrumb zu bawen/
Die neydiſch Nachbarſchafft ſolchs hindert auß mißtrawen/
Damit ſie jhn nun Fried vnd Ruh möchten verſchaffen/
Arbeit die eine Hand/ die andre helt die Waffen.

Pour rebaſtir Salem le peuple ſe deſpeſche,
Mais le peuple ſans foi l'œuure diuin empeſche
Suſcitant aux Hebreux maint importun debat.
Le peuple Saint pourtant ne ceſſe pas l'ouurage
Mais animé d'enhaut d'vn plus qu'hũmain courage
De l'vne main baſtit & de l'autre combat.

NEH

The Jews their city rebuild now
The neighbors envious and distrustful as to how
So that the pressure under which they worked would lessen
One man builds, the other holds a weapon.

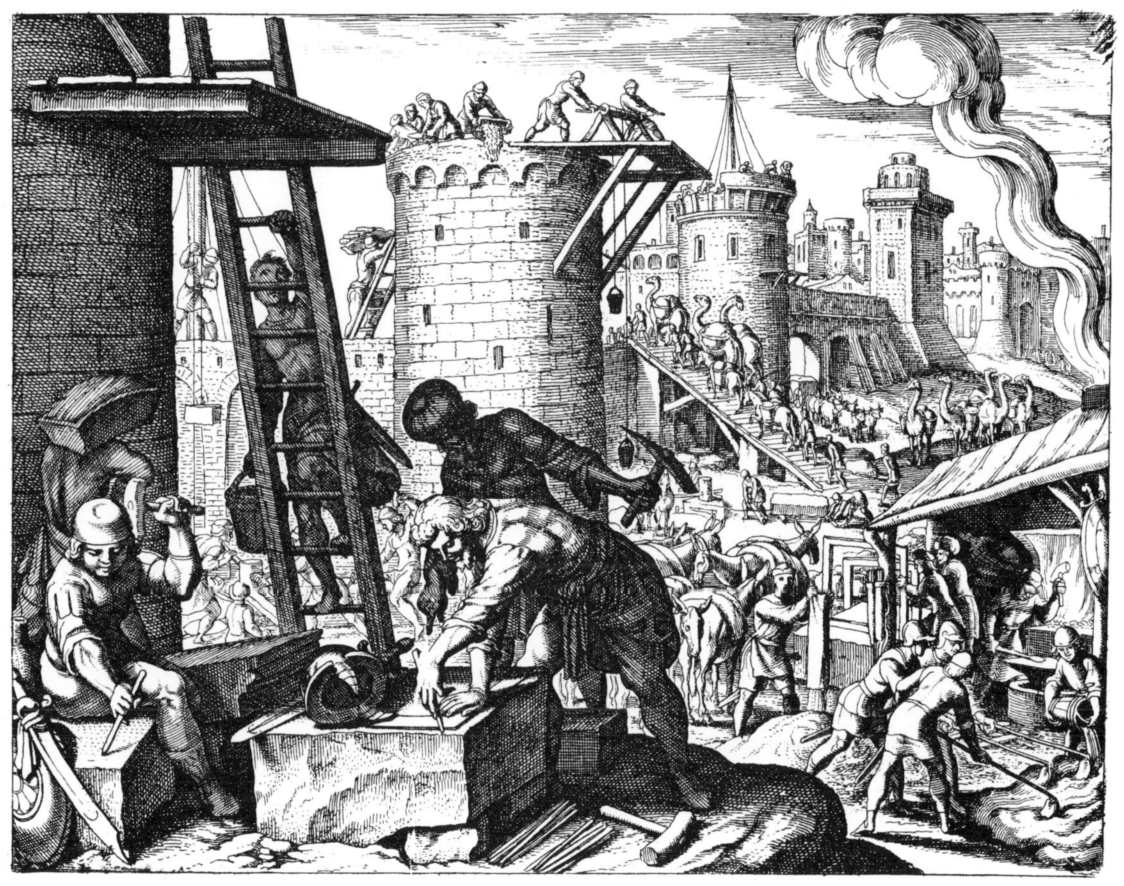

b 3 Per

Precedent For The Building of The Temple

14

VI.

Per imbecillos Deus operatur ſalutem.

Conjugis *Heſtera* precibus Rex Perſa pepercit,
Captivo populo qui periturus erat.
Perfidus inſidiator *Haman* trabe pendet ab alta,
Sic crucis artificem crux laqueusque necat.

Durch die Schwachen würcket Gott Heyl.

Der Perſier Monarch wird durch Heſter beredet/
Daß er die Juden nicht/ wie er gewolt/ ertödtet.
Haman das Läſtermaul am Galgen ſterben muß/
Den er andern gebawt/ das war ein rechte Buß.

D'Haman le coup ſanglant perdoit la gent fidele:
Mais Dieu choiſit Eſther, & veut qu'en faueur d'elle
Le Roy change l'arreſt contre Iuda rendu:
Tandis l'Agagiën qui ce forfait machine
Sent ce fardeau peſant tomber ſur ſon eſchine,
Se dreſſant vn gibet pour y eſtre pendu.

ESTHER

The Persian monarch is convinced by Hestor to kill
The Jews as he had planned would not be God's will
Haman, though the tattletale must die
The way he'd planned others would cry.

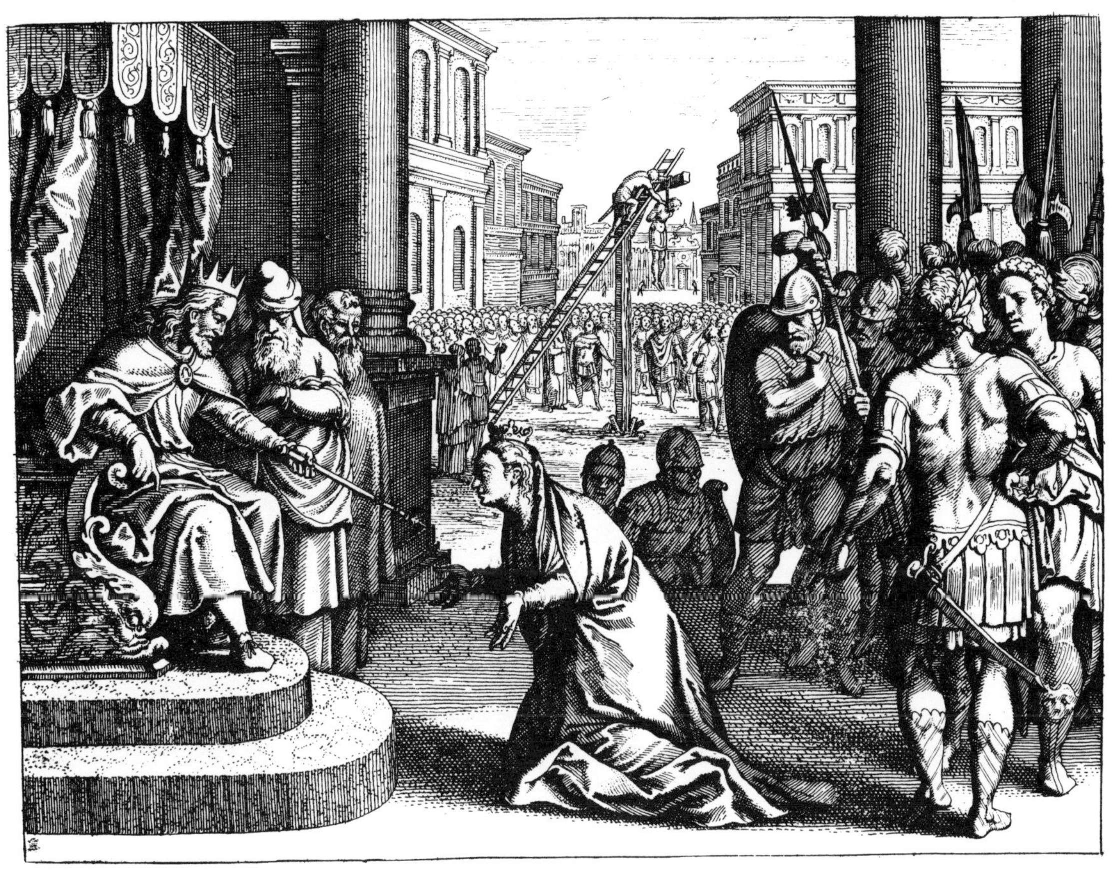

Malum

The Lord's Wonders Are Beheld Through The Weakest

VII.

Malum conſilium conſultori peſſimum.

Hiſtoriæ oſtendunt Regi curamque fidemque
Mardochæe tuam, & detectam proditionem,
Hinc ornat Diadema virum, impoſitumque caballo,
Regis, Haman magno deducit honore per Urbem.

Vntrew trifft ſein eignen Herrn.

Die Chronicken durchſucht / dem König kundtſchafft geben /
Wie Mardocheus jhm erhalten hett ſein Leben /
Der ſetzt jhm auff ſein Cron / läſt jhn auff ſeim Leib-Pferdt
Vmbführen durch die Statt / da wurd er hoch geehrt.

Le pieux Mardoché qui, fidele, rapporte
Le complot donne-mort des gardes de la porte
Qui attentent, cruëls, d'aſſaſſiner le Roy,
Reçoit pour deu loyer de ſon ame loyale
D'aller par la Cité en parure Royale,
Qui fut ſoulas aux Iuifs, & à Haman effroy.

ESTHE

The chronicles proclaim of Mardocheus' great deed
The King was told how his life was saved indeed
He is put on the throne, the royal horse no one can ride
The holy city shall hear of the good tide.

Esther VI. 17

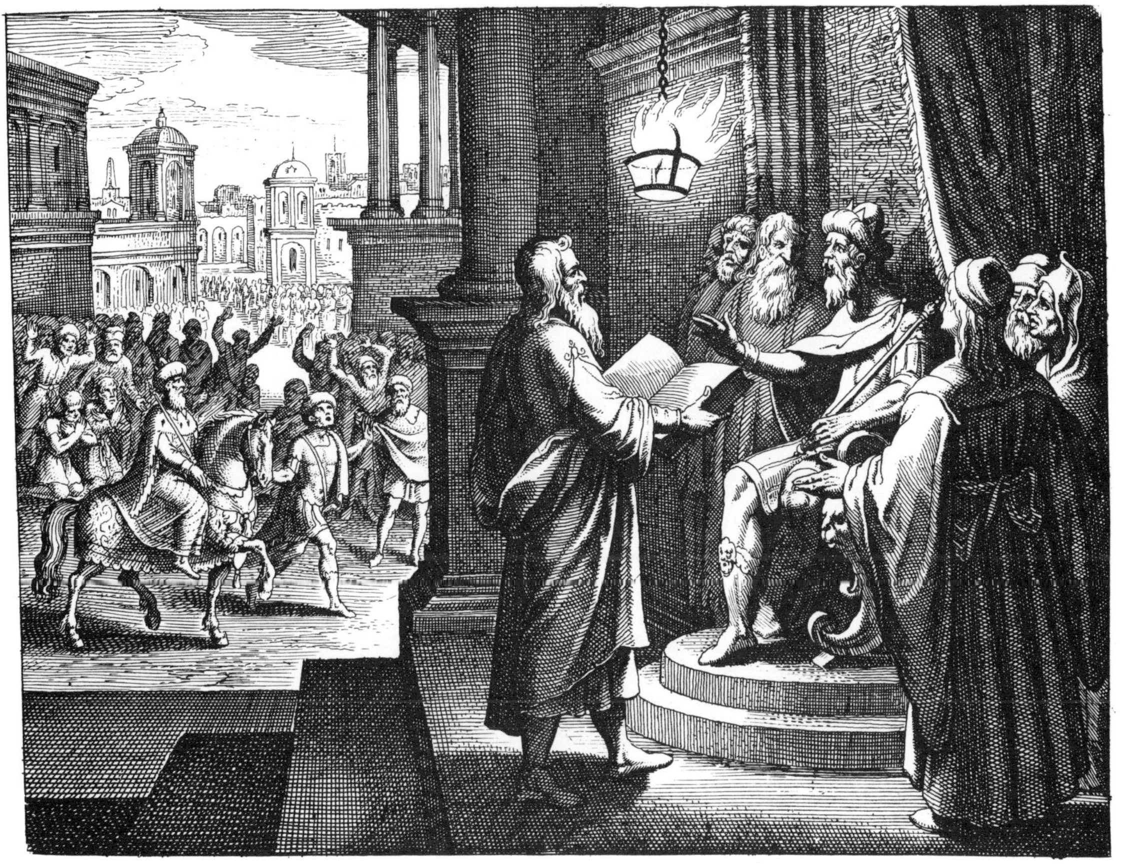

Pati-

The King is Told His Life Was Saved

VIII.

Patientiam Hiob audiviſtis.

Amiſſæ pecudes, exuſta armenta, ruinâ
   Oppreſſæ ſoboles, ulcera dira cutis,
Et Sannæ Uxoris (tanta eſt patientia) *Hiobe*
   Non vicere tuam cum Pietate Fidem.

Spiegel der Gedult in einem Glaubigen.

Der gedultige Job vom Teuffel wird geſchlagen/
Sein Weib/ vermeynte Freund/ jhn noch hönen vnd plagen/
   Doch hält er feſt an Gott/ ſein Glaub vnd groß Gedult
   Gewint endlich den Sieg/ hält jhn bey Gott in Huldt.

Ce Saint qui tout d'vn iour perd ſes troupeaux par mille,
Qui ſous vn toict tombant void perir ſa famille,
Puis d'vlcere malin ſon corps perſecuté,
Sa femme le gaudit & ſon ami l'afflige,
Mais pour tous ces tormens que Satan luy inflige
Ne perd pourtant ſa foy ni ſon integrité.

Gentle Job by the devil is beat
   His wife, friends and neighbors laugh at this feat
But he held onto his God, his belief and endurance
   Finally he triumphed, the Lord was his insurance.

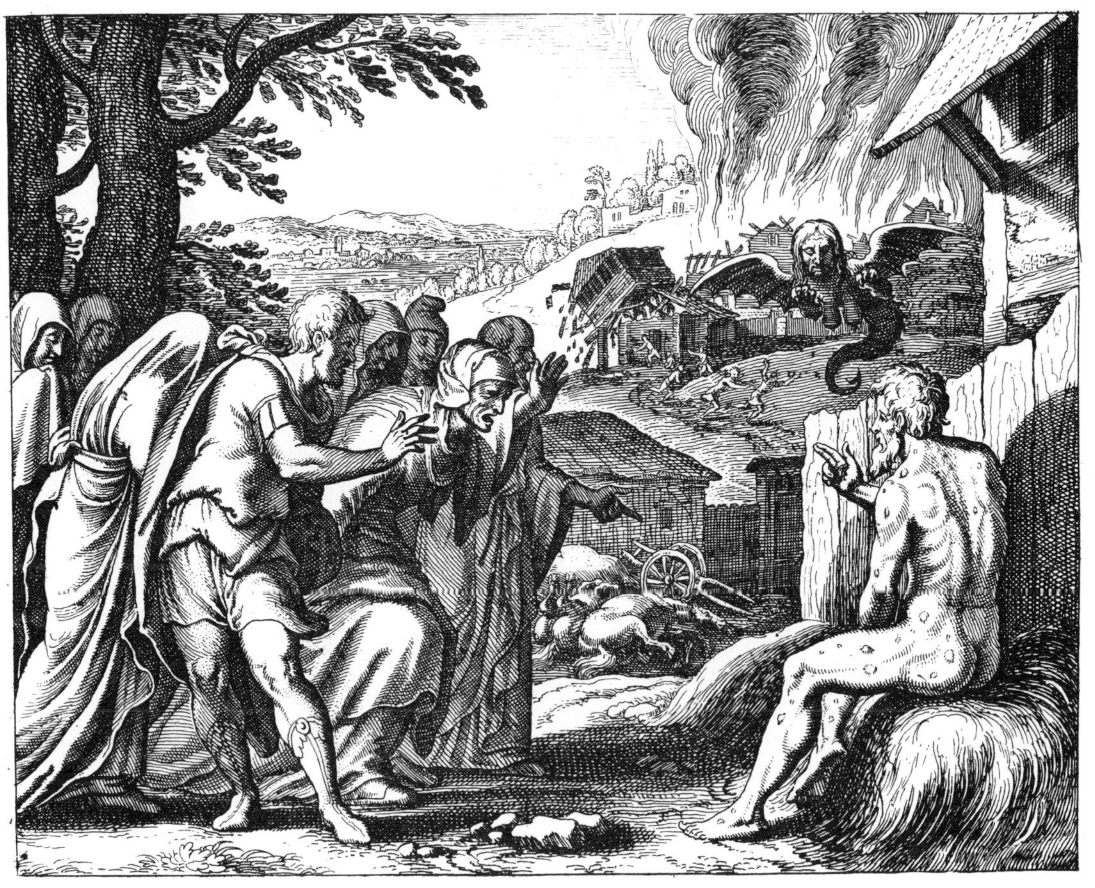

C 2 Omnis

Mirror of Patience in One Who is Faithful

20 IX.

Omnis ſpiritus laudet Dominum.

Pindarus, Amphion, Muſæus, Homerus, Arion,
  Demodocus ſileant, Orpheus atque Linus,
Te duplici vertente *David* genialia dextra
  Nablia, te cythara concelebrante Deum.

Alles was Athem hat / lobe den HErrn.

Ihr Tichter / Sänger all / Poeten / Muſicanten/
Meiſter deß Inſtruments / Spielleut kunſtreicher Handen/
Schweigt und verbergt euch bald / wann Davids Harpff erklingt/
Wann er mit Saytenſpiel Gott lobt und Pſalmen ſingt.

Quand ta Lyre i'enten ſaintement eſchauffée
Sonner les hymnes Saints, ô Roy, ie di qu'Orphée,
Ni Pindare n'eſt rien, n'Homere, n'Arion:
Taiſez-vous, chantres fols, rompez vos eſpinettes,
Qui ſonnent vanités ou fables deshonneſtes
Pour ouyr de ce Roy le Saint Pſalterion. Ps.

You poets and singers, artists and writers
  Masters of comedy, lords of the theaters
Be still for a moment, to the sky your hands raise
  When you hear David's harp, the heavens praise.

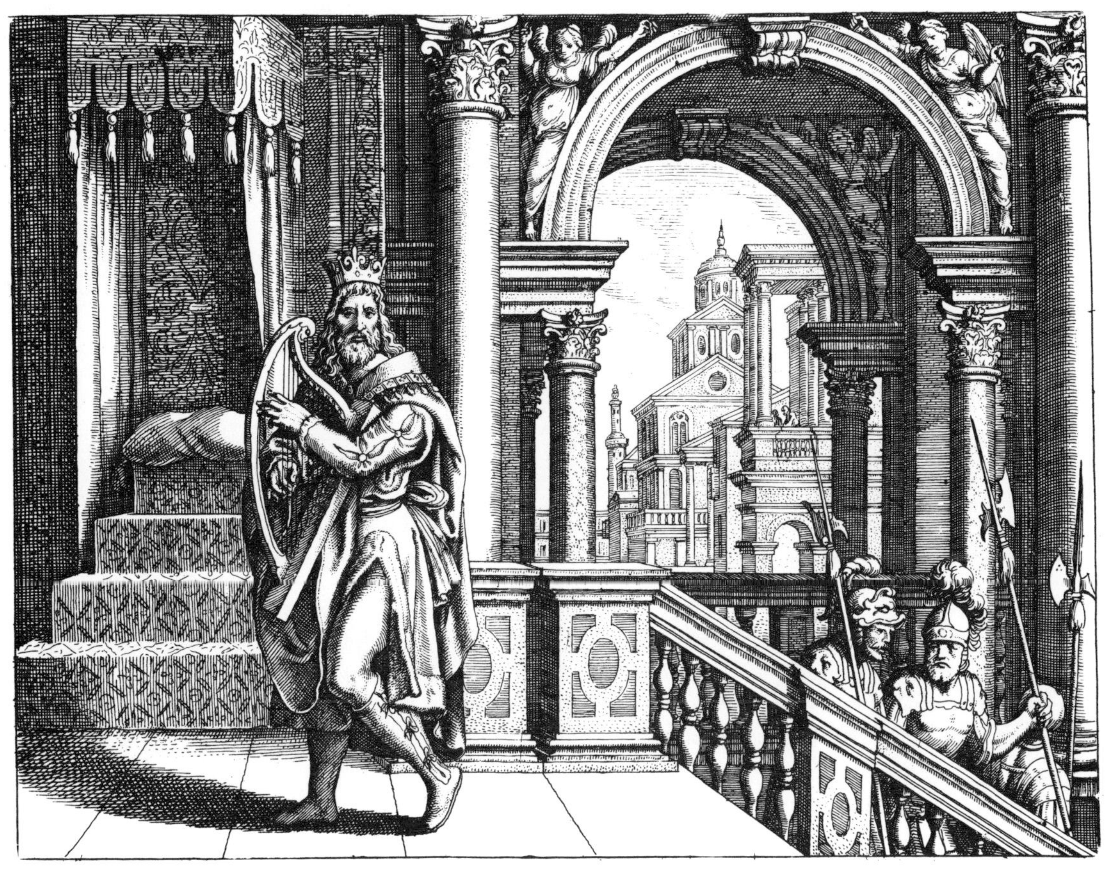

c 3 *Typus*

All The Living: Praise The Lord

X.

Typus matrimonii inter Christum & Ecclesiam.

Qui thalamos *Rex Magne* tuos deprædicat Hymnus,
Angelicoque canit carmine jura thori:
Mysticus est: Olim nam sic *Ecclesia Christo*
Nubet & in sponso federa sancta colet.

In Ewigkeit will ich mich mit dir verloben.

Das schöne hohe Lied so zu Ehren gedichtet/
Dem König Salomon / auff sein Hochzeitlich Frewd/
Hat ein Geistlichen Sinn / steckt voller Heimlichkeit/
Vnd ist auff Christi Braut / sein liebe Kirch gerichtet.

O plus sage des Roys, Ton amoureux Cantique
Dicté par l'Esprit Saint qui le rend authentique
N'est vn discours d'amours qui chatouillent la chair:
C'est l'entretien de Christ auec l'ame fidele,
Ce sont les doux deuis & les repliques d'elle,
Qui d'vn baiser de foy veut son ami toucher.

CAN

A song was written to rejoice
Of King Solomon's wedding in a high voice
The band was symbolic
With his wife the church of Christ did he frolic.

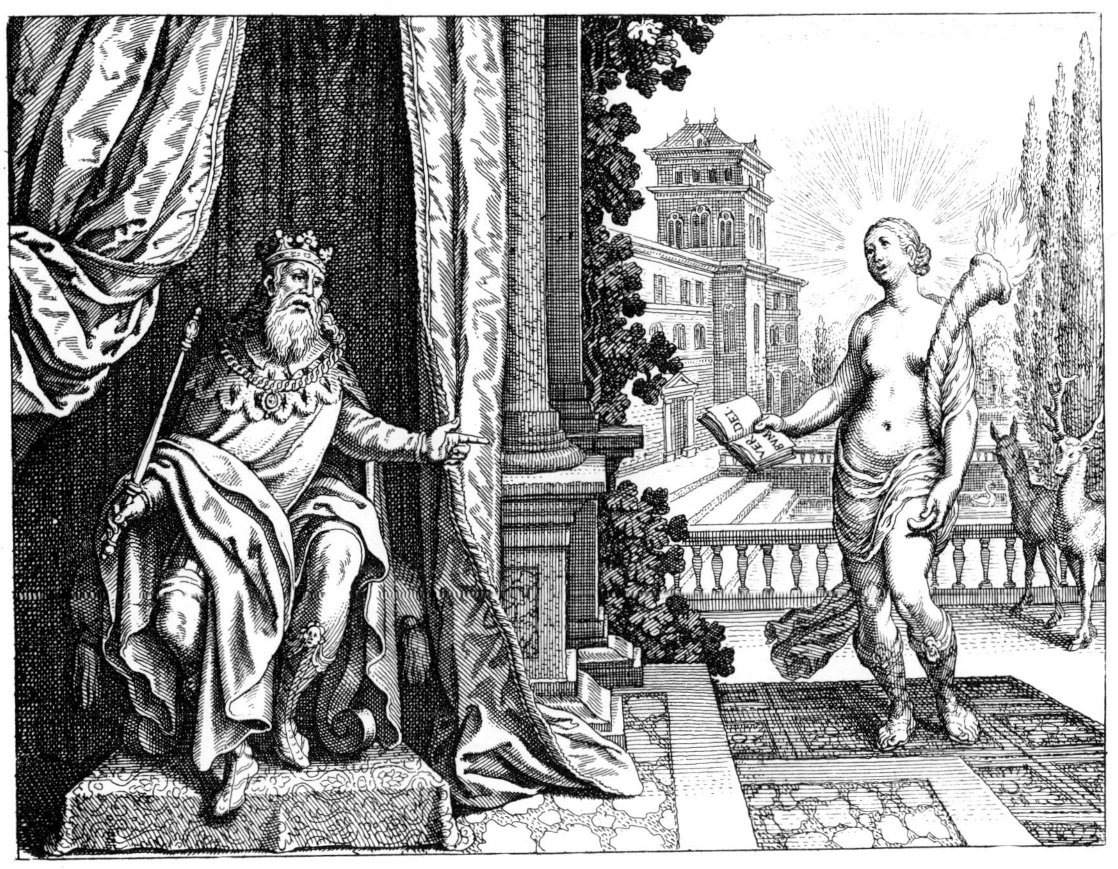

Voca-

In Eternity I Will Be With You

24

XI.

Vocatio & Sanctificatio Esaiæ.

Gloria *Iesaiæ* patefit veneranda JEHOVÆ
Porrecto Genius facit hunc carbone disertum,
Inde canit mortemque trucem & Natalia Christi
Ritu Evangelico, miscens solatia pœnis.

Prophetischer Beruff Esaiæ.

Deß HErren Herrlichkeit Esaias vermercket/
Der durch ein Cherub gut in seim Beruff jhn stercket/
Daß er von Christi Todt wie ein Evangelist
Weissagt/ Sein Trewung scharpff mit Trost vermenget ist.

Lors que le fils d' Amots voyant la gloire Sainte
Du tout-saint Eternel de Cherubins enceinte,
Il en est effrayé se cognoissant pecheur:
Mais vn Ange volant ses leures sanctifie
Les touchant d' vn charbon qui tost les purifie
Pour du Christ à-venir deuenir Saint prescheur.

ESA

The Lord in his glory of Esaia takes notice
A cherub he sends with a calling to his novice
That should bear news of Christ's death to the people
And lead them back for comfort to their father's steeple.

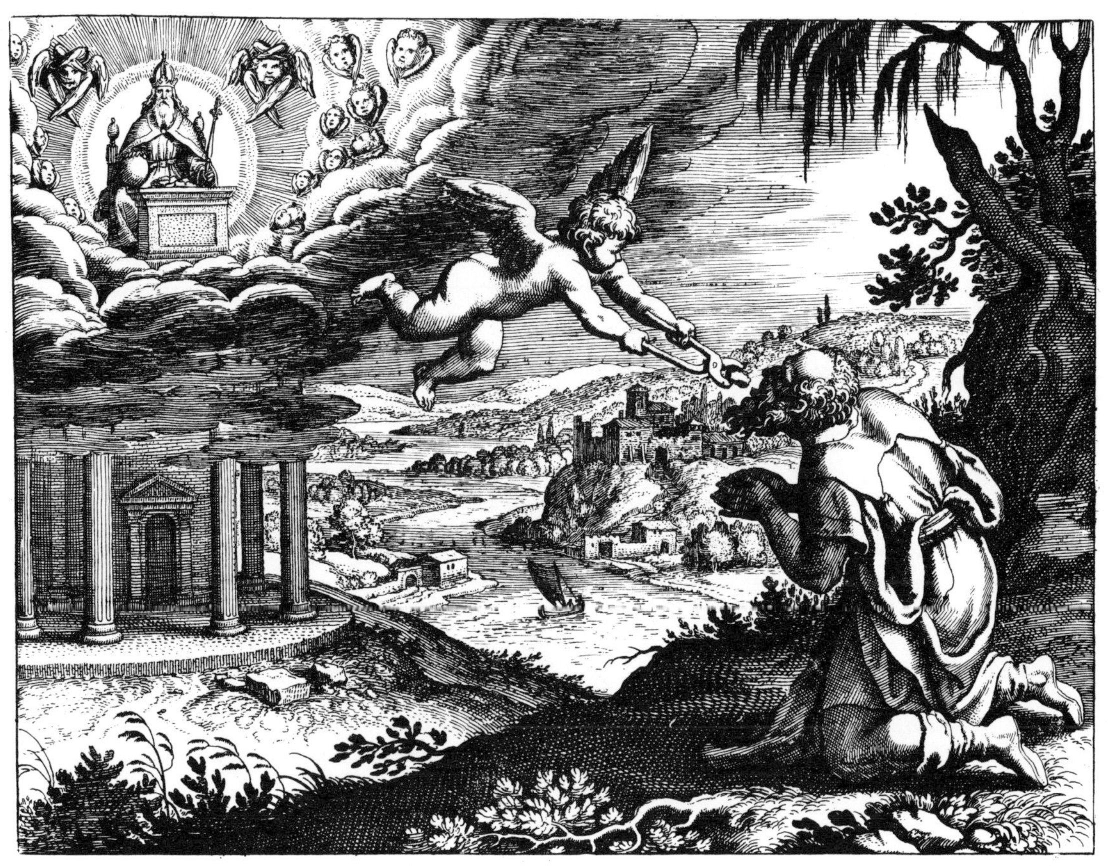

d Voca-

A Prophet

26

XII.

Vocatio Jeremiæ ad munus Propheticum.

Vindictam Deus à populo sumturus Hebræo,
 Ob scelus & fraudes, atque ob Apostasiam:
Instituit viva *Ieremiam* voce Prophetam,
 Interitum ut Solymis cantet & exitium.

Prophetischer Beruff Jeremiæ.

Gott wolt Jerusalem straffen vmb jhre Sünden/
Vnd groß Abgötterey/ weil kein Buß war zu finden/
 Doch warnt er sie zuvor / jhn Jeremiam sendt/
 Der jhn verkünden solt jhrn Vndergang vnd Endt.

Dieu veut punir Salem pour ses enormes vices,
Et l'indigne mespris de ses sacrés seruices
S'ils ne veulent, prudens, bien tost se repentir:
 Mais la peruerse gent en son mal endormie
Reçoit l'arrest du Ciel porté par Ieremie
Que Dieu veut leur estat tantost anëantir. Ie

God once again his world wanted to punish
 Repent his people did not, so he set the date for a finish
But warn them he did, he sent Jeremiah,
 A prophet, a friend and never a liar.

IEREMIÆ I. 27

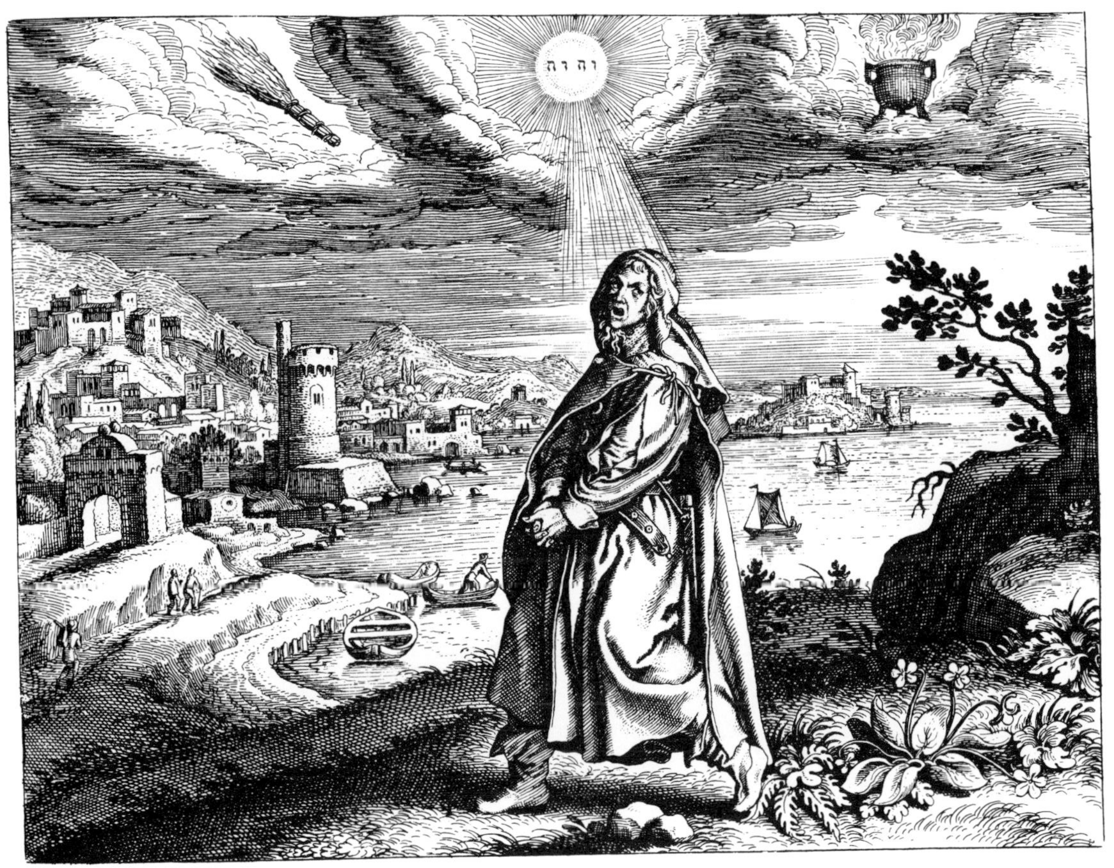

d 2 Affli-

Jeremiah The Prophet

XIII.

Afflictio merces piorum Miniſtrorum.

Mittitur in foveam *Ieremias* vera locutus,
  Quæ merces fidei, quæ pietatis erat.
Extrahit Æthiopis ſanctum miſeratio Vatem,
  Illuvie & cœno qui periturus erat.

Trübſal Lohn Gottsförchtiger Prediger.

Weil Jeremias redt die Warheit aller maſſen/
Ward er in eine Grub voll Wuſt vnd Schlamm gelaſſen/
  (Alſo lohnt man der Trew) EbedMelech der Mohr
  Nimbt ſich doch ſeiner an/ zeucht jhn wider empor.

Pour auoir denoncé la diuine ſentence
Contre l'eſtat peruers viuant ſans repentance
Le Voyant eſt jetté dans des cachots profonds,
  Et mourra au bourbier ſi le cœur debonaire
D'vn Arabe ne rompt ce deſſein ſanguinaire
Pour obtenir du Roy de l'oſter de ce fonds.

Jeremiah spoke but the truth, was not
  Rewarded, he was hoarded
They took him away to jail and desert and
  Debris he was made to bite
His friend, Eeod Melech was ready to fight.

JEREMIÆ XXXVIII. 29

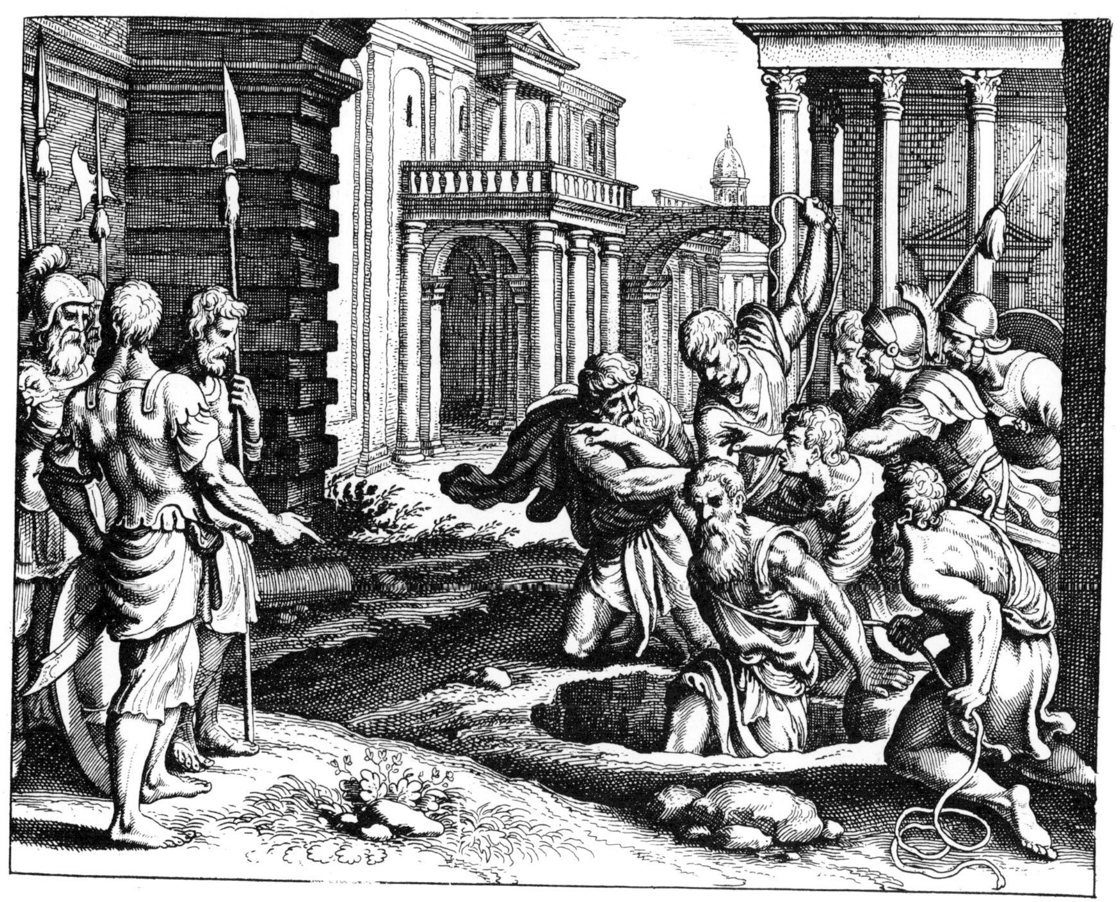

d 3 Inef-

Sorrow: Reward For a Faithful Believer

30 XIV.

Ineaffabilis gloria Jehovæ.

Terribile *Ezechiel* viſum Babylonis ad undas
Adſpicit, implicitasque Rotas, Animalia, mira
Queis ſpecies, Lumenque micans fulgore coruſco.
Gloria ſumma DEI lingua haud effabilis ulla eſt.

Die Herꝛlichkeit deß HErꝛn iſt nicht außzuſprechen.

Gott zeigt Ezechiel im Land Babel ſo ferꝛen
Ein wunderbar Geſicht / vier Räder vnd vier Thier /
Ein ſchröcklich glantzend Liecht / daß er verſchmachtet ſchier /
Nicht außzuſprechen iſt die Herꝛlichkeit deß HErꝛen.

Prophete tranſporté ſur l'onde de Chaldée,
Tu as d'vn œil raui fixement regardée
L'eſtrange viſion que ton Dieu te fit voir:
Sa Gloire t'apparoit: quatre beſtes difformes,
Des rouës pleines d'yeux auec eſtranges formes,
Puis vne main te fait vn rouleau receuoir.

In Babel, the Lord shows Ezechiel wondrous things
A beautiful face, four wheels and an animal with wings
A terribly shiny light, Ezechiel is frightened out of his mind
God is so almighty, why are we so blind.

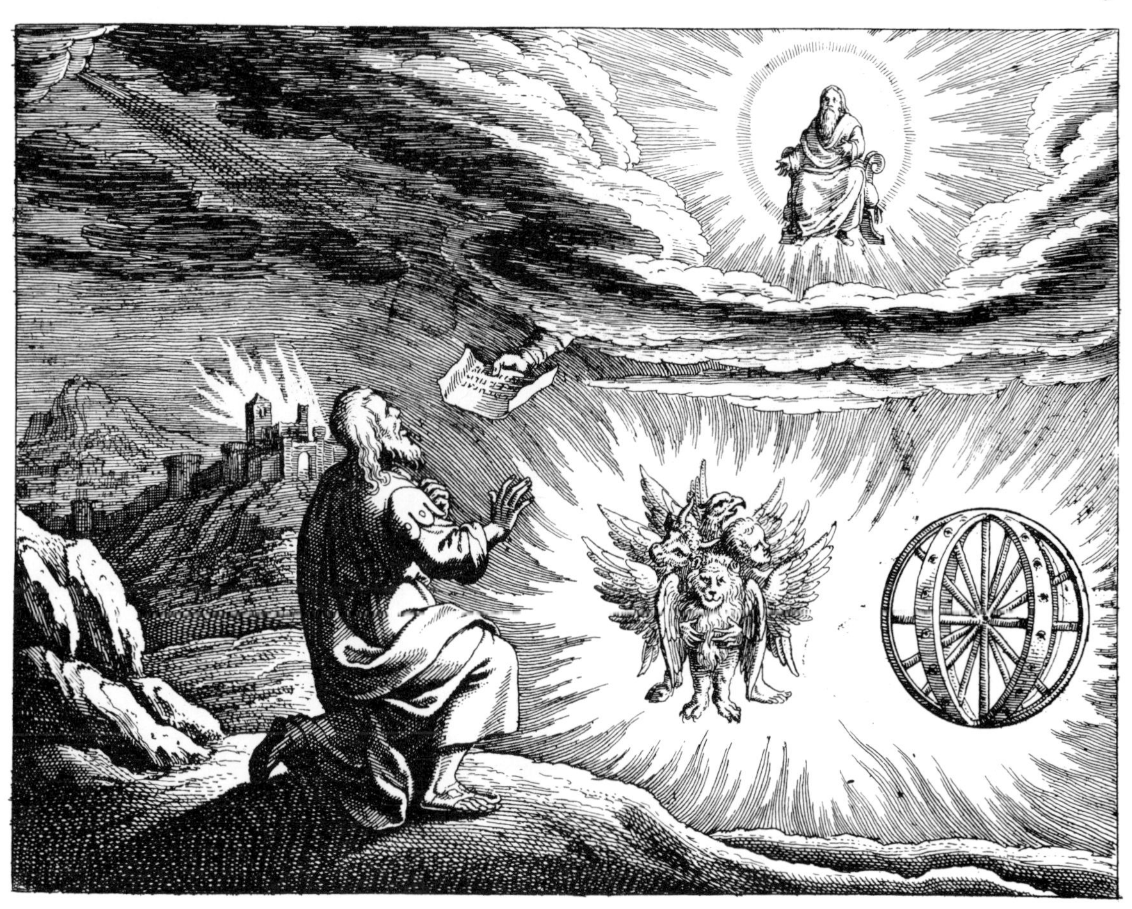

Typus

The Lord's Almightiness is Not Comprehensible

XV.

Typus futuræ reſurrectionis carnis.

Adſpicit *Ezechiel* viſum memorabile, campos
Oſſibus albentes hominum, quos ſpiritus afflans
Ut coëant facit & viventia corpora fiant.
Corpora ſic olim ſurgent putrefacta ſepulcris.

Vorbild der kůnfftigen Aufferſtehung.

Gott zeigt Ezechiel das Feld voll Menſchenbeine /
Die auff Gottes Befehl ſich fůgen fein bey eine /
  Werden lebendig bald mit Fleiſch vnd Haut bekleidt /
  Die Vrſtendt vnſers Fleiſchs hierdurch wird angedeut.

Quand le fils de Buzi vid vne large plaine
D'os ſechés dés long temps & de morts toute pleine,
Se ioindre, ſe couurir de chair, & ſe dreſſer,
  Puis viure vigoureux & n'auoir rien d'infirme,
Par ce ſpectacle grand Dieu ſon Voyant confirme
Que les plus abbatus il peut bien redreſſer.

God shows Ezechiel a field of human bones
  That to his command wither and moan
Become living and breathing not fiction
  The Lord gave a lesson in resurrection.

EZECHIELIS XXXVII. 33

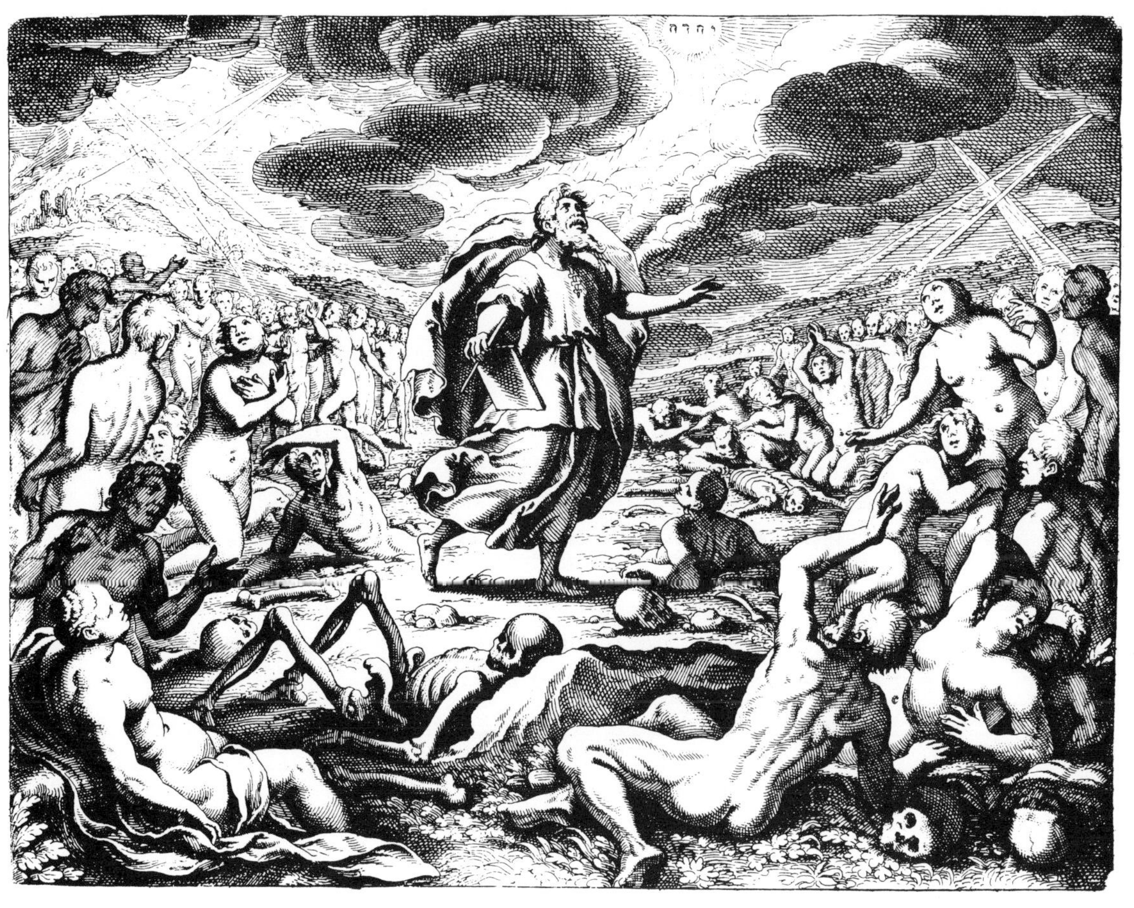

Deus

Precedent For The Resurrection

XVI.

Deus revelator secretorum.

Aurea frons Statuæ, ex Argento pectus, & Ære
  Stat femur, ex Ferro pes fragiliq; Luto:
Regna quaterna notant, quæ conterit omnia rupes,
  Missa polo; Sic est quicquid in Orbe, perit.

Gott allein offenbahret Geheimnusse.

Goldt / Silber / Eisen / Thon / darauß diß Bildt bestehet /
So Gott dem Daniel andeutet im Gesicht /
Ist auff vier grosse Reich in dieser Welt gericht /
Ein Stein zermalmet solchs / all Menschlich Ding vergehet.

Le Mage Caldeän pour neänt s'esuertuë;
Car il ne peut ni voir, n'expliquer la statuë
Que le Roy vid dormant plein de pensers diuers:
Daniel void le tout, & sagement l'explique,
Et puis à quatre Estats qui regneront l'applique,
Qu'vn Roc coupé sans mains fera choir à l'enuers.

DANI

Gold, Silver, Iron, Clay—are made into a picture
  God shows Daniel this fixture
Four Kingdoms in this world exist
  But since they're of clay, could crumble to mist.

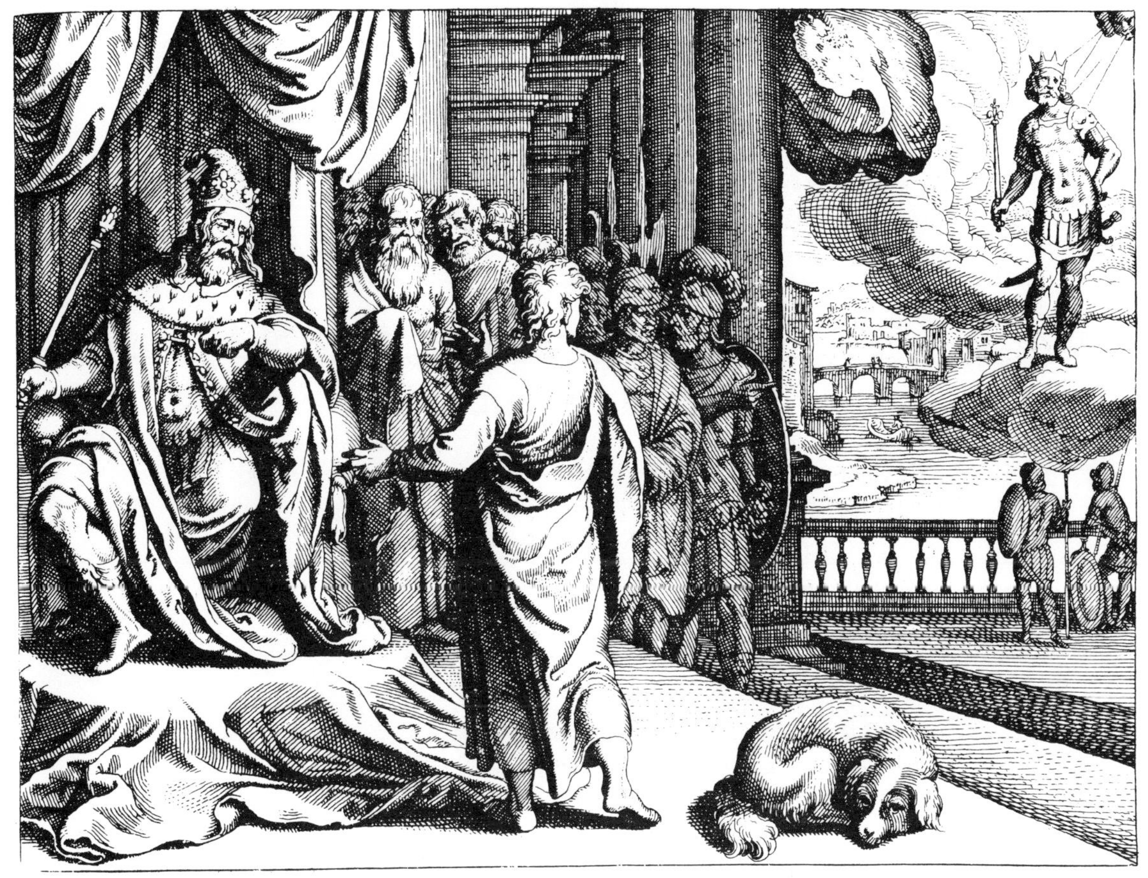

e 2 Per

Only God Knows The Secrets

56

XVII.

Per Aquam & Ignem transivimus

Dum Juvenum devota TRIAS simulacra vereri
Abnuit, in Clibanum nimium peritura calentem
Mittitur; at Genius Vulcanum occidit, ut ignem
Effugiant; DEUS innocuos sic servat amicos.

Wann du durchs Fewer gehest / soll dich die Flamm nicht verletzen.

Als die drey Jüngling gut das Bild nicht wolten ehren /
Solt sie die Fewers Glut im Ofen heiß verzehren /
Ein Engel tödt die Flamm / daß keiner wurd versehrt /
Weder am Kleid noch Leib / Gott hat fromm Diener werth.

O Iouuenceaux heureux, pour n'auoir à l'Image
Ni plié le genoil, ni fait aucun hommage,
Vous estes enfournés dans vn feu plein d'horreur:
Mais par l'Ange se vid la flamme tost esteinte,
Vostre chair ne fut pas de la chaleur atteinte,
Mais vos bourreaux bruslés donnent au Roy terreur.

DANI

When the three young boys did not believe in the image
They were put in a fire, so as to ruin their heritage
An angel cooled the flames and no one was hurt
God likes to keep his servants alert.

DANIELIS III. 37

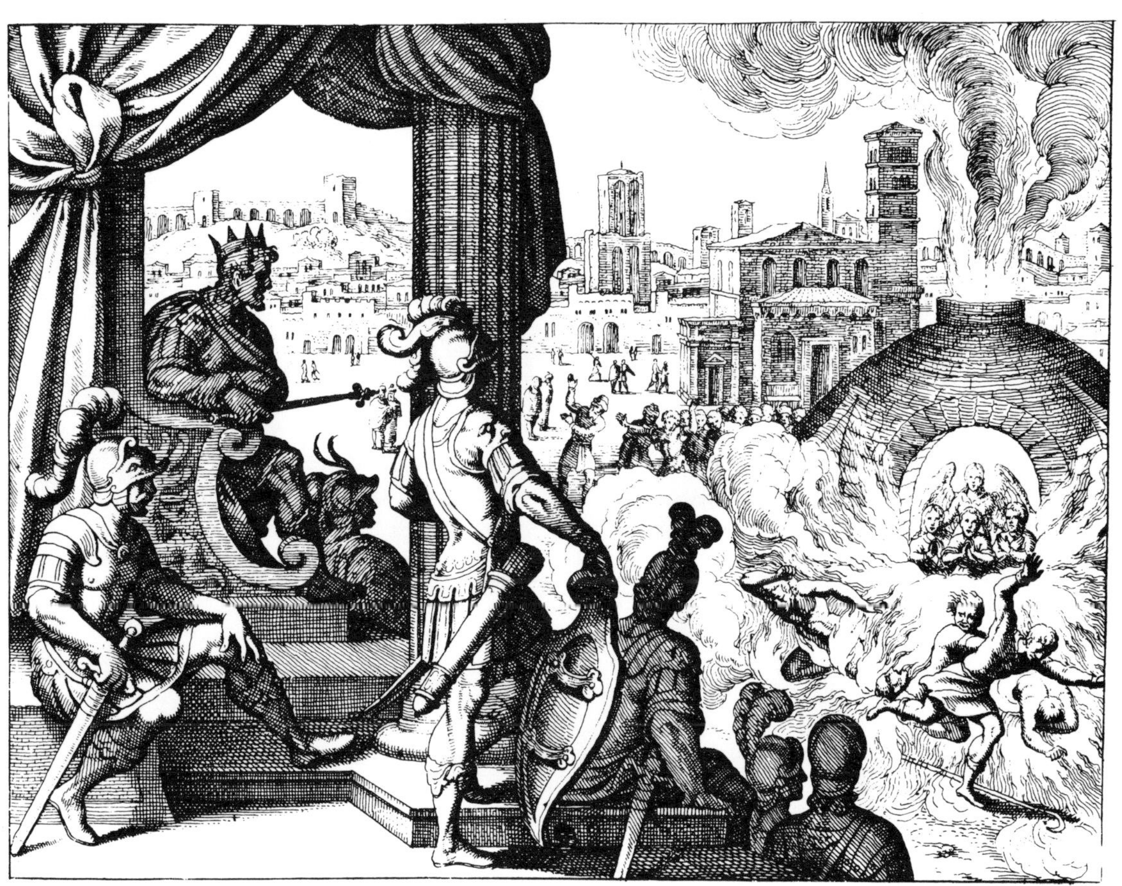

Super-

e 3

Walk Through The Fire and It Will Not Scorch You

XVIII.

Superbia & luxus ruinam præcedunt.

Dum cum pellicibus potans ſacra vaſa profanat
BELSACER, egreſſi digiti de pariete ſcribunt:
Imperium, Rex, Perſa tuum Medusque capeſſent,
Interpres Daniel legit iſtud, honoribus auctus.

Wann man fallen ſoll / wird man zuvor ſtoltz.

Beltſatzer hält Pancket / Mißbraucht ſampt ſein Kebsweiben /
Deß Heiligthumbs Gefäß / ein Hand von Gott thut ſchreiben /
Sein Reichthumb wird bald vertheilt / er verſtoſſen davon /
Daniel lieſt die Schrifft / erlangt deß groſſen Lohn.

Le Prince de Babel, yurogne, ſe recrée
Profanant de Salem la vaiſſelle ſacrée
Triomphant à-plaiſir du grand Dieu des Hebreux:
Mais vne main pourtrait ſur le mur l'eſcriture
Qui fait du Roy troublé trembler chaſque jointure
Luy prediſant en bref ſon declin malheureux.

DANI

Belsacer had a banquet and misused holy vessels
An unseen hand appeared and wrote out a message
The kingdom was lost to him, he was made to leave
Daniel had read the script, the reward was his to retrieve.

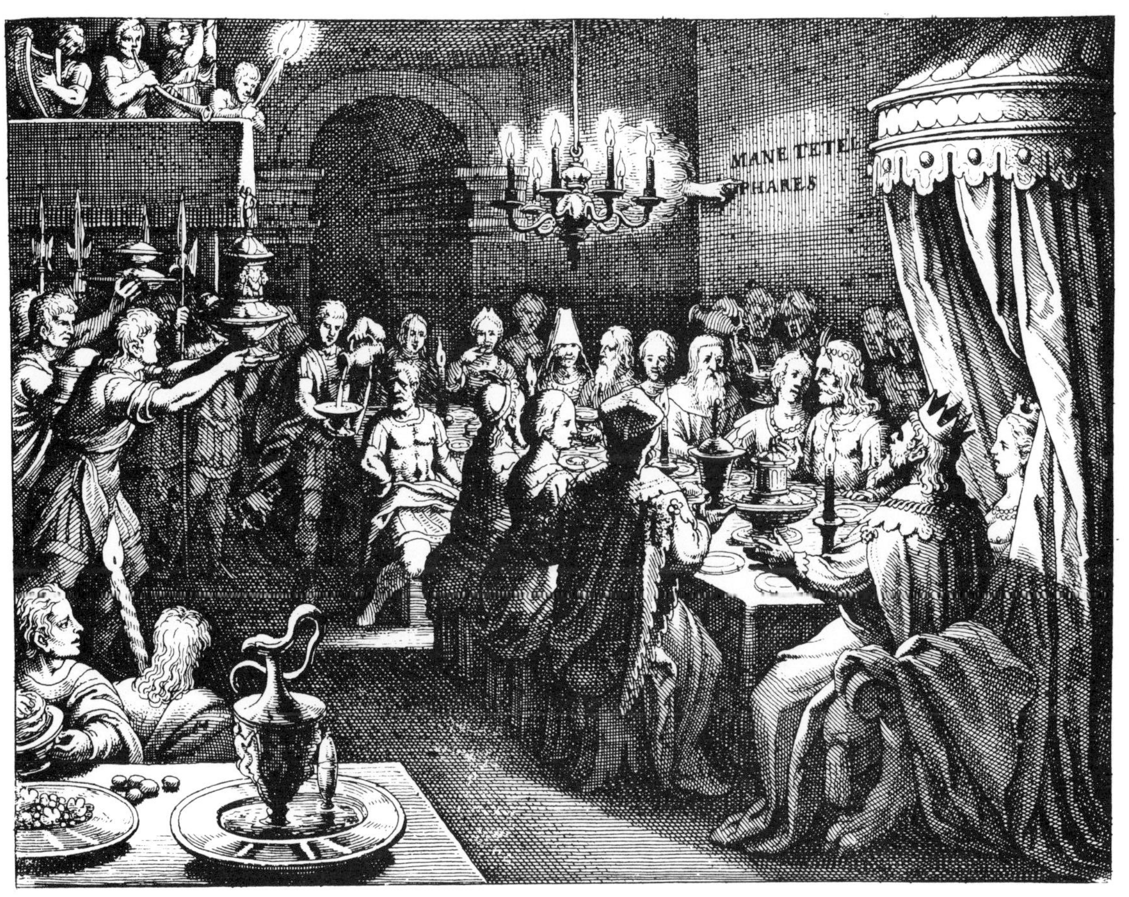

Ex ore

Pride Before Fall

XIX.

Ex ore leonis eripuit me Dominus.

Inſontem excipiunt vivaria ſæva Leonum
  Te DANIEL, queîs mox eſca futurus eras.
Continuit Genius fauces atque ora ferorum,
  Inſidiatores ungula dira rapit.

Gott errettet auß der Löwen Rachen.

Vmb Vnſchuldt Daniel zun Löwen in den Graben
Geworffen wird / die jhn gefreſſen ſolten haben.
Durch einen Engel ſtarck Gott jhren Grimm verwehrt/
Bald wird die falſche Rott zerriſſen vnd verzehrt.

Quand Daniel zelé le Roy des Cieux inuoque
Des Satrapes Perſans le cœur malin prouoque
L'aigre courroux du Roy contre le Saint Voyant:
Il eſt mis des Lions dans l'obſcure taniere
Qui ne l'offencent point: mais d'eſtrange maniere
Vont les Satrapes faux ſous leurs dents poudroyant.

DANI

Innocent Daniel to the lions is thrown,
  To be eaten by them, their hunger has grown
Gentled are they soon by an angel of the Lord
  The fake god is bitten badly and gored.

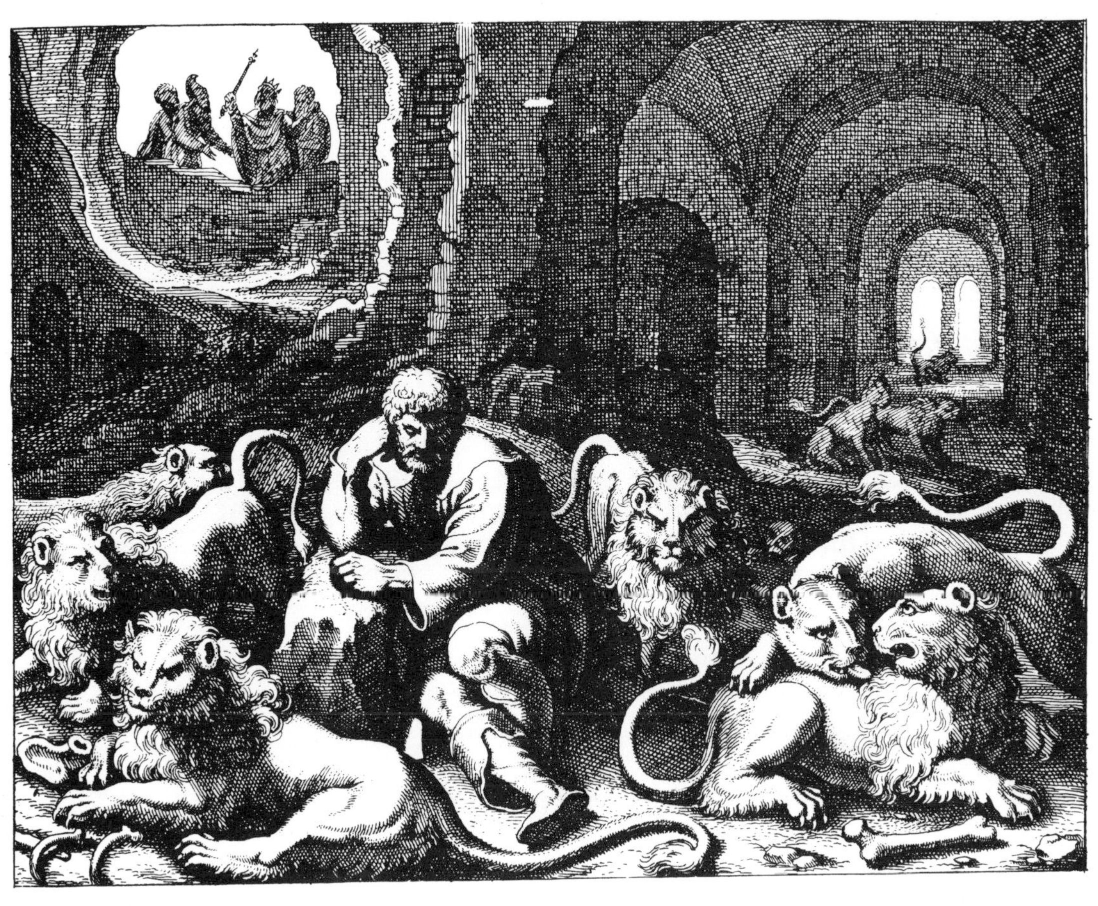

f Typus

The Lord Tames The Lions

42

XX.

Typus quatuor Monarchiarum.

Regna Monarcharum, Macedûm, Romanaque ſceptra
Prædicit DANIEL, Antiochumque trucem.
Paſſurumque necem Chriſtum, ruituraque Templa,
Et quæ præterea ſint ſubeunda monet.

Vorbild der vier Monarchien auff Erden.

Gott manche Viſion von den vier Monarcheyen
Von Alexandri Reich / Auch der Römiſchen Macht
Dem Daniel entdeckt / Chriſtus wird vmbgebracht/
Vnd was für Plagen mehr noch zu gewarten ſeyen.

Quatre fiers animaux au Voyant ſe preſentent
Par viſion de nuict, eſquels ſe repreſentent
Quatre Regnes futurs que verra l'Vniuers:
Aſſur, Perſe, Iauan, & la beſte Romaine
Robuſte plus que tous, plus que tous inhumaine,
Mais les Saincts dompteront tous ces Regnes peruers.

DANI

God has a vision—the Four Monarchs of earth
One of the Kingdom of Alexandra and the Roman one, too
The discovery of Daniel, the death of his son
And other terrors, that cannot be outrun.

DANIELIS VII. 43

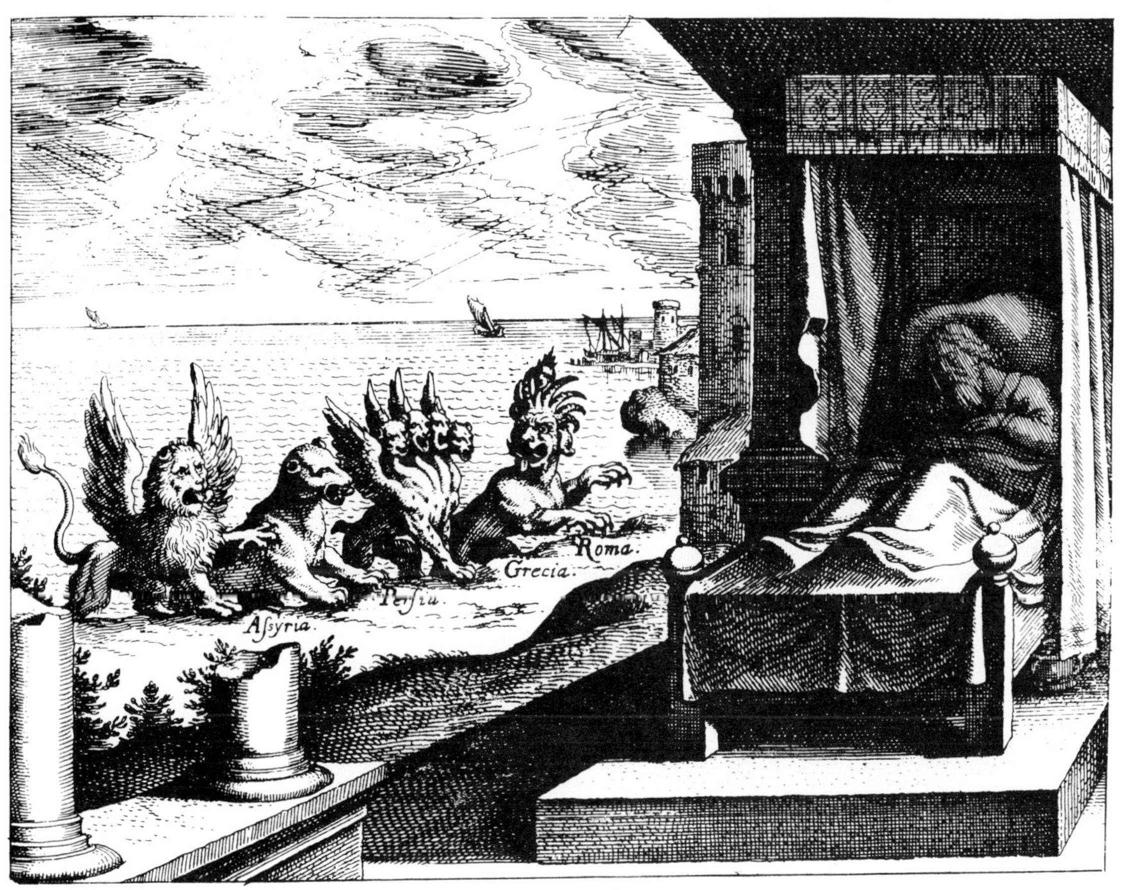

f *2* *Mors*

Precedent For The Four Monarchs of Earth

XXI.

Mors ero tibi ô Mors.

Plebs idola colit, veneratur ſtulta Deaſtrum,
Hoc ſcelus inducta meretrice reprendit OSEAS.
Inde canit Chriſti reducis de morte Triumphum,
Inſtillans animis vitæ melioris amorem.

Todt ich will dir ein Todt ſeyn.

Deß Volcks Abgötterey / dadurch ſie Gott erzürnen /
Strafft durch ein Gleichnuß-Bild einer gemeinen Dirnen /
  Oſeas / treibt zur Buß / vnd ein Triumphlied ſingt /
  Wie Chriſtus Höll vnd Todt durch ſein Vrſtendt bezwingt.

Iuda quittant de Dieu le culte ſalutaire
Hosé (Dieu le voulut) ſe rendit adultere
Pour plus ſenſiblement ce peuple reprimer:
  Puis conſolant Iacob, ſa bouche veritable
Predit du Chriſt futur le triomphe notable,
Leur diſant que la mort ne pourra l'opprimer.

PR

God's people are pagans and he is maddened
  He is going to punish them, for he is hardened
Shows them a metaphor of Jesus singing a victory song
  Of conquering hell and death, so people know this is wrong.

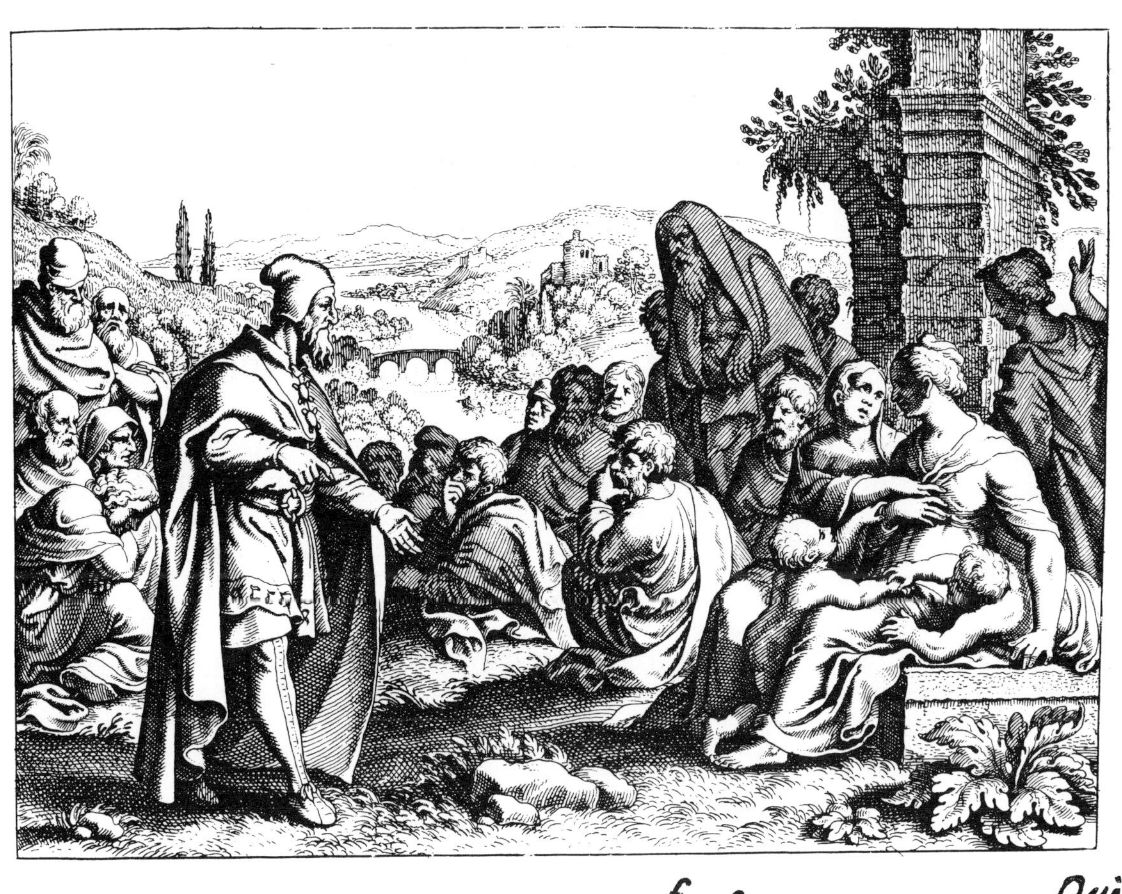

f 3 Qui

Death

XXII.

Qui invocaverit nomen Domini ſervabitur.

Arboreos fructus, ſegetes, far, gramina perdunt
  Inſecta, at reliquum fœda rubigo vorat,
Spiritus unanimes Chriſti imbuet igne Miniſtros,
  Inde canit cœli ſigna ſtupenda Joel.

Wer den Namen deß HErrn anruffen wird / ſoll ſelig werden.

Die Raup vnd Hewſchreck frißt den Samen auff den Felden /
Die Kefern vnd Geſchmeiß das Laub vnd Graß in Wälden /
Als Joel propheceyt / wie ſich der Heilig Geiſt
Wird reichlich gieſſen auß / wird auffs Pfingſtfeſt geleiſt.

Des inſectes diuers les funeſtes armées
Rongent les grains ſemés : & rendent affamées
Les dolentes tribus qui crient à la faim.
Ioël le repentir ſainctement leur denonce :
Puis les graces du Ciel à tous croyans annonce,
Sur qui veut l'Eſprit Sainct ſe repoſer en fin.

PR

Slugs and insects in the fields eat the semen
  In the woods the trees are slowly being beaten
Joel prophesies that the Holy Ghost
  Will sprinkle soon, out of this make the most.

PROPHETIA JOELIS. 47

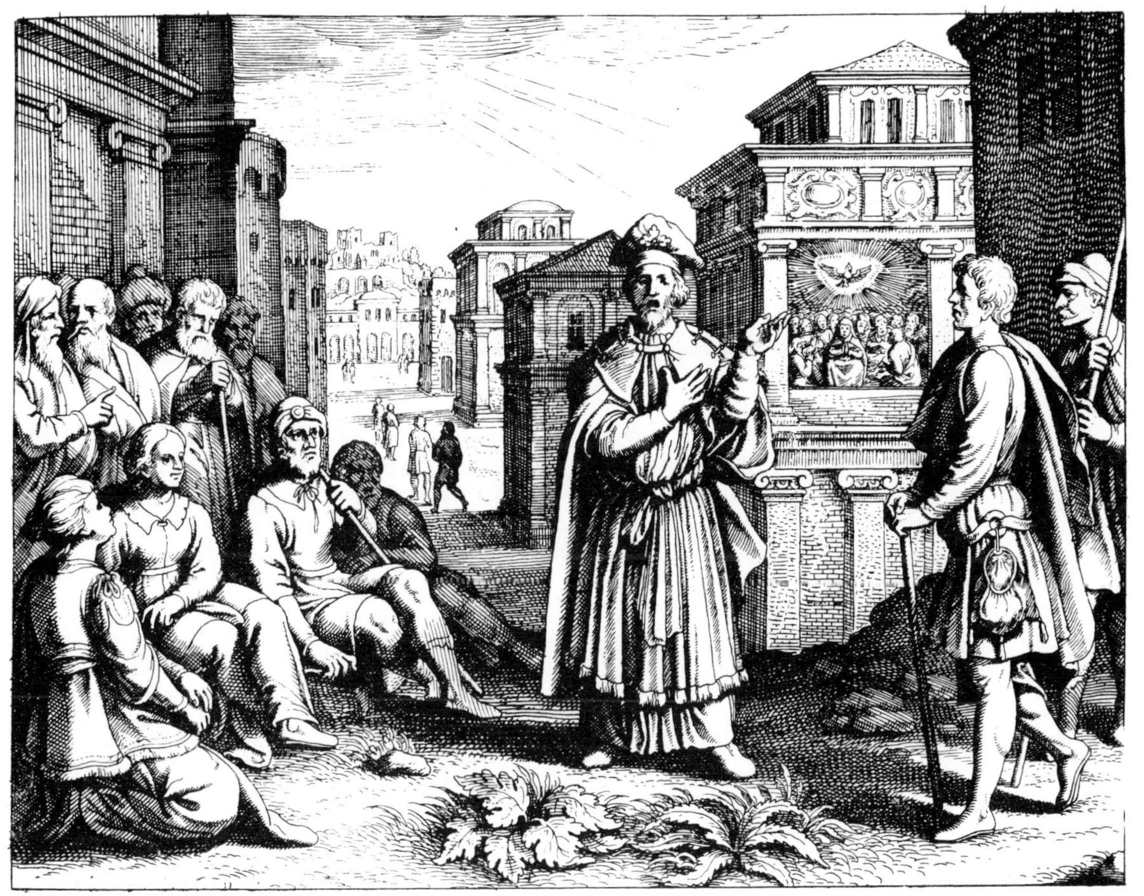

Typus

He Who Calls Shall End Up in Heaven

XXIII.

Typus resurrectionis Dominicæ in Jona.

Altitoni fugiens *Ionas* pia jussa JEHOVÆ
   Velivola vitreas abiete findit aquas.
Hunc nautæ ejiciunt valida superante procella,
   Quem vorat, & laxa fauce Balæna vomit.

Vorbild der Aufferstehung Christi in Jona.

Jonas fleucht auff das Meer / will seinem Gott entlauffen /
Ein grosser Sturm kompt an / sie müsten bald ersauffen /
Man wirfft jhn in das Meer / das Wetter wird gewandt /
Ein Walfisch jhn verschlingt / speyt jhn wider ans Landt.

Ionas, pour n'obeïr au mandement Celeste
S'enfuyoit en Tarscis: la tempeste moleste
La nef courant au gré & des flots & du vent.
Luy, lancé dans les eaux, la monstreuse Balaine
Le promene trois iours parmi l'humide plaine
Pour, apres, sur le sec le reuomir viuant.

ION

Jonah escapes to the sea, wants to avoid his Lord
   When a heavy storm blows up, he's no longer bored
He's thrown into the water and swallowed by a whale
   But soon is spit out again, during a gale.

IONÆ I. 49

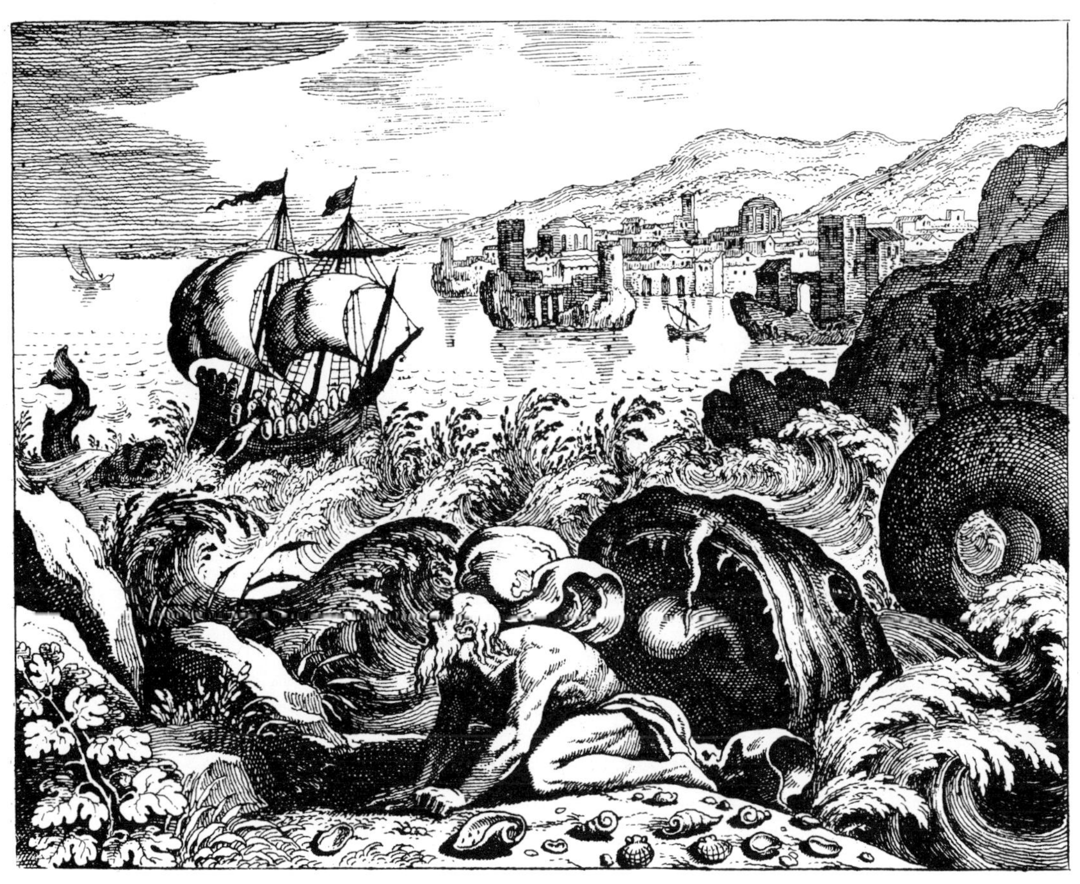

Effe-

Precedent For The Resurrection of Christ

50

XXIV.

Effectus veræ pœnitentiæ.

Interitum Ninives JONAS viſurus, in umbra
Sub ricino feſſus ſole calente ſedet.
Vermis ut admorſam plantam diſperdit & Eurus,
Mœret & arenti dira precatur humo.

Exempel wahrer Buß vnd Langmuth Gottes.

Vnter dem Kürbis kühl / der Sonnen zu entgehen /
Sitzt Jonas / meynt die Statt werd kürtzlich vntergehen /
Ein trucknen Wind von Oſt vnd Wurm verſchafft der HErr /
Daß das Gewächs verdorrt / das verdreuſt Jonam ſehr.

Dés qu'il a denoncé la mort au Niniuite
Sous la courge Ionas ſe retire bien viſte
Pour attendre la fin de ſa prediction :
Puis vn ver fait mourir & ſecher ſon ombrage
Dont vn chagrin deſpit aigrit tant ſon courage
Qu'il demande la mort par aigre paſſion.

ION

Under the cool shade of the tree, Jonah rested
Fantasying of the ruined city that was tested
A dry wind was blown over him by God
Which ruined the tree, Jonah could not nod.

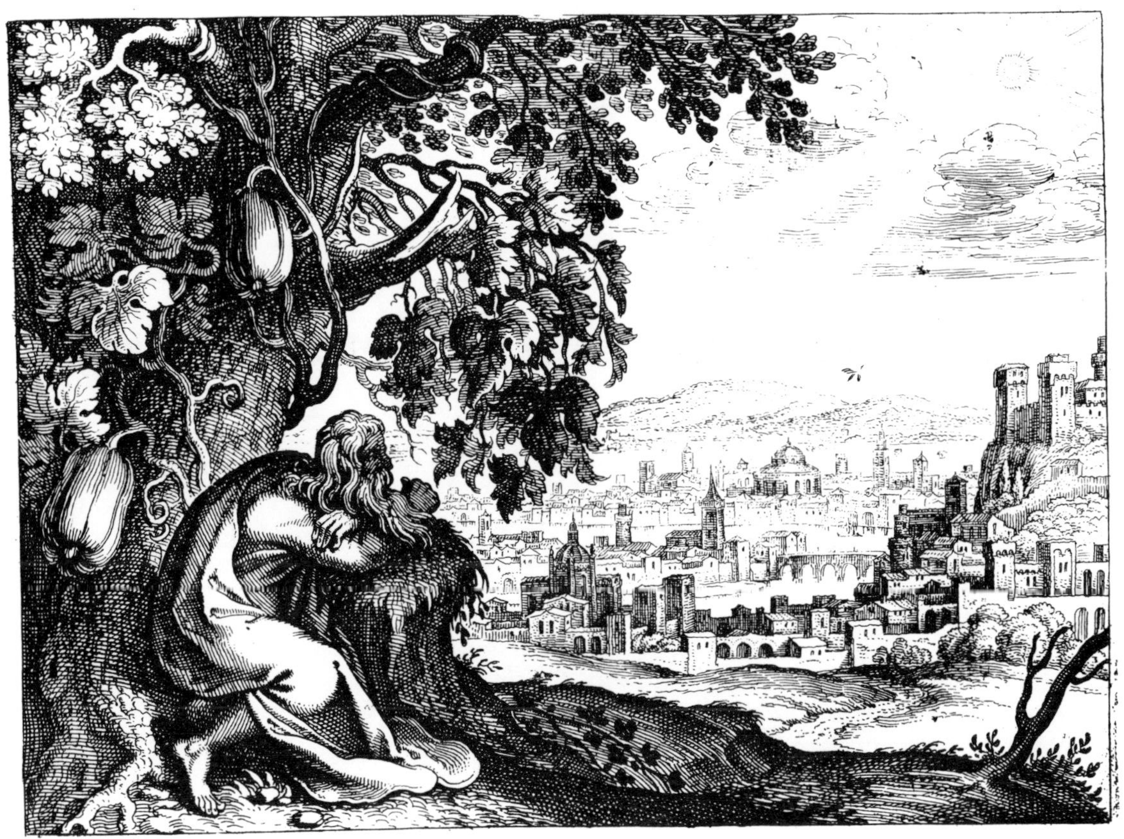

g 2 Exte

Example of True Repentance

XXV.

Ex te Bethlehem prodibit mihi DUX.

Micha Deaſtrorum cultum, Procerumque rapinas
Et populi fraudes corripit ore, minis.
Hinc fore *Bethlemi Chriſti* natalia Regis
Nunciat, & ſummo carmina pangit Hero.

Auß dir Bethlehem soll mir herkommen der Hertzog.

Die groß Abgötterey schilt Micha sampt den Sünden
Der Fürsten vnd deß Volcks / die Straff solt sich bald finden.
Auch ward zu Bethlehem geboren vber lang
Christus der Juden Fürst / drauff lobt er Gott mit Gsang.

Pour cenſurer Iuda Dieu ſuſcite Michée
Condamnant des faux dieux l'Idolatre nichée,
Les rapines des grands, les fraudes des petis:
Puis predit qu'en Bethlem, ô vraye Prophetie,
Naiſtra le tant promis & deſiré Meſſie,
Sous qui les peuples Saincts ſeront aſſuiettis.

PR

Michai is angered by the pagan's gods and sins
Of the people so highborn, they say they have no whims
Shortly thereafter in Bethlehem, God's son is born
So he thanks God and no more will he mourn.

PROPHETIA MICHÆ.

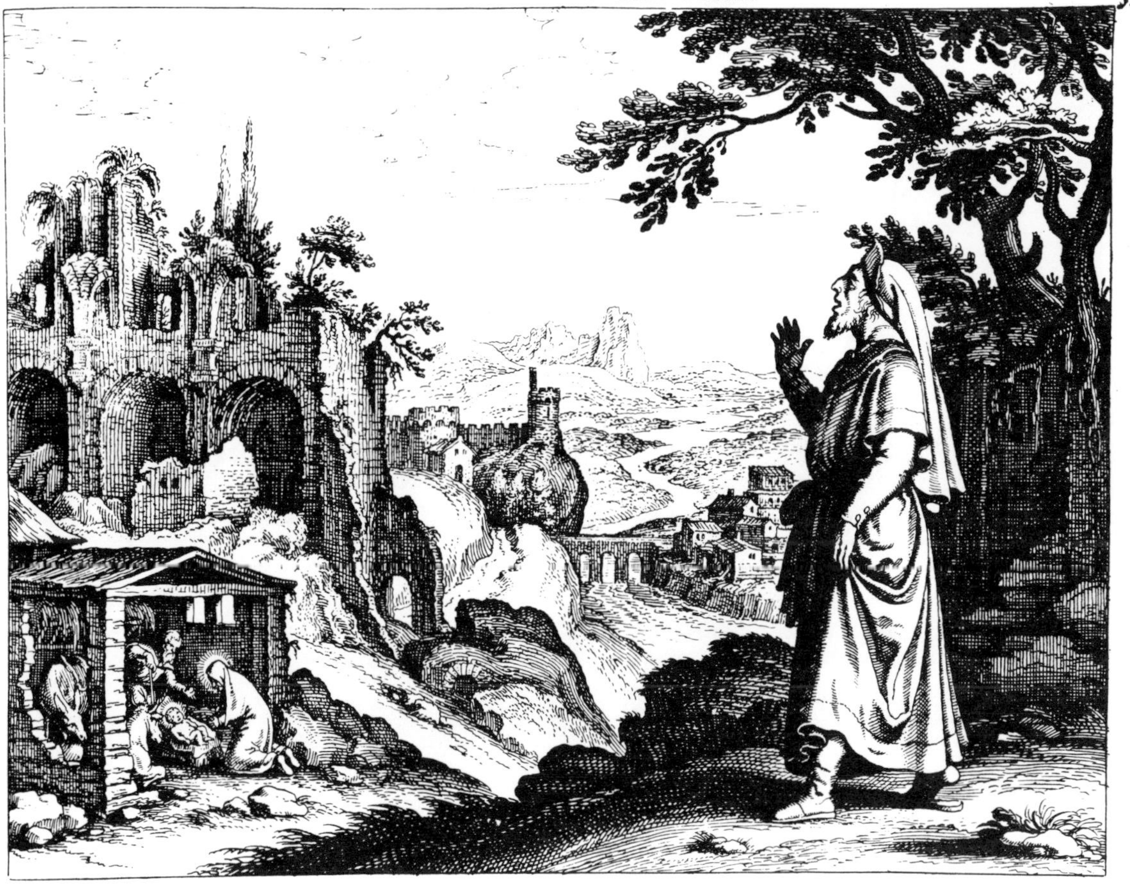

g 3 Justus

The Lord Shall Appear in Bethlehem

54

XXVI.

Justus fide sua vivet.

Assyrias *Habacuc* gentes miratur Hebræis,
 Et bello reprobos prævaluisse piis.
Moris id est, Idololatras victoria tollit,
 Interea justus vivit ovatque FIDE.

Der Gerechte wird seines Glaubens leben.

Es mißfällt Habacuc / daß die Gottlosen siegen
Im Krieg / vnd machen Beut / die Frommem vnder ligen /
 Gott sagt / es sey der brauch / sein Wort bleibt vnversehrt /
 Daß der Gerecht gleichwol seins Glaubens leben werdt.

Habacuc s'esbahit que l'infidele race
Preuaille sur la gent que Dieu tient en sa grace
Comme s'il preferoit ses serfs à ses enfans:
 Mais il apprend de Dieu que des Saincts la science
C'est d'attendre tout cois par humble patience,
Pour estre par la foy viuans & triomphans. Pr

Habacuc is worried about the non-believers
 All they do is battle and provisions thieve there
God's word remains unquestioned
 The righteous one will choose the right direction.

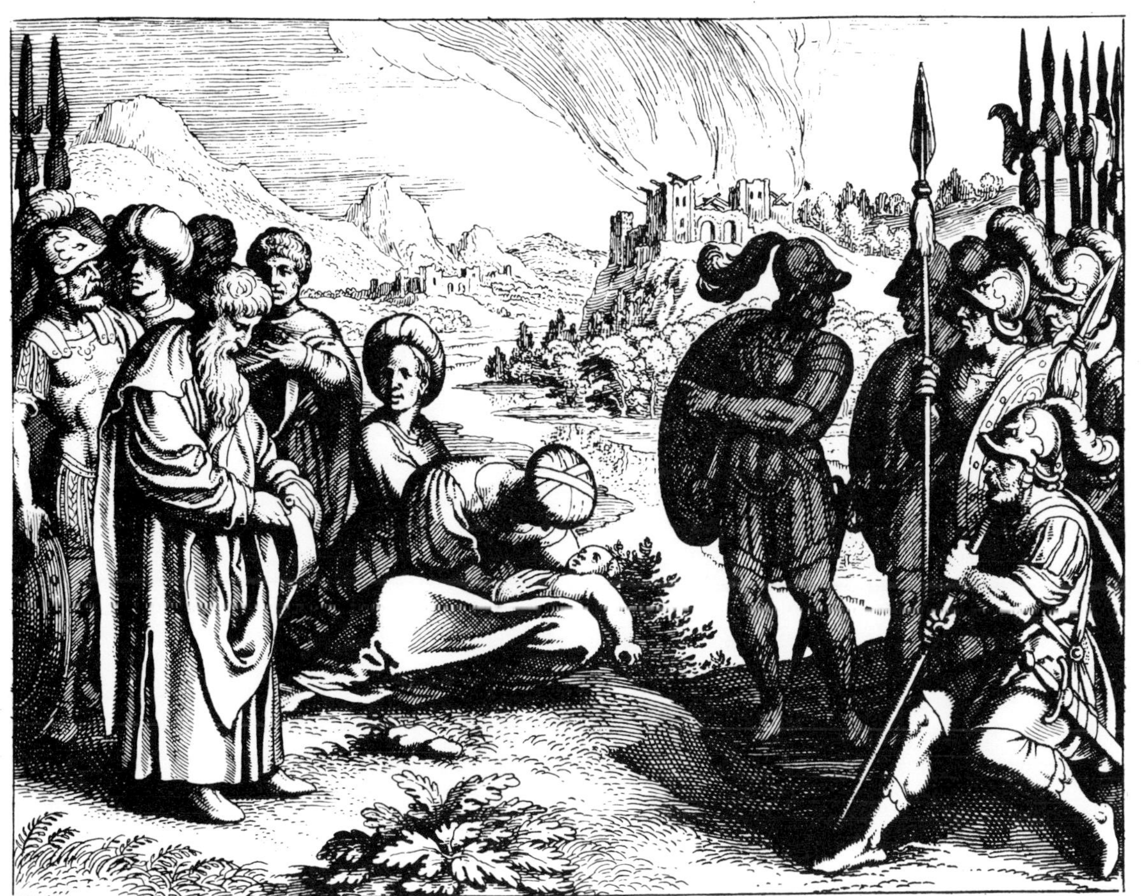

Rex

Law in Belief

XXVII.

Rex tuus venit ad te manſuetus.

Urbis ut ædificent ZACHARIAS mœnia ſuadet
  Judæi reduces, Templaque ſancta DEI.
Inde videt variis Chriſti ſimulacra figuris
  Utque Aſinæ inſideat Rex pius, hoſpes, inops.

Dein König kompt zu dir ſanfftmütig / ꝛc.

Zacharias vermahnt mit bawen fort zu fahren /
Am Tempel vnd der Statt / dann das ſey Gottes Will /
Hat auch von Chriſti Reich der Offenbahrung viel /
Den er einreitten ſiht vor etlich hundert Jahren.

Ce Voyant cenſurant la molle negligence
Des laſches baſtiſſeurs requiert leur diligence,
Prediſant que Sion fleurira derechef:
  Puis dit que dans Salem en pompe magnifique
Viendra le Roy Sauueur, humble, mais pacifique
Qui peut ſauuer & ſoy & les ſiens de meſchef.

PR

Zacharias journeys through his heathen city
  For the temples and churches he has no pity
For he knows of Christ's eternal kingdom
  That appeared long ago bringing freedom.

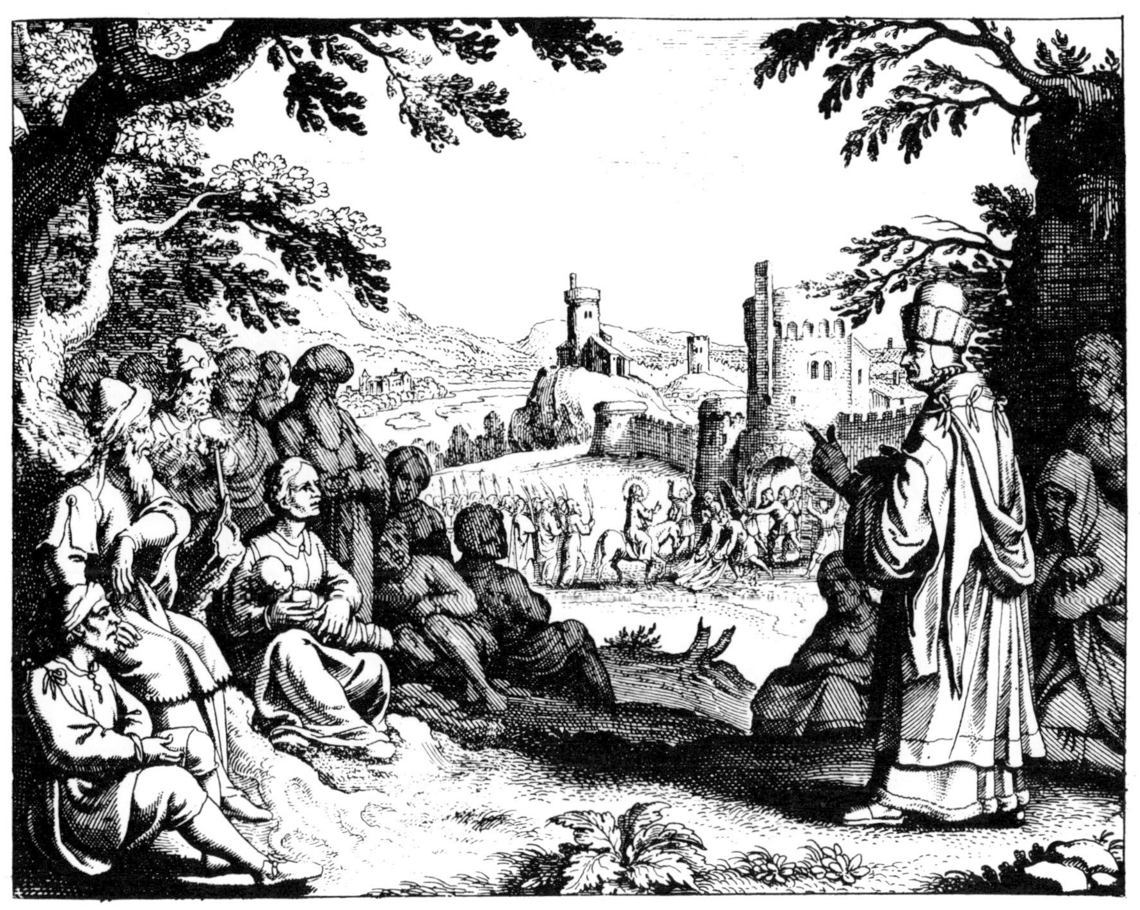

h EX

This King Comes to You Gently

XXVIII.

Pugna sobrietatis & ebrietatis.

Fœmineo Assyrius Capaneus prosternitur astu,
 Quem superat precibus, sobrietate JUDITH.
Nox & Amor, Somnusque gravis, Bromiique liquores,
 Eripuere tibi trux *Holopherne* caput.

Streit der Trunckenheit vnd Mässigkeit.

Durch Lieb vnd Trunckenheit Holofernes bezwungen
Fällt durch eins Weibes Hand / der doch mit Heeres Macht
Den grösten Theil deß Lands vnter sein Joch gebracht /
So wird Hochmuth gestrafft / Judith ists wohl gelungen.

O admirable coup; que la main d'vne femme
Fait à l'Assyriën ce deshonneur infame
Que d'auoir fait füyr tout ce camp si puissant!
 Quand le fol Vice-roy, de vin & d'amour yure
Son corps priué de sens à sa mignonne liure
Qui prend le chef au chef d'vn Ost si florissant.

HIS

Through love and drunken stupor Holofernes is conquered
 By a woman's hand, in which belief is anchored
This man had owned so many cities
 Revenge was good, Judith knew no pity.

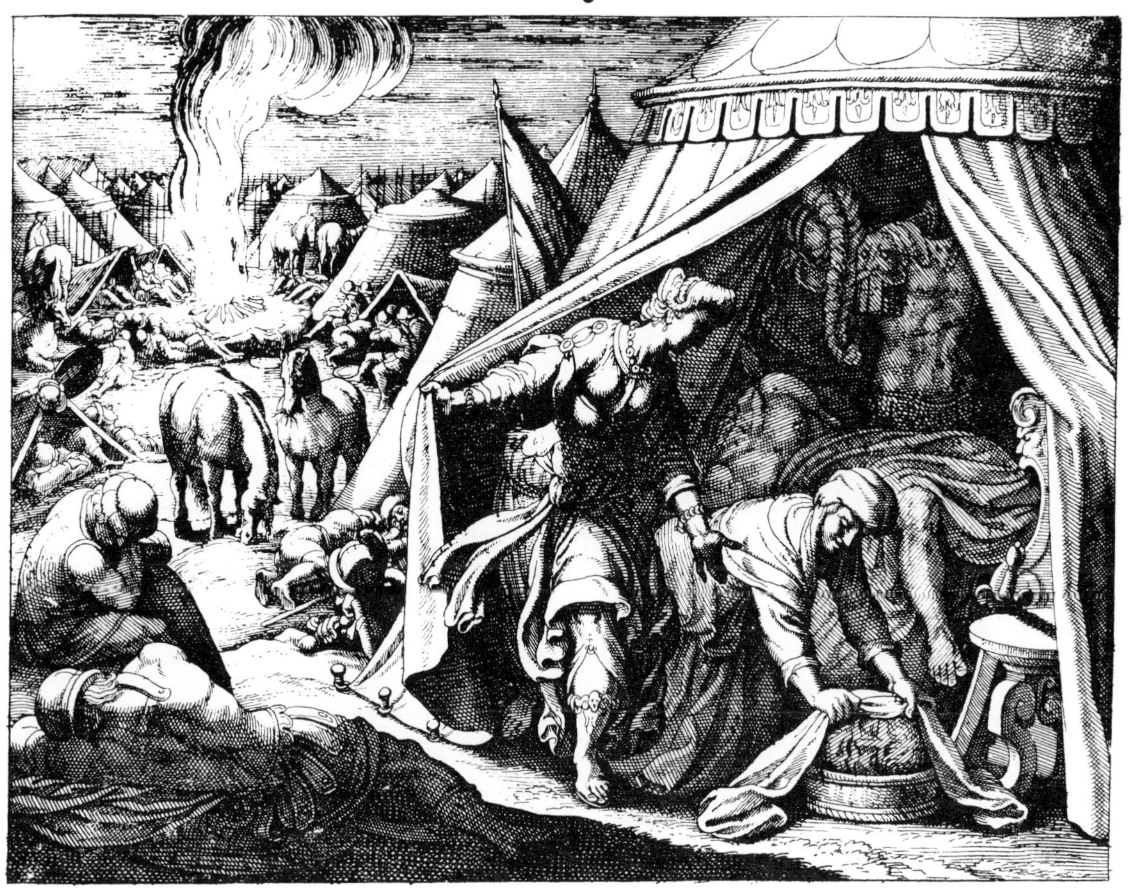

[h 2 *Multæ*

XXIX.

Multæ tribulationes juſti, ſed Deus eripit eum.

Tollit humo ſepelitque cadavera cæſa *Tobijas*
  Prandia dein animo triſtis amara capit.
Stercus hirundineum geminis illabitur urens
  Luminibus, viſu deſtituitque Senem.

Der Gerecht muß viel leyden / aber Gott hilfft jhm auß.

Tobias fromb begräbt die Cörper ſo erſchlagen /
Nimbt drauff die Mahlzeit eyn mit viel weynen vnd klagen /
  Wird ſeins Geſichts beraubt durch der Schwalben Geſchmeiß /
  Welchs jhm in ſeiner Ruh fällt in die Augen heiß.

Tobit ſoüillé d'vn mort qu'il mit en ſepulture
S'endormit pres d'vn mur: les oiſeaux d'aduenture
Font tomber en ſes yeux leur tout chaud excrement:
  D'où vint vn ſecond mal à ſa douleur premiere,
C'eſt qu'il perdit, helas! de ſes yeux la lumiere,
Pour archeuer ſes jours en langoureux torment.

TOB

Religious Tobias buries the bodies
  Then tries to eat amidst sorrow and tears
Later with eyes closed he rests on his bed
  The swallows their droppings let fall on his head.

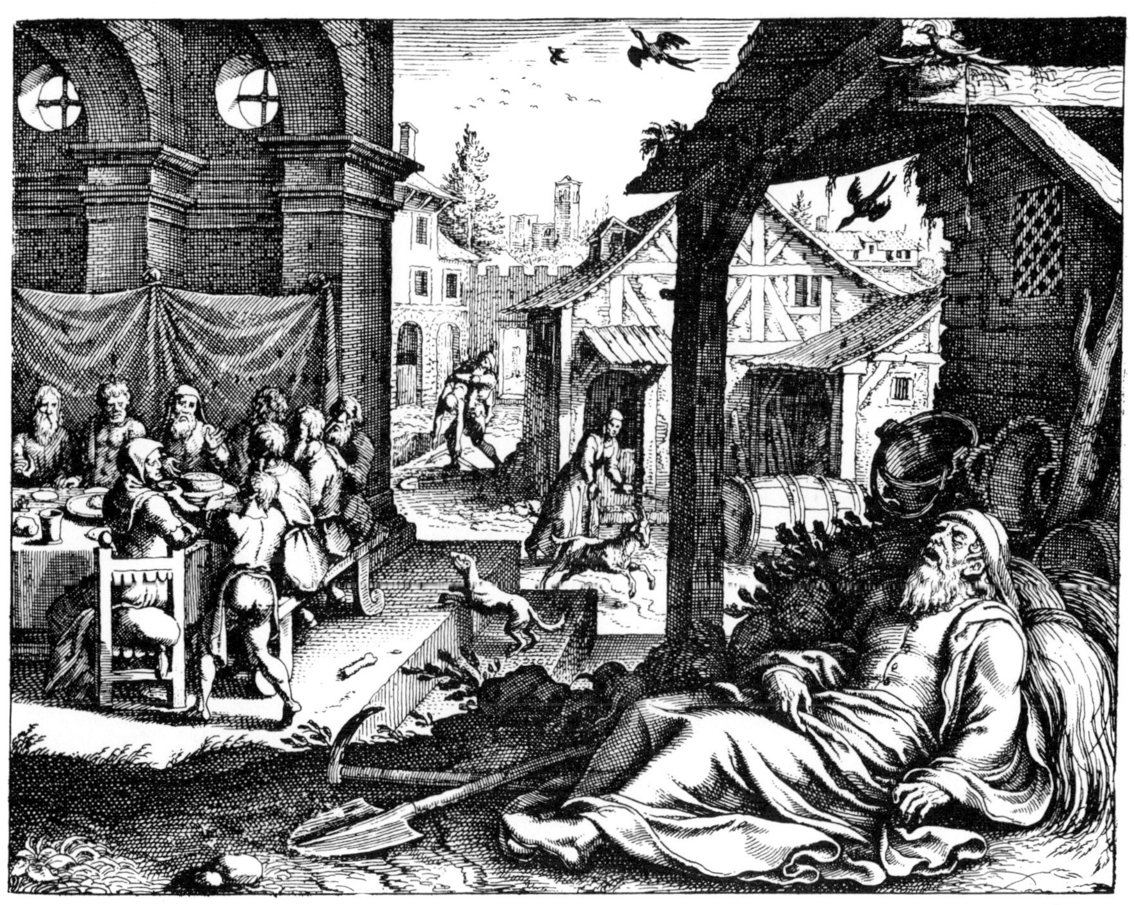

h 3 Ange-

The Righteous Must Suffer Much, But The Lord Sees All

XXX.

Angelorum ſocietas piorum ſolatium.

Filius ut repetat nummos atque æra *Tobijæ*
Mittitur ad Medos, Genius comitatur euntem,
Ad piſcis Tigrim Juvenem perterruit ingens,
Quem capit, inque uſus ſocio ſuadente reſervat.

Der Engel Geſellſchafft der Frommen Troſt.

Tobias heiſt ſein Sohn ins Land der Meder ziehen/
Zu fordern eyn das Gelt ſo er hat außgeliehen/
Der Engel jhn begleit/ ein Fiſch er fangen thut/
Am groſſen Strom Tigris/ zu vielen Dingen gut.

Tobit pres de ſa fin à ſon fils recommande
D'aller vers les Medois, afin qu'il redemande
L'argent que Gabrias a tenu longuement.
Pour l accompagner là vn Ange leur arriue,
Fait prendre le poiſſon qui ſaute ſur la riue,
Puis fait ſes inteſtins garder ſoigneuſement.

TOB

To the land of Medos, Tobias sends his son alone
To bring home the money, that to someone he had loaned
An angel went with him, a fish was soon caught
That day at the Tigris his luck was wrought.

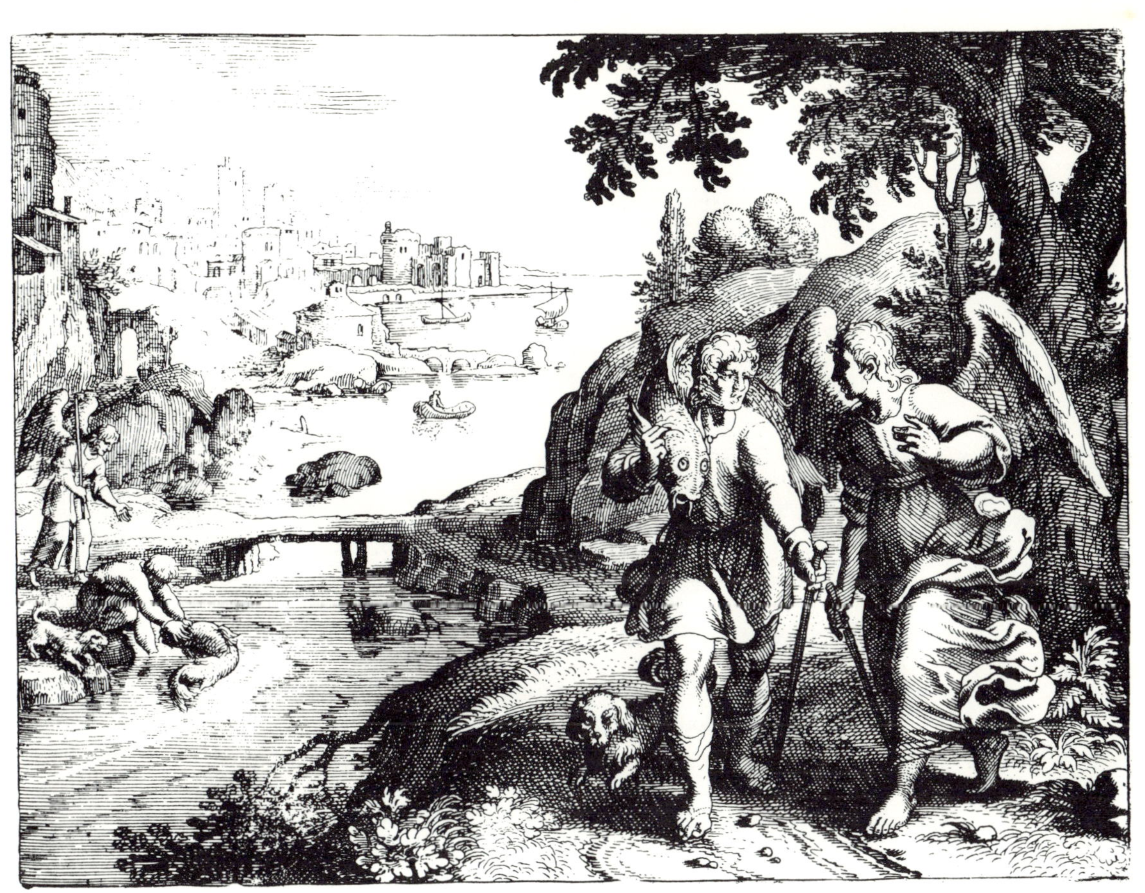

Sua

The Company of Angels Is Comforting

XXXI.

Sua pietatem manent præmia.

Hinc Juvenis repetit tectum natale Tobijas,
Conjugioq; novo felix & divite Gaza,
Restituitque patri visum, dum lumen utrumque
Felle linit piscis, Geniusque recedit ad astra.

Frombkeit bekompt zu letzt Lohn.

Als Tobias der Jung sein Reiß glücklich vollendet/
Sampt Sara seinem Weib/gen Hauß sich wider wendet/
Findt seinen Vatter blindt/der sein Gesicht erreycht/
Durch hülff deß Fisches Gall/der Engel von jhm weycht.

Le fils meine chez soy son espouse nouuelle,
Dont Tobit tout joyeux sa joye renouuelle
Quand il se void gueri & desillés ses yeux:
Leur guide se dit lors vn Esprit Angelique;
Leur enjoint d'adorer la Majesté Celique;
Puis se disparoissant reuole vers les Cieux.

Tobias the young returned home from his journey
His wife Sara with him, back to his family
His father was blind, is able to see him at last
The fish's bladder did it—the angel left fast.

TOBIÆ XI. 65

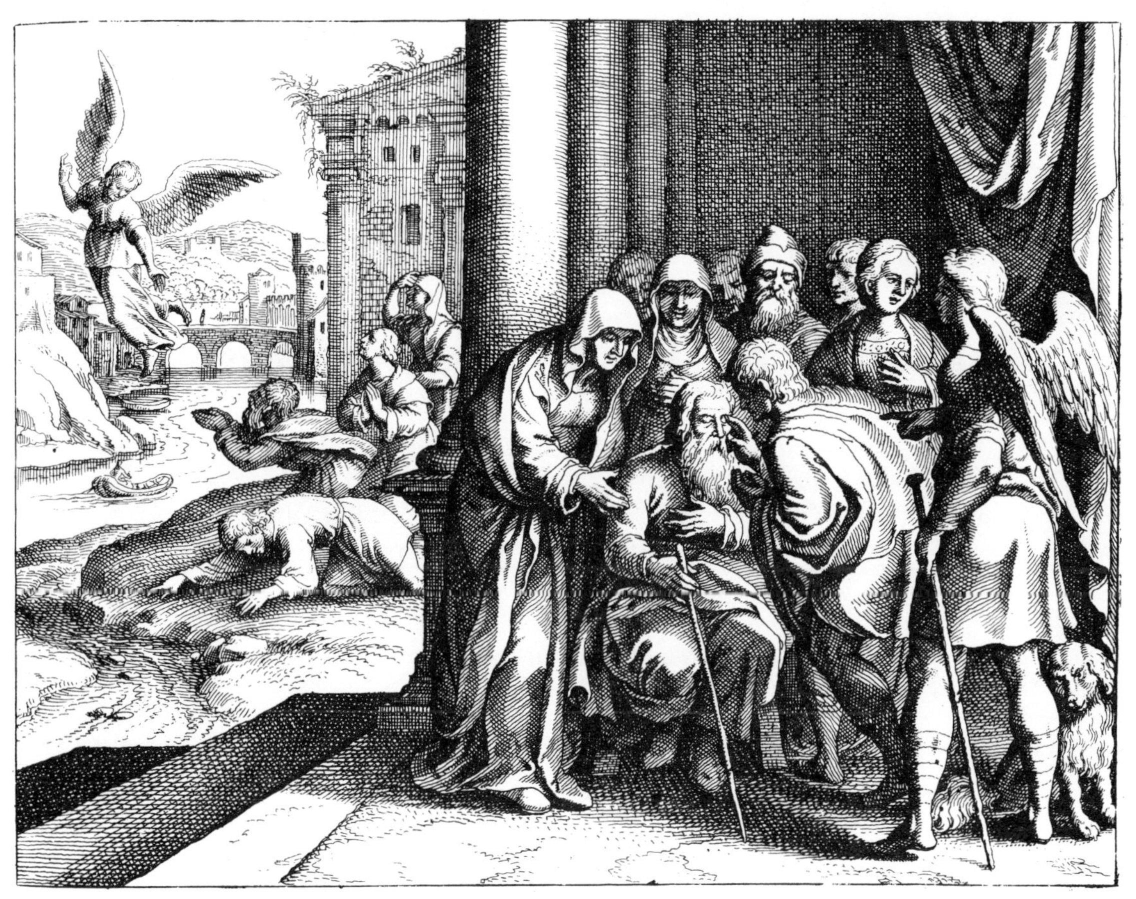

Veri-

Faith is The Last to Be Rewarded

XXXII.

Veritas premitur, non opprimitur.

Ob turpem à Senibus male sollicitatur amorem
  Candida dum vitreo fonte *Susanna* lavat.
Hæc negat: innocuæ mox fœda calumnia vitam
  Appetit, hanc Daniel crimine, morte, levat.

Hüt dich für der That / der Lügen wird wol rath.

Susanna angestrengt vmb Vnehr von zween Alten/
Als sie wusch jhren Leib in einem Brunnen klar/
Schlägt jhnen ab jhr Bitt / kompt drüber in Gefahr/
In Leibs vnd Lebens Noth / wird doch von Gott erhalten.

Susanne se lauant en la fontaine pure
De deux sales Vieillards l'affection impure
La va solliciter d'vn lubrique plaisir.
Eux donc à son refus l'accusent d'adultere,
La condamnent à mort: mais l'aduis salutaire
D'vn sage Daniel renuerse leur desir.

Susanna is bathing and is watched by two men
  Her body is naked, they won't leave her then
She tries to discourage them, for she is in danger
  God helps her now, for him her life did she wager.

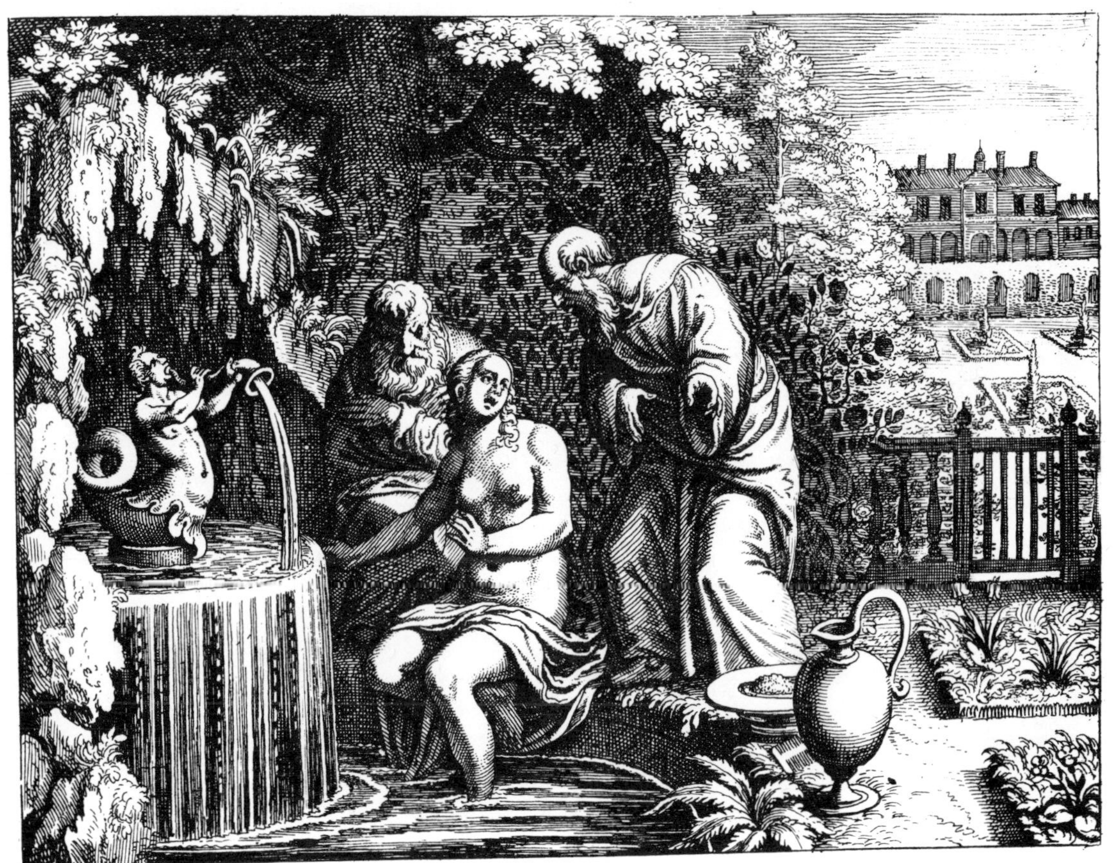

1 2 *Omnes*

Be Watchful of Sin

XXXIII.

Omnes dii gentium dæmonia.

Terribilem Babylon veneratur ſtulta *Draconem*,
Non patitur *Daniel* Monſtra pudenda coli.
Sed maſſam piceam permiſtis crinibus ori
Injicit, hinc tumido bellua ventre crepat.

Töricht Eytelkeit der Götzendiener.

Das Töricht Babylon ehrt ein ſchröcklichen Drachen/
Da verdreuſt Daniel der Menſchen Eytelkeit/
Ein Taig von Pech vnd Haar wirfft er dem Thier in Rachen/
Daß er davon zerborſt/ ſchütt auß ſein Eingeweidt.

L'Idolatre Babel vn grand Dragon reuere
Comme s'il eſtoit Dieu: Daniel plus ſeuere,
Maintient qu'il eſt mortel, & non Diuinité:
Puis, appuyé du Roy qui le veut & commande
Met des tourteaux poiſſés dans la gueule gourmande
Dont le Dragon creuant perd ſon authorité.

AD

The town of Babylon worships a dragon
Daniels stops this, for he brings in his wagon
Hair and debris which is stuffed down his neck
Dragon dies quickly, not a wound or a peck.

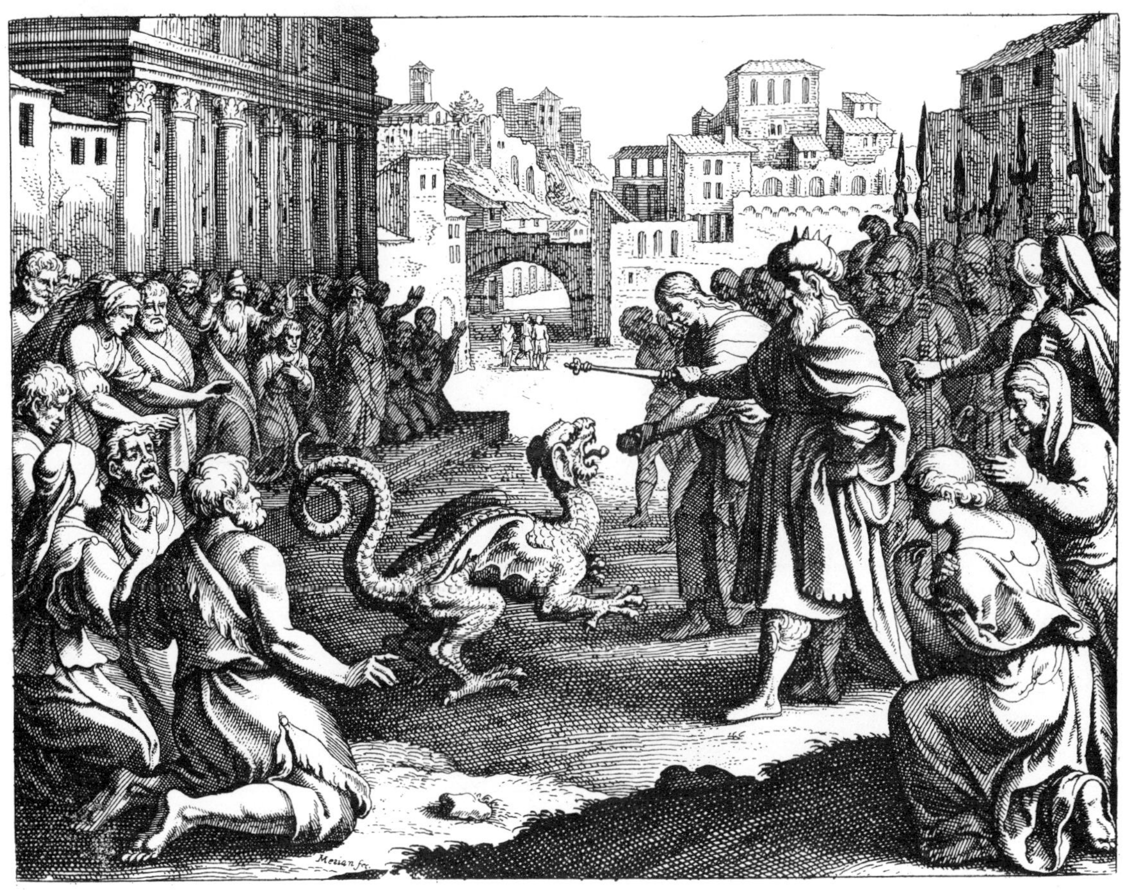

i 3 Zelus

Silly Vanity of Pagans

70

XXXIV.

Zelus divini aſſertor honoris.

Turpiter Idolis adolentem vidit Hebræum
Matthias ſenior, quem pius enſe necat.
Inde cremat ſtatuam preſſosque Tyrannide fratres,
Ad libertatem Dux & ad arma vocat.

Exempel deß Eyffers vmb die Ehr Gottes.

Als Matathias fromb ſah daß ein Jud anbetet
Ein ſchnödes Götzenbild ergrimmt der alte Mann
Daß er das Bild verbrennt / den Mameluckẽn tödtet /
Der Maccabeer Krieg fieng ſich hierauff bald an.

Zelé Mathathias, tu ne veux qu'aux images
L'on rende les honneurs ni les diuins hommages,
Dont tu viens au faux Iuif donner le coup mortel:
Tu fis d'Antiochus mourir l'homme d'Office
Qui contraignoit d'offrir le maudit ſacrifice,
Puis tu romps dans Modin le malheureux Autel.

I.M.

Religious Mathias saw a few praying
Was enangered, because 'twas pagan worshipping
Killed the old man, and destroyed his god
To the Maccabeer War did he soon plod.

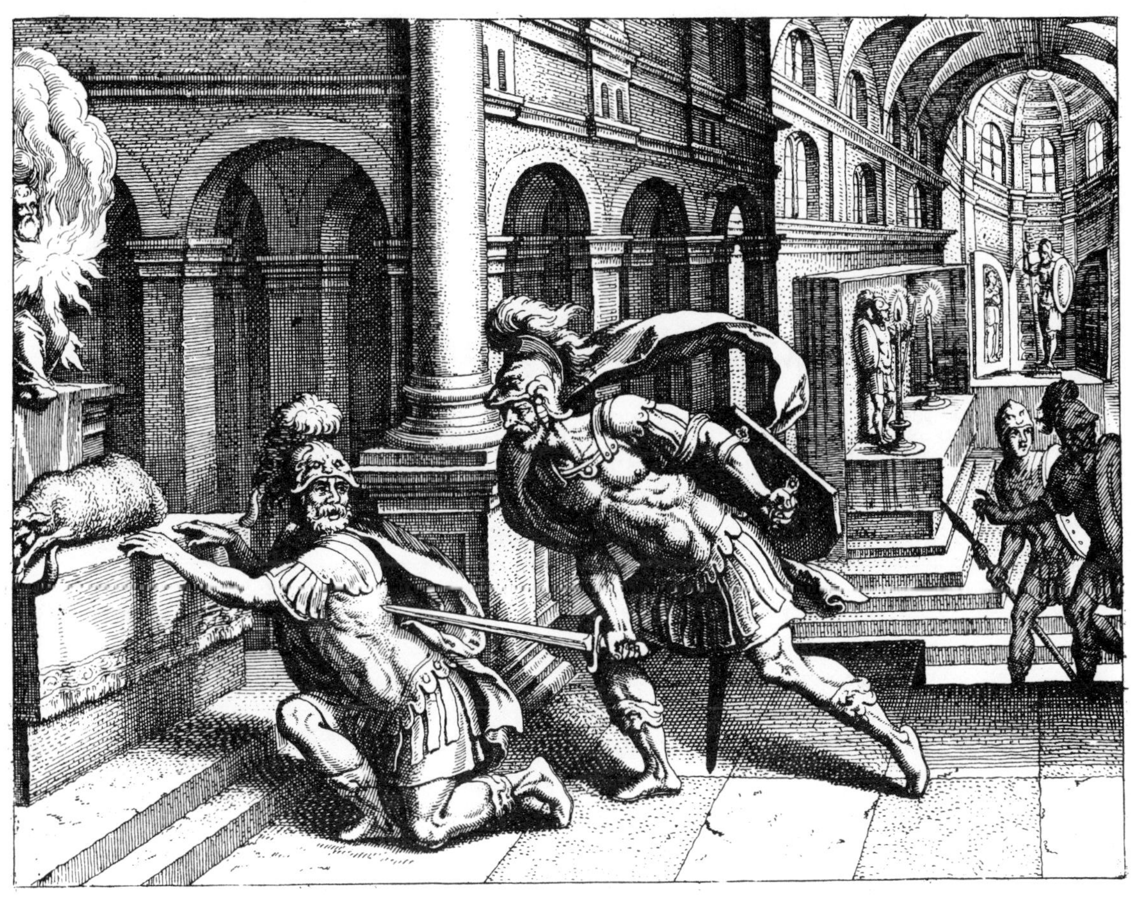

Com.

Example of Good Deed Overdone

XXXV.

Comminuit Deus brachium impiorum.

Cùm premeret populum bello truculentus Hebræum,
Antiochus, cui ſævitia par nullus in orbe:
Illius aggreditur Ductores fortis in armis
Judæus, quos præcipites cæditque fugatque.

Gott zerbricht den Arm der Gottloſen.

Antiochus der Groß die Juden ſehr thet plagen/
Mit Mordt vnd Tyranney/ daß es nicht zu ertragen/
Judas zeucht auß zu Feld/ wehrt ſich mit aller Macht/
Greifft ſeine Hauptleut an/ gewint jhn ab die Schlacht.

Ce lieutenant Royal, ce cruel Apollone
S'arme contre les Saincts porté d'ire felone,
Mais il meurt par la main du Machabëan fort:
De ſon camp ſe void toſt la force diſſipée:
Iuda meſme portoit d'Apollone l'eſpée
Dont il fait és combats maint valeureux effort. I. MA

Archius the Great, the Jews did torment
Through murder and deceit had them weeping lament
Judas, through belief is strong and has power
Goes to battle, attacks, wins and the war is over.

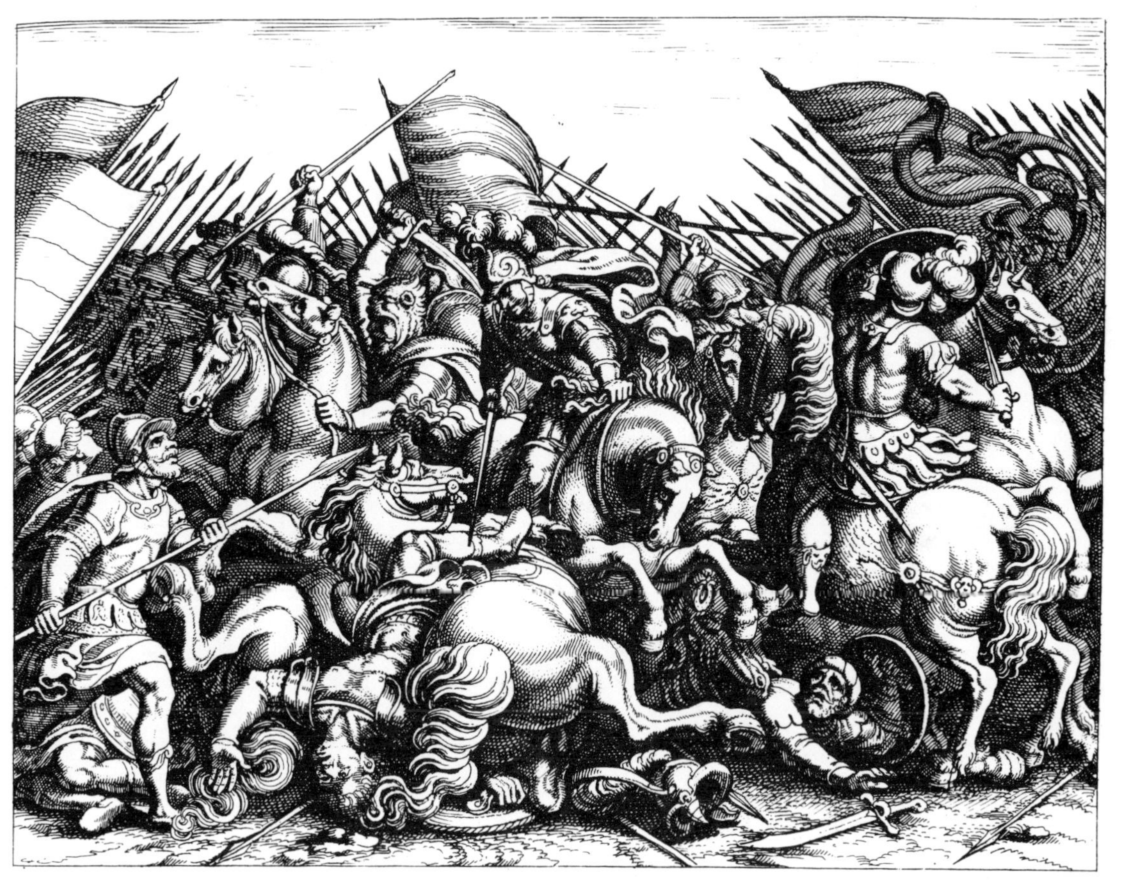

k Non

God Frightens Non-Believers

XXXVI.

Non eſt vis aut robur adverſus Dominum.

Inſtruit hoſtiles acies validiſſima Barrus
Bellua, dum Græcus miles oppugnat Hebræos.
Appetit impavidus *Iudas Maccabæus* utroſque,
Cædit & enſe viros funditque immania monſtra.

Es iſt kein Macht noch Stärck wider den HErrn.

Die Heyden führen an zum Streit die Elephanten/
Wider das Jüdiſch Heer / es zu vertilgen gar
Das Volck erſchrickt darab / war nicht in ringer Gfahr/
Hat doch die Feind zu letzt mit Sieg glücklich beſtanden.

Des monſtreux Elephants la force nompareille
De renuerſer des Iuifs tout l'eſtat s'appareille,
Qui ſemble ſuccomber ſous l'ennemi puiſſant:
Mais Iuda valeureux entrant en la bataille
De ces payens ſoudards maint regiment detaille,
Et, ſecondé du Ciel, leurs monſtres va froiſſant. I.Ma

The pagans to war elephants did take
Thinking that in this way the Jews they could break
The people were frightened, the danger not minor
Through time and belief they ended up winner.

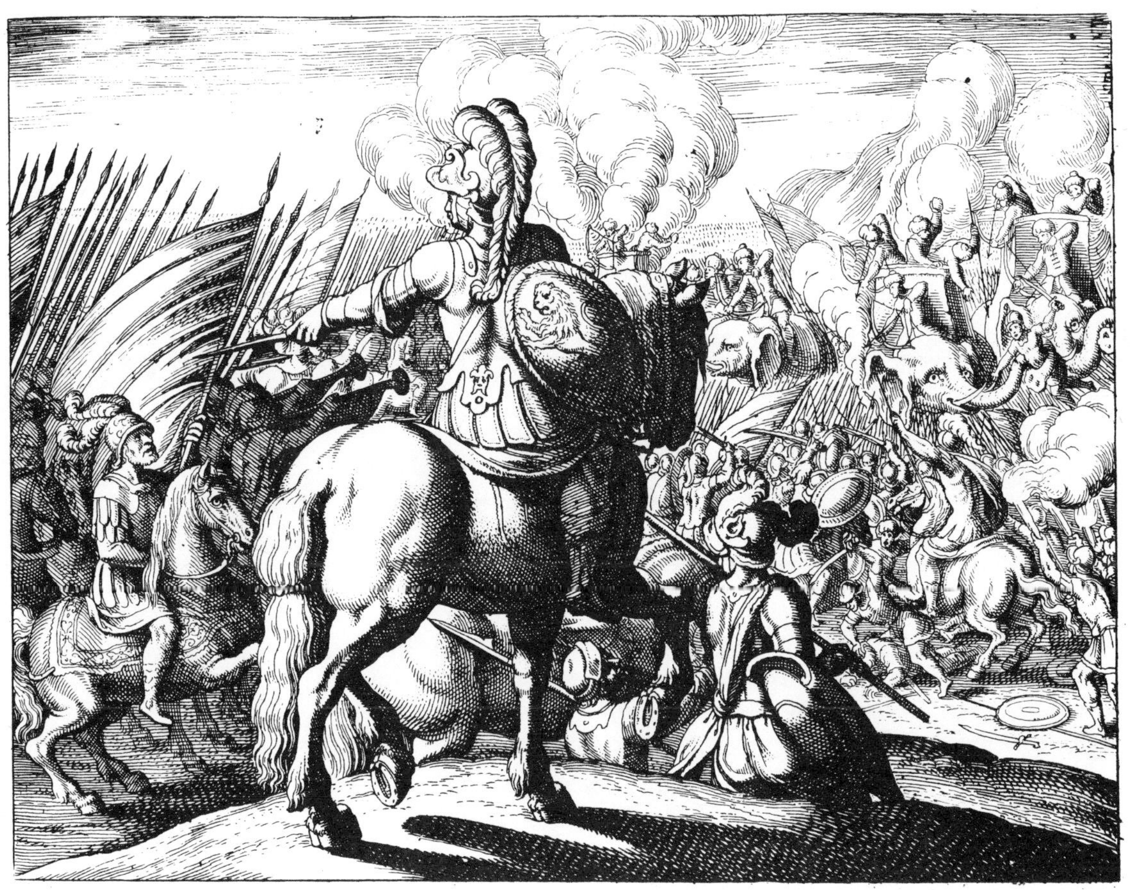

k 2 Discor-

Nothing is More Powerful Than The Lord

XXXVII.

Diſcordia improborum ſalus piorum.

Omnia ad arma ruunt, cruor undique & undique cædes:
Hoſtis Alexandro bellum Demetrius infert,
Adjuvat illius Jonathas certamine partes,
Et Demetriadas acie cæditque fugatque.

Die Vneinigkeit der Gottloſen iſt der Frommen Heyl.

Das Land iſt voller Krieg / der König Alexander
Zuſampt Demetrio ſchlagen dapffer einander/
Der frey Held Jonathas kompt auch mit in das Spiel/
Schlägt Apollonium / es gibt der Treffen viel.

Demetre d'vne part, d'autre part Alexandre
Recerchent Ionathan qu'il vueille condeſcendre
D'embraſſer le parti de l'vn & l'autre d'eux:
Alexandre trouua Ionathan fauorable
Qui combat, bat, abbat Demetre miſerable,
Receuant tout ſon camp vn débris tres-hideux. I. MA

The land is at war, for King Alexander
And Demetrius fight one another
Free Johnathon arrives in the game
Beats Apollanium, big is the maim.

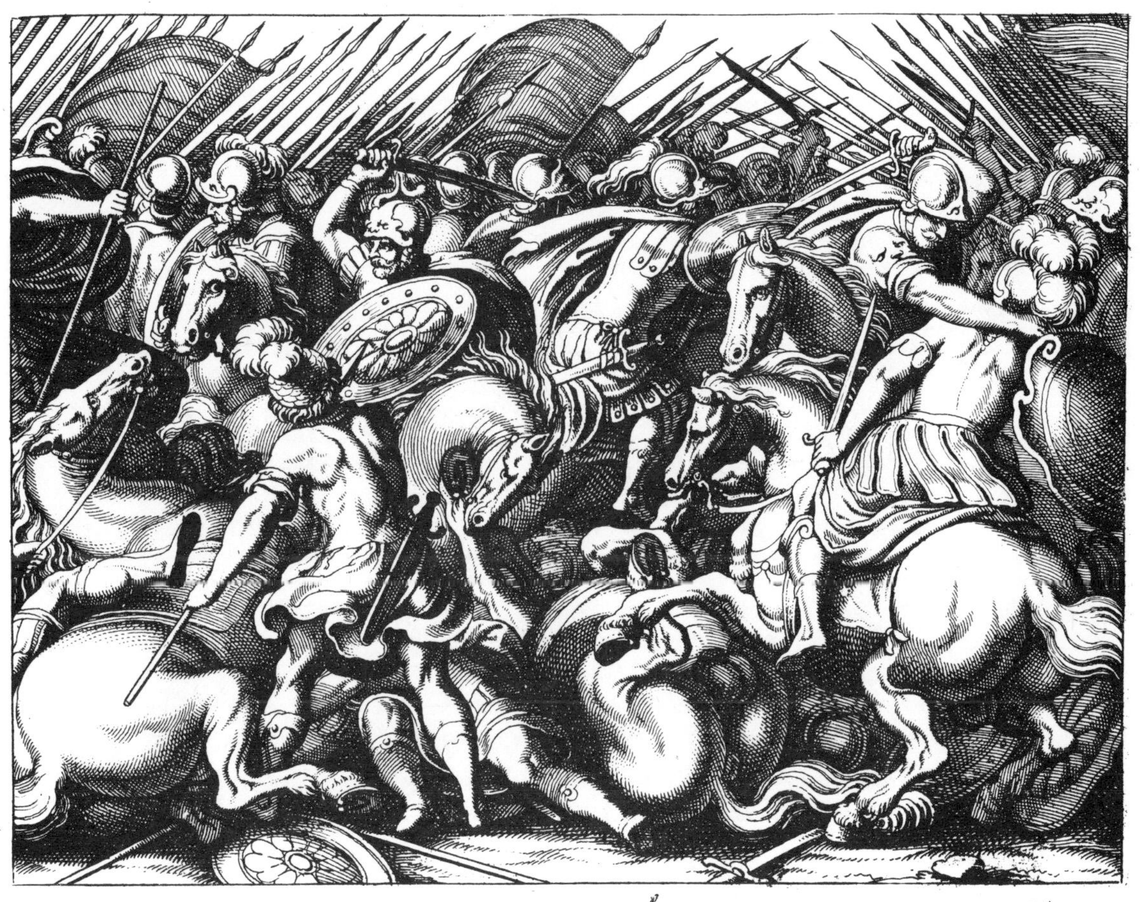

k 3 Sign.

Disunity of The Pagans is Saviour to Believers

XXXVIII.

Signa cœli præſagia calamitatum.

Haſtatos equites Urbs vidit in æthere Sancta,
Armorum ſonitum toto vicinia cœlo
Audiit, atrocis præſagia certa duelli.
Conſcia ſic clades prædicunt ſigna futuras.

Himmeliſche Zeichen Vorbotten deß Vnglůcks.

Die Statt Jeruſalem hört groß Gethön der Waffen/
Sicht Reuter in der Lufft in der Schlachtordnung ſtahn/
Bedeut ein groſſen Krieg/ der bald darauff gieng an/
Gott ſchickt Zeichen voran/ wann er ein Land will ſtraffen.

Quels prodiges en l'air ! quelles grandes armées,
Qui ſemblent ſe choquer fierement animées
Et par quarante jours effrayent la Cité !
Ce ſont pour la plus part (nous remarquent les ſages)
Des grands maux à-venir les aſſeurés preſages
Par trop ſouuent ſuiuis de triſte Verité.

II. Ma

Jerusalem hears sounds of clinking weapons
Knows something bad is going to happen
It means a battle is to be fought out soon
God sends warning to those of his womb.

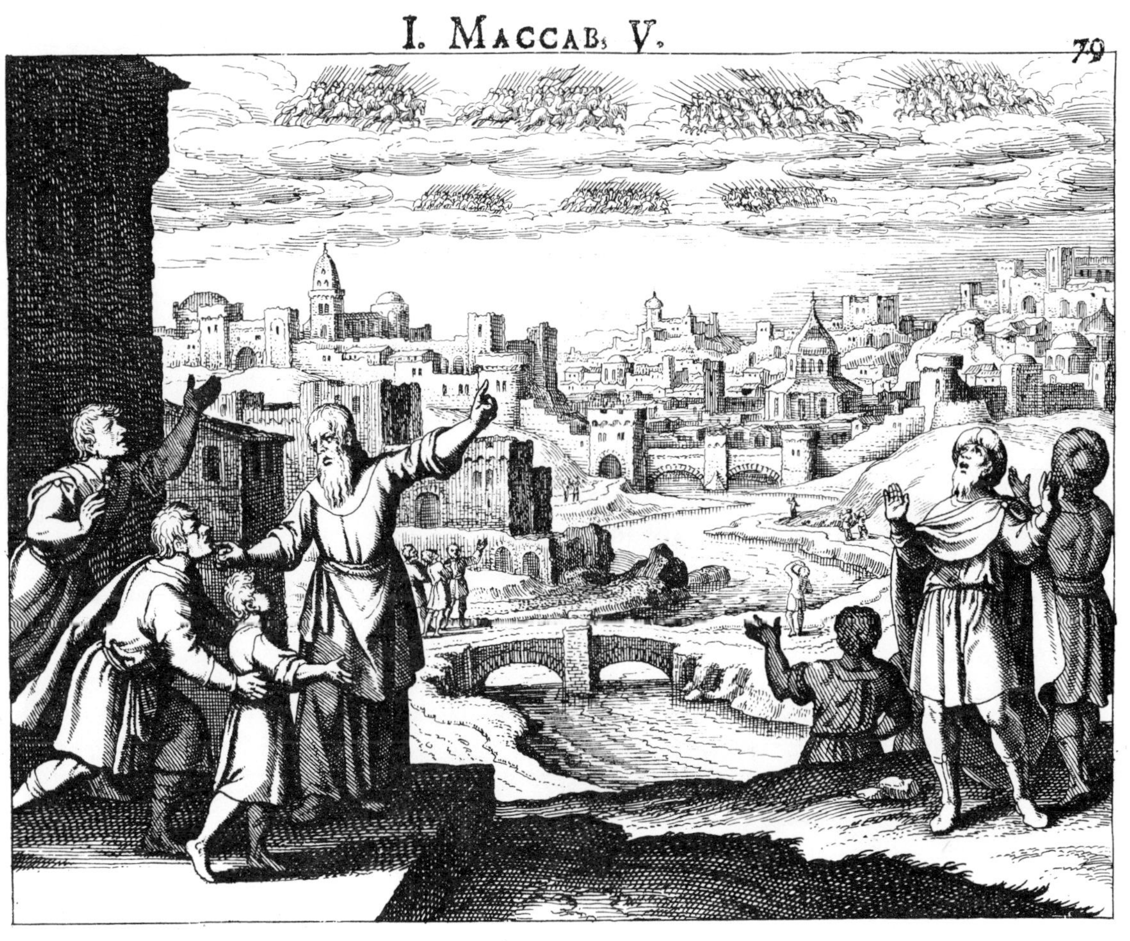

Heavenly Symbols, Precedents For Misfortune

Esto

XXXIX.

Eſto conſtans & dabo tibi coronam.

Ungula ſæva, rotæ, ferventes igne lebetes,
Cum Genitrice necant natos ex ordine ſeptem.
Nec tamen *Antiochus* tantis cruciatibus ullum
Perpulit, ut legis violaret juſſa ſupernæ.

Bleib beſtändig biß ans Ende/ ſo will ich dir die Krone geben.

Schröcklich Marter vnd Qual ſieben Hebreiſch Knaben
Sampt jhrer Mutter fromb friſch außgeſtanden haben/
Geſtümmelt vnd verbrannt/ eh ſie Gottes Gebott
Zu wider wolten thun/ littens den bittern Todt.

O ſpectacle ſans pair d'vne foy tres-conſtante!
Sept freres d'vn accord & leur mere contente
Souffrent tout ce que veut vn Tyran furieux.
Ils ne s'eſtonnent point, quoy qu'ils grincent de rage,
Chacun donnoit content à ſon frere courage,
S'aſſeurans de trouuer le repos glorieux. II. MA

Terrible torture and pain suffered a family of
Mother and children endured it for heaven
Crippled and burned were they, to make it rougher
They did not renounce, so death for God did they suffer.

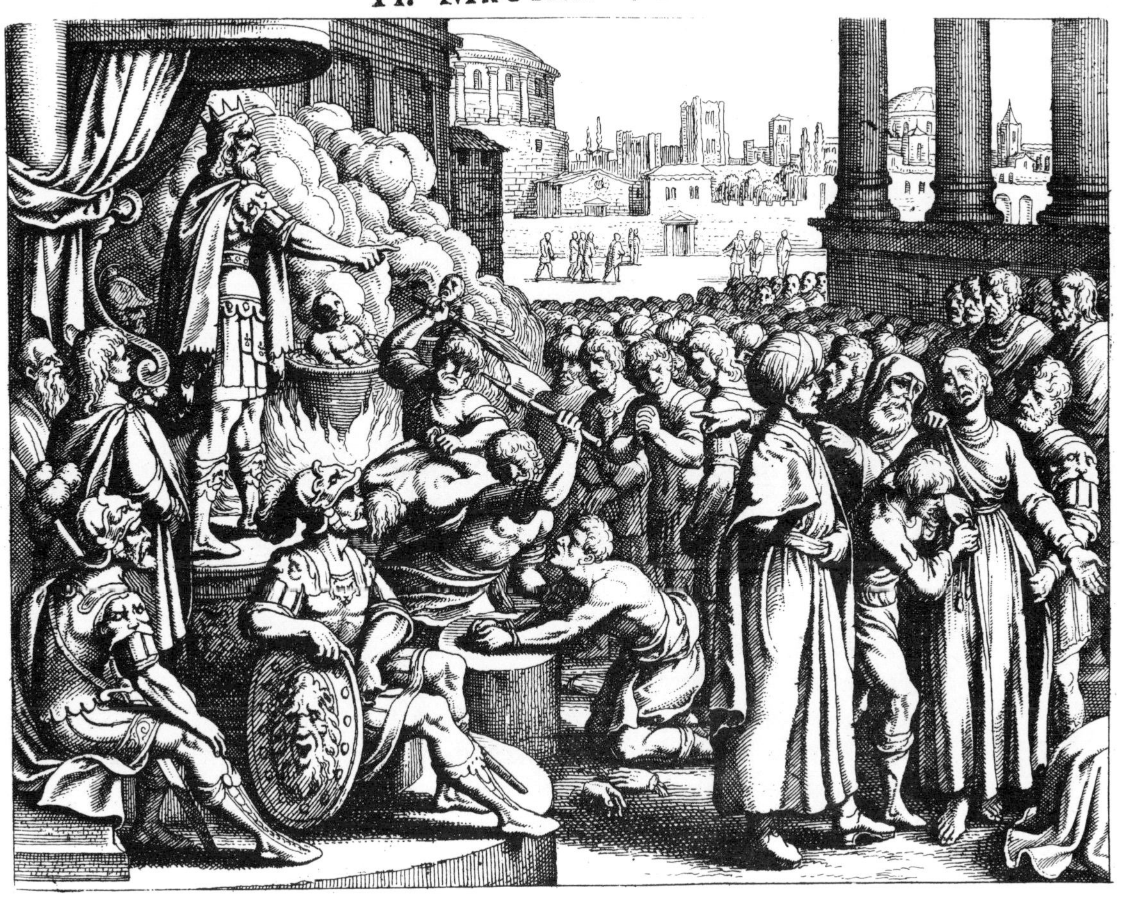

Remain By Me And I Will Reward You

82

XL.

Justa pœna sacrilegii.

Ausus in interiora pedes inferre profanos,
  Et cupidas Adytis Templi adhibere manus,
Cæderis à Geniis tribus *Heliodore*, monesque;
  Abstineat sanctis impia turba locis.

Straff der Gottesdieb vnd Kirchenrauber.

Der stoltz Heliodor sich trotzig hat verwegen/
  Zu gehn ins Heiligthumb / die Hand an Schatz zu legen /
Da er von Engeln wird dermassen abgeschmiert/
  Daß er nicht mehr begert / da jhm nicht hingebürt.

Voyez ce rauisseur, le fier Heliodore
Qui veut piller le lieu où le vray Dieu s'adore,
Comme ce Caualier sous son cheual l'abbat:
  Voyez ces autres deux qui, rudes le bastonnent,
Desplayent tout son corps & tous ses os estonnent,
Sans qu'il puisse contr eux rendre jamais combat.

II. MA

Proud Heliodor decided to steal
  In the Holy Land, he thought none would squeal
Two angels had watched and decided to punish him
  His desire to rob disappeared almost within a whim.

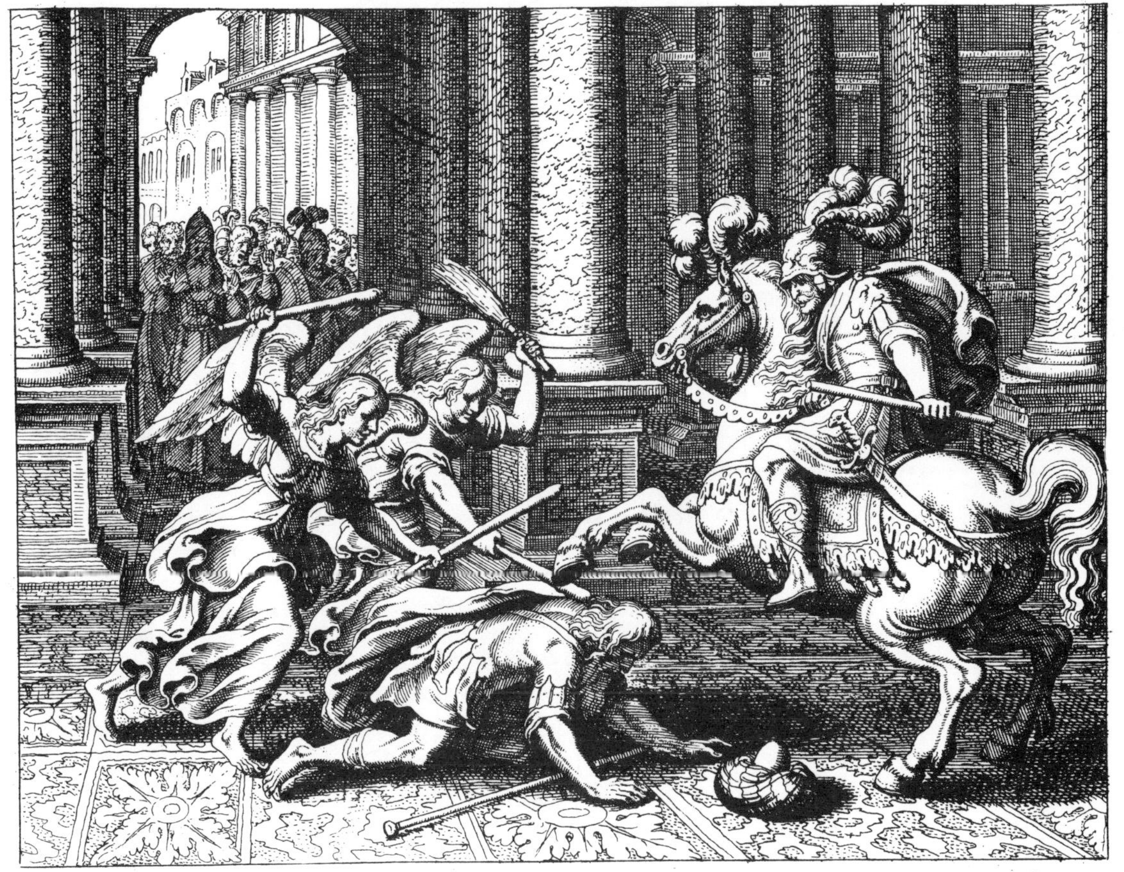

l 2 Omnis

Thieves Are Punished

84

XLI.

Omnis victoria est à Domino.

Hinc Poliorcetes capit oppida plurima JUDAS,
Et spolia ampla refert, magnum ac memorabile nomen:
Gorgian hinc acie devincit Timotheumque,
Victoris qui vix fugiens elabitur armis.

Aller Sieg ist von Gott dem HErrn.

Als Judas frisch von muth viel Stätt hat eingenommen /
Die Garnison erlegt / ein schönen Raub bekommen /
Greifft er Gorgiam an / dazu Timotheum /
Gewint jhn ab das Feld / schlägt sie in einer summ.

Iudas par tout heureux a mainte Ville priſe,
Le Ciel fauoriſant par tout ſon entrepriſe
R'emporte maints butins des vaincus ennemis:
Il desfait Gorgias, il dompte Timothée,
Dont de ſon nom bien loin la gloire fut portée
Pour l'effroy des meſchans & ſoulas des amis. II. Ma

Brave Judas in battle won several cities
The provision he claimed were not to be pitied
Claimed the City of Georgiam, Jimoltheum too was his
He outsmarted the enemy and passed by this quiz.

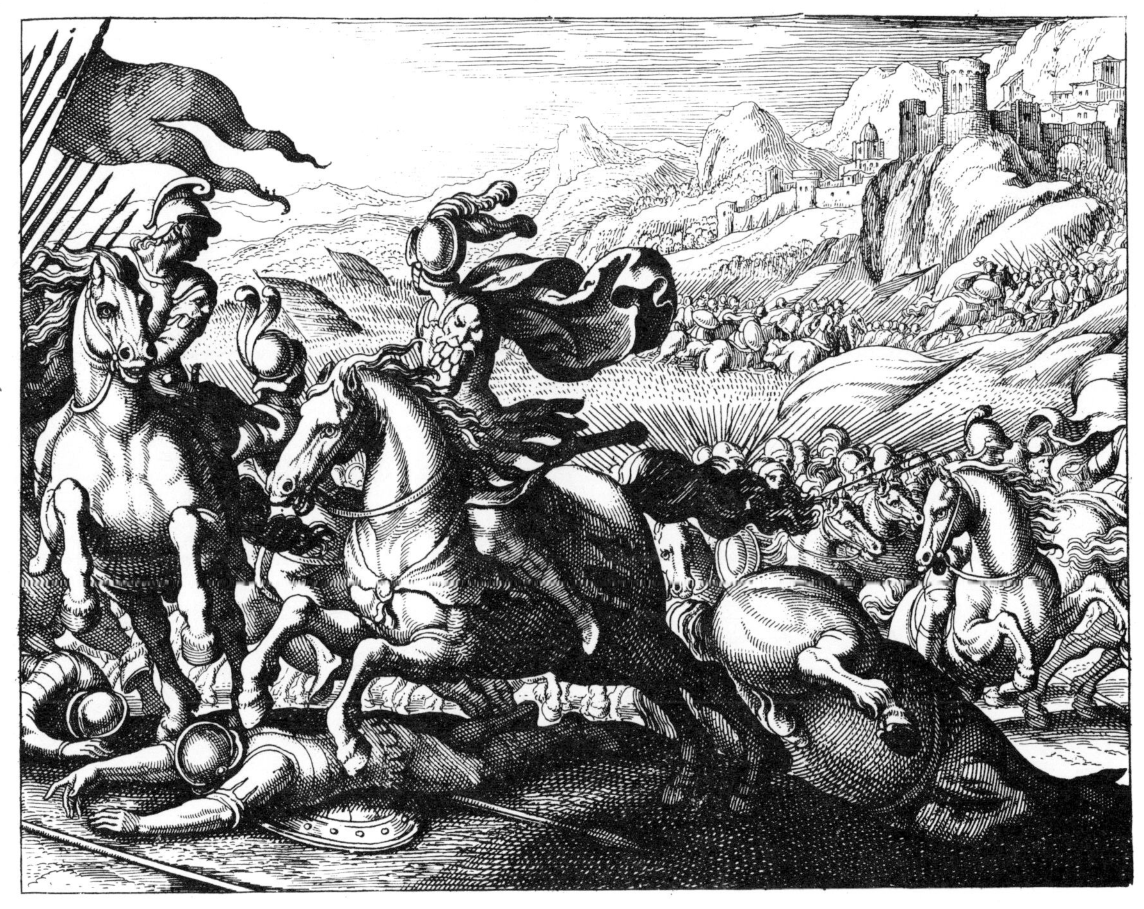

l 3 *Tragi-*

All Victory Stems From The Lord

XLII.

Tragicus persecutorum Ecclesiæ interitus.

Antiochus postquam variis afflixit Hebræos
  Torminibus, dedens corpora mille neci:
Torminibus ventris cruciatur & ipse vicissim,
  Vivus & impuris vermibus esca perit.

Schrecklich Ende der Verfolger vnd Tyrannen.

Als Antiochus hat die Juden lang geplaget/
Ihr viel tausend ermordt/ wird er zu letzt auch kranck/
Durch vnheilbare Seuch/ vnleidlichem Gestanck
Von würmen sein Geweidt zerfressen vnd durchnaget.

Ce meschant Antioch apres mille trauerses
Qu'il fit au peuple sainct en rencontres diuerses,
Se meurt frappé du Ciel en extremes tormens.
Les vers le mangent vif: sa puanteur vilaine
Fait retenir aux siens & le nez & l'halaine.
DIEV IVSTE SE FAIT VOIR ES IVSTES CHASTIMENS. II.M.

Antiochus the Jews did plague
  In the end he got sick, so many had he slain
'Twas a terrible sickness with overpowering stench
  That his poor withered body did torment and wrench.

II. Maccab. IX. 87

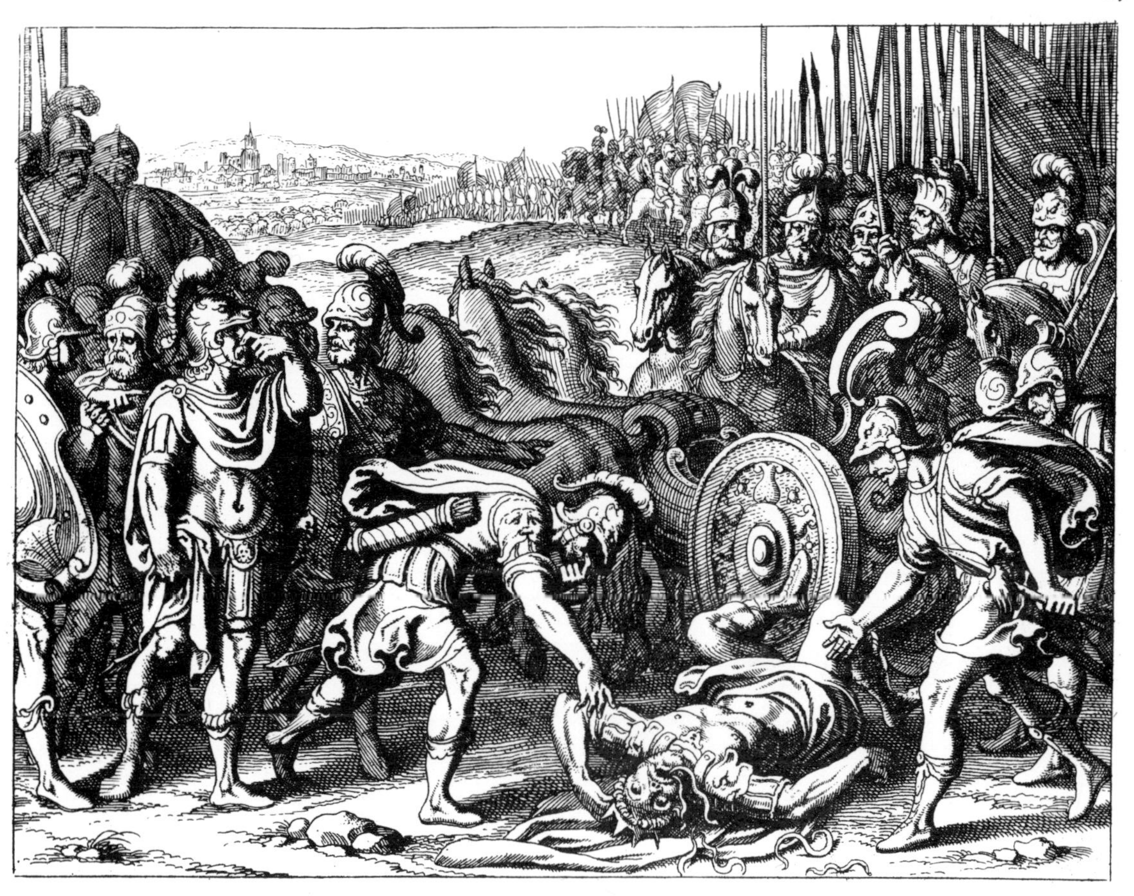

Persecutors' And Tyrants' Terrible End

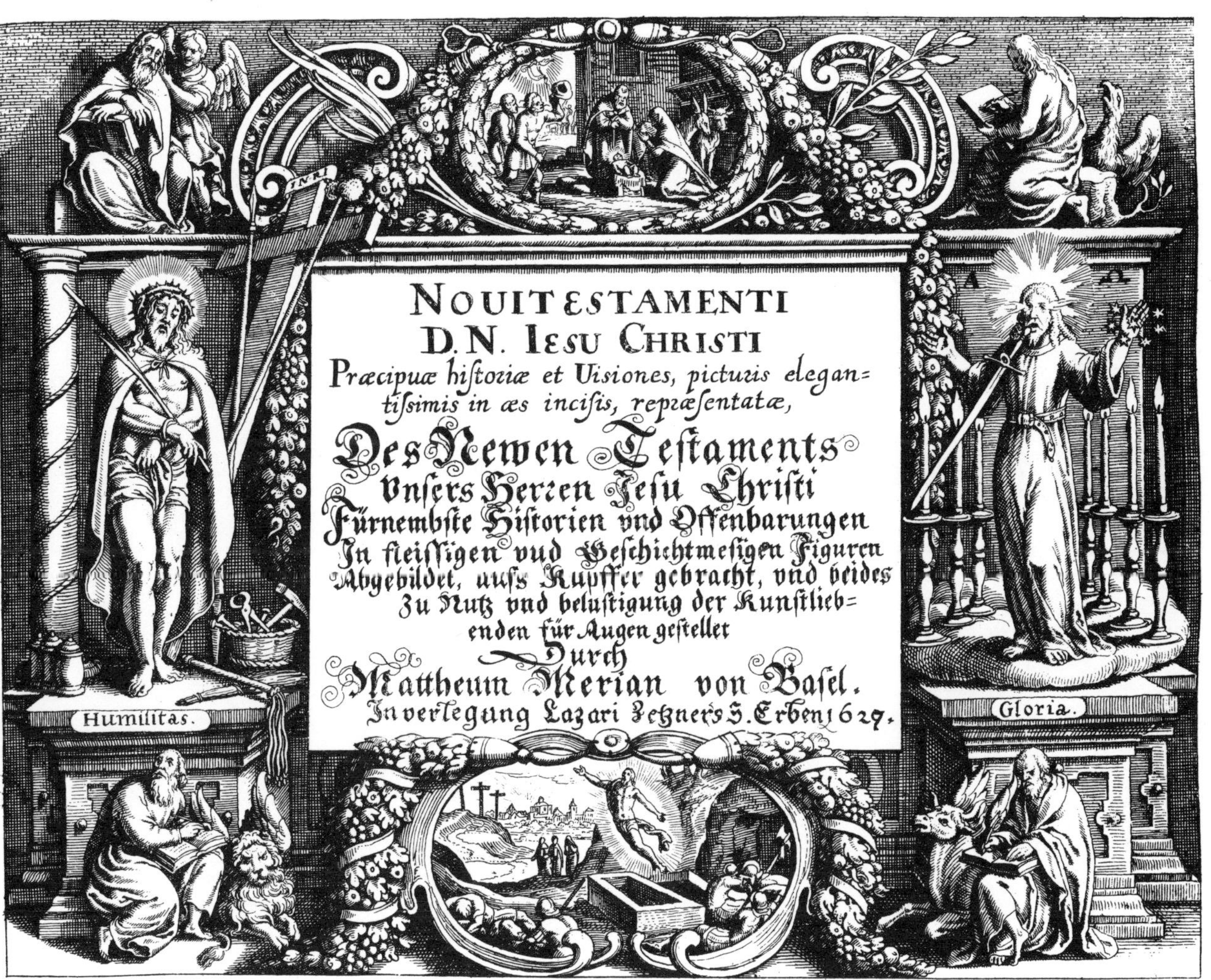
INRI
NOUI TESTAMENTI
D.N. IESU CHRISTI
Præcipuæ historiæ et Uisiones, picturis elegan=
tissimis in æs incisis, repræsentatæ,
Des Newen Testaments
Vnsers Herren Jesu Christi
Fürnembste Historien vnd Offenbarungen
In fleissigen vud Geschichtmesigen Figuren
Abgebildet, auffs Kupffer gebracht, vnd beides
Zu Nutz vnd belustigung der Kunstlieb=
enden für Augen gestellet
Durch
Mattheum Merian von Basel.
In verlegung Lazari Zetzner's S. Erben 1627.
Humilitas.
Gloria.
A Ω

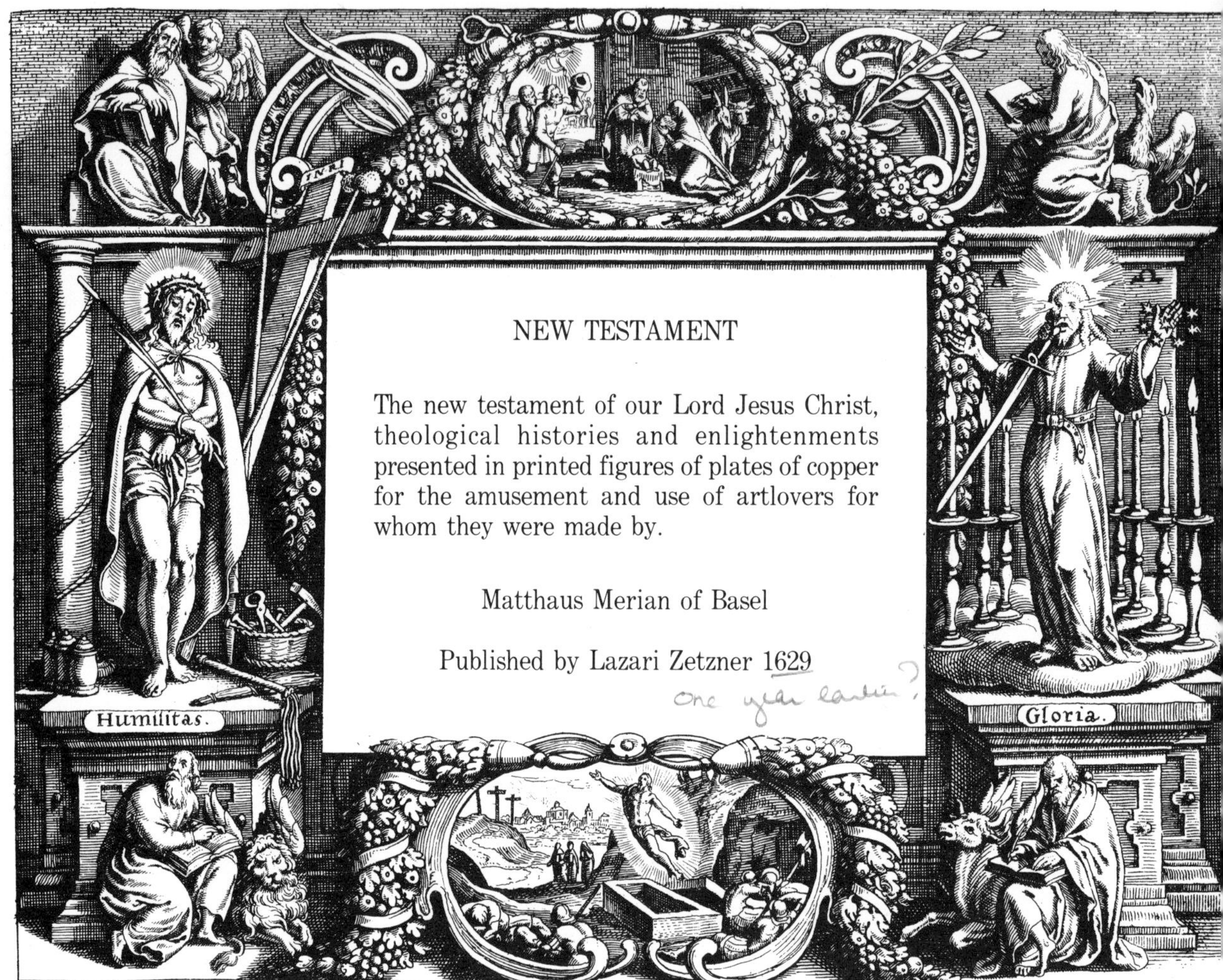
NEW TESTAMENT
The new testament of our Lord Jesus Christ, theological histories and enlightenments presented in printed figures of plates of copper for the amusement and use of artlovers for whom they were made by.
Matthaus Merian of Basel
Published by Lazari Zetzner 1629
Humilitas.
Gloria.

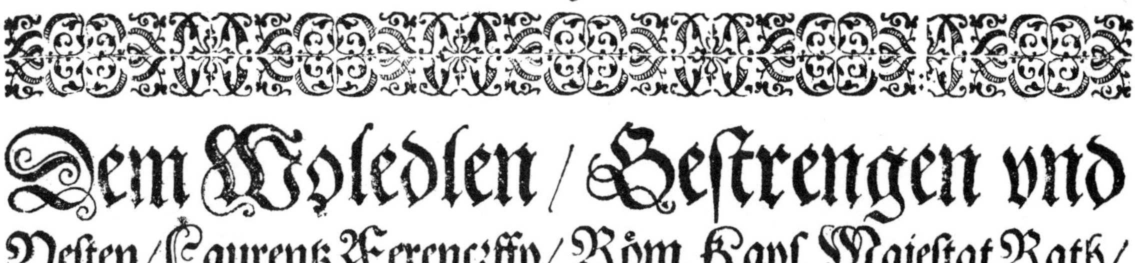

Dem Woledlen / Gestrengen vnd Vesten / Laurentz Ferenczffy / Röm. Kays. Majestat Rath / vnd deß Königreichs Vngern wolbestalten Secretario, Meinem insonders Großgünstigen Junckherrn.

WOlEdler / Gestrenger vnd Vester / demselben sind mein jederzeit demütig geflissene dienst eusserstes vermögens zuvor / Großgünstiger Junckherr.

Wir Teutschen haben ein alt vnd vblich Sprichwort vnter vns / wann wir befinden / daß einer entweder auß vorgefaßtem wohn vnd Præjuditz / oder geschöpfftem Vnlust vnd Maßleyd / oder lauterm vnverstand / von einer sachen / die an ihr selbst löblich vnd gut ist / vbel judiciret / daß wir zu demselbigen sagen: **Du vrtheilst / wie der Blinde von den Farben.** Vnd zwar wo entweder obangeregt Vorvrtheil / dadurch die Sinne vnd Gedancken deß Menschen eingenommen oder der vnlust / so den Anmuth vnd Appetit verschlägt / oder die vnwissenheit / so am aller ärgsten ist / die vberhand bey einem Menschen hat / wie solt müglich seyn / daß derselbige auffrichtig / vnparteyisch vnd gebürender massen von einem vorhabenden object vrtheilen / sprechen / vnd demselben sein angehörig lob zueygnen solte?

Dieses haben jederzeit in acht genommen / die Künstler / (die haben nun Namen wie sie wollen) so jhre Werck grossen Herren oder sonsten hohen vornehmen Personen / jhre affection vnd dienst dadurch zuerzeigen / offerirt vnd verehret haben / daß sie solche Personen jhnen erwehlet / welche erstlich im judiciren auffrichtig vnd warhafft / darnach zur Kunst lustig vnd anmutig / drittens deroselben verstand hetten.

Eben diese drey vrsachen / WolEdler Gestrenger Junckherr / haben mich auch verursacht / daß E. Gestr. Woledl. vnd Vesten diese meine Figuren / in welchen die furnemsten Historien vnd Gesichten oder Erscheinungen deß Newen Testaments vnsers Herrn Jesu Christi durch mich Schrifftmässig vnd mit fleiß auffs Kupffer vnd vollend Papir gebracht / ich dienstliches fleisses verehren / zuschreiben / vnd vnter dero wolgeehrten Namen hab publiciren wollen.

Dann erstlich ist E. WolEdl. Gestr. vnd Vesten Auffrichtigkeit vnd vnpassionirt Gemüth mir insonderheit wol bekant / als die von allem Præjuditz fern abgewandt / ein ding tauffen vnd nennen / wie es zu nennen / nichts loben was zu schelten / nichts schelten was zu loben ist / sondern wie die Latiner Scapham Scapham, Ligonem Ligonem heissen.

Diesem nach / kan an der Lieb / zuneigung vnd anmuth / so E. WolEdl. Gestr. vnd Vesten / zu dem Mahlerwerck / wie dann insonderheit zu der Kunst deß Kupfferstechens / darinn nur ein einige / nemlich die schwartze Farb das beste thun muß / tragen / ich so wenig zweiffeln / als an der Sonnen Auffgang am hellen Mittag. Dann auß diesem affect vnd lust ist hergeflossen / daß E. WolEdl. Gestr. vnd Vesten lang hiebevorn mit meinem Schweher seeligen / Johann Dietern von Bry / Weyland Bürgern Buchhändlern vnd Kupfferstechern zu Franckfurt kundtschafft gemacht / jhme auch nicht wenig von seiner Kunst vnd andern Stücken vnd Raritеten abgehandelt / selbiger grossen Gunst vnnd Kundtschafft hernachmals mich im Jahr 1619. bey dem Kayserlichen Wahl: vnd Crönungstag gewürdigt / etliche Stück von meiner Hand an sich gebracht / vnd diesen favor gegen mir allezeit biß noch auff diese stund also continuirt, daß Ew. WolEdl. Gestr. vnd Vesten mich mit vnterschiedlichem zuschreiben salutiret, jederweilen etwas von meiner Hand vnd Inventionen begeret / auch hinwiderumb andere Kunststücke von guter hand zugeschicket / welche lieb / lust vnd beyliebung zu der Kunst die dritte Vrsach mit sich bringet

get vnd auff dem Rücken trägt. Dann wann Ew. WolEdl. Gestr. vnd Vesten nicht ein sonderbarn vnd scharpffen verstand dieser Kunst hetten / vnd davon nach der Art vnd erheischung judiciren könten / wo wolte dieser Affect vnd begierde darzu herrühren / sintemal wahr ist / was abermal die Lateiner sagen: Ignoti nulla cupido, vnd / quid miserum Tamyrin picta tabella juvet?

Will demnach nochmaln / wie obgemeldt / E. WolEdl. Gestr. vnd Vesten / diese meine Figuren deß Newen Testaments / so ich durch einen gelehrten Mann mit Lateinischen vnd Teutschen Versen erklaren lassen / Ich gantz dienstlicher gebühr verehret / offerirt vnd dedicirt haben / als einem grossen Patron vnd Förderer dieser vnd anderer guter Künsten / mit angehefter fleissiger bitt / E. WolEdl. Gestr. vnd Vesten wollen solche in jhren Schutz vnd Schirm / auffnemen vnd zum besten deuten / meinen geflissenen willfährigen Dienst vnd Affection hierauß vermercken / vnd mich deroselben wie bißhero / also auch ins künfftig zu grossen Gunsten / Favor vnd fürderung lassen befohlen seyn. Datum Franckfurt den 14. Septemb. 1627.

E. WolEdl. Gestreng. vnd Vesten /

Gantz dienstlich geflissener

Matthæus Merian / Burger vnd
Kupfferstecher daselbst.

Aa 3 Mat-

TRANSLATION OF NEW TESTAMENT DEDICATION

Dedicated to noble, honorable best, Laurentz Herenczffy, his majesty's adviser and secretary of Hungary, generous man.

Dear noble, honorable and best, you to whom at anytime I dedicate my worldly possessions, you generous man.

We Germans have a saying that we use when someone is prejudiced or biased towards something that is basically good and beautiful, usually out of negligence, ignorance or amusement: We say, "you judge like a blind person does of colors," reasons for this being stigmas that manipulate a person's set of values, appetite and disposition, or lack of knowledge, which, without a doubt, is the worst state of being very popular among humans. Therefore it is sometimes impossible for a man to judge honestly, uninfluenced and rightly, let alone speak intelligently of praise an object at stake. This issue was considered by the artists (be who they may), whose pictures are dedicated to great lords or noble people, whose affections and respect are mirrored in them. Chosen people were those who judged fairly and had an understanding and good attitude towards art. That is why, honored man, that my chosen people are such that could appreciate the full meaning of my time input and editing in organizing this book.

According to this, dear sir, honesty and feeling are important to me. A statement without criticism of biases as known through Scapham, Scapham, Ligonem Ligonem (two lotus protemors): In the art of printing, only one color is used—black—as opposed to naturalism of painting. This one color must carry the whole load on its shoulders, but I have as few doubts about printing as I do about the sunrise. It happens every day.

So I came that in the year 1610 I was honored at his majesty's court, together with the best Johann Dieter von Bern who is in the same profession to this day. That has not changed, for I still receive letters, craving a part of my work, or sending me some interesting foreign piece. Thus comes lore, energy and inspiration with it, which is a strong motive for what I do.

So if certain people would not feel this, have the understanding, love and dedication for art, where would this energy be directed?

Sentimentally the Latins say: *Ignoti nulla cupido,* and *quid miferum Tamyrin picta tabella juvet?*

Again let me dedicate these Biblical "figures" explained in verse to you, honored and best friend, patron of this and many other arts, to be kept in respect and safety. Accept with it my love and services, respectfully yours on 14 September, Frankfurt 1627.

Dedicated to the honored noble, righteous and best
by your servant
Matthaus Merian, Printer

I.

Matthæus Evangeliſta.

Mᴀᴛᴛʜæᴜs Domino, lucroſa Telonia linquens,
  Fit ſocius, Sacra primus in Hiſtoria.
Orſus enim à Patribus Cʜʀɪsᴛɪ pia facta recenſet,
  Donec is ætherei ſcandit ad aſtra Poli.

Matthæus ab dem Zoll / zum HErren ſich geſellet/
Von deſſen Lebens Lauff er ſein Hiſtory ſtellet
  Der erſt Evangeliſt / von Ertzvättern anfäht/
Chriſti Menſchwerdung gut / ſein Wunderwerck erzehlet/
Sein Wandel / Lehr vnd Todt / deren keines verhehlet/
  Biß der wahr Gottes Sohn die Himmliſch Cron empfäht.

Matthieu laiſſant à part la bande peägere
Sentit libre ſon cœur & ſa jambe legere
Pour ſuiure le Sauueur l'appellant, gracieux;
  Premier, du Meſſias il a deſcrit l'hiſtoire,
Les parens, l'Eſtre ſainct, ſa mort & ſa victoire,
Tant que ſon corps leger ſauta d'vn vol és Cieux.

Tells Christ's history to people with all its predicates
  His heritage considered him the first evangelist
His theological case history not many hearts has missed
  Christ's sermons he advocates, his travels and death
That he rules in the sky till long after our last breath.

MATTHÆI I. 7

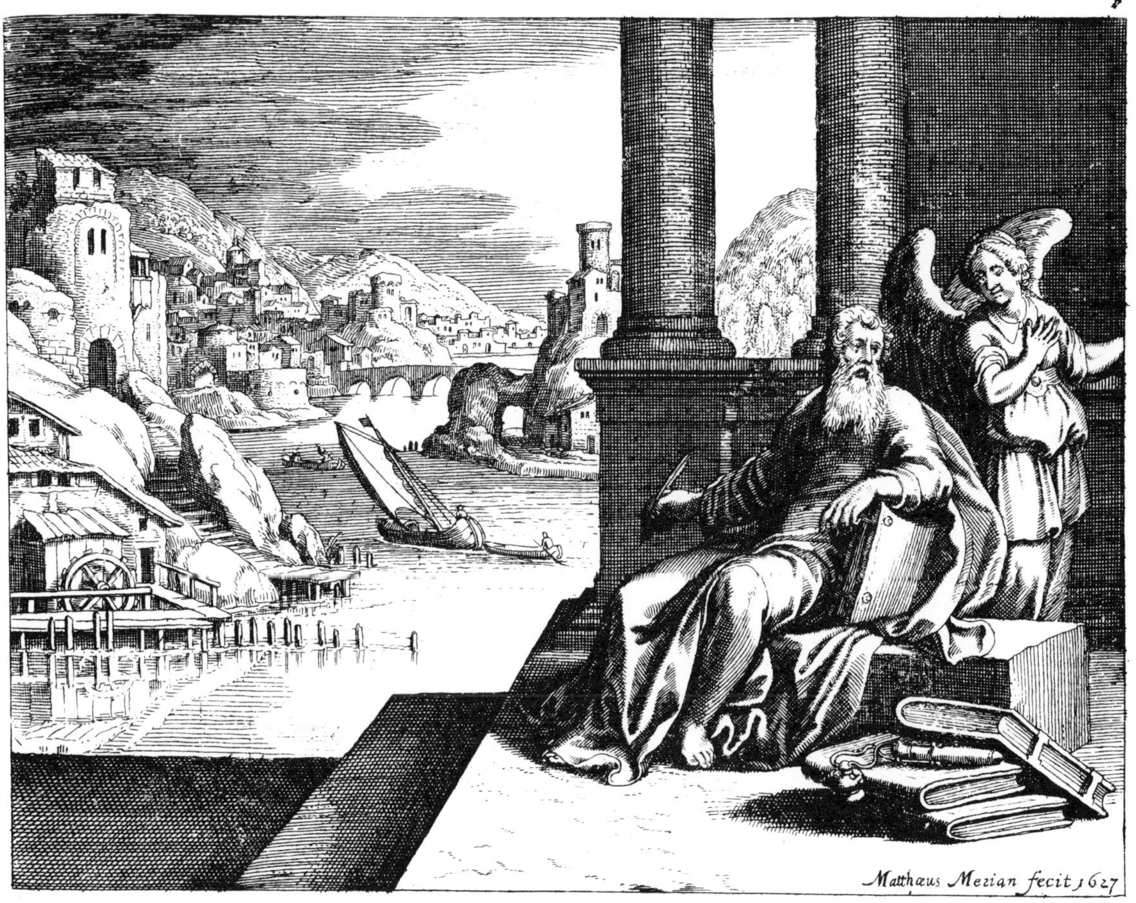

Marcus

Mathew His Life to Lord to Dedicate

II.

Marcus Evangeliſta.

Hunc ſequitur brevior, ſed eodem tramite, MARCUS,
  Hiſtoricus vitæ, Maxime CHRISTE, tuæ.
Baptiſtæque ſui tribuens primordia libri,
  Claudit ubi DOMINUS cælica regna ſubit.

Dieſem folgt Marcus nach / auff gleichen ſchlag vnd weiſe/
Siht nur dahin / daß er der Kürtz ſich mehr befleiſſe/
  Fangt von Johanne an / wie er predigt vnd taufft
Deß HErꝛen Chriſti Werck beſchreibt er vnd ſein Leben/
Wie er ſich hat für vns dem Todt deß Creutzs ergeben/
  Mit deſſen Himmelfahrt ſein Buch zum Ende laufft.

  Marc, diſciple ſacré ſuiuant la meſme trace,
Mais plus court, nous deſcrit le Sauueur donne-grace,
Ses miracles puiſſans, ſes dits myſterieux:
  Commençant par la voix du Baptiſeur, qui tance
Les humains appellés à ſainte Repentance,
Pour finir au monter du Sauueur glorieux.

M.

He started with John's baptism and sermon
  And followed with Christ's life and deeds
How on the cross did He die softly and bleed
  The resurrection closed the study for those in great need.

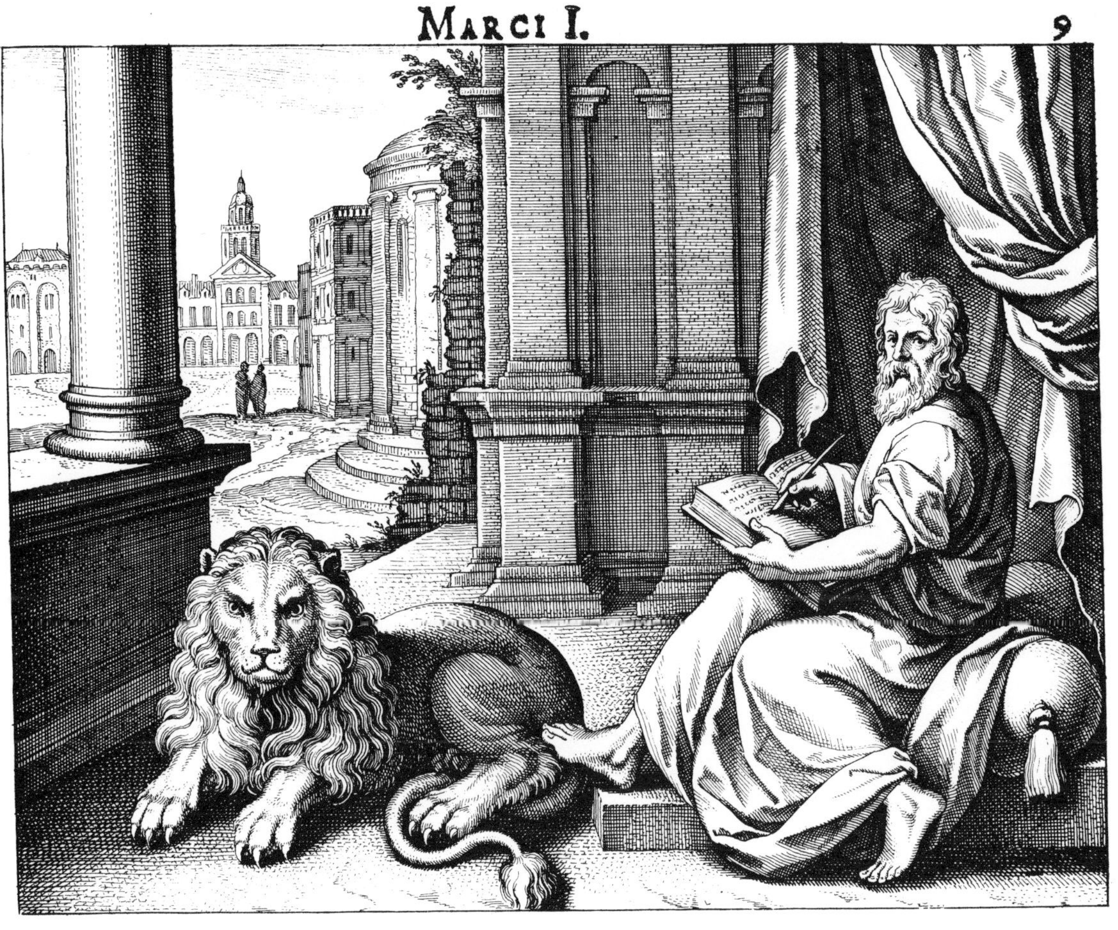

Marcus—His Book In Such a Way Did Edit, That it Was Precise And Understandable For Those Who Read It

10

III.

Lucas Evangeliſta.

Chriſticolis LUCÆ Lux Lumine luxit utroque,
  Dum tua CHRISTE refert facta ſtupenda, necem:
Et gregis incrementa novæ, cœtusque piorum
  Narrat, Apoſtolici Lucida ſtella chori.

Lucas der Chriſtenheit zwey Liechter hell anzündet /
Dann er Chriſti Geburt vnd junge Jahr ankündet /
  Sein Wunderwerck vnd Lehr / Leyden vnd bittern Todt /
Darnach wie ſich die Kirch ſamlet in erſten Jahren /
Wie ſie zunimpt vnd wächſt in mancherley Gefahren
  Durch der Apoſteln Fleiß / die drüber litten Noth.

Luc, lumiere d'honneur pour le Chreſtien fidelle
L'eſclaire viuement d'vne double chandelle
Diſant les faits de Chriſt, ſa mort & ſes douleurs:
  Puis au traicté ſecond deſcrit d'vn docte ſtile
L'accroiſt du troupeau ſainct, ſur qui le Ciel diſtile
Pour le faire fleurir ſes dons & biens meilleurs.

Lucas two lamps lights for Christianity
  He tells of Christ's birth for our sanity
His wonders, lessons, life and death
  Later the Church gathers to pay its respects
Why it grew and broadened amidst the danger
  Through the Apostles who their life and faith did wager.

Lucæ I. II

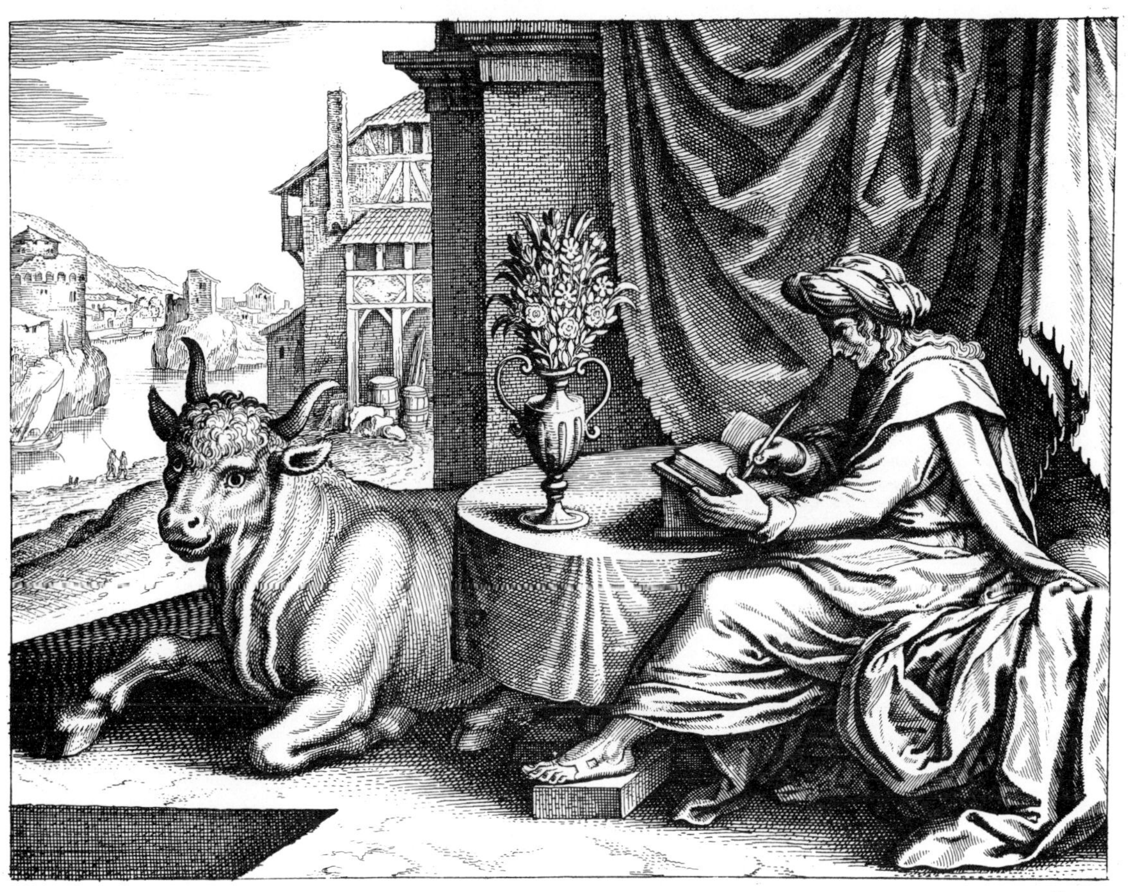

Bb 2 Johan-

Lacae I

IV.

Johannes Evangelista.

Sanctus JOHANNES altè ſuper æthera ſcandit
    Eſſe Deum dum te cum Patre CHRISTE probat:
Non alius tua verba, preces, ſuſpiria pandit
    Clarius, aut quæ ſint deinde futura monet.

Johannes vberall ſich hoch in Himmel ſchwinget/
Sein Evangelium Chriſti Gottheit erklinget/
    Daß mit dem Vatter er Gott ſey von Ewigkeit/
Seine Lehr/ ſeine Gebet/ er vns vorſagt vnd ſinget/
Gott zeigt jhm heimlich Ding/ die er an den Tag bringet/
    Von Widerwertigkeit vnd Glück der Chriſtenheit.

Iean d'vn vol releué ſur les Aſtres ſe porte,
Puis du Dieu Vierge-fils l'Eſtre Diuin rapporte
Qu'il fait pareil en tout à l'Eſtre paternel;
Nul, des ſaincts vœus de Chriſt ne nous tient ſi bon conte,
Ni plus fidellement ſes oraiſons raconte;
Pu is promet au croyant le bon-heur eternel.

JOHA

John praiseth everything to the highest in the sky
    Says of God and his Son, Christ, without a lie
God the Father in Heaven is an eternity
    For his sermon and prayer thanked be he
God secretly showed him some deep secrets
    For good or for bad, word was spread's if by crickets.

JOHANNIS I. 13

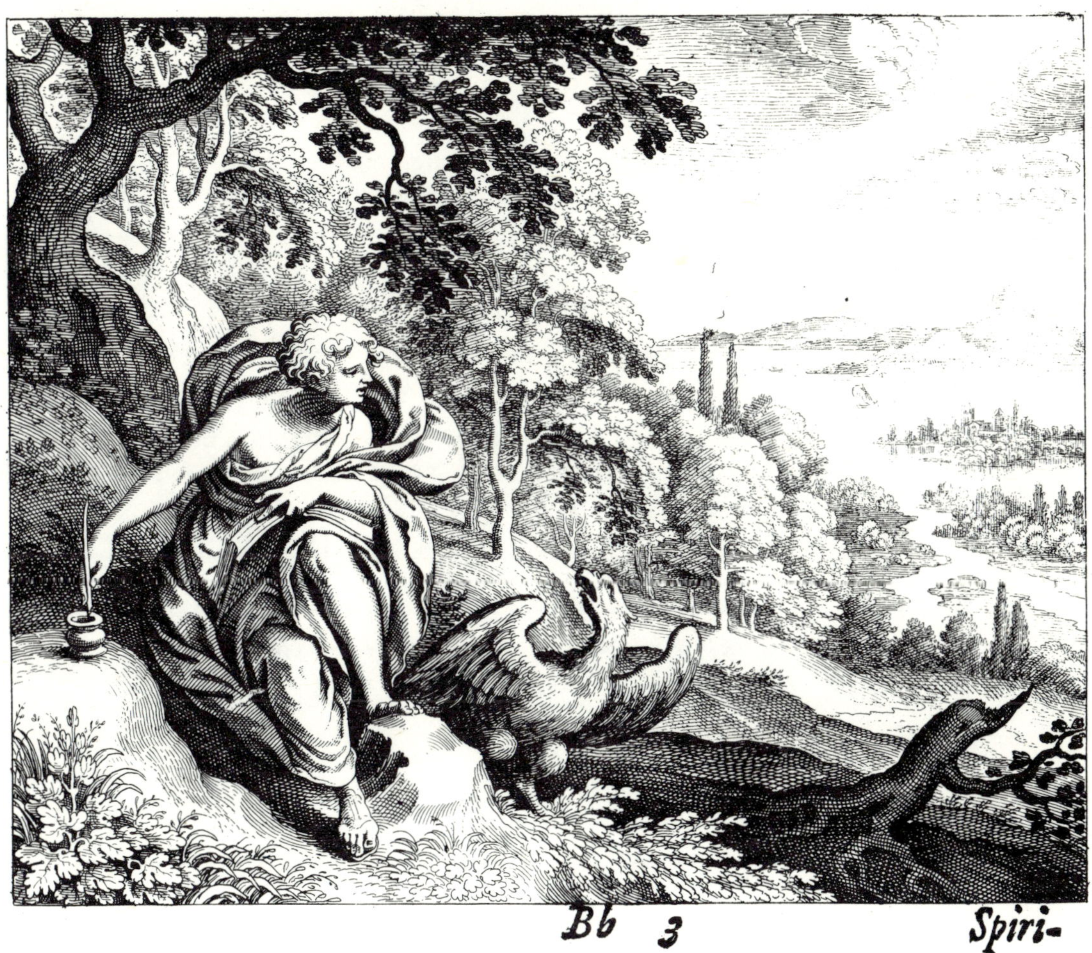

Bb 3 Spiri-

Johannis I

14

V.

Spiritus Sanctus superveniet tibi.

Salve VIRGO tui genitrix Benedicta Parentis,
VIRGO Creatorem mox paritura tuum:
Ubere lactatura tuo Nutricium Alumna,
Quæ dabis huic vitam, qui prior ipse tibi.

Das Heilige / so auß dir gebohren / wird Gottes Sohn genennet werden.

Gott grüß dich Jungfraw zart / MARIA voller Gnaden /
Dann du gebähren solst / den / der da wird entladen
Sein Volck deß Sünden-Lasts / damit sie sehr beschwert /
Du bist von Gott erwehlt / daß du solt Mutter werden
Deß / der geschaffen hat / dich selbst / Himmel vnd Erden /
Solt nehren an der Brust den der all Ding ernehrt.

O des femmes l'honneur, Bien te soit Vierge Saincte,
Qui à vn fils homme - Dieu te trouueras enceinte,
Qui doit estre des Saincts le vrai peché - laueur:
Tu donneras ton laict (d'aise toute rauie)
Pour nourrir en ton sein l'autheur vray de ta vie,
Fille & mere de l'Omni Roy - Dieu, Iuge - Sauueur.

Luc

Greetings of God to you—fair maiden
You will give birth to him for whom we are waiting
His people through him will be forgiven
The Lord has chosen you, his son he'll send from heaven
The He who created yourself, heaven and earth
Will be suckled soon for all he is worth.

Lucæ I. 15

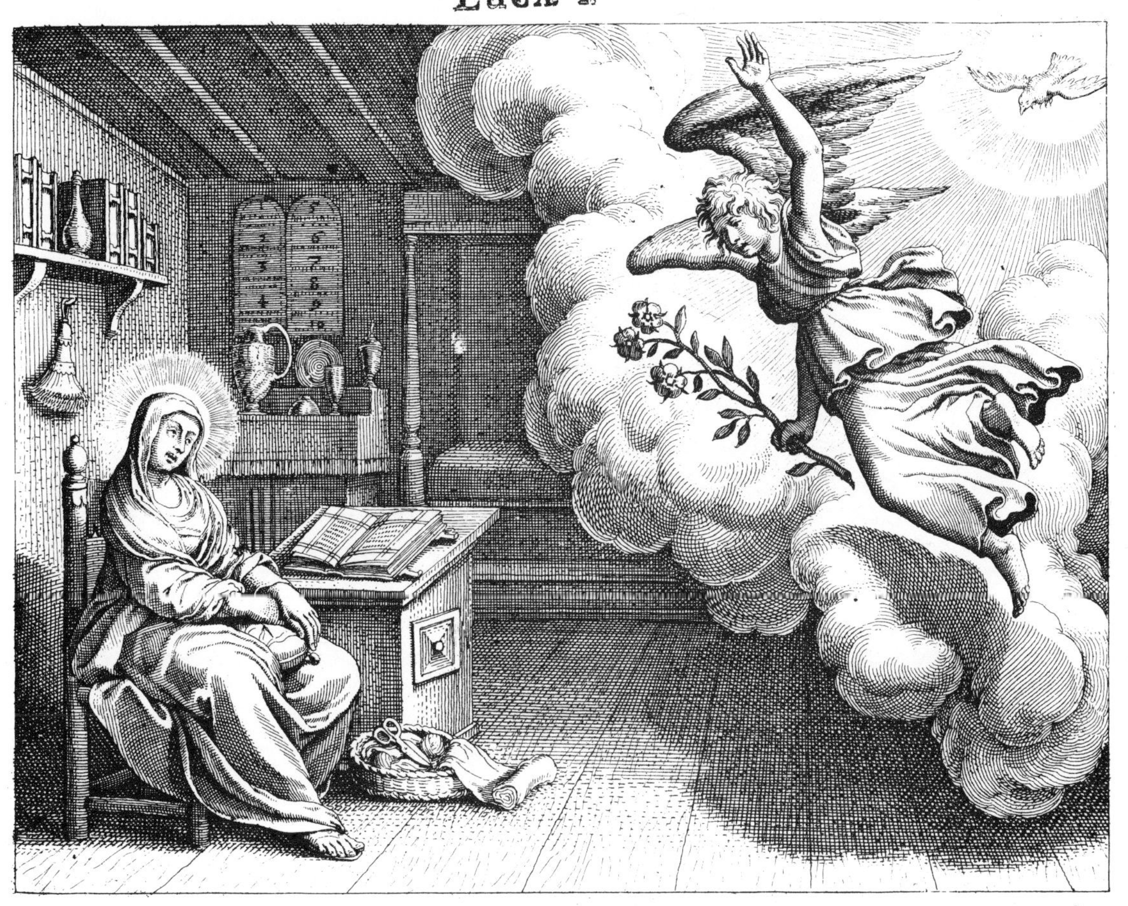

Puer

That Holy Thing Which is Born From You Will Be Called God's Son

VI.

Puer natus eſt nobis.

Adſpice patratæ mirabile ſchema ſalutis,
  Indutum pueri corpore cerne DEUM:
Virgo parit, præſepe tege, canit Angelus Hymnum,
  Nox micat, upilio primus in Orbe videt.

Ein Sohn iſt vns gegeben.

Da nun die Zeit erfüllt / darin Gott Menſch ſolt werden/
Erzeigt ſich Gottes Sohn in Knechtlichen Geberden/
  Ein Kindlein bloß vnd klein zur Welt gebohren wird/
Von einer Jungfraw zart / in eine Kripp geleget/
Der durch ſein mächtig Wort all Ding erhält vnd träget/
  Der erſt der ſolches ſah / das war ein armer Hirt.

Admirez, ô mortels, comme Dieu voulut naiſtre,
Voyez ſous noſtre chair voilé ſon Diuin Eſtre,
Voyez l'Ange preſcheur de ſa natiuité:
  La nuit brille de feux, & la troupe bergiere
Vient par l'aduis du Ciel d'vne courſe legiere
Pour d'vn miracle tel ſçauoir la verité.

The time arrives when God to man should appear
  His son is born in a stable quite near
A child, so small, so gentle and thin
  From a woman who was still a virgin within
A child who would be the King of all beings
  A poor shepherd was the first to realize the meaning.

Lucæ II. 17

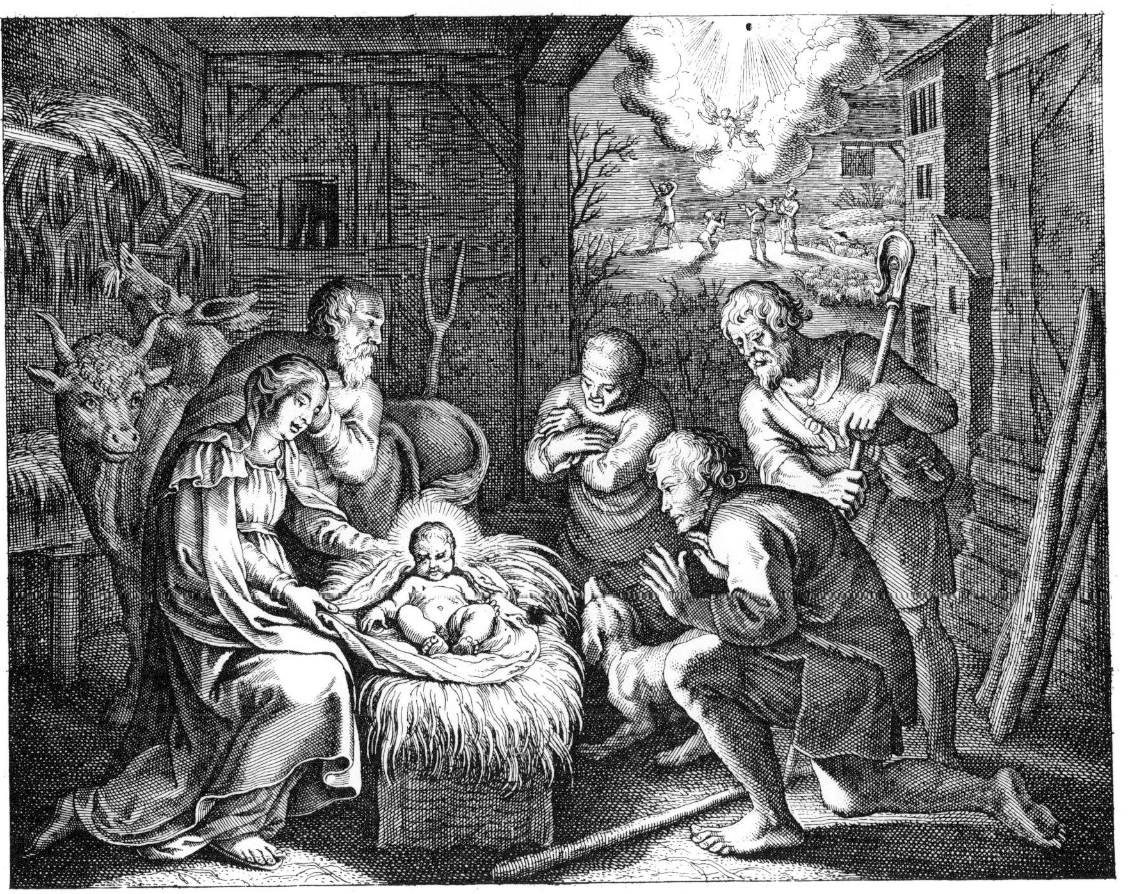

Cc Primi-

A Son is Born to Us

18

VII.

Primitiæ Gentium.

Ex Oriente MAGI stella ducente PUELLO
　　Aurum, Thus, Myrrham, munera trina ferunt.
Flava Metalla notant Regem, sed Myrrha sepulchrum,
　　Ostendunt verum Thura Sabæa DEUM.

Die Erstlinge der Glaubigen auß den Heyden.

Fern auß dem Morgenland die Erstlingen der Heyden
Kommen gen Bethlehem / ein Stern that sie begleiten /
　　Weyrauch / Myrrhen vnd Goldt wird da dem Kind verehrt /
Ein verborgener Sinn steckt in diesen drey Gaben /
Weyrauch sein Gottheit zeugt / daß man jhn wird begraben /
　　Bedeut Myrrha / das Goldt sein Königreich bewehrt.

---

*　　Des Leuantins quartiers les venerables Mages*
Conduits d'vn Astre neuf porterent pour hommages
L'or, la Myrrhe, l'Encens au Roy petit enfant:
*　　La Myrrhe denotoit sa saincte sepulture:*
L'encens sa Deité. L'Or monstroit la nature
De son sceptre Royal sur tous Roys trionfant. MA

From the distant orient three pagan kings rode forth
　　To Bethlehem to celebrate a new king of birth
Gold, Frankincense and Myrrh to the child they present
　　A hidden meaning each one represents
Frankincense his deity proves, Myrrh that he will be buried
　　Gold of his kingdom tells, the symbols are varied.

MATTHÆI II. 19

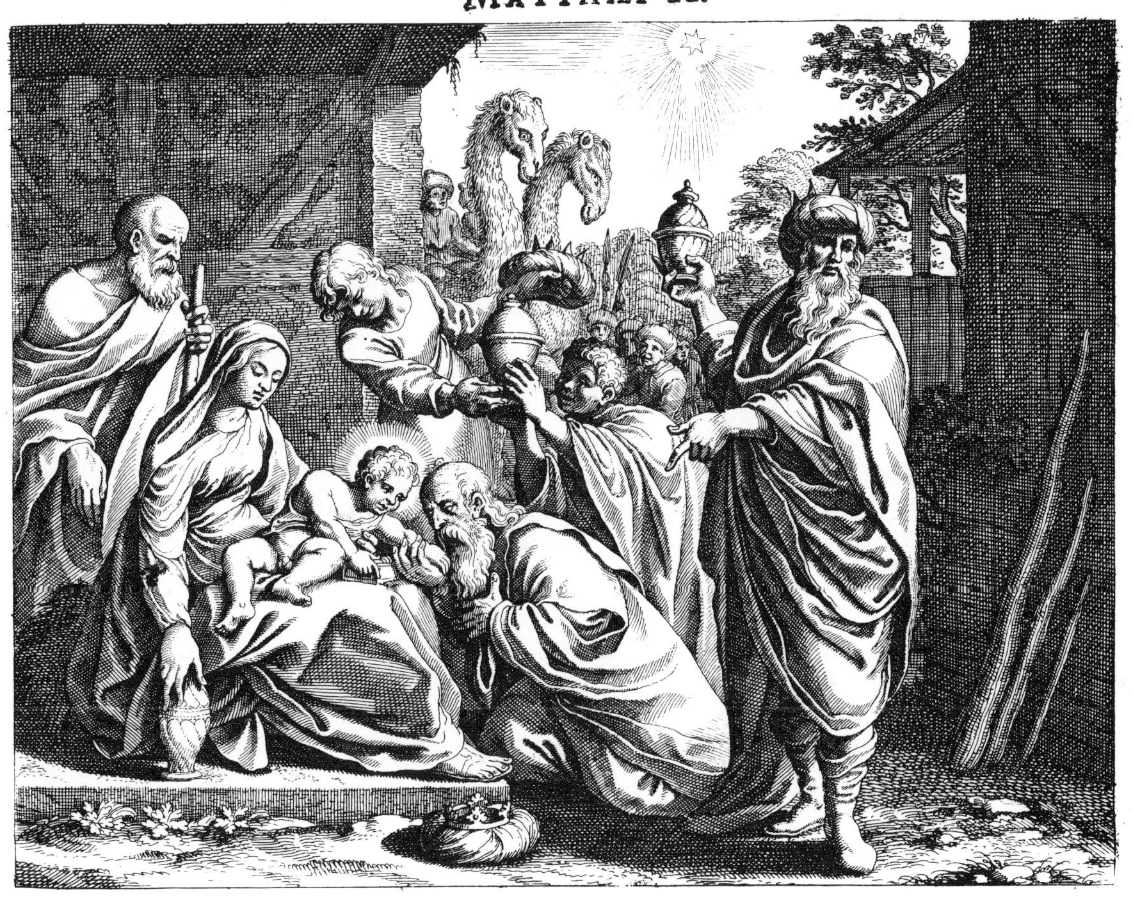

Cc 2 Opor-

The First Pagan Believers

VIII.

Oportet nos omnem juſtitiam implere.

Ad Jordanis aquas Baptiſmatis alma lavacra
  A ſervo Dominus, dante Johanne petit.
Scili et ut fieret perfectus in omnibus auctor,
  Nosque ſalutifera lege doceret idem.

Vns gebühret alle Gerechtigkeit zu erfüllen.

Christus an dem Jordan von Johanne begehret/
Daß er jhn tauffen ſolt/deß wird er auch gewehret/
  Da Gott der Vatter jhn ſein liebſten Sohn erklärt/
Alle Gerechtigkeit wolt vnſer HErr erfüllen
Daß er vollkommen wer zu thun ſeins Vatters Willen/
  Vns/was da ſey die Tauff/durch ſein Exempel lehrt.

Sur les bords renommés du fleuue Iordanique
Voulut des nos mesfaits le ſainct laueur vnique
Se voir laué de Iean qui n'eſt que Seruiteur:
  Le Iuſte veut ainſi accomplir la Iuſtice:
Puis l'Eſprit vient du Ciel donner ſeure notice
Qu'il eſt l'aymé de Dieu, & tout parfait Docteur.

The river Jordan Christ seeks in his path
  Baptism through John makes sacred his bath
God has declared him his favorite son
  All justice is his during his life to be won
We follow the example of our teacher
  Baptism for all through our preacher.

MATTHÆI III. 21

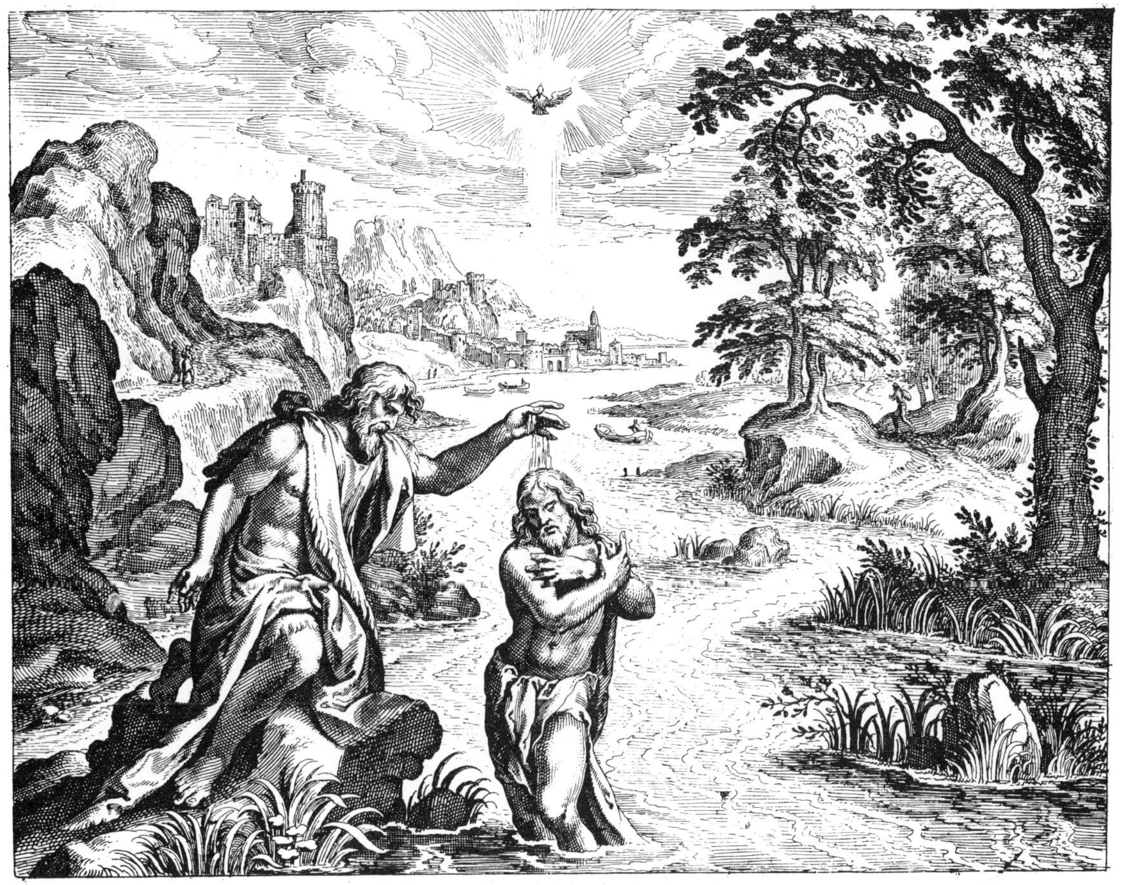

Cc 3 Venit

Justice Will Be Ours

IX.

Venit Princeps hujus mundi & in me non habet quicquam.

Aggreditur Sathanas DOMINUM, pugnatur utrimque,
O Gladiatorum par bene compositum!
Vicit Iò CHRISTUS! nostra est victoria, Pæan
Dicite: nam vincit Dæmona nostra FIDES.

Der Fürst dieser Welt hat keine Macht an mir.

Als Christus viertzig Tag gelebt hat sonder Speise/
Greifft jhn der Teuffel an auff manch manier vnd weise/
Es gab ein harten Kampff / Ritterlich man da facht/
Christus behielt den Sieg / der Sathanas must fliehen/
Nichts hilfft sein List vnd Tück / er muß mit scham abziehen/
In der Versuchung schwer der Glaub vns sieghafft macht.

Poussé dans le desert le Sauueur adorable
Se trouue là tenté de Satan miserable,
Mais (duël inegal!) Satan est bien tost bas:
Chantons, Christ a vaincu: chantons, Il est notoire
Que pour nous il obtint ceste noble victoire:
La foy vaincra par luy tous Satanins combas.

When Christ had forty days spent without food
The devil tried to appease him during this mood
The battle was bitter, and rightly the fight
Christ was the victor, bright shone the light
In loser's shame the devil must recede
The Lord's curse he has received.

Matthæi IV. 23

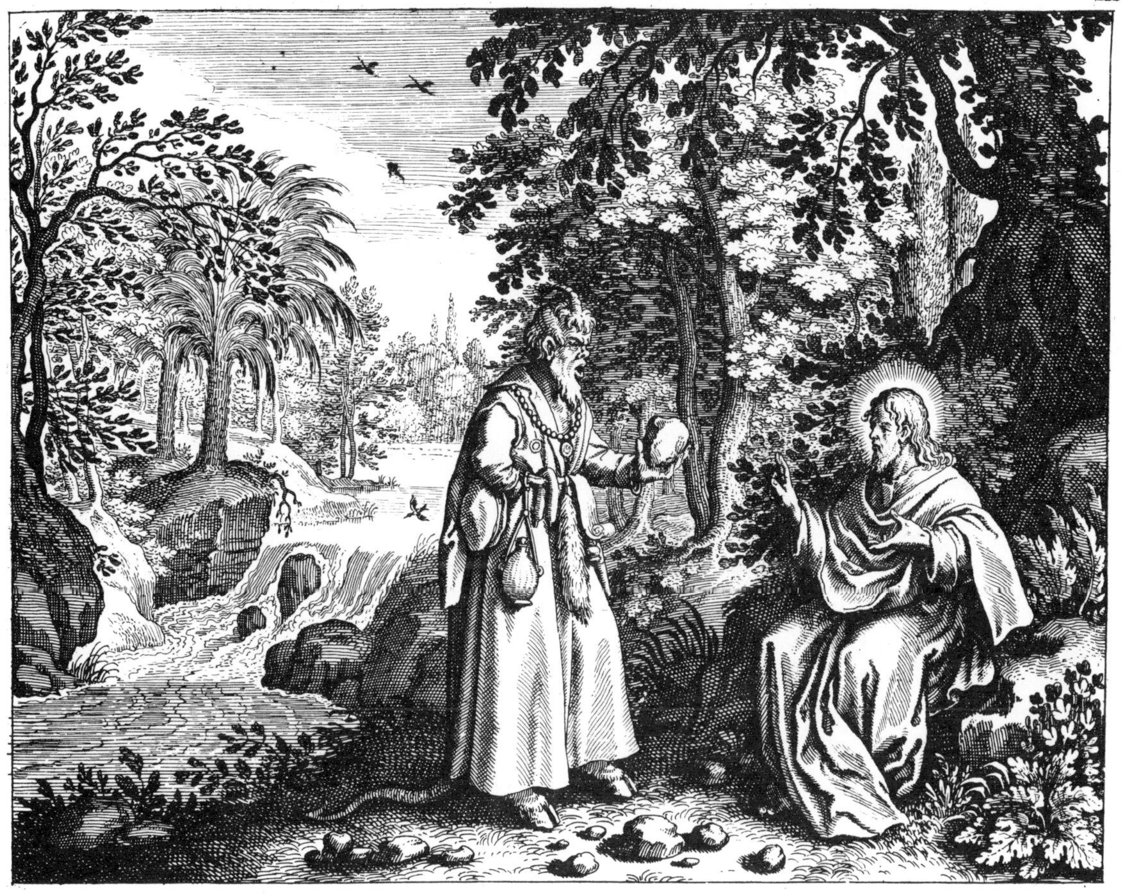

Sola-

The Prince of This World Has No Power Over Me

24

X.

Solatium piorum conjugum Chriſtus.

Mutatos latices miratur CANA Falerno,
  Quæ conſuerat aquas Hydria vina vomit.
Conjugibus ſunt iſta piis ſolatia, quorum
  Lætitiâ Chriſtus triſtia fata levat.

Chriſtus frommer Eheleut Troſt.

Das Brunnenwaſſer wird in gůten Wein verkehret/
Der Edle Rebenſafft im Waſſerkrug ſich mehret/
  Wodurch Chriſtus der HErꝛ ſein Gottheit klar beweiſt/
Daß er fromm Ehleut woll in Armuth nicht verlaſſen/
Ihr Trawrigkeit in Frewd verendern gleicher maſſen/
  Wie er jhn dann noch heut ſein Hůlff vnd Beyſtandt leiſt.

Bien-heureuſe Cana, qui apperceus premiere
Des miracles de Chriſt la brillante lumiere
Quand il changea tes eaux en delicieux vin!
  Mais vous, heureux eſpoux, puis que Chriſt ne dédaigne
De vous accompagner, & que pour vous il daigne
Monſtrer le premier trait de ſon pouuoir Diuin! JOHA:

The water turns red as though the blood of a beast
  The Lord has turned it into wine for the feast
So Christ's proof of himself generous to those poor people
  That on their wedding day found their way to his steeple
Their sadness turned into happy laughter
  The same he will do for many years after.

JOHANNIS II. 25

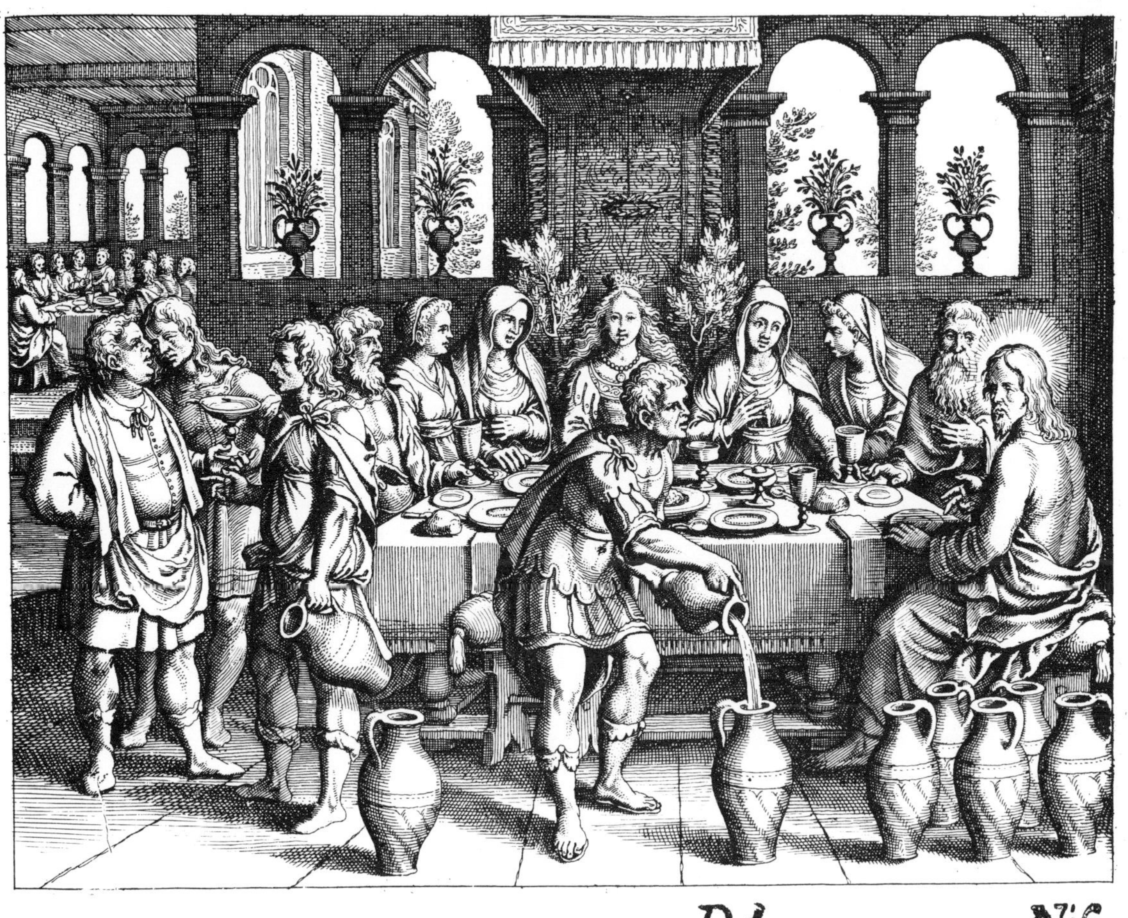

Dd Nisi

Christ is Rewarding at a Wedding

XI.

Nisi quis renatus fuerit.

Ad DOMINUM Princeps Pharisæos inter JESUM
Consilii dubius nocte silente venit.
Esse renascendum, docet hunc, per Spiritum Aquamve,
Gaudia cœlorum si quis adire velit.

Ihr müsset von newem gebohren werden.

Deß Nachts zu Christo kam Nicodemus gegangen/
Den Weg der Seligkeit zu lernen trug verlangen/
Darin der gute Mann hat schlechten Vnterricht.
Die höchste Notturfft ist/ wer nicht will sein verlohren/
Daß er durch Gottes Geist von newem werd gebohren/
Ohn dieses niemand sicht Gottes klar Angesicht.

Ce renommé Docteur dedans la Synagogue
Voulut que Christ luy fust asseuré Pedagogue
Pour l'informer des points qu'il n'auoit pas appris:
Il apprend que l'humain d'esprit & d'eau Sacrée
Doit naistre derechef s'il veut auoir entrée
Dans le Diuin Palais auec les Saincts Esprits.

JOHA

Deep within the night, Nicodemus to Christ hurried
To learn of God's peace and not be worried
His education in this field was lacking
He needed much wisdom and Christ's backing
So that in God's soul again he will be born
And live a new life even the old one was worn.

JOHANNIS III. 27

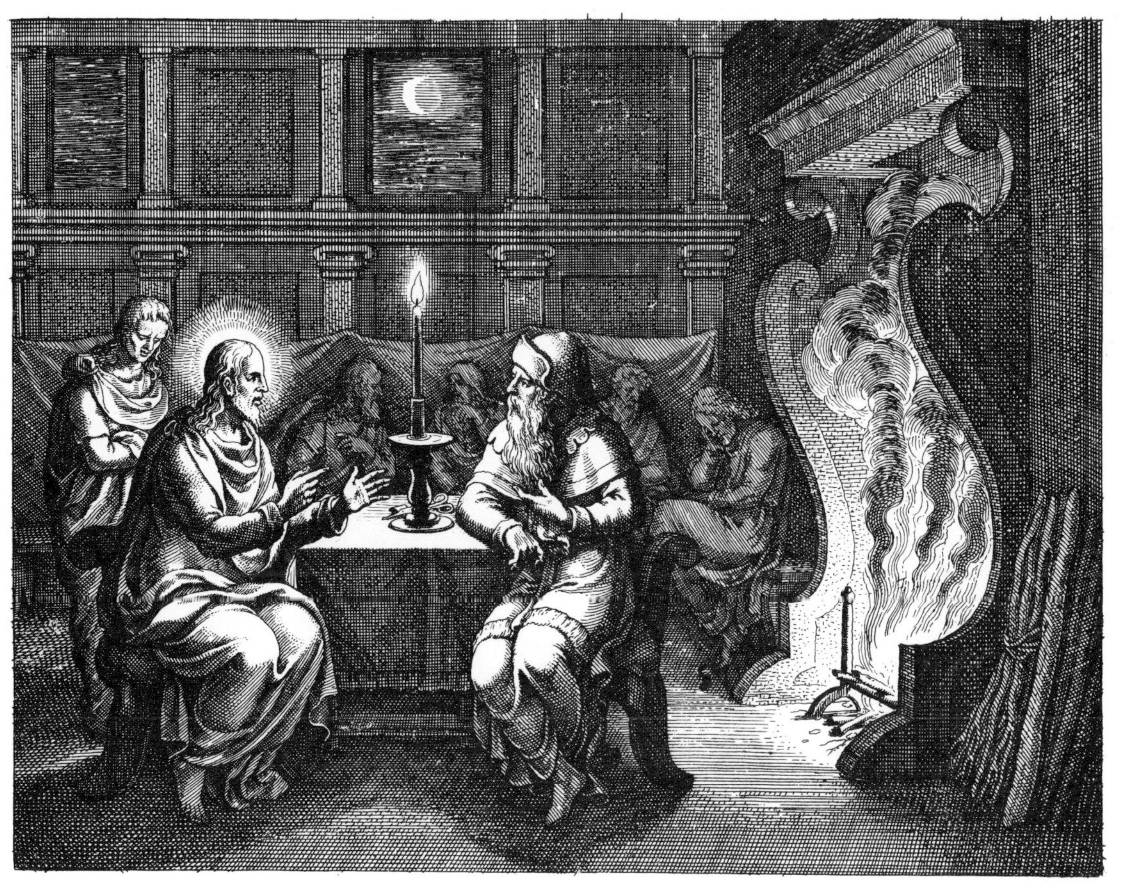

Dd a Fons

You Will Be Born Again

XII.

Fons aquæ vivæ Chriſtus.

CHRISTUS anhelus aquæ petit à Samaritide potum,
  Crimina cui vitæ narrat operta ſuæ.
Fons ſalientis aquæ (non eſt res mira?) ſitivit,
  Corpore de cujus vivida lympha fluit.

Chriſtus der Brunn deß Lebens.

Das Samaritiſch Weib ſoll hie zu trincken geben/
Dem HErꝛen dem bewuſt jhr heimlich thun vnd leben/
  Der ſie von dem Gebet recht lehrt vnd vnterweiſt/
Iſts nicht ein wunder Ding/ deß Waſſers der begeret/
Der alle Ding erfriſcht/ befeucht/ erquickt vnd nehret/
  Die ewig Quell/ davon Waſſer deß Lebens fleuſt?

Chriſt demande de l'eau à la Samaritaine,
Qui apprit en l'oyant, & d'vne foy certaine
Fit aux autres Sçauoir qu'il eſt le Chriſt promis.
Merueille! luy qui eſt ſource non tariſſante
Sent le feu deſſechant de la ſoif languiſſante;
Luy a ſoif, qui à-plein abbreuue ſes amis.

IOH.

The Samaritan woman gives Christ to drink
  He teaches and instructs her about prayer
It's a wondrous thing, that water he desires
  He who refreshes all things and nourishes life
The eternal spring, from whom the water of life flows.

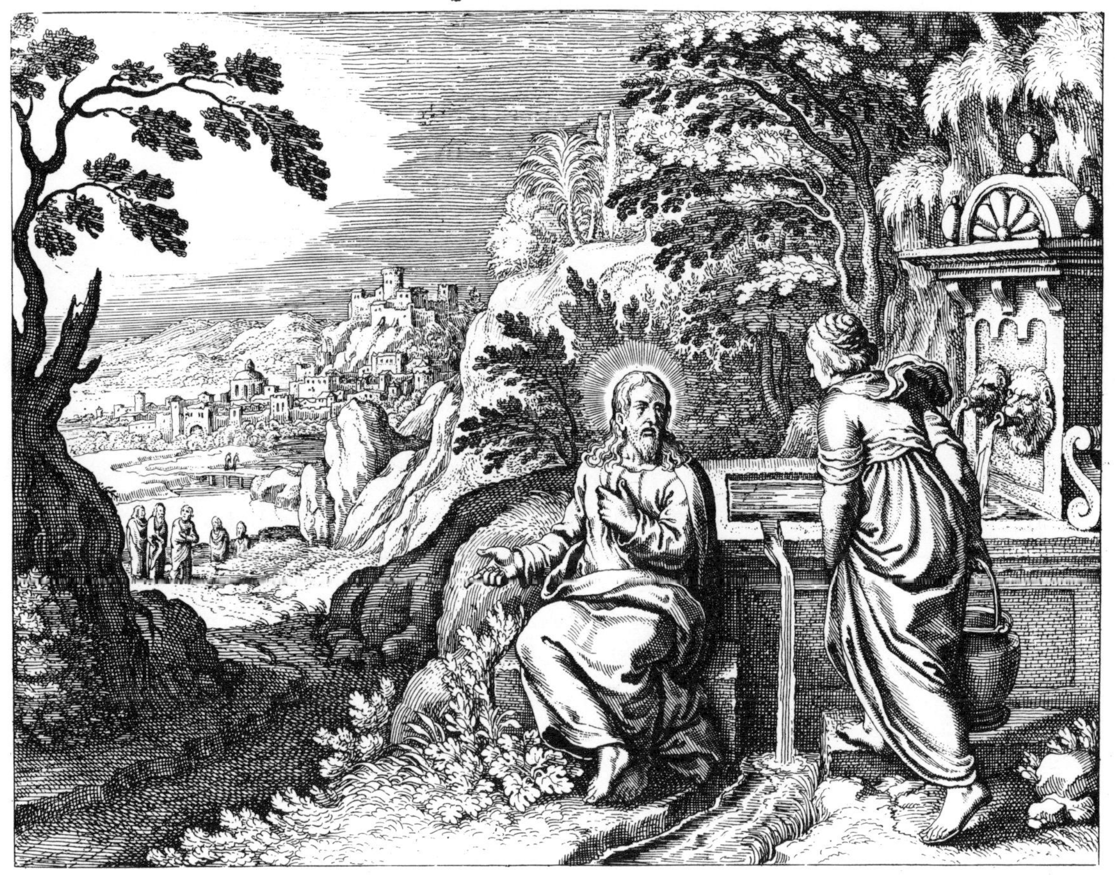

Christ, the Well of Life

XIII.

Quis verus animæ & corporis Medicus.

Affligit puerum Præfecti querquera febris,
A Chriſto Genitor territus orat opem:
Reſtituit nato Dominus vitamque ſalutemque,
Et patris exiguam ſuſcitat igne Fidem.

Der rechte Artzt Leibs vnd der Seelen.

Deß Königiſchen Sohn vom Fieber wird geplaget/
Der Vatter voller Angſt ſein Noth dem HErren klaget/
Chriſtus gantz vnbeſchwert hilfft allen beyden frey/
Dann er den Sohn ſo bald von Todes Noth curiret/
Deß Vatters Glauben ſchwach verſterckt vnd confirmiret/
Zeigt an daß er der Artzt Leibs vnd der Seelen ſey.

Ce Courtiſan Seigneur le genouil humble plie
Ioint les mains tout dolent, & d'humble voix ſupplie
Qu'à ſon fils demi-mort Chriſt donne gueriſon:
Il luy dit; Ton fils vit: Il croit d'ame rauie,
S'en va, trouue ſon fils deſia remis en vie,
Dont il croit à ſalut & toute ſa maiſon. JOHA

The king's son with high fever does shake
His father calls Christ, in his fear does he quake
The Lord restored the boy's health immediately
Both father and son could again breathe freely
God also strengthened the king's weak belief
The doctor of soul and body to all offers relief.

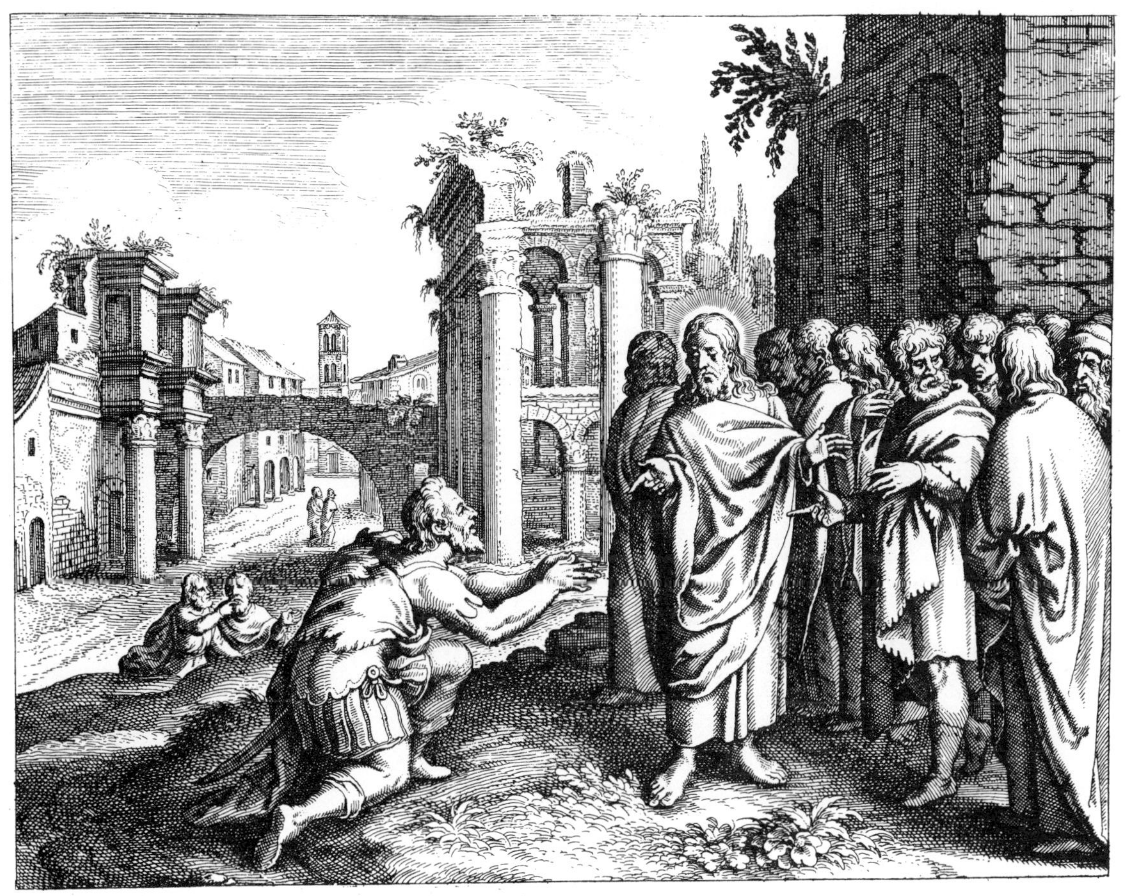

In pro-

Doctor of Body And Soul

XIV.

In propriis vitiis talpæ, in alienis Lyncei.

Si quis in alterius naſutus crimina vitæ
  Inquirit, ſceleris non memor ipſe ſui:
Ne properet feſtucam oculis evellere fratris,
  Luminibus propriis eruat ille trabem.

Sihe vor auff dich/ darnach auff andere.

Wer nicht ſiht noch erkennt ſein eigene Gebrechen/
Weiß doch dem Nechſten fein ſein Fehler darzurechen/
  Schawt nur auff andre Leut/ in ſeinen Mängeln blind.
Der ſeh daß er zuvor auß ſeinen Augen ziehe
Den Balcken ſchwer vnd groß/ darnach er ſich bemühe/
  Daß er den Splitter klein ins andern Augen find.

O qu'eſt le nombre grand d'hypocrites damnables
Qui ne voulans pas voir leurs faits abominables
Veulent de leurs prochains tous les faits eſplucher:
  Purge toy donc premier de honteuſes reproches
Nettoyant bien ton œil, auant que tu t'approches
Pour purger d'vn feſtu l'œil de ton frere cher. Luc

Those who are not aware of their own mistakes
  Cannot judge others, they themselves are fakes
He who watches over other people's fate
  Will find himself pulling out of his eye with hate
A big log, heavy and thick
  Then a small splinter that does prick.

Lucæ VI. 33

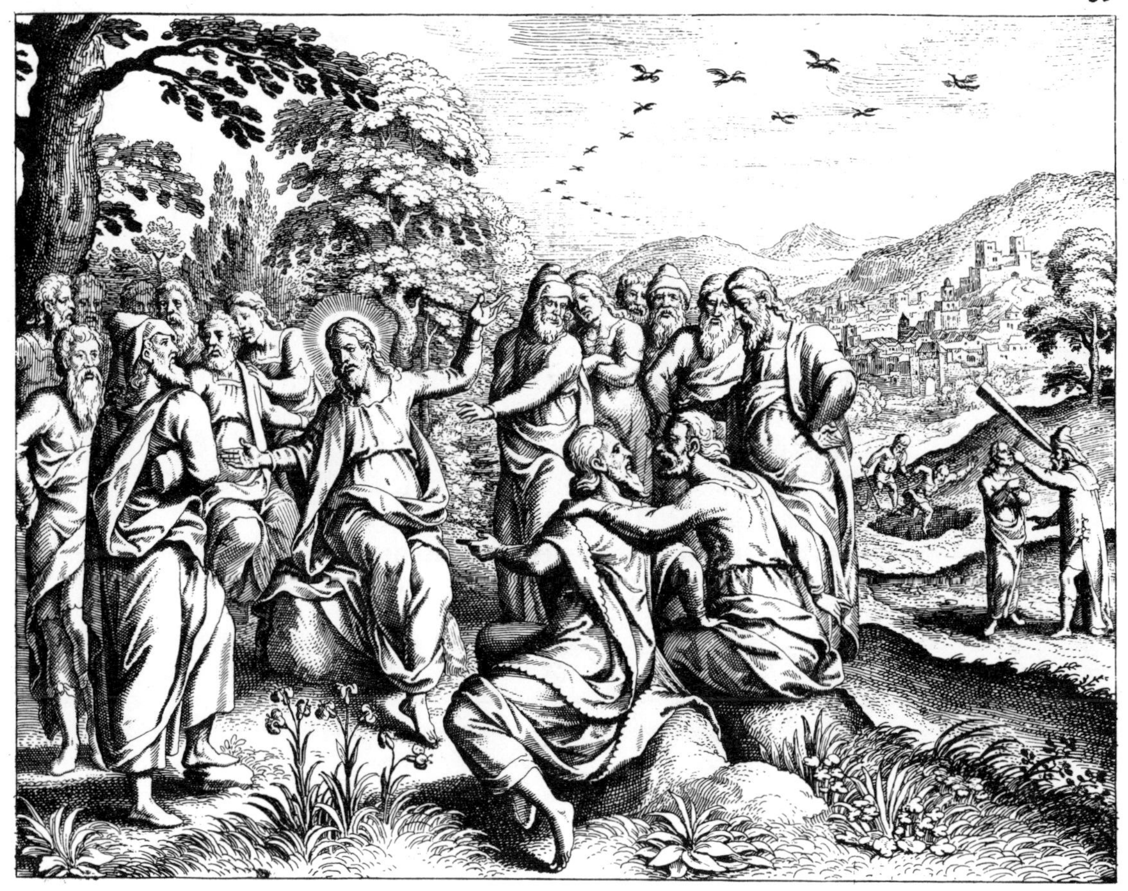

Ee *Quis*

Look Out For Yourself And Then For Others

XV.

Quis iſte, cui ventus & mare paret?

Fluctibus obruitur validisque Liburnica Cauris
    Dum ſedet & Dominus membra ſopore levat.
Inclamant ſocii, fer opem, Rex Chriſte, perimus,
    Hujus ad imperium ventus & unda ſilent.

Wer iſt der / dem Wind vnd Meer gehorcht?

Weil Chriſtus ſchläfft im Schiff / ein Wetter ſich erhebet/
Von vngeſtümmem Wind das Meer wütet vnd bebet/
    Das arme Schifflein faſt mit Waſſer wurd gefüllt/
Die Jünger leyden Noth / meynten ſie müſten ſterben/
HErr hilff vns / ſchryen ſie / damit wir nicht verderben/
    Chriſtus mit einem Wort den Sturm vnd Wetter ſtillt.

Voyez quaſi perir la flottante naſſelle
Qui dans les flots mutins au gré du vent chancele
Tandis que Chriſt couché dormoit profondement:
    Seigneur, nous periſſons, dit failli de courage
Le peuple tout tremblant; mais luy tançant l'orage,
Les vents & flots faſchés ſont cois en vn moment.

While Christ is sleeping on the boat
    A storm arises, so that it can hardly float
The little vessel is almost rocked to its death
    The disciples think they have breathed their last breath
Please help us, dear Lord, they plead in fear
    He wakes up, says a word, again the water is clear.

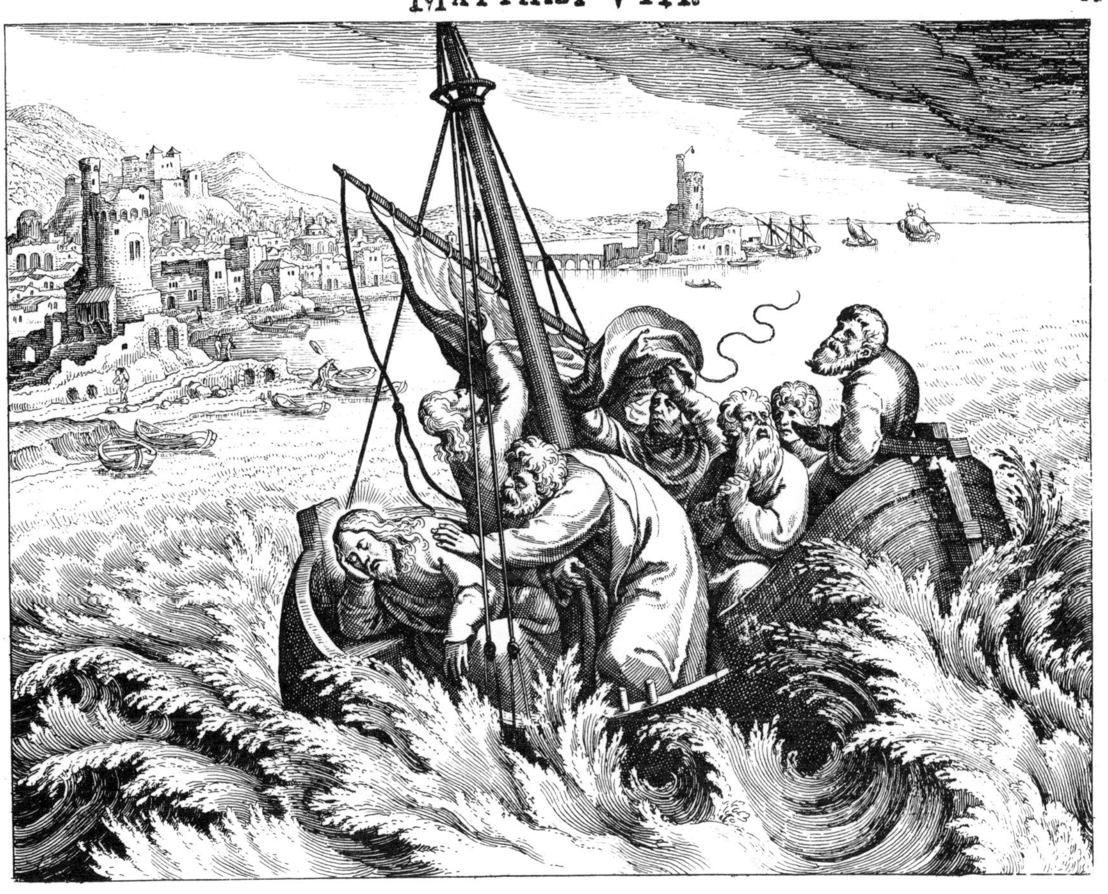

Specu-

Who is He, Whom Wind And Waters Abide

XVI.

Speculum Fidei & Charitatis.

Impoſitum lecto cui membra fuere ſoluta
Bajulat ad Dominum fida quadriga virum:
Firma Fides placuit Chriſto, qui protinus ægrum
Sanat & erectum tollere ſtrata jubet.

Der Glaub ſo durch die Liebe thätig iſt.

Ein armer lahmer Mann von vieren wird getragen/
Zu Chriſto / die das Tach mit gwalt muſten durchſchlagen/
Weil jhnen doch den Weg das Volck verſperzet hat/
Chriſtus den Glauben lobt / drumb er die Sünd verzeihet/
Dem Patienten auch volle Gſundheit verleihet/
Heylt zuforderſt die Seel/ darnach deß Leibes Schadt.

Ne pouuant approcher pour la foulante preſſe
L'homme paralytic que la langueur oppreſſe
Par le toict deſcouuert ſe faiſoit aualler:
Chriſt admire ſa foy, l'aime, la recommande,
Guerit ceſt affligé, le dreſſe, luy commande
De ſe charger ſon lict &, joyeux, s'en aller.

M.

A lame man is brought to the Lord through the roof
As it was dangerous, Christ was a little aloof
The man's belief was great, but the people had not let him pass by
Jesus understood, forgave the sin and made all cry
He even restored his patient's full health
But what he had gained mentally was his great wealth.

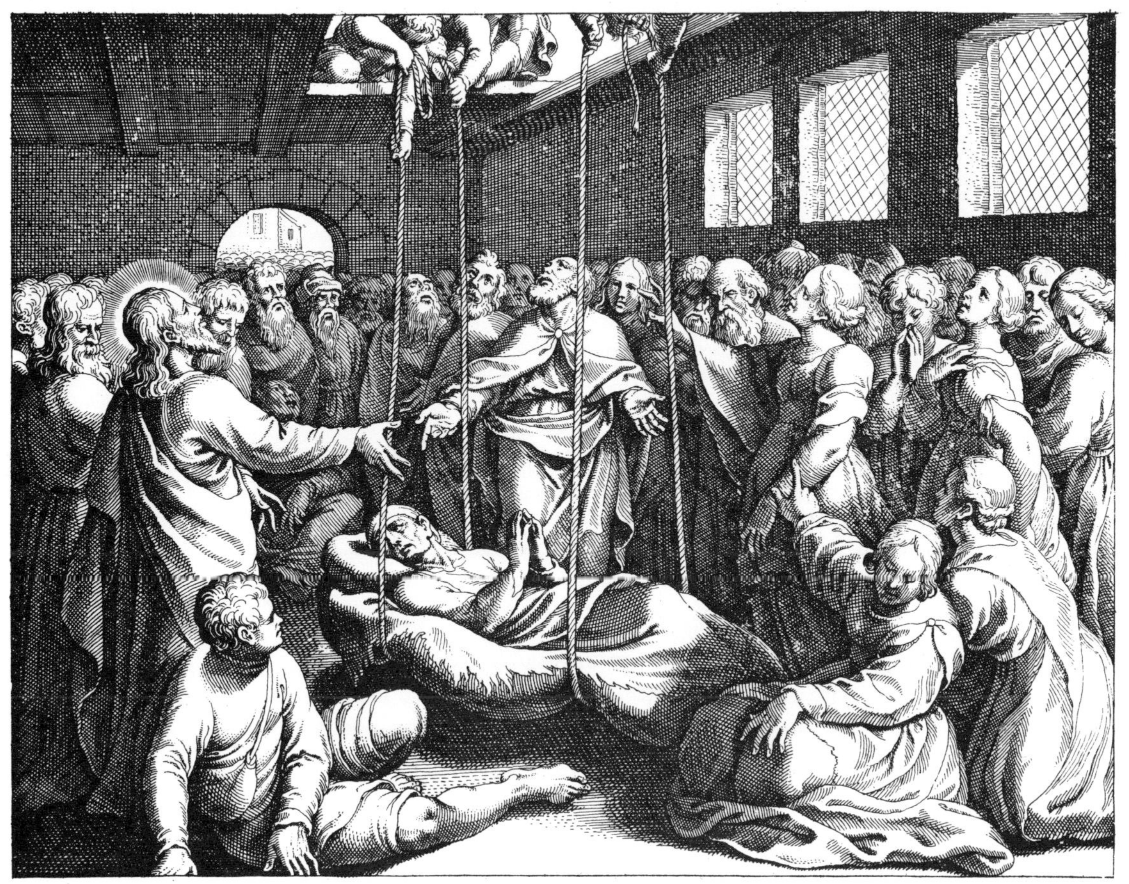

Belief is Shown in Love

XVII.

CHRISTUS Rex Vitæ & Mortis.

Abſtulerat *viduæ Nato* mors pallida lucem:
Plorantem Dominus ſed lacrymare vetat.
Surge, ait, & loculum tangit, mors pulſa recedit,
Vita redit: veri ſunt ea facta DEI.

Christus ein HErr vber Todt vnd Leben.

Der Witwen einger Sohn zum Kirchhoff wird getragen/
Auſſer Nain der Statt/ die Mutter führt groß klagen/
Der HErr tröſt ſie/ vnd ſpricht/ ſie hab nicht weynens noth/
Drauff rührt er an den Sarck/ Steh auff Jüngling ohn ſaumen/
Er richt ſich auff/ da muſt der Todt dem Leben raumen/
Ein ſolche That bezeugt/ Chriſtus ſey wahrer Gott.

Ceſte veſue perdoit ſon fils cher & unique
Que la mort luy rauit barbarement inique;
Chriſt luy dit, ſuruenant, femme ne pleure pas:
Puis touchant le cercueil, ſon parler donne-vie
Fait releuer ce mort, dont la mere rauie
Recognoiſt que Ieſus eſt Seigneur du trepas.

The widow's son they carry into the city
Everyone for her has great pity
Our Lord commiserates with the poor man
Touches the coffin, his death be damned
Alive again, the Lord he praises
As the one who everyone amazes.

Lucæ VII. 39

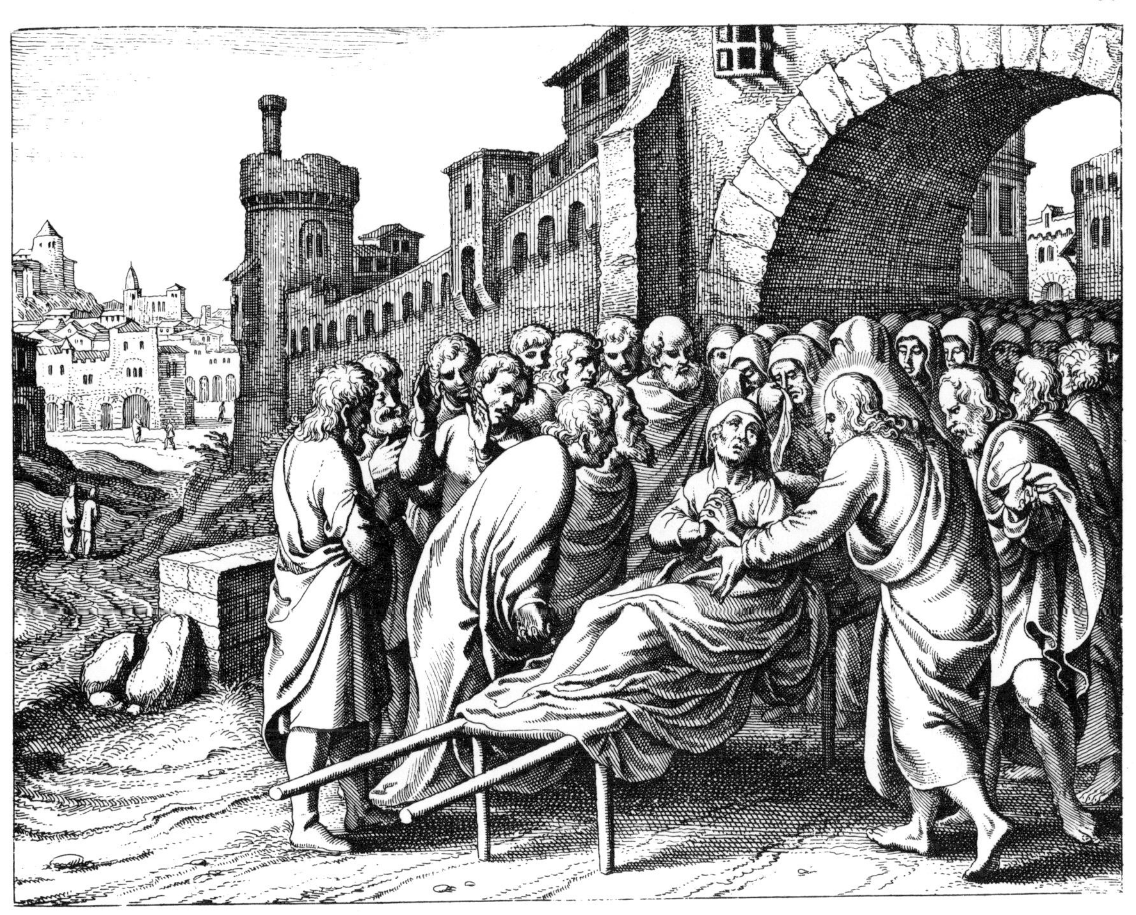

Veni-

Christ, Lord Over Life And Death

XVIII.

Venientem ad me non ejiciam foras.

PECCATRIX Domino dum prandet in æde Simonis,
  Effusis lacrymis crura pedesque rigat,
Crinibus abstergit quibus olim allexit amantes,
  Et quia dilexit, crimina nulla luit.

Ich bin kommen die Sünder zur Buß zuruffen.

Die grosse Sünderin netzet mit heissen Zähren/
Deß HErren Christi Füß / trücknets mit jhren Haaren /
  Salbt sie mit Balsamöl ins Phariseers Hauß/
Bezeugt damit jhr Buß / vnd weil sie viel geliebet/
Rühmt Christus diese That / ihr auch viel Sünd vergibet/
  Wer zu jhm kompt mit Buß / den stößt er nicht hinauß.

Christ disnant chez Simon y suruient vne femme
Dont le comportement estoit jadis infame
Mais dont le cœur alors estoit bien repentant;
  Laue les pieds de Christ de ses larmes dolentes
Et de ses longs cheueux luy desseche les plantes,
Pour de là r emporter vn cœur par foy content. LUC

A woman who had sinned in past
  Washed the Lord's feet, repented fast
Rubbed them with oil, dried them with her hair
  The scene took place in front of people that were noble and fair
Christ was happy, this deed did praise
  Forgiven, the maiden her head to the sky did raise.

Lucæ VII.

41

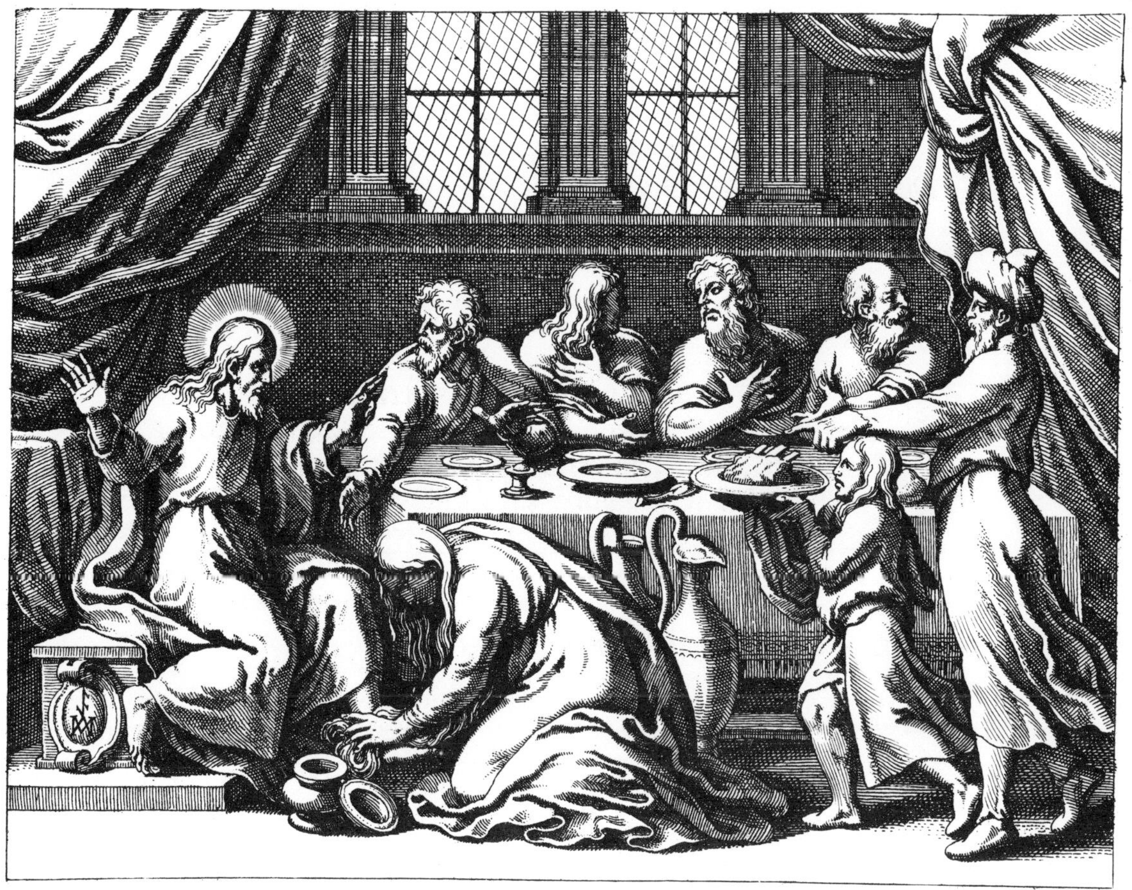

Ff

Sunt

I Have Come to Make All Sinners Repent

XIX.

Sunt bona mixta malis.

Fertilibus ſulcis bona ſemina mandat arator
  Infelix lolium diſſipat hoſtis agris.
Dogma ſalutiferum divinæ farra loquelæ
  Errores ſterilis pingit avena tibi.

Hie böſe vnd gute vnter einander.

Gut Samen wird geſäht auff ein gebawten Acker/
Da nun das Volck entſchläfft/ hält ſich der Teuffel wacker/
  Deß Vnkrauts er ſehr viel vnter den Weitzen ſtrewt.
Sie wuchſen beyde auff biß es zur Erndte kame/
Das Edle Gottes Wort zeigt an der gute Same/
  Das Vnkraut falſche Lehr/ Trug vnd Irrthumb bedeut.

Le ſemeur en ſon champ jecte ſemence pure
Mais l'ennemi ſuruient qui y mesle l impure
Quand il void endormis les laſſés laboureurs;
  Ce bon grain ſemé pur c'eſt la doctrine vraye,
Mais le malin, parmi vient jecter ſon yuraye
Pour eſtouffer le vray ſous ſes malins erreurs.

M.

Good seed is planted on the waiting field
  The people sleep from the devil protected by no shield
The weeds they grow between the meat
  The devil's food is easy to eat
God's word is seen in good seeds only
  Satan's weeds are dry and mouldy.

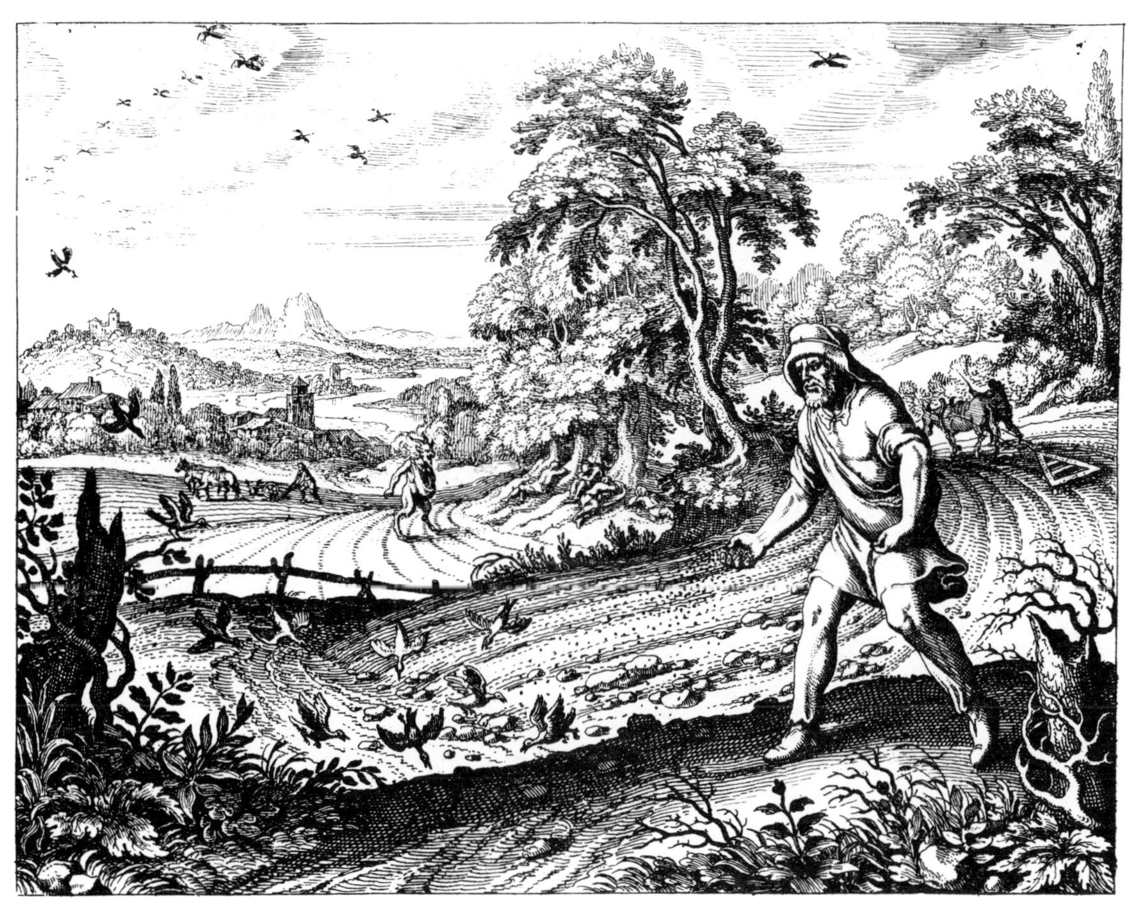

Ff 2 Servi

Good And Bad Be Separated

44

XX.

Servi mei edent & saturabuntur. Esaiæ 65.

Millia quinque virûm, quos post jejunia torsit
  Longa fames, quinis panibus, ecce, cibat,
Hac ratione docet CHRISTUS se pascere, quisquis
  Impiger æternæ verba salutis amat.

Meine Knecht werden essen vnd satt werden.

Deß Volcks fünff tausend Mann / das jhm lang zugehöret/
Christus mit eim Pancket von fünff Brodten verehret /
  Da war gnug vnd vollauff / daß man noch vbrig hat.
Wer Gottes Wort gern hört / dasselb von Hertzen liebet/
Denselben speist der HErr / jhm alle Notturfft gibet/
  Daß er kein mangel hat / wird aller Güter satt.

O miracle puissant! Christ void les grandes troupes
Qui languissent de faim sur les desertes croupes
Et veut les sustenter d'vn pain miraculeux:
  Cinq mille sont repeus de cinq pains, & commande
D'en donner à chacun qui aux siens le demande,
Tous admirans, rauis, vn fait si merueilleux.

JOH.

Five thousand men the bread do share
  Without having to worry about too little to spare
There was plenty left over, none were left wanting
  Those who love Christ, are not prone to flaunting
Those who need it will always be fed
  The ones that with God in a soul marriage are wed.

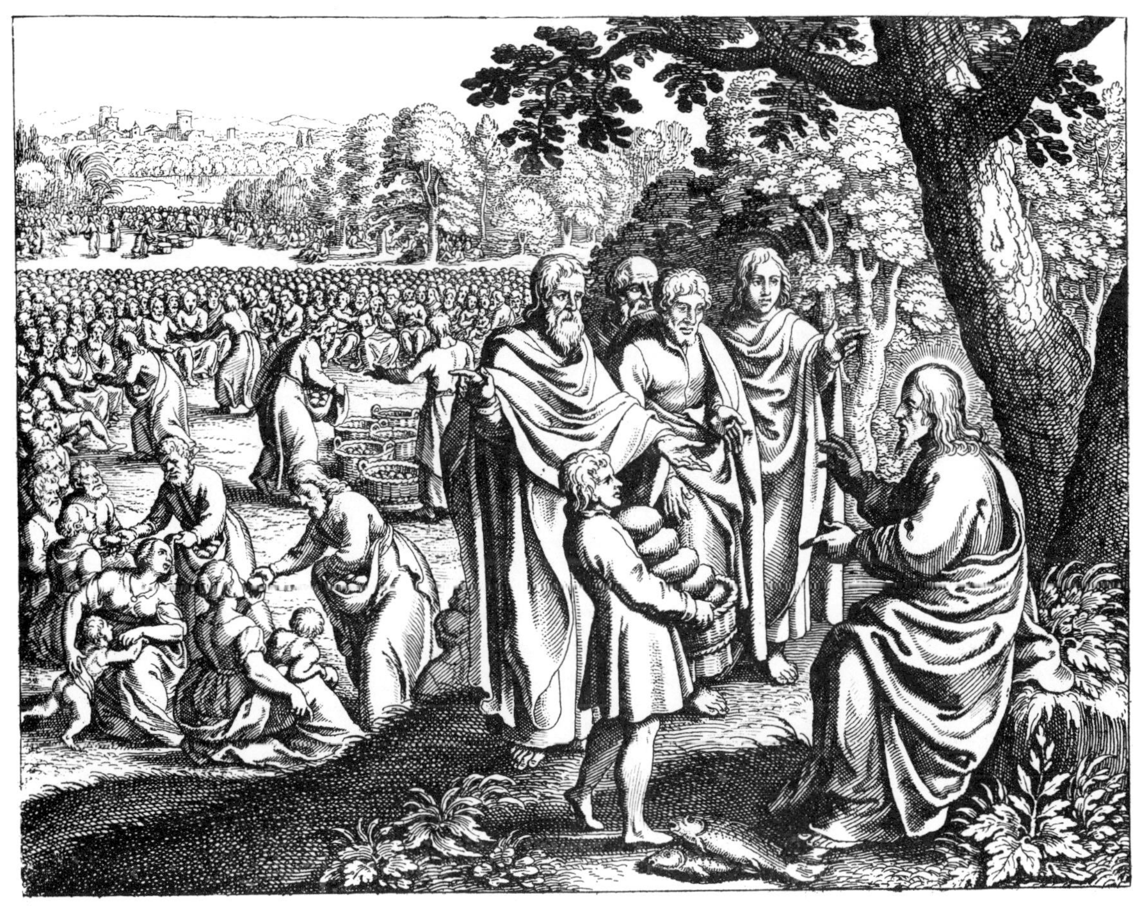

My Servant Will Eat And Have Plenty

XXI.

Veritas odium parit.

Damnat adulterium & vetitos BAPTISTA hymenæos,
Inde Machærunti carceris antra ſubit.
Huic Herodiadis cervix præciditur aſtu,
Juſtitiæ hæc merces & pietatis erat.

Lohn frommer vnd eyferiger Lehrer.

Dem König vmb Blutſchand ſein Gwiſſen wird gerühret/
Weil er ſeim Bruder hat ſein Ehegemahl entführet/
Johannes drüber ward in den Kercker gelegt/
Herodias mit Liſt macht daß nach etlich Tagen
Dem thewren Gottes Mann ſein Haupt wird abgeſchlagen/
Wer eim die Warheit ſagt/ ſolchen Lohn davon tregt.

Pour auoir condamné l'impudent adultere
Le plus grand des humains qui nasquit ſur la terre
Fut d'Herodes jecté dans l'obſcure priſon :
Puis l'infame putain par vn deſſein artiſte
Fait oſter és cachots le ſainct chef à Baptiſte :
Le Roy tard ſe repend d'vn ſerment ſans raiſon.

The king's conscience because of incest is guilty
With his sister-in-law he committed an act that was filthy
John because of this into the pit is thrown
Herodias for his righteousness was never known
And was beheaded in God's name
The truth never did have a claim to fame.

MARCI VI.

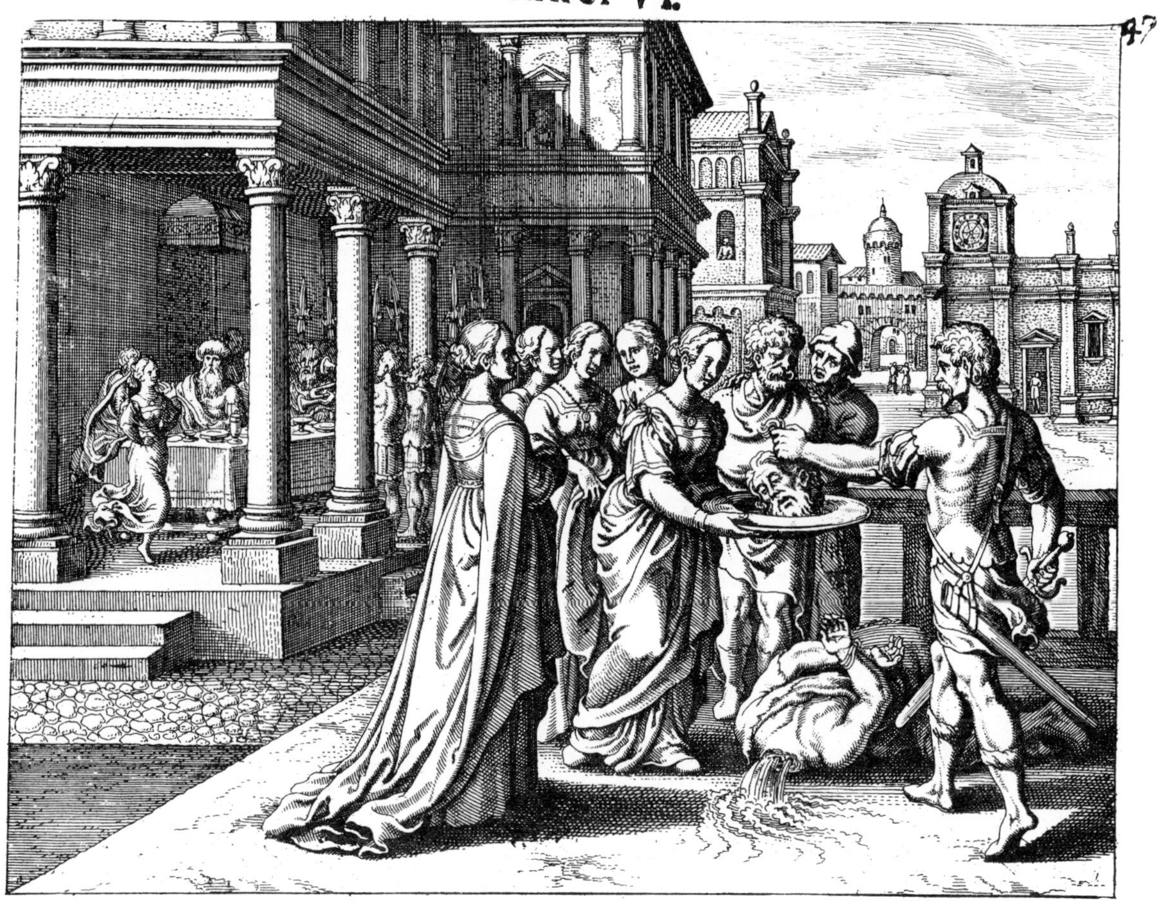

Domi-

Eager Teachers Are Rewarded

42

XXII.

Dominus ſtatuminat imbecillos. Pſal. 146.

Fluctibus ingreditur CHRISTUS de nocte marinis.
  Preſſa pavimenti præſtitit unda vicem.
Tentat idem PETRUS, ſed gurgite merſus aquarum,
  Servatur Domini ſubveniente manu.

Der HErr richtet die Fallenden auff.

Christus geht auff dem Meer ohn einige Beschwerden/
Die Fluth jhn tragen muß wie die Fußfeste Erden/
  Petrus thut solches nach/ wiewol der Glaub war klein/
Da er auffs Wasser kompt/ fäht er bald an zu sincken/
Christus beut jhm die Hand/ het sonst müssen ertrincken/
  Der HErr hilfft denen auff die schwach im Glauben seyn.

Chriſt cheminoit la nuict ſur l'onde, qui endure
De s'affermir ſous luy non moins que pierre dure;
Car qui n'obëiroit au mot du Crëateur?
Pierre en veut faire autant, trop hardi de courage,
Mais il alloit à fonds, eſtonné de l'orage,
Quand Chriſt en l'empoignant fut ſon liberateur.

M

Jesus walks the water without complaint
  The liquids carry him like firm ground of the saints
Peter watches in amazement
  His beliefs in God were small and complacent
The Lord held out his arm in strength
  Convenient, as Peter could not swim one more length.

MATTHÆI XIV. 49

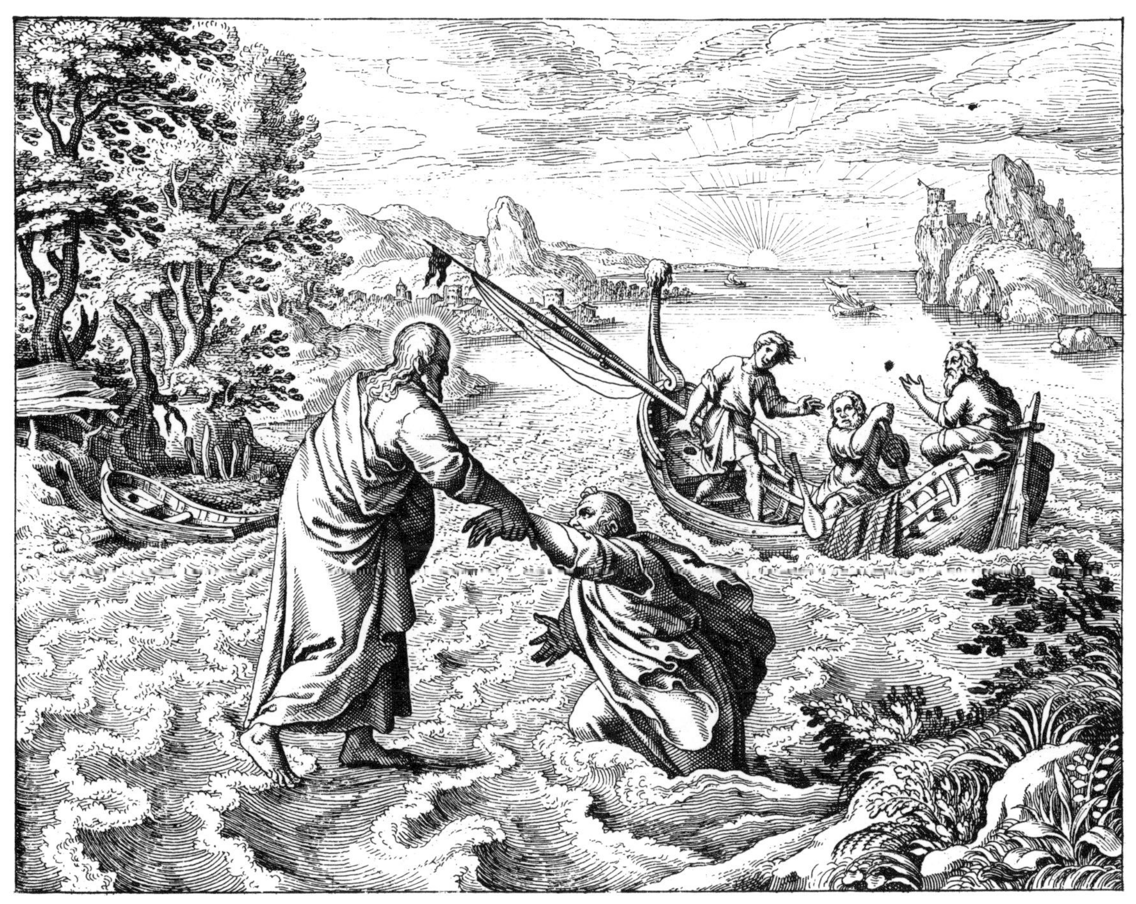

Gg *Fides*

The Lord Maketh The Falling to Stand

50

XXIII.

Fides victoria credentium. I. Joh. 5.

Dum precibus DOMINUM mulier Phœniſſa fatigat,
    Obtinet Herculea quæ petit illa Fide.
Luctatur congreſſa Deo, victrixque triumphat
    Alma Fides, quicquid vis, pete, crede, feres.

Vnſer Sieg iſt der Glaub.

Das Cananeiſch Weib mit viel weynen vnd klagen/
Laufft vnd ſchreyt Chriſto nach/ es wird jhr abgeſchlagen/
    Sie kehrt ſich nichts daran/ mit Bitt hart an jhn ſetzt/
Biß daß ſie wird erhört/ der Glaub mit Gott feſt ringet/
Hält an/ biß er gewehrt/ vnd den Sieg davon bringet/
    Glaub vnd bitt was du wilt/ du erlangſt es zu letzt.

La tres-conſtante foy de la Pheniciënne
Luita tant contre Chriſt, que la fermeté ſienne
De ſon refus frequent r'emporta le deſſus:
    Trois fois recommençant ſa priere conſtante;
Si qu'elle part en fin heureuſement contente:
Nous monſtrant que la foy obtient tout de là-ſus. M

The woman of Canaan she did cry and plea
    Christ passed her, never turning to see
She let nothing stop her, proceeded to pray
    But even then nothing happened to her dismay
The Lord stopped at last, she triumphed in her belief
    If we are pious and earnest, God will offer relief.

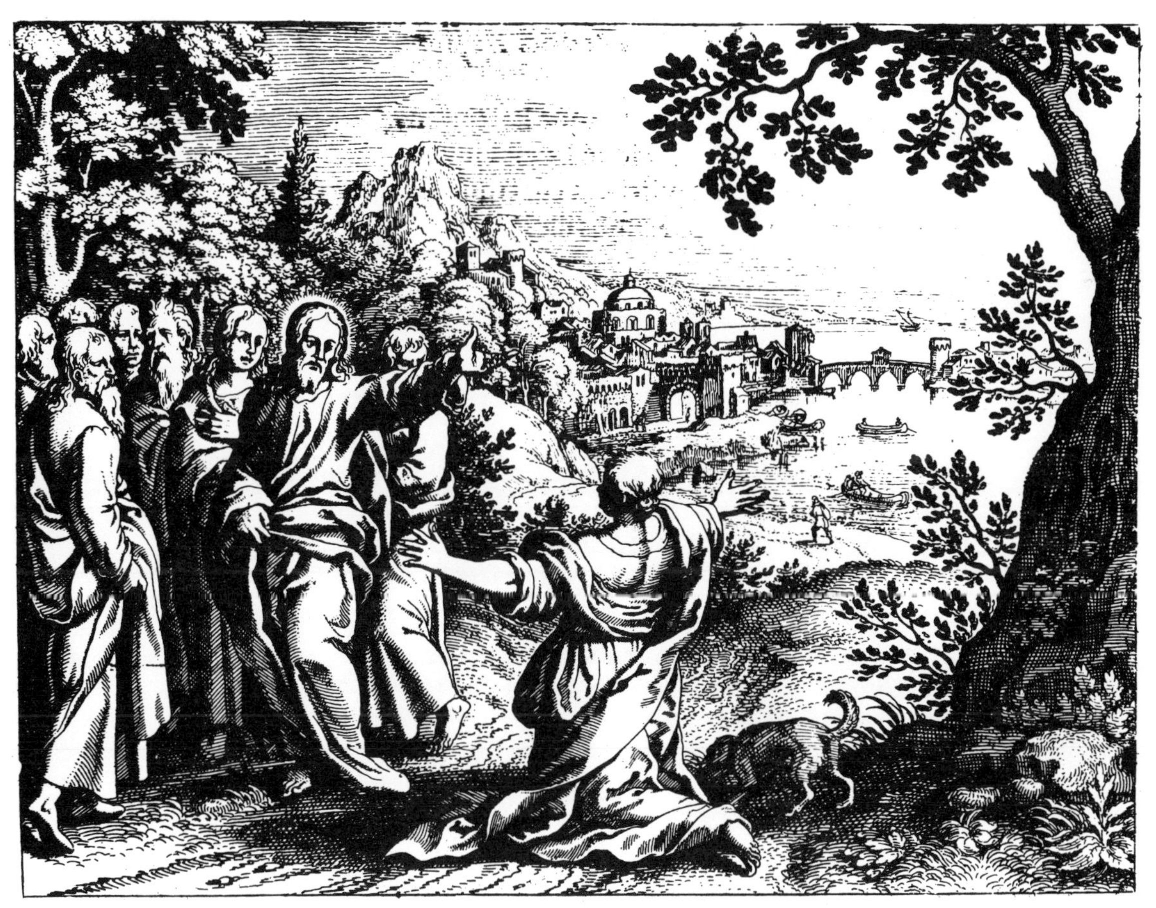

Gg 2 Quis

Our Belief is Our Triumph

52

XXIV.

Quis proximus noster.

Turba viatorem ſpoliat cæditque latronum;
Nil hunc Sacrificus, nilque Levita juvat.
Sed peregrina manus miſerum curatque levatque;
Qui caret auxilio proximus ille tibi eſt.

Wer vnſer Nächſter ſey.

Ein armen Wandersmann im Wald die Mörder funden/
Nahmen jhm was er hat/ darzu tödtlich verwundten/
Zogen jhn nacket auß (ein Ding das jetzt nicht new)
Ein Prieſter vnd Levit jhn hülfflos ligen laſſen/
Ein Frembder thut jhm guts/ viel liebs vber die maſſen/
Gibt damit zu verſtehn/ daß er ſein Nächſter ſey.

Pieux Samaritain, ta main medicamente
Le Iuif ja demi-mort qui, giſant, ſe lamente;
Qu'vn Leuite paſſant n'a daigné regarder:
Vn Sacrificateur meſmement le meſpriſe,
Mais la poſterité ton humanité priſe
Pour exemple d'amour que tous doiuent garder.

Lu

A poor traveler in the woods by murderers was caught
They took all, and he lost even though for his life he fought
They took all his clothes, something not even new
A priest found him naked all covered with dew
The stranger was kind, took care of the wanderer
Letting him know that night he had a protector.

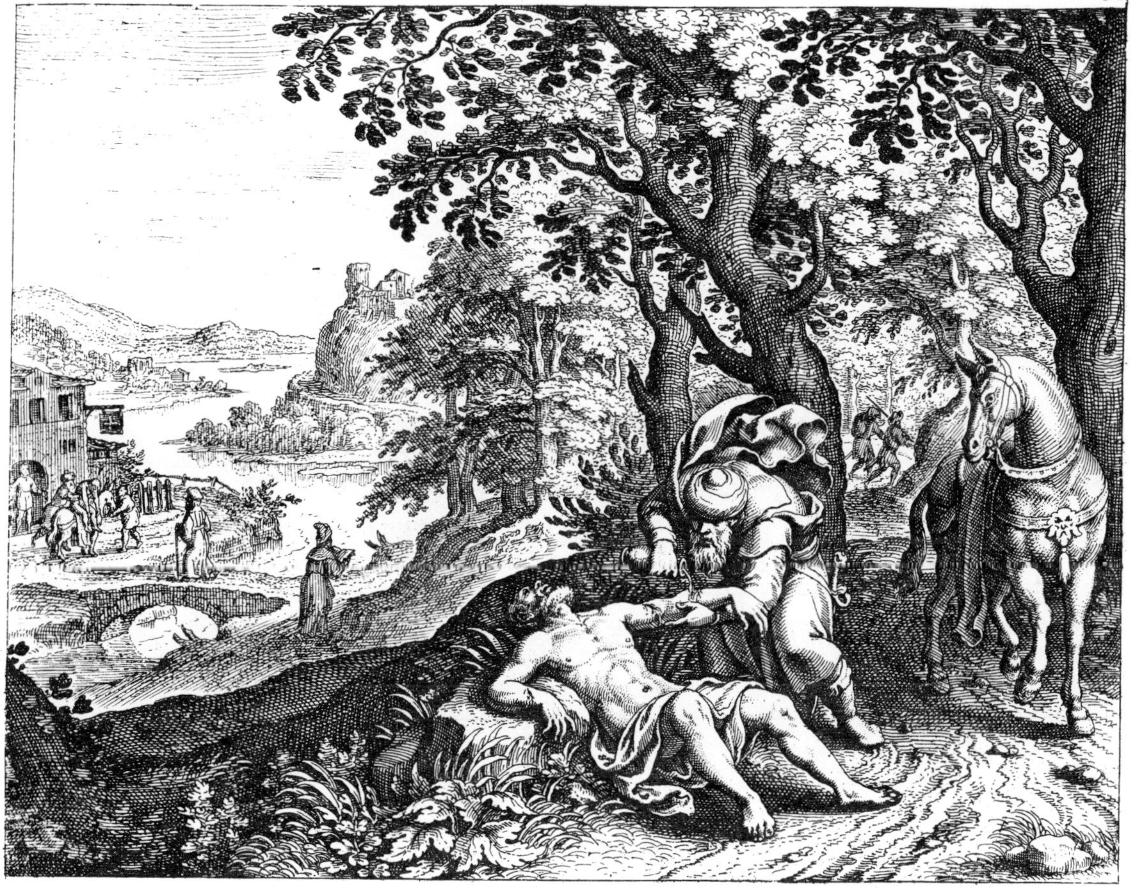

Gg 3 CHRI-

Our Watchman

54

XXV.

CHRISTUS imperat impuris ſpiritibus. Marc. 1.

Eiicit è miſero Dominus Cacodæmona MUTO
    Protinus obſeſſus verba diſerta ſonat.
Spiritibus Chriſtus ſtygiis dominatur, & illos
    Cogit ad imperium cedere ſede ſua.

Er gebeut den vnſaubern Geiſtern mit gewalt.

Ein armer ſtummer Menſch von dem Teuffel beſeſſen/
Zu Chriſto wird gebracht/ führt ein jämmerlich Weſen/
    Der HErr den Geiſt treibt auß/ der Stumm redt alſo baldt.
Der Teuffel weychen muß mit ſeinem Grimm vnd Wüten/
Nichts hilfft ſein Macht noch Liſt/ Chriſtus kan jhm gebieten/
    Zerſtört der Höllen Reich/ zerbricht jhm ſein Gewalt.

L'admirable pouuoir de Ieſus debonnaire
Guerit d'vn poſſedé le mal non ordinaire
Chaſſant l eſprit malin qui l'alloit oppreſſant:
    L'homme qui n'auoit point de ſa langue l'vſage,
Lors qu'il fut deliuré parla raſſis & ſage,
Dont chacun admiroit vn effet ſi puiſſant. Luc.

A poor stupid man, who possessed by the devil
    Was brought to the Lord to be saved from all peril
Christ says a word, the spirits must leave
    Even the satan is forced to retrieve
The man is saved, he praises Christ's kingdom
    That overpowered the underworld, through its wisdom.

Lucæ XI. 55

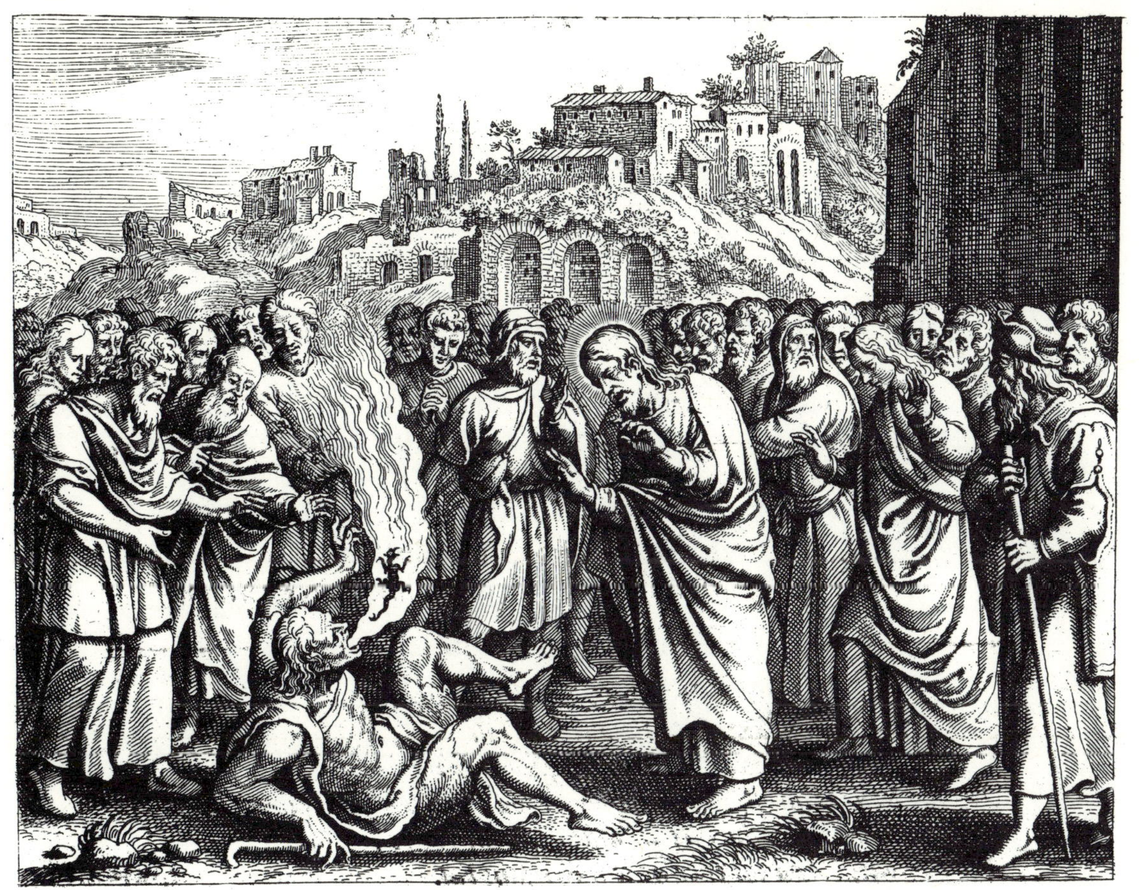

Hic

He Confronts The Spirits

XXVI

Hic eſt filius meus dilectus. Matth. 3.

Colloquitur CHRISTO Moſes conjunctus Eliæ,
  Illius eſt facies ſplendida Sole magis.
Glorificat Natum Pater, & teſtatur ab alto
  Filius hic meus eſt, audiat Orbis eum.

Diß iſt mein lieber Sohn / den ſolt jhr hören.

Deß HErren Angeſicht glänzt heller dann die Sonne/
Sein Kleidt weiſſer dann Schnee / da iſt viel Frewd vnd Wonne/
  Moſes / Elias auch beſprechen ſich mit jhm /
Der Vätter jhn verklärt vnd præſentirt vns allen/
Diß iſt mein lieber Sohn / an dem ich hab Gefallen/
  Hört jhn / folgt ſeiner Lehr / ſpricht er mit lauter Stimm.

Sur la croupe d'vn mont où perſonne n'habite
Möyſe paroiſſant & le Voyant Thesbite
Diſcouroyent auec Chriſt de ſon ſanglant trépas;
Non moins qu'eſclair flambant ſon front le jour éclaire,
Puis vne voix du Ciel dit diſtinctement claire,
Eſcoutez mon fils cher ne le meſpriſans pas.

MAT

The Lord's face shines in glory and beauty
  All are so happy, but not out of duty
Moses and Elias talk with no resentment
  When suddenly by a being to us all was presented
This is my dear son, in whom I take pleasure
  Listen to his lessons and take measure.

MATTHÆI XVII. 57

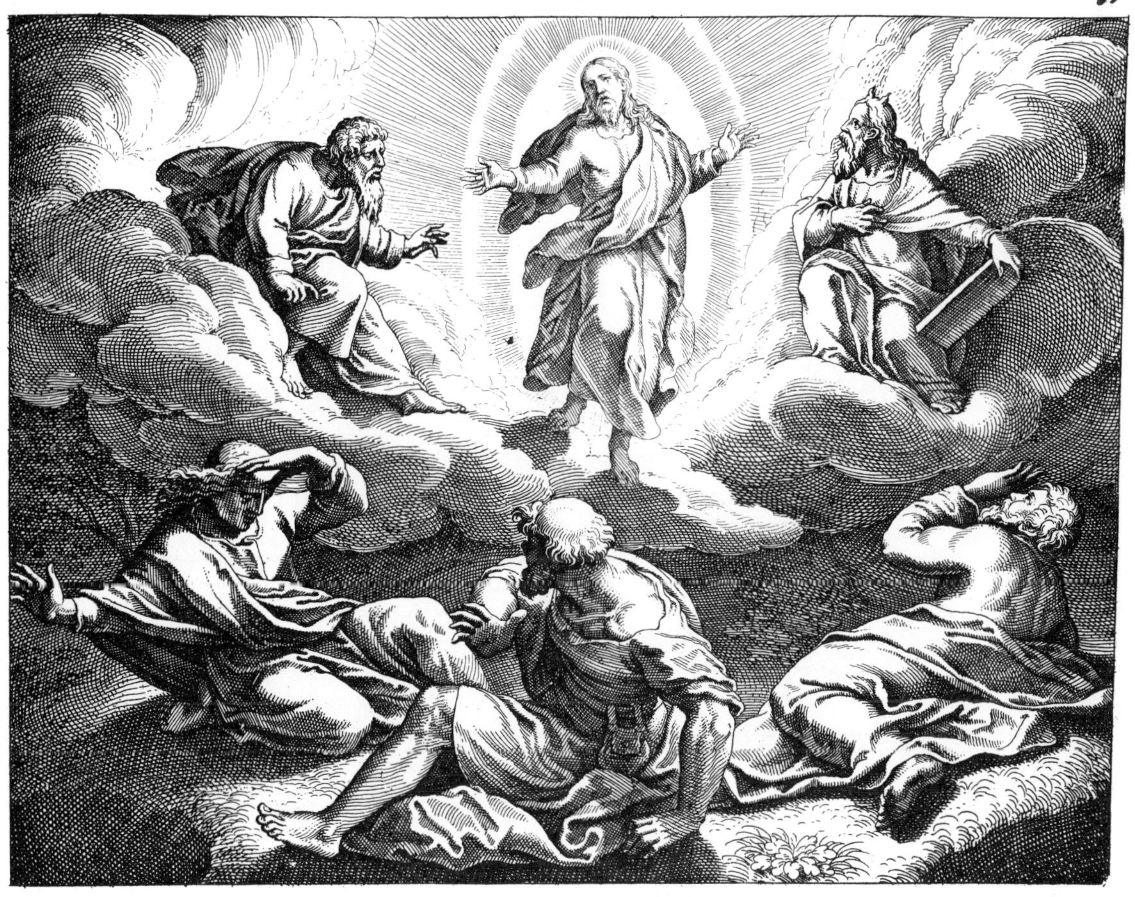

Hb Pie-

This is My Dear Son, Whom You Shall Hear!

58

XXVII.

Pietas ad omnia utilis.

En geminæ ut ſatagant circum diverſa Sorores,
  Illa ſtudet Chriſto, ſed coquit iſta cibos.
Quid fruſtra te ſollicitant res MARTHA caducæ?
  Proſpexit melius cauta MARIA ſibi.

Eines iſt vonnöthen.

Zwo Schweſtern in eim Hauß ſind von vngleichen Sinnen/
Martha laufft in der Küch / an Hülff will jhr zerrinnen/
  Maria hört mit fleiß deß HErren Chriſti Wort:
Vmbſonſt iſts / daß man ſich mit Sorg vnd Müh beſchweret
Vmb ein vergänglich Ding / das kaum drey Stunden währet/
  Wahre Gottſeligkeit kan nutzen hie vnd dort.

Marthe porte le ſoin du meſnage; Marie
Ne veut qu'eſcouter Chriſt: de quoy Marthe marrie
S'en plaint à Chriſt & veut qu'il cenſure ſa Sœur:
  Marthe (luy reſpond-il) mainte ſolicitude
Trauaille ton eſprit; ta Sœur met ſon eſtude
Pour aquerir le bien & meilleur & plus ſeur. Luc

There was a house, in it two sisters comparable not
  One a pious Christian; the other worth only what her hands
  in the kitchen had wrought
Maria daily listened to her teacher
  The spirit 'twas more important than the moment,
    he would preach her
A menial task, something left to men
  Does not compare to a spirit t'wards God bent.

LUCÆ X. 59

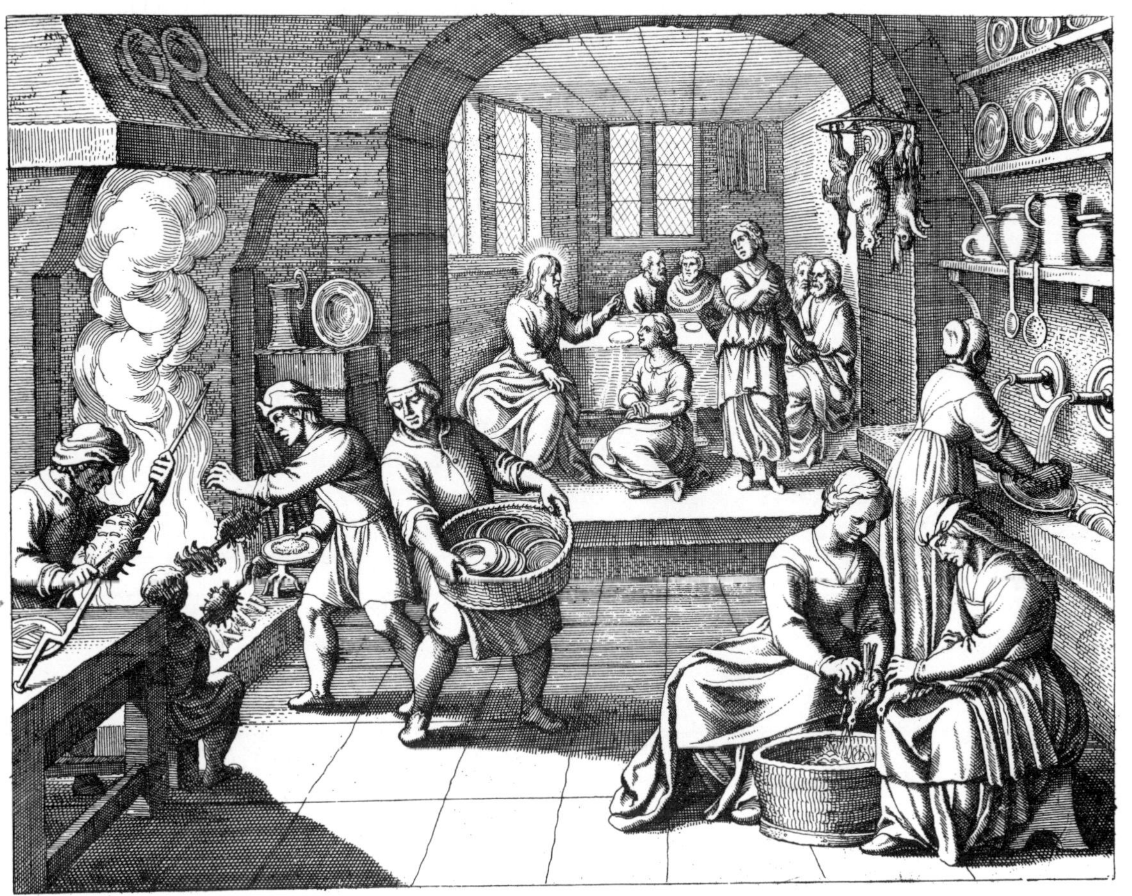

Hh · 2 *Primi*

One Be Needing

XXVIII.

Primi erunt novißimi, &c.

Ut vites colerent, diverſo tempore agreſtes
  Mittit HERUS, ſpondens præmia certa viris,
Impar iis labor eſt, merces tamen omnibus una,
  Arbitrio DOMINUS nam facit iſta ſuo.

Die Erſten werden die Letzten ſeyn.

Der HErr ſendt Hecker auß ſein Weinberg zu arbeiten/
Vmb ein gewiſſen Lohn/ den er jhn wolt beſcheiden/
  Etlich beſtellt er früh/ andre am Abend ſpath/
Doch gibt er gleichen Lohn dem Erſten wie dem Letzten/
Wiewol jhr etlich ſich ſperrten vnd widerſetzten.
  Gott theilt auß wie er will/ acht keines Menſchen Rath.

Le Maiſtre, de prix fait pour vn denier qu'il donne
Rencontrant des ouuriers à midi, leur ordonne
D'aller jusques au ſoir aux vignes trauailler:
D'autres y vont depuis: tous ont meſme ſalaire,
Puis dit aux murmurans qu'il a veu s'en deſplaire,
Peux-ie pas de mes biens ce qu'il me plaiſt, bailler?

MA

The Lord sent men to reap his vineyard
  To pay a certain price for this he had figured
Some start in the morning, some at dusk
  He pays them all equally for this task
Some question him, this angers his Lordship
  How could they be unfair toward their own kinship.

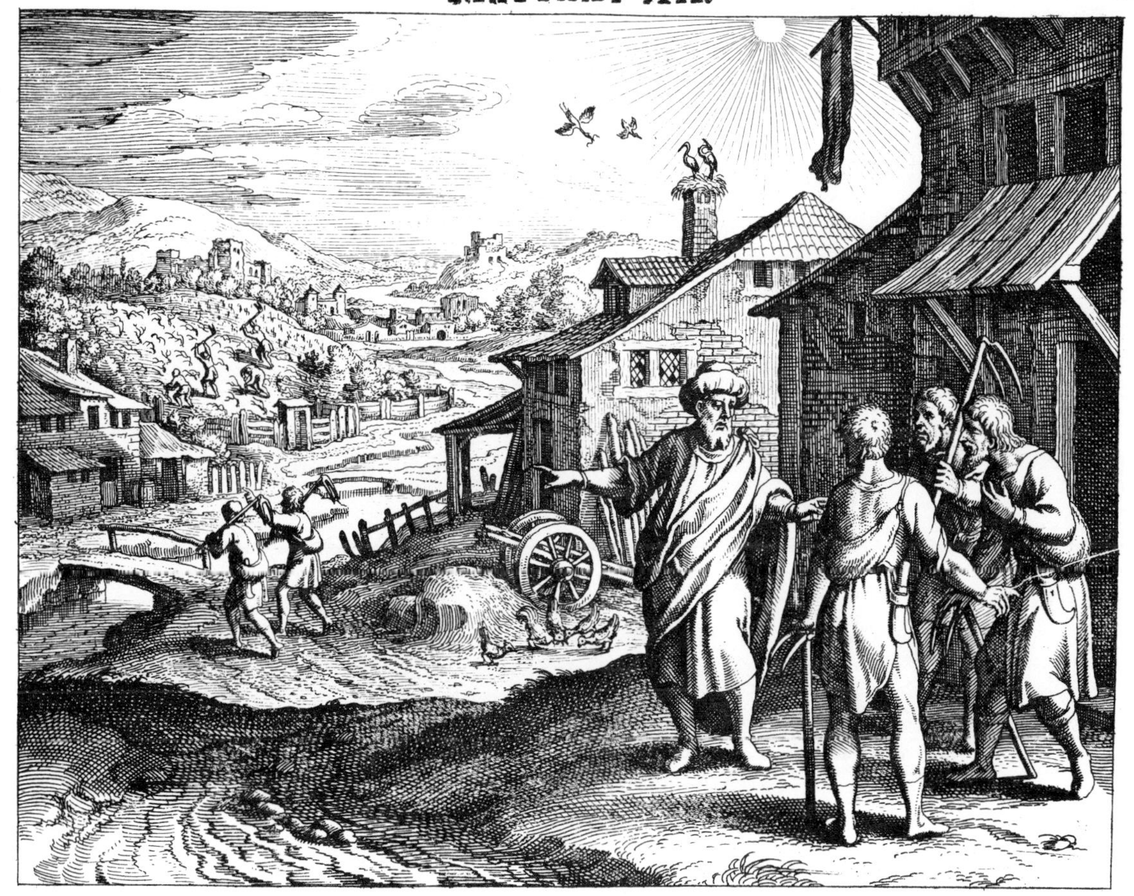

Hh 3 *Pue-*

The First Will Be The Last

XXIX.

Puerorum est regnum Cœlorum. Marc. 10.

Adducit pueros Domino pia cura parentum,
Quos tangens manibus oscula pangit eis.
Ne prohibete meis parvos amplexibus, inquit,
Cœlica quos per me gaudia parta manent.

Das Himmelreich ist der Kinder.

Der frommen Eltern Sorg die Kinder bringt zum HErren/
Daß er sie segnen solt/ die Jünger woltens wehren/
Den Kindern ohne falsch gebührt das Himmelreich/
Darauff begint er sie zu küssen vnd zu hertzen/
Wer in die ewig Frewd begert/ spricht er/ ohn schertzen/
Derselb lug daß er werd eim solchen Kindlein gleich.

Vne mere vers Christ ses enfançons ameine
Pour en estre benis, luy de douceur humaine
Les embrasse, benin, les baise, les soustient:
Que nul (dit il aux siens) ne leur face moleste
Pour les chasser de moy: car la joye celeste
A eux & autres tels proprement appartient.

The pious parents bring their children to the Lord
That he may protect them like a sword
For children are the ones that are truly pious
That can adore without being biased
He who can truly love like a child can
May call himself more than another man.

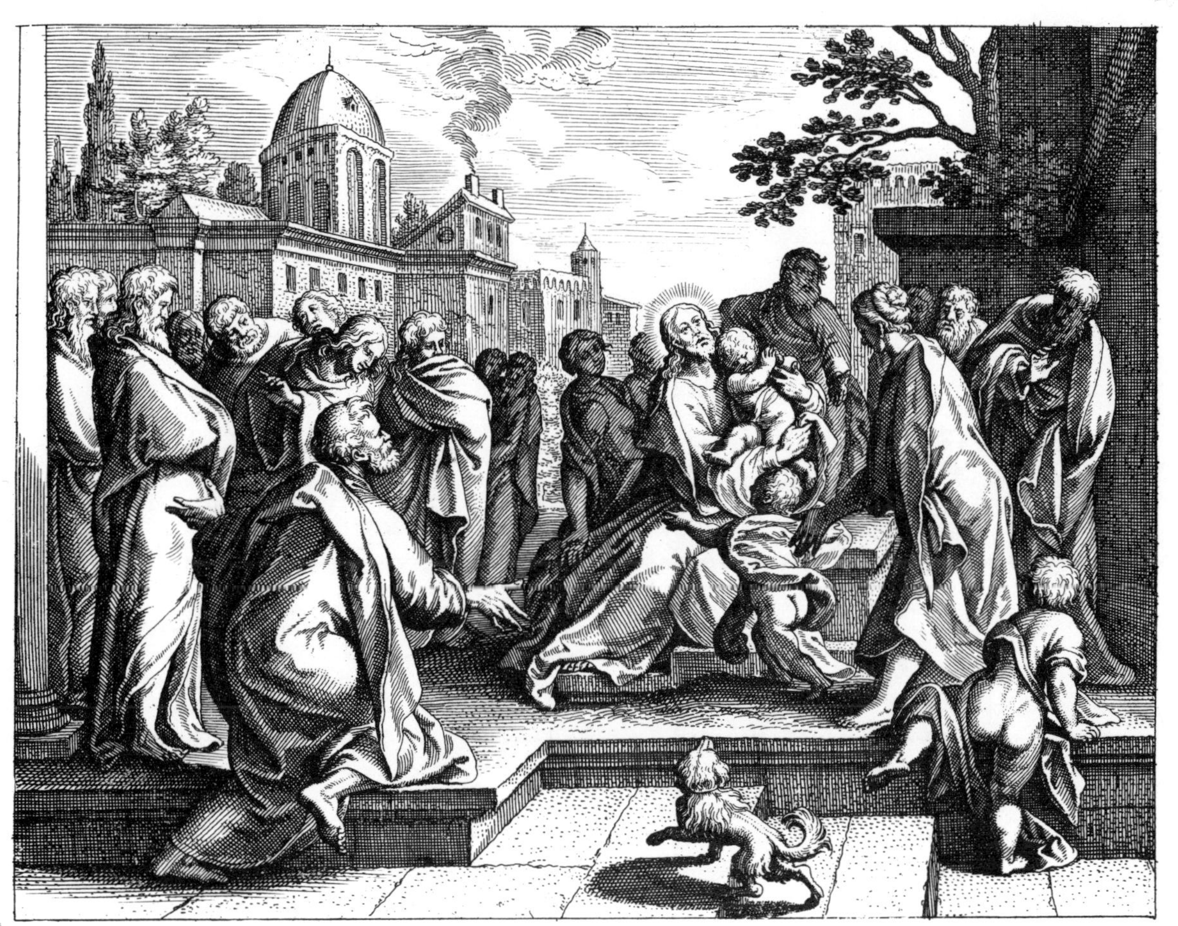

In quo

Heavens Be For The Children

64

XXX.

In quo judicas alium, condemnas teipsum. Rom. 2.

Hîc in adulterio mulier deprensa pudendo
 Ducitur ad CHRISTUM fassa rubore nefas.
Non ait, est damnare meum; sed vindice saxo
 Hanc primus feriat, qui sine crimine erit.

Wer sträfflich ist / kan andere nicht straffen.

Ein Weib auff frischer that im Ehebruch vbereylet /
Zum HErren wird geführt / der sie doch nicht vrtheylet /
 Nur mit dem Finger sein diß auff die Erden schreibt:
Wird vnter euch jemand ohn alle fähl gefunden /
Der werff den ersten Stein auff sie zur Straff der Sünden /
 Wer andre richten will / nicht vngerichtet bleibt.

L'on amena vers Christ (le tentant par surprise)
Celle qui fut au fait de l'adultere prise:
Ce n'est à moy, dit il, de juger de ce fait:
 Mais pour la chastier du commis adultere,
Qui celuy d'entre vous leue premier de terre
Le caillou punisseur qui se sent plus parfait.

JOH

A woman is led to the temple, who committed adultery
 So that she may find God who will not judge her hastily
He who has never committed sin
 May take the first stone without a whim
But he who will be sentenced himself
 Had better leave the stone on the shelf.

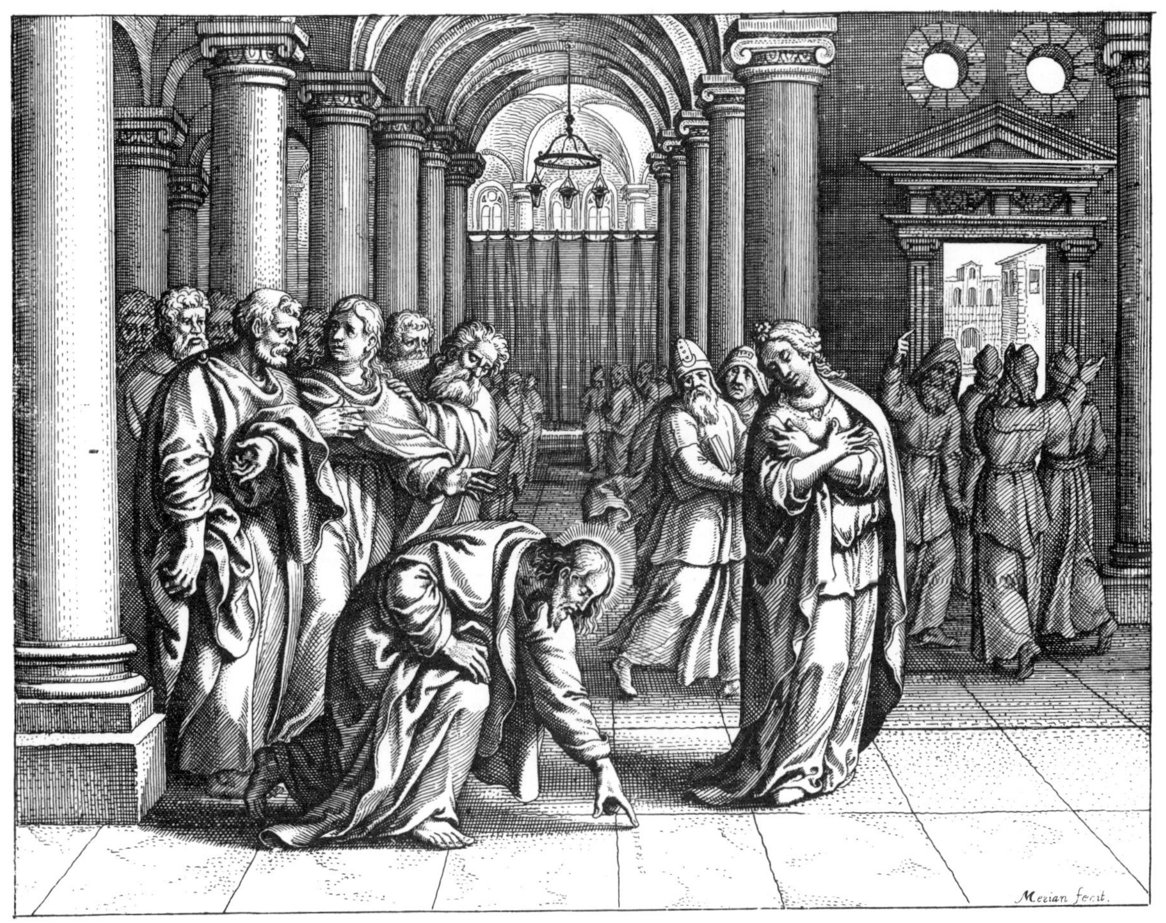

Ij Gau-

He Who Needs to Be Punished, Cannot Punish Unto Others

66

XXXI

Gaudium erit ſuper peccatore reſipiſcente.

Aera libidinibus, luxu, ingluvieque paterna,
Exiguo magnas tempore perdit opes,
Hinc ſtomachum ſiliquis & furfure PRODIGUS implet:
Sed veniam ſupplex à patre Lurco tulit.

Frewd vber einen Sünder der Buſſe thut.

Der vngehorſam Sohn ſein Gütlein bald verſchwendet/
Auff Spielleut/ Gaſterey/ loß Leut vnd Huren wendet/
Biß er in grundt verdirbt/ an Bettelſtab gereht
Die Treber auß dem Trog muß freſſen mit den Sewen/
Er bittet vmb Genad/ da jhn der Schimpff thet rewen/
Der Vatter nimbt jhn auff/ Gott kein Büſſer verſchmeht.

Ce prodigue garçon par infame deſpenſe
Gourmanda tout ſon bien: ſa juſte recompenſe
Fut, en gardant les porcs, de ſe paiſtre de glands:
Mais ſon vray repentir ſi puiſſamment opere
Qu'il appaiſe le cœur de ſon offensé pere
Tout eſmeu de ſes pleurs & ſouſpirs tout-ſanglans.

LUC

The naughty son did waste his inheritance
On whores, trinkets and musicians without saving it
Until one day it's gone—now he must beg for his food
Quite quickly did he change his mood
His father took him back with open arms
The Lord forgives those who repent and saves them from harm.

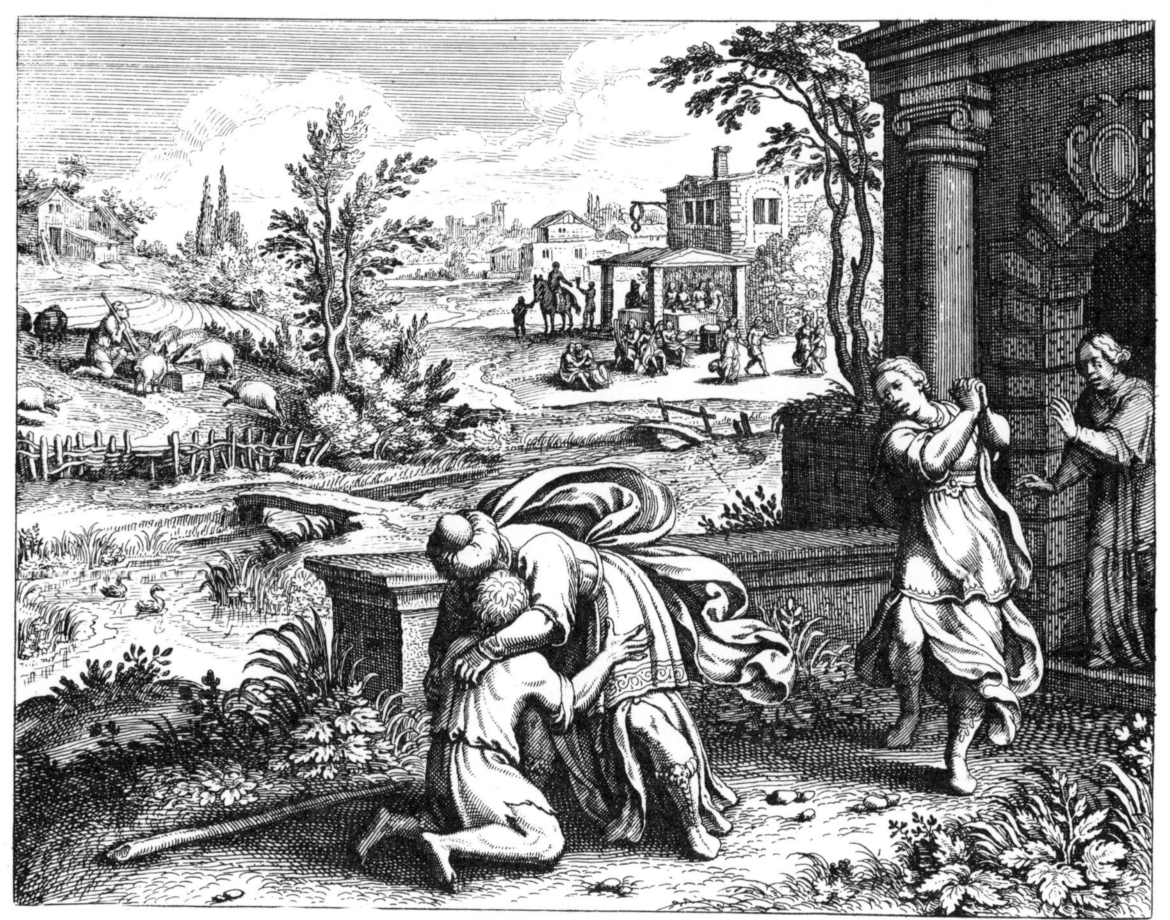

Ii 2 Finis

Repentance Brings Happiness

68

XXXII.

Finis piorum & impiorum dispar.

Deliciis, Luxu, Fastu sua tempora Dives
Perdit, & extinctus Tartara dira subit.
Lazarus ulceribus plenus, miser, æger inopsque,
Astra petit, sortem sic variante Deo.

Vngleich End der Frommen vnd Gottlosen.

Voll Reichthumb / Gut vnd Gelt / mit Wollust vberfüllet
All Tag in Frewden lebt / treibt Pracht / kurtzweilt vnd spielet/
Zu letzt der reiche Mann stirbt vnd zum Teuffel fährt/
Den armen Lazarum die Schwären hefftig plagen/
Der wird ins Paradeiß von den Engeln getragen/
Schaw wie sich in dem Todt das Spiel wend vnd verkehrt.

Ce riche malheureux qui se fond en delices
Reçoit tost de ses faits les merités supplices,
Criant, hurlant, bruslant és flammes de l'Enfer:
Lazare desplayé, mendiant, deplorable,
Se void porter és Cieux par l'Ange fauorable.
Le meschant doit perir, & le sainct triomfer. Luc

The wealthy one who sang and danced
And never cared what he chanced
Upon his death was sent to hell
Deep down there he felt not as well
But Lazarus whose life was troubled
Was flown to heaven where his rewards were doubled.

Lucæ XVI.

69

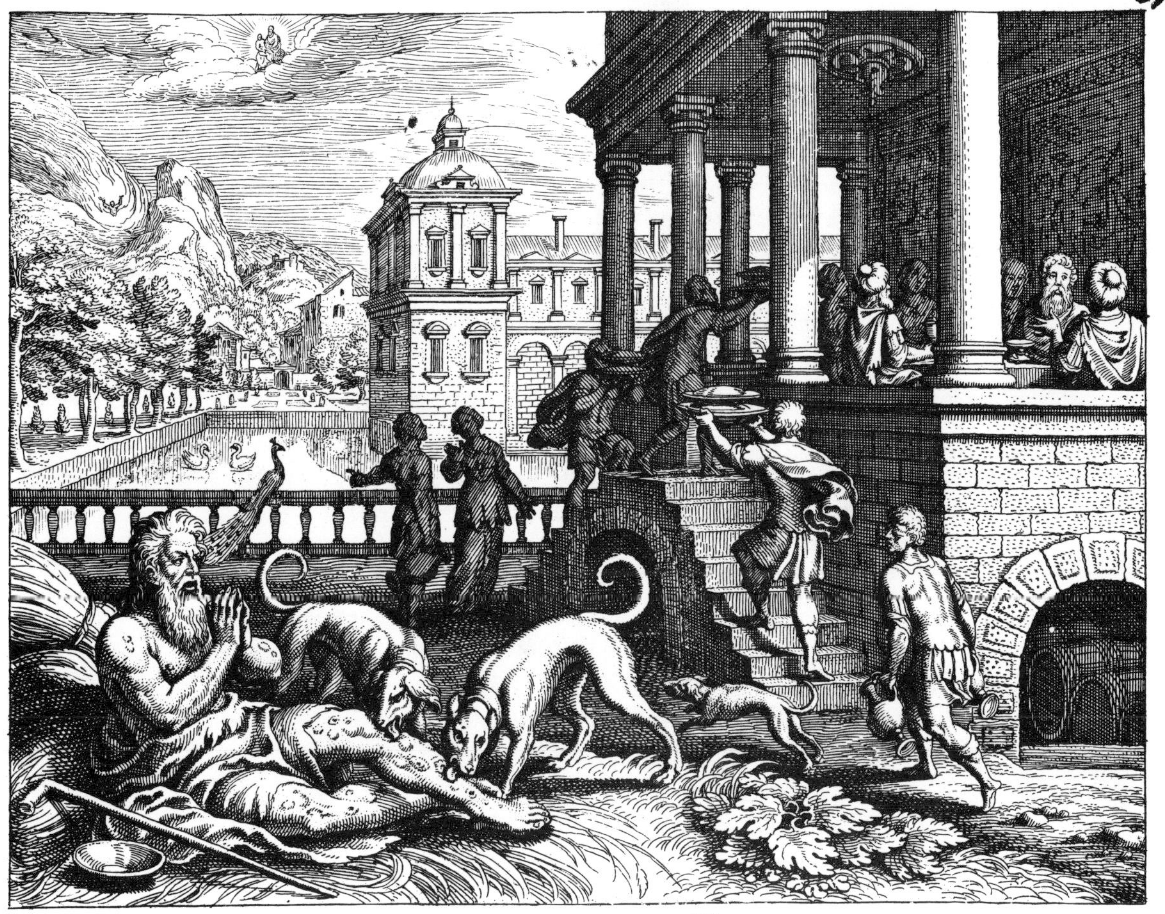

Ii 3

Multi

Uneven Ending For Pious One And Pagan

XXXIII.

Multi vocati pauci electi.

Ad thalamos Nati multos Rex Magnus Olympi
  Invitat, ſed pars maxima ſpernit eos.
Contemtum gravibus pœnis Rex vindicat, at cui
  Sordida veſtis erat, vincula morsque manent.

Viel beruffen / wenig erwehlet.

Der Ewig König läſt auß lauter Güt vnd Gnaden
Zur Hochzeit ſeines Sohns vns arme Menſchen laden/
  Der meiſte Theyl verachts / greiffen die Botten an/
Der König durch ſein Heer die Smach läſt an jhn rechen/
Das Hochzeitliche Kleidt will einem da gebrechen/
  Den wirfft man bald hinauß / Gott will kein Heuchler han.

Le Roy fait vn feſtin & force mets prepare
Voulant que l'inuité honneſtement ſe pare:
Les refuſans ſçauront que c'eſt de leur meſpris:
A celuy qui eſt nud, le Roy faſché demande
Qui l'a fait venir là: puis tout lié commande
Qu'il paye dans la mort de ſa faute le prix.

The king to his son's marriage invited many guests
  Most of them turn out to be disturbing pests
The king is angered, his hospitality turns into wrath
  His guards in revenge of the party make a bloodbath
Disturbing guests are soon removed from the meetings
  The Lord hates deceit and takes care of it in a fleeting.

MATTHÆI XXII. 78

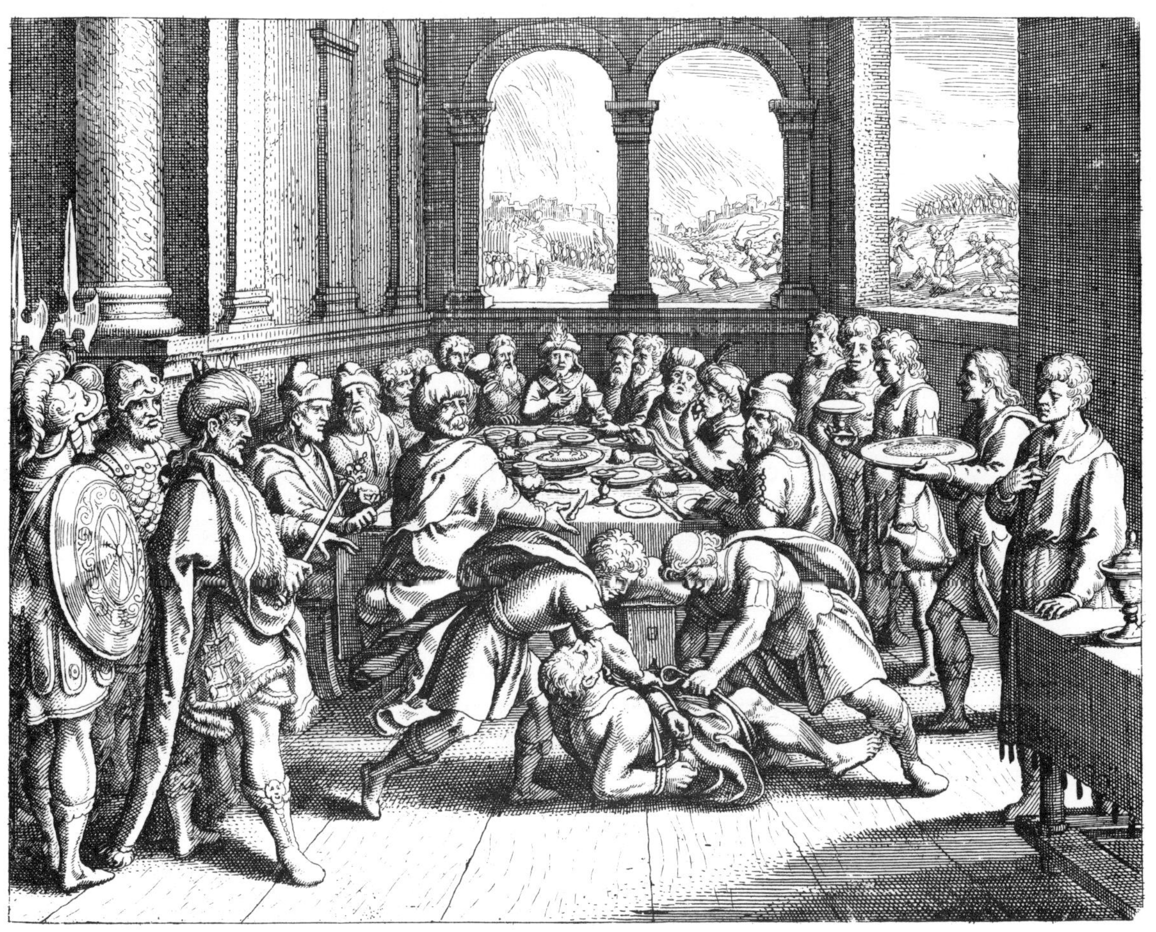

Vix

Many Callings—Few Elections

XXXIV.

Vix decimus quisq; gratus.

Occurrunt miſeri CHRISTO bis quinque leproſi
  Quos ſolo nutu mundat & ire jubet.
Ingrati manſere novem, non immemor unus,
  Sed redit & grates ſolvit agitque DEO.

Vnter zehen kaum einer danckbar.

Zehn Männer auff der Straſſn mit Auſſatz hart beladen/
Den HErren ſchreyen an / der heylet jhren Schaden/
  Darauff er ſie als rein zun Prieſtern gehen heißt/
Die Neune bleiben auß / als vndanckbare Gſellen/
Nur einer widerkehrt / ſich danckbar einzuſtellen/
  Kaum einer vnter zehn ſich wahres Dancks befleißt.

Dix lepreux rencontrans l'Homme - Dieu par la voye
Demandent gueriſon; luy, benin, les enuoye
Vers le Preſtre qui doit de la lepre juger:
Tous ſe ſentent gueris, mais vn ſeul en rend grace:
Vous, neuf, où eſtes vous, ô trop ingrate race,
Qui n'imitez au moins ce prudent eſtranger? Lu

Ten men in the street, their load unbearable
  They pray, He mends, nothing is irreparable
He calls some priest, to have them repent
  They seem to have forgotten what His help meant
Only one repented, came back to pray by the rock
  Ruesome out of ten was only one in that large a flock.

Lucæ XVII. 73

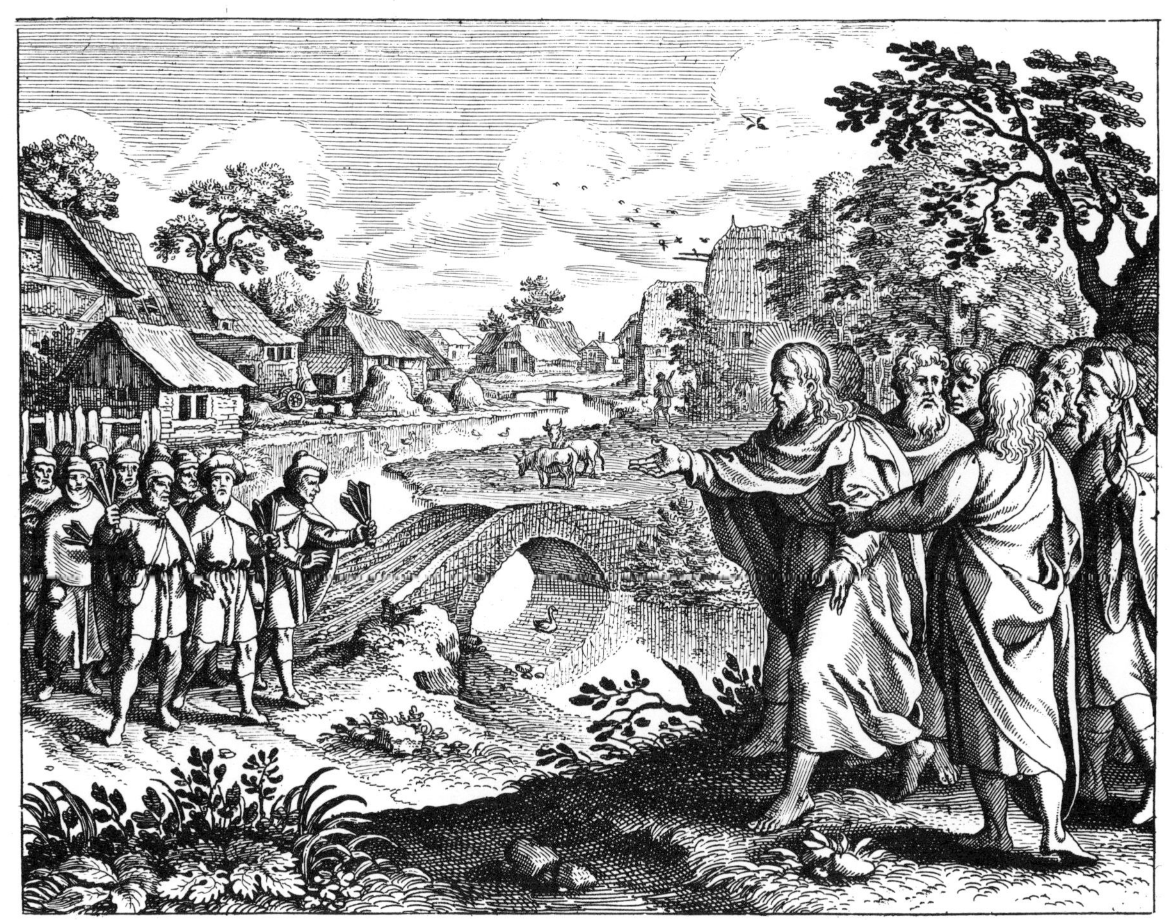

Kk Super-

Barely One in Ten is Grateful

74

XXXV.

Superbi nunquam placuere Deo. Judith. 9:

Crimine se vacuum jactat PHARISÆUS ab omni,
  Plenus Hypocriseos mente animoque niger.
Agnoscit delicta rogat veniamque TELONES,
  Unde domum à CHRISTO justificatus abit.

Gott widerstehet den Hoffärtigen. 1. Petri 5.

Der Phariseer stoltz von Hochmuth auffgeblasen/
Wolt sich auff seine Werck vnd Heiligkeit verlassen/
  Meynt er wer ohne Sünd/ wurd doch nicht absolvirt/
Der Zöllner schlägt sein Brust/ erkennt sein gottloß Leben/
Bitt Gott daß er jhm woll sein Missethat vergeben/
  Wird von Christo darumb ledig vnd frey gezehlt.

Ce fol qui deuant Dieu si fort se justifie,
Produit tout ses-bien faits, en ses jusnes se fie,
Croit estre pres de Dieu priant pres de l'Autel,
C'est vn Pharisien fier, & Docteur sans science:
L'autre se sent pecheur sondant sa conscience,
Puis demandant pardon va iuste en son hostel.

The Pharisee was a man who mostly vain
  Prayed to no god, save himself; he knew no shame
He thought that a man who did not sin
  Would not be sentenced, would always win
His fellow banker repented, became God-fearing
  The Lord forgave him, he was a person more endearing.

Lucæ XVIII. 75

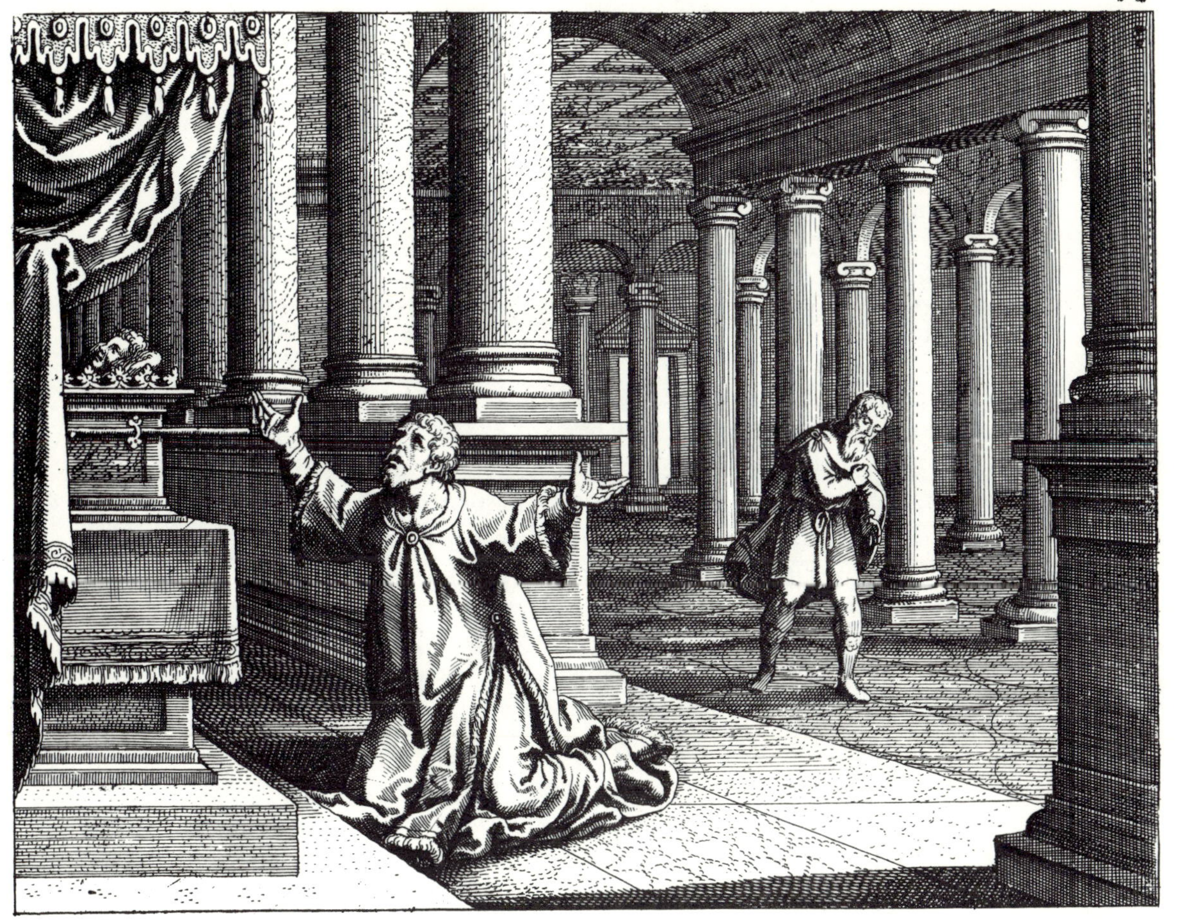

Kk 2 Jcho-

Vanity Knows No God

76

XXXVI.

Jehova restituit cæcis visum. Psal. 146.

Mendicando rogat miseræ solatia vitæ
  Cæcus, & in triviis perpete nocte sedet.
CHRISTUS ei visum (dictu mirabile) verbo
  Reddit : at is medico fit comes inde suo.

Der HErr macht die Blinden sehend. Psal. 146.

Der Blinde sitzt am Weg / muß sich Bettlens behelffen/
Christus fürüber geht / Er schreyt er soll jhm helffen/
  O Jesu Gottes Sohn / hilff vnd mich sehend mach.
Der HErr durch solch Geschrey bewegt wird / still zu stehen/
Hilfft jhm mit einem Wort / daß er gantz scharpff kan sehen/
  Bartimeus zu danck folgt seinem Helffer nach.

Ce mendiant sans yeux à haute voix s'escrie
Sentant Iesus passer, double ses cris & prie,
Iesus, jette sur moy l'œil de compassion,
Fai moy reuoir le jour : Ie le veux, ta foy forte
T'a sauué, luy dit Christ : l'aueugle se conforte,
Le suit, benit son Dieu, poußé d'affection.

Lu

The beggar sits on the path, blind is he
  Christ, passing, hears his pitiful plea
O Jesus, Son of God, help me gain back the light of my eyes
  The Lord is moved by his touching cries
Speaks one word to him, the man is healed
  Bartimeus follows his Lord, gratitude is what he feels.

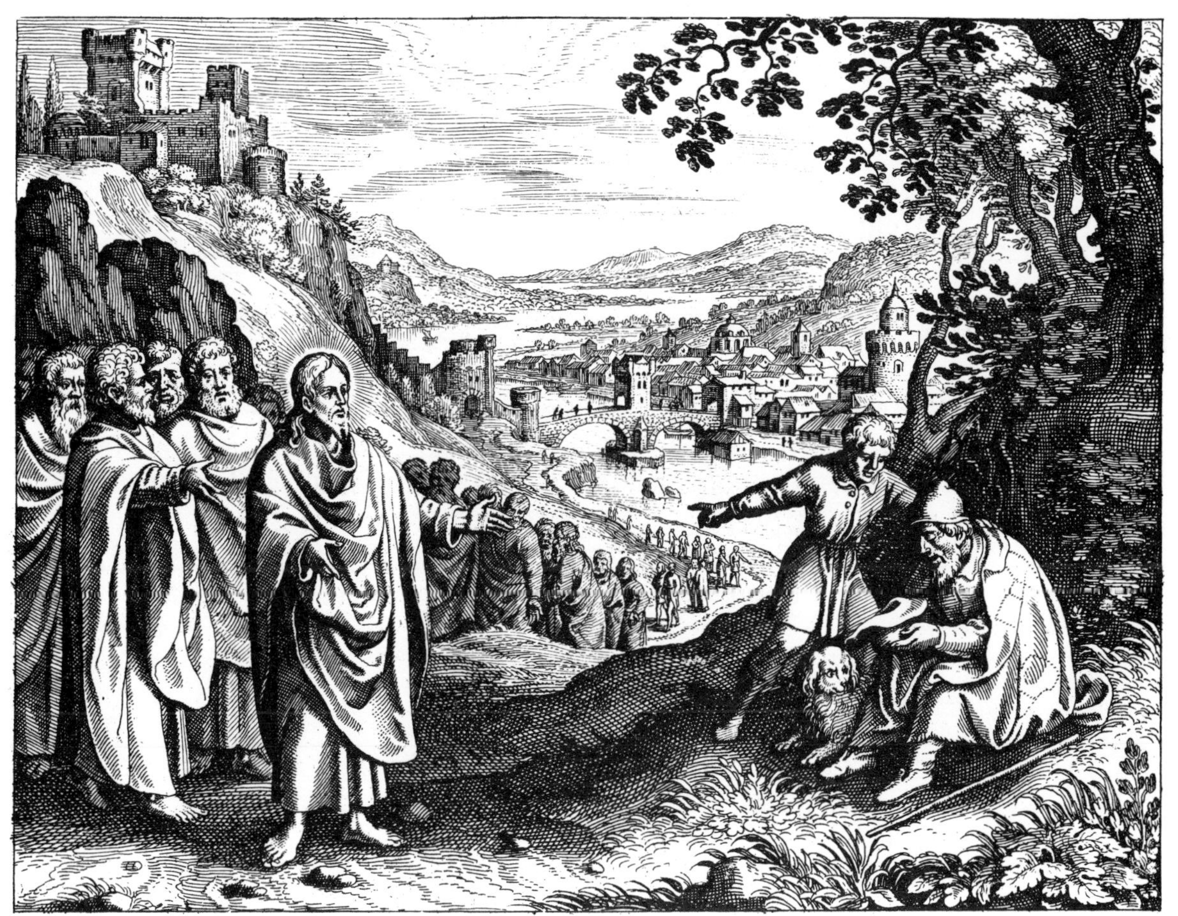

The Lord Maketh The Blind to See

XXXVII.

Mortui audient vocem filii hominis. Johan. 5.

Quarta dies aderat, cum Lazarus aspera passus
  Fata, sepulchrali jam putruisset humo.
REX VITÆ tumulo jubet hunc prodire: Cadaver
  Audiit, & Domini paruit imperio.

Die Todten werden die Stimm deß Sohns Gottes hören.

Als an den vierdten Tag Lazarus in der Erden
Gelegen / fieng nun an faul vnd stinckend zu werden/
  Kompt Christus zu dem Grab / mit eim geistlichen Grimm/
Lazare komm herauß / rufft er / komm bald von stunden/
Der Todte geht herfür / mit Schweißthüchlein gebunden/
  Das faule Aaß hört solchs / dann es war Gottes Stimm.

Ia depuis quatre jours dessous la tombe froide
Lazare decedé gisoit puant & roide
Quand Iesus y suruint pour luy rendre le jour:
  Vien dehors, luy dit il; A ceste voix puissante
Le mort quitte des morts la maison paslissante
Puis fait, encor viuant, chez les viuans, seiour.

JOH

It was the fourth day that Lazarus lay in the earth
  Began to rot and smell as all do after recent death
Christ appears at his grave and bids him rise
  Lazarus follows him towards his prize
The dead one freely walks into life
  Heralded by Spirit into day from night.

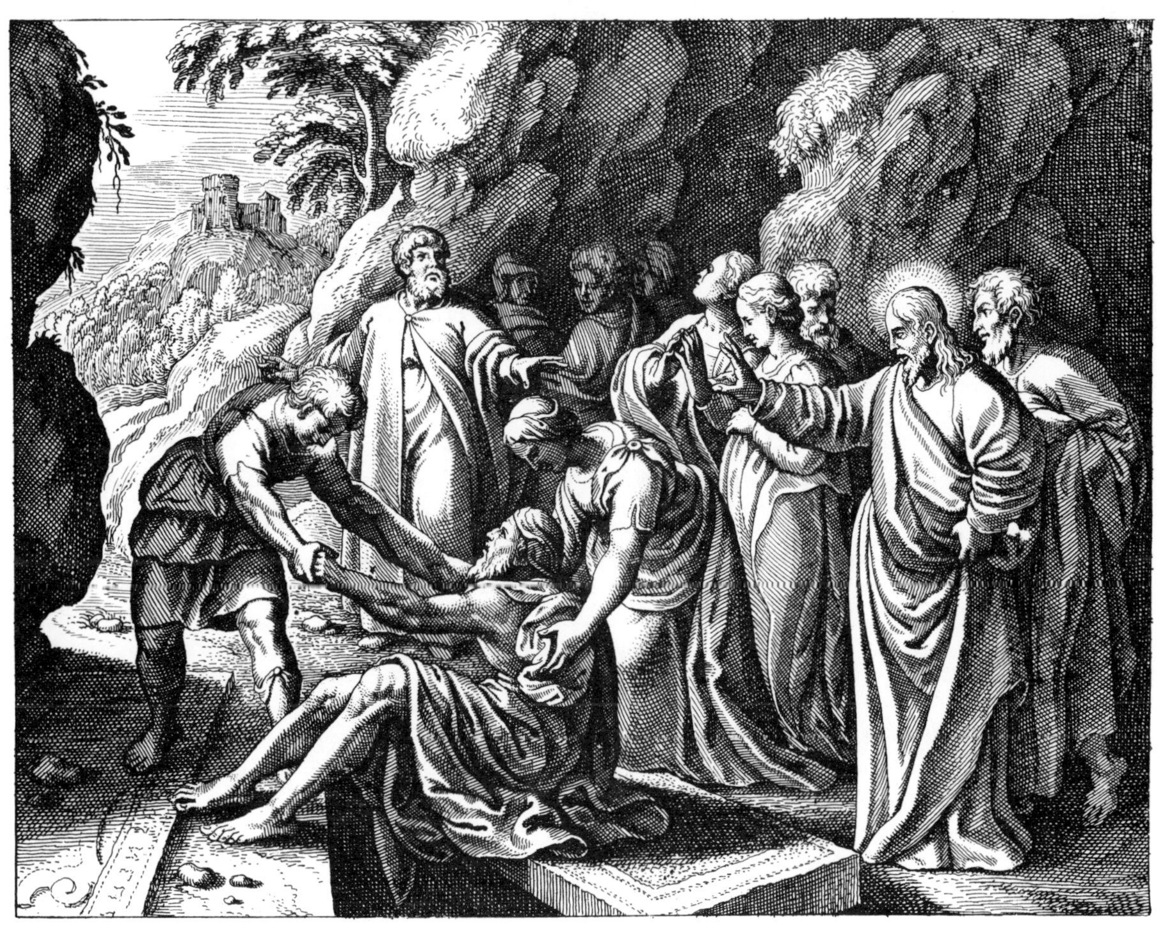

Domui

The Dead Will Hear
The Voice of The Lord

XXXVIII.

Domui tuæ salus obtigit.

ZACHÆUS brevior dum spectat ab arbore CHRISTUM
  Mittitur à Domino prætereunte domum:
Magna salus hodie tibi contigit, inquit; at ille
  Gratus it, & vitæ corrigit acta malæ.

Welchen Häusern Heyl widerfahre.

Zacheus klein von Leib / begert Christum zu sehen
Auff einem Maulbeerbaum / den im fürüber gehen
  Der HErr berufft zu sich / er kompt in aller eyl /
Nimbt Christum in sein Hauß / die wahre Buß beweiset
Durch gute Werck der Lieb. Wer sich dessen befleisset /
  Bekompt deß reichen Lohn / jhm widerfährt groß Heyl.

Zaché, petit de corps, ne pouuant en la presse
Voir Christ, qu'il vouloit voir sur vn arbre se dresse,
Iesus luy dit, Descen, je veux chez toy loger:
Luy court, & le reçoit de façon honorable:
Ce jourd'huy vient ici le salut desirable
Dit Christ: Ouy, Christ salut y vouloit heberger.

Zacheus, a small man, did climb the tree
  His Lord, Jesus Christ, in bypassing for to see
The Lord happened upon him much to his relief
  And had shortly confirmed in him this new belief
Those who do good unto others
  Will receive it back from their many brothers.

LUCÆ XIX. 81

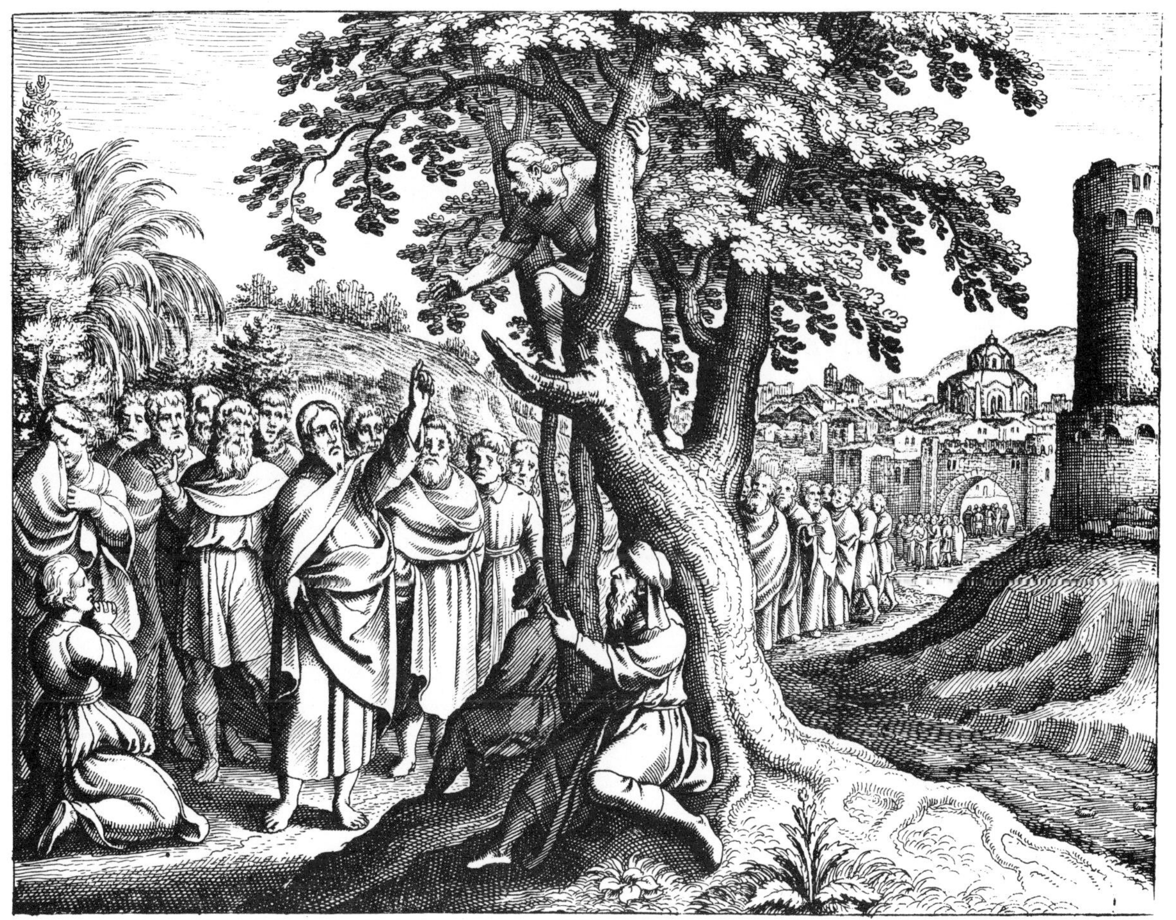

Lt Haben-

Some Will Be Blessed

32

XXXIX.

Habenti dabitur. Matth. 13.

Credit HERUS famulis æris numerata Talenta,
  Quinque uni, ast alii tradidit ille duo:
Tertius unum habuit, quod defodit: ergo tenenti
  Creditur hoc centum, qui facit inde lucrum.

Wer da hat / dem wird gegeben.

Der Herr zeucht vber Feld / vertrawt sein Gut den Knechten/
Daß sie es legten an / zu Nutz vnd Wucher brächten /
  Gab einem hundert Pfundt / dem andern zehen that/
Dem dritten eins / derselb vergräbts vnter die Erden/
Man nimbt jhm solchs. Wer hat / dem wird gegeben werden/
  Wer faul vnd vnnütz ist / dem nimbt man was er hat.

Partant de sa maison le Maistre magnifique
Commet ses biens aux siens pour en faire trafique,
L'vn a cinq, l'autre d'eux, le tiers vn seul talent:
  Deux profitent, le tiers cache le sien, trop lasche,
Mais son fasché Seigneur le punit sans relasche
Le jettant en la nuict d'vn torment violent. M.

The Lord was angered by the books the farm hands kept
  Taught them a lesson so that they all wept
Unto one he gave 100 coins, unto one only and
  Unto one he gave one, who burned it and
Worked for it not like the other men
  It was taken from him. The eager will never need
The lazy will have their own mouths to feed.

Matthæi XXV 83

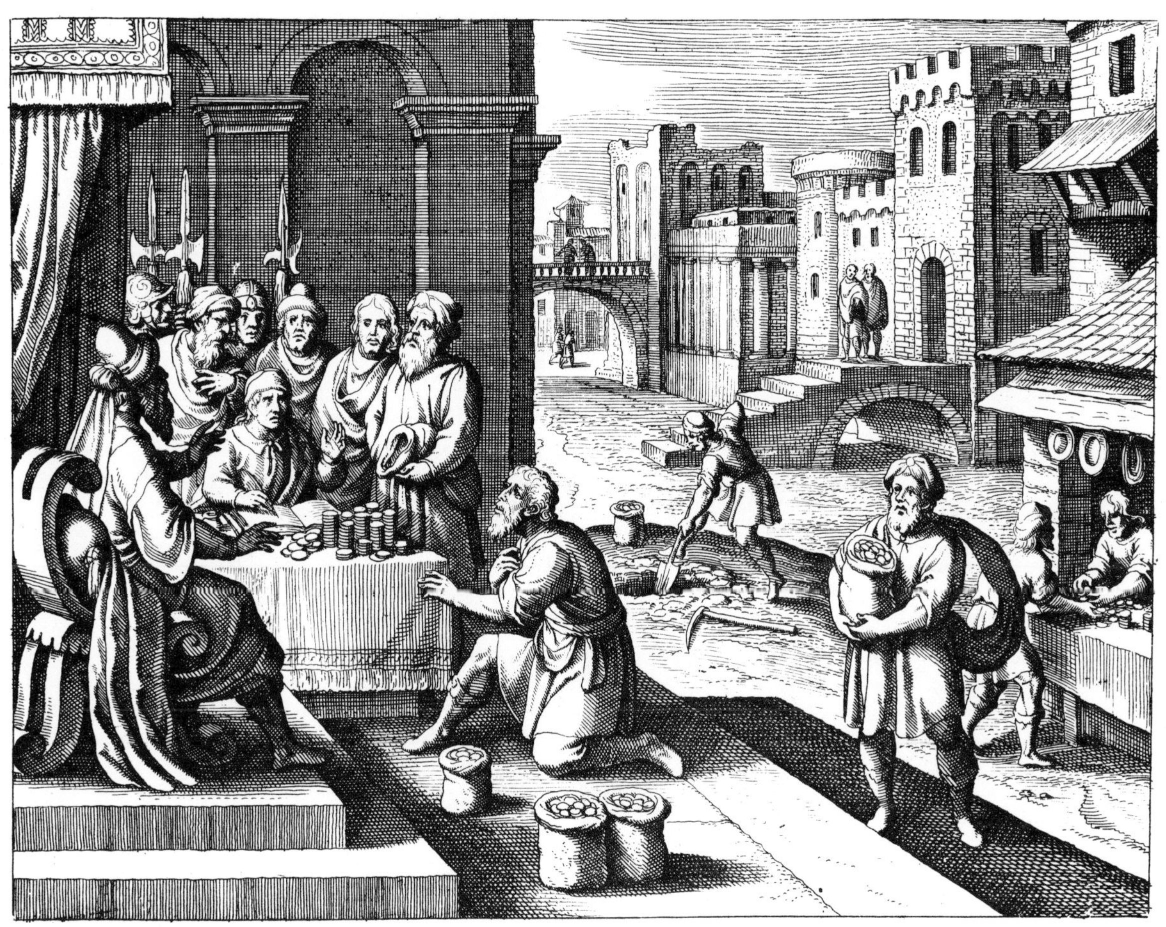

Ll *Rex*

He That Has Will Never Need

XL.

Rex tuus venit ad te pauper, &c. Zachar. 9.

Ingreditur Solymorum urbem Rex vectus aſello
    Mitis, Juris amans, Auxiliator, Inops.
Gratatur populus lætisque applauſibus illum
    Excipit, & Puerum Grex Oſianna canit.

Dein König kompt zu dir.

Kurtz vor dem Leyden ſein / kompt Chriſtus eingeritten /
Auff einer Eſelin / mit ſanfftmütigen Sitten /
    Ein König arm vnd ſchlecht / ein Helffer vnd gerecht /
Wie Zacharias meldt / das Volck iſt guter dingen /
Wünſchen jhm Glück vnd Heyl / das Hoſianna ſingen /
    Heiſſen jhn willkomm ſeyn / zu gut Menſchlichem Gſchlecht.

Le Roy Prince des Roys en ſa Royale Ville
Vient en royal honneur, mais ſur monture vile
Doux, humble, juſte, droit & Sauueur gracieux:
    On pare les chemins, le peuple luy acclame,
Pour le fils de Dauid tout chacun le reclame,
Hoſianna, dit on, és plus hauts lieux des Cieux.

Shortly before Lent, Christ came riding
    On top of a donkey with gentle manners
A King poor, and modest, a helper and just
    Zacharias reports, the people are in good spirits
Wishing him happiness and peace, singing hosanna
    Welcoming him to mankind.

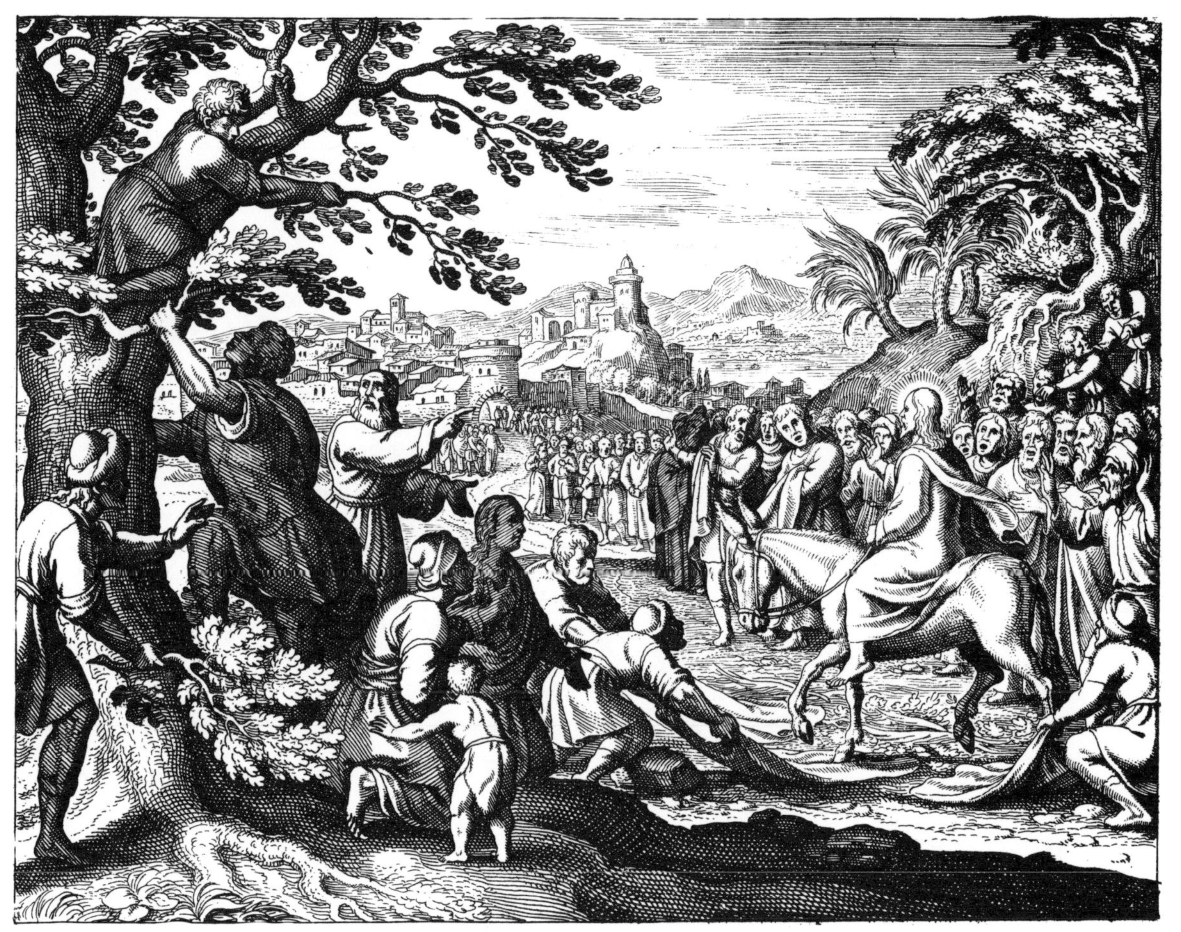

Ll 3 *Domus*

The King is Coming

XLI.

Domus mea, domus precationis. Eſaiæ 56.

Eiicit è templo ſcutica reſonante Daniſtas,
　Cumque Trapezitis corda profana fugat.
Scilicet haud ſunt templa Dei ſpelæa latronum,
　Fundendis precibus ſed domus illa ſacra eſt.

Mein Hauß iſt ein Betthauß allen Völckern.

Chriſtus entbrant im Geiſt mit eim heiligen Eyffer/
Treibt zum Tempel hinauß die Krämer vnd die Käuffer/
　Wechsler vnd Wucherer / andre gottloſe Rott/
Soll dann mein Hauß / ſpricht er / zur Mördergruben werden/
Das doch ein Betthauß heiſt allen Völckern auff Erden/
　Darinn man ruffet an vnd dient dem wahren Gott?

Arriué dans Salem, il entre dans le Temple
Plein d'vn juſte deſpit auſſi toſt qu'il contemple
Le profane trafic dans la Sainćte Maiſon:
　Il chaſſe les changeurs, il renuerſe leur Table;
Profanes, leur dit il, d'vne voix redoutable
Ferez vous vn marché de ce lieu d'Oraiſon?

Christ, maddened in spirit but eager
　Chases out of the temple marketeers that were there
My house will not be corrupted by bankers
　That gamble and bet therein
This is a prayer house for all people
　So if you come praise the Lord under his steeple.

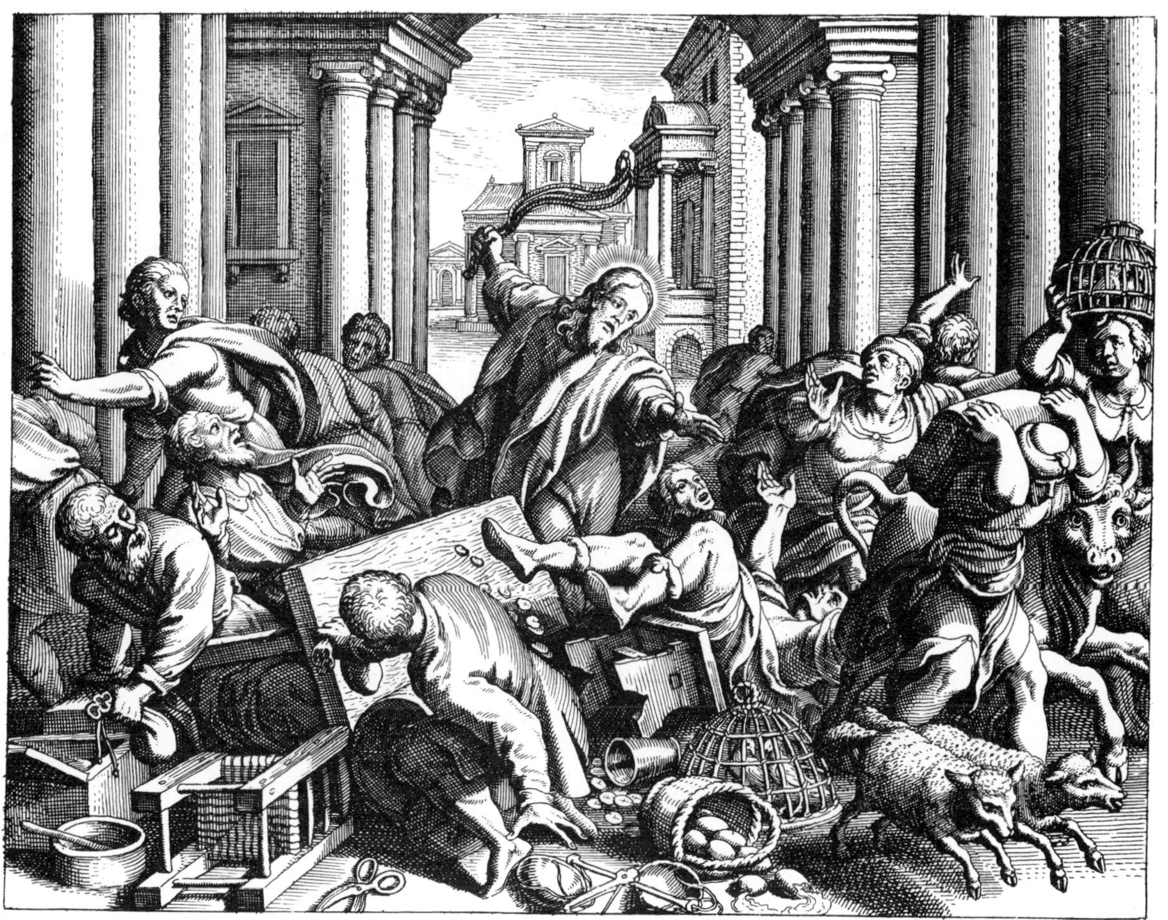

Hoc

My House is a Prayer Place To All Peoples

XLII.

Hoc facite ad mei commemorationem. 1. Cor. 11.

Paſchalem Dominus de more comederat agnum,
  Fœderis inſtituit cum ſacra ſigna novi.
Manducate meam carnem atque haurite cruorem,
  Et memores mortem concelebrate meam.

Solches thut zu meiner Gedächtnuß.

Als nun das Oſterlamb Er nach dem Gſetz hat geſſen/
Stifftet er vns ein Mahl/ daß wir nimmer vergeſſen/
  Das Blutvergieſſen ſein/ Leyden vnd bittern Todt/
Reycht jhnen Brodt vnd Wein/ heiſt ſie ſolches genieſſen/
Diß iſt mein Leib vnd Blut/ das ich bald werd vergieſſen/
  Daß jhr befreyet ſeyt von der Hölliſchen Noth.

Chriſt ayant celebré la Pasque Leuitique
D'vn Sacrement nouueau commanda la pratique
De ſon ſang precieux & de ſon ſacré Corps:
  Mangez, dit il, aux ſiens, ma chair en croix pendüe,
Beuuez ceſte liqueur de mon corps eſpandüe
Pour eſtre de ma mort à jamais bien recors.

Later with him the Easter lamb we ate—
  A meal truly to commemorate his fate
Of his bloodshed and sufferings we spoke
  As he for us the bread broke
This is my soul and blood that for you I shed
  So that you'll be rid of sin after I'm dead.

MATTHÆI XXVI. 89

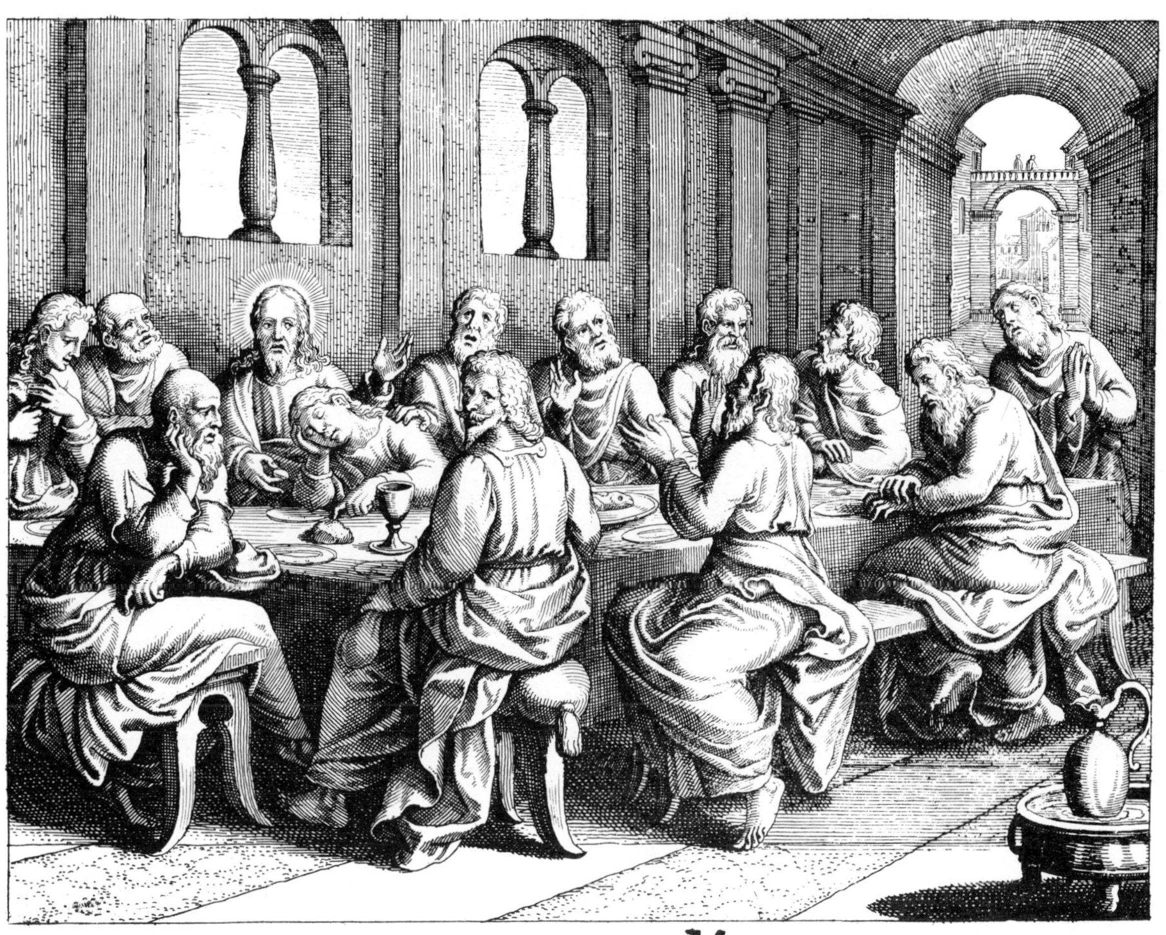

Mm *Lucta*

These Things Do In My Commemoration

XLIII.

Lucta Chriſti cum Morte & Ira DEI.

Inde petit DOMINUS Montem cœnatus Olivæ,
  Hîc premit innocuum vindicis ira DEI.
Luctatur, dum ſanguineus de corpore ſudor
  Effluat: hæc animæ paſſio triſtis erat.

Todteskampff Chriſti im Oelgarten.

Als nach dem Abendmahl an Oelberg Chriſtus kame/
Hub ſich ein Zagen an/ dann jhm die Höllisch Flamme/
  Vnd Gottes ſtreng Gericht vor ſeinen Augen ſchwebt/
Blutstropffen für den Schweiß er ſchwitzt in ſolchen Nöthen/
Da er rang mit dem Todt/ hielt embſig an mit betten/
  Wiewol der Vatter jhn deß Kelchs nicht vberhebt.

Se leuant du ſouper au mont il ſe retire
Des huileux Oliuiers, là ſent il le martyre
Non portable qu'à luy du courroux paternel:
  Quel combat! quel effroy! quand la ſueur ſanglante
Teſmoigne par ſon front l'angoiſſe violente
Que ſouffroit l'homme ſainct pour l'homme criminel.

After the last supper, Christ to the mountain came
  Sorrows arose and so did hell's flame
In front of his eyes shimmered God's final law
  Drops of blood did he sweat so great was his awe
With death he struggled, but held through with prayer
  Of course, God helped him down there.

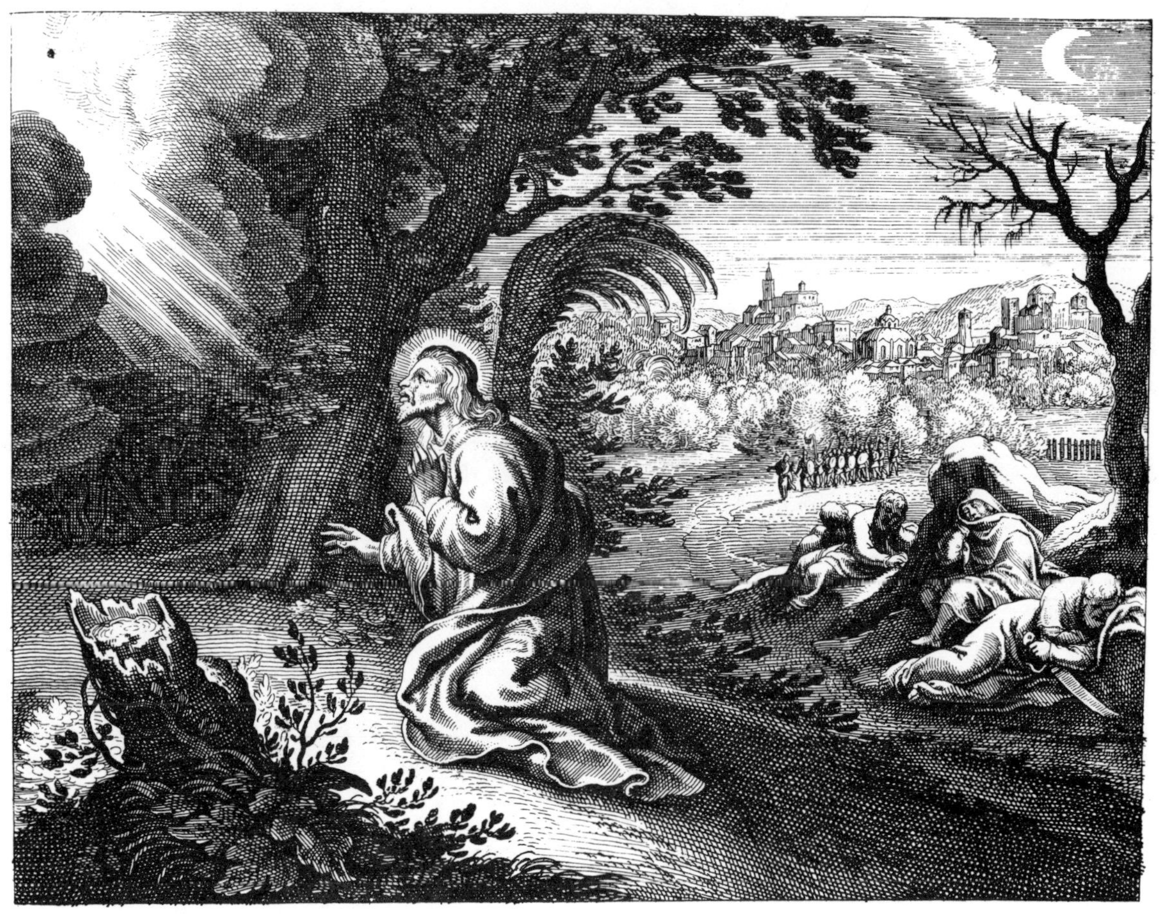

Mm 2 Prodi-

Death Struggle—Christ's

XLIV.

Proditio emta precio. Lucæ 6.

Prodere pactus erat JUDAS mercede Magiſtrum,
  Salve, ait, & miti baſia pangit Hero.
Iniicit huic vario compoſta Satellite turba
  Vincla, PETRUS Malcho præſecat auriculam.

Gelt macht noch heut Verrähter.

Als ſich vmb ſchnödes Gelt zu verrahten verpflichtet
Judas den Meiſter ſein / mit eim Kuß ers verrichtet/
  Darauff die gottloß Rott jhn anfällt zu der Stundt/
Fangen vnd binden jhn gantz durſtig vnd verwegen/
Petrus hawt Malcho ab ein Ohr mit ſeinem Degen/
  Chriſtus ſchilt jhn darumb / heylt bald dem Knecht die Wundt.

Le bourſier impudent du Sacré-ſainct College
Trahit ſon Maiſtre bon d'vn baiſer ſacrilege
Bien te ſoit, luy dit il, ô mon Maiſtre plus cher:
  Tandis que le Soldat l'emmener s'appareille
Pierre d'vn coup zelé à vn coupe l'oreille;
Chriſt le guerit pourtant dés qu'il le vient toucher.

Judas for menial money weakness displayed
  And the Lord God through a kiss betrayed
The godless ones found him within the hour
  Bound him and hit him portrayed their power
Peter in anger, cuts off Maicho's ear
  Jesus is angry, heals it, ignoring his fear.

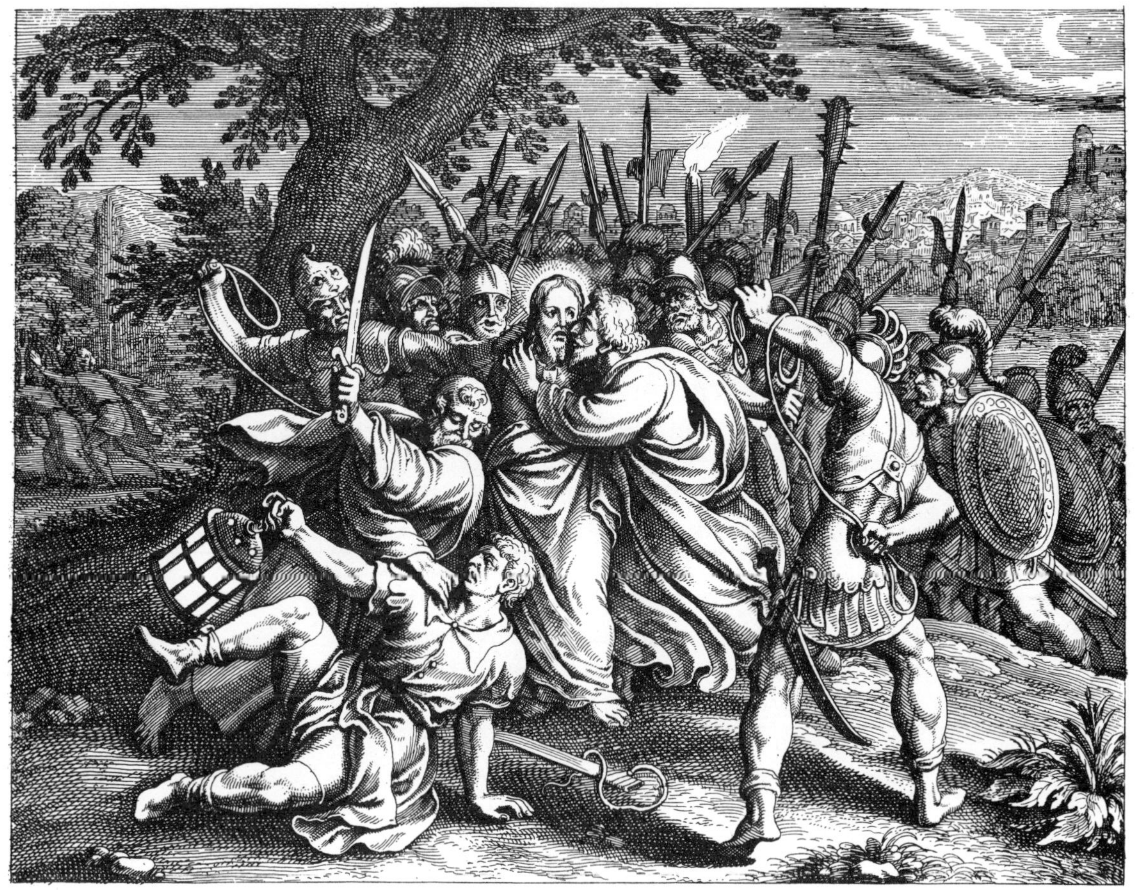

Mm 3 CHRI-

Money Makes Traitors

XLV.

CHRISTUS futurus Judex omnium. Johan. 5.

Funibus & tetris constrictum membra catenis
In CAIPHÆ rapiunt atria Pontificis:
Maximus à CHRISTO scitatur multa Sacerdos,
Cui Dominus, Judex sum rediturus, ait.

Deß Menschen Sohn wird kommen in den Wolcken.

Von der gottlosen Rott mit Spiessen vnd mit Stangen
Wird Christus hingeführt / gebunden vnd gefangen
Ins Hohenpriesters Hauß / vnd für Caiphas gestellt/
Der Bischoff fragt jhn viel vmb sein Lehr / Thun vnd Leben/
Christus hat jhm hierauff bescheidt vnd antwort geben/
Daß er zukünfftig sey ein Richter aller Welt.

Lié de cordons forts ou de chaine pesante
Chez le Pontife grand Iesus on represente
Qui l'enquiert de maints faits, mais luy ne respond pas:
Puis en fin adjuré, franchement il professe
Qu'il est Christ fils de Dieu: mais dés qu'il le confesse
Le voilà condamné d'vne voix au trepas.

Luc

The godless ones found Christ and took him
Beat him and bound him without a whim
To the high priest's house he is brought
Caiphas asks him about his life and his thoughts
Christ's answer was intricate and long—
The world's healer he was, to rid the people of wrong.

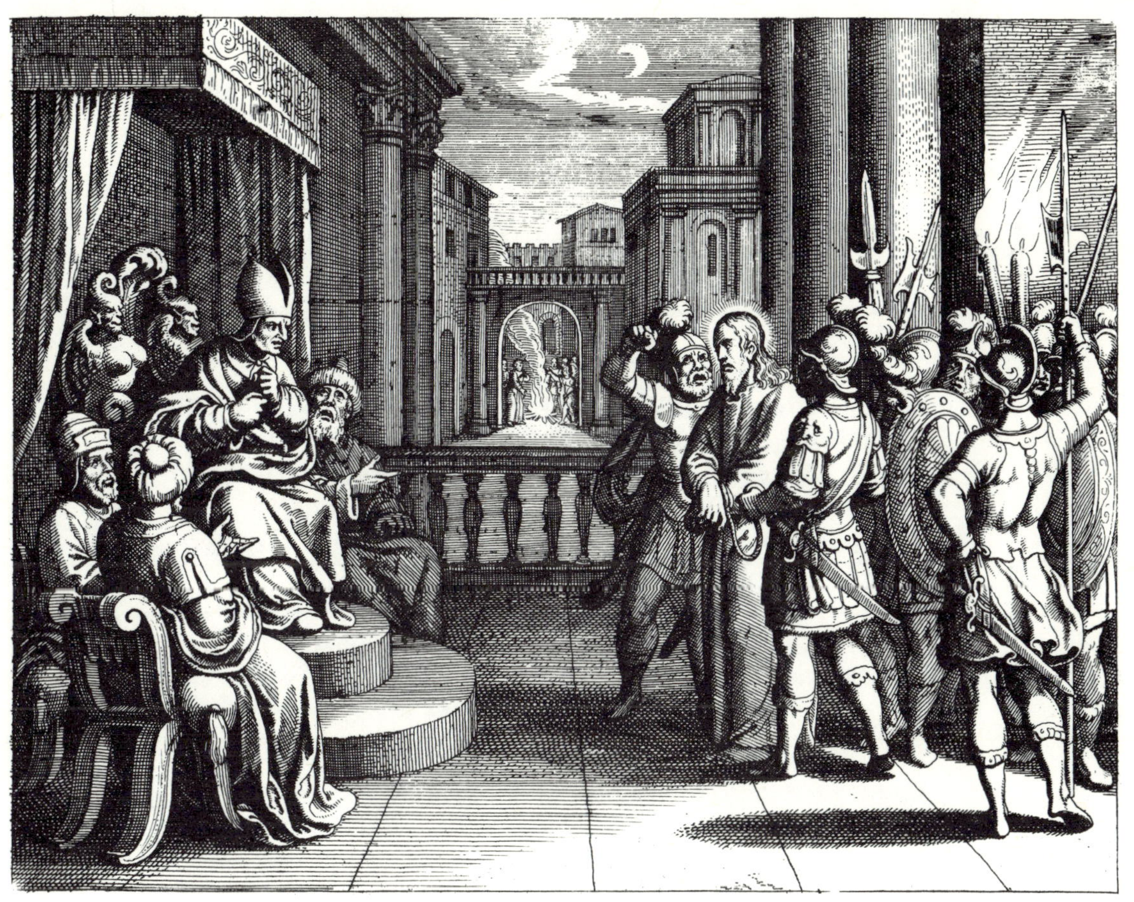

Caſti-

The People's Son Will Arrive From The Heavens

XLVI.

Caſtigatio pacis noſtræ ſuper ipſum. Eſa. 53.

Innocuum corpus ſcuticis, ſua terga flagellis
 Exhibet, in ſcapulis ulmea virga crepat.
Tota rubore ſatur cutis eſt, cruor undique manat,
 Tartareas plagas ne patiaris, Homo.

Ich hielte meinen Rucken dar denen die mich ſchlugen.

Der Heilig Leichnam wird mit Geiſſeln hart zerſchmiſſen/
Durch tauſent Rutenſtreich verwundet vnd zerriſſen/
 Die Haut von Blut gefärbt/daran nichts gantzes bleibt/
Er beut ſein Rücken dar denen die jhn ſo ſchlagen/
Daß wir deß Teuffels Streich nicht ewig müſten tragen/
 Von jhm öhn vnterlaß gegeiſſelt vnd geſteupt.

Les Vergeons frais-coupés; les fouëts les eſtriuieres
Font de ſon corps tout nud ſortir mille riuieres
Qui font ſur le paué floter la rouge mer.
 Homme, vois-tu de Chriſt les peines douloureuſes?
Ce fut pour te tirer des Chartres malheureuſes
Où, ſans ſa paſſion, tu deuois abyſmer.

The holy corpse they hard do whip
 Blood and flesh off the bones do rip
This skin is bloodied; nothing is sacred
 He had offered all he had—his body naked
To protect us forthcoming ones from the devil's sin
 That our spirits strong enough be, evil to outwin.

MARCI XV. 97

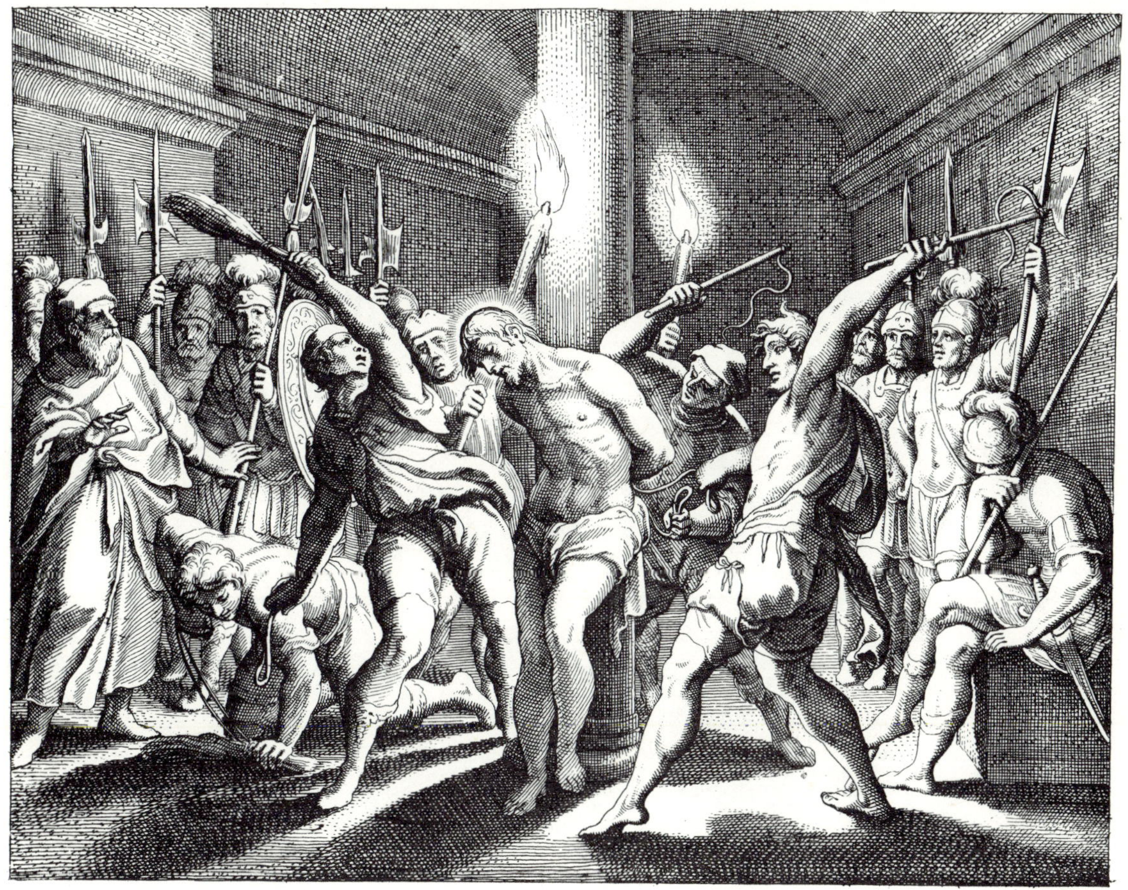

Nn *Ecce*

I Turned The Other Cheek

XLVII.

Ecce Homo.

Adſpice cœca cohors miſerabile ſchema doloris,
Ut ſacra verberibus ſit lacerata cutis!
Genua labant, titubant greſſus, peracuta cruentat
Spina caput: meruit quæ ſcelus ecce tuum.

Sehet welch ein Menſch.

Schaw an O Menſch diß Bild / doch mit zittern vnd zagen/
Chriſtum am gantzen Leib zerriſſen vnd zerſchlagen/
Trieffend von Blut ſo roth / hart vberall verwundt/
Sein Haupt mit einer Cron von Dornen iſt durchſtochen/
Alſo hat Gott an jhm dein Miſſethat gerochen/
Daß du hinfüro ſolt abſtehen von der Sand.

Peuple plein de fureur, Voila l'homme ſans forme
Le plus beau des humains rendu le plus difforme,
Tu le vois tout en ſang que deſires tu plus?
Il flechit ſans vigueur; la couronne poignante
Fait ruiſſeler l'humeur de ſa teſte ſaignante,
N'es du pas donc content de quitter le ſurplus?

JOHA

Behold this pathetic picture of a man
Shaking and mangled by men, he was damned
Dripping with blood, beaten to a pulp
Christ's crown of thorns made everyone gulp
The Lord in this way, we people has saved.
From sin we are rid; His son was so brave.

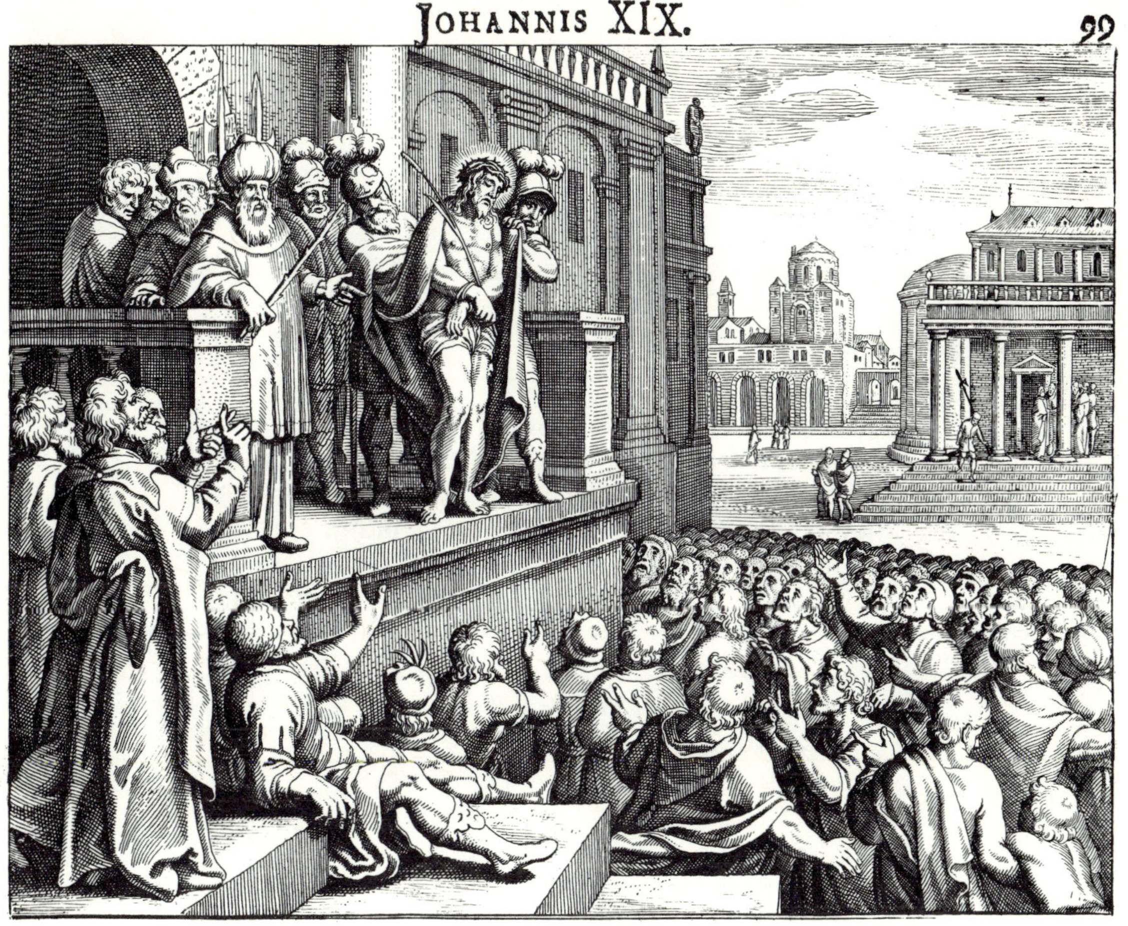

Nn 2 *Testis*

Behold This Man

XLVIII.

Teſtis innocentiæ Chriſti Pilatus. Luc. 23.

Territus inſano populi clamore furentis,
  Pontius addicit te PIE CHRISTE cruci:
Sed tamen innocuum teſtatur morte necari,
  In ſignum geminas abluit ille manus.

Der Chriſtum verdampt / bezeugt ſein Vnſchuldt.

Pilatus vbermannt muß Chriſtum dahin geben/
Daß jhm am Stamm deß Creutzs genommen würd ſein Leben/
  Bald wird er außgeführt zum Todt / arm vnd elend/
Sein Creutz nimbt er auff ſich / vnd geht dahin gedultig/
Der Richter ſelbſt bezeugt / er ſey deß Todts vnſchuldig/
  Gibt es den Juden heim / wäſcht darauff beyde Händ.

Non, diſent ces Demons, oſte-le, crucifie:
Pilate vaincu lors, croit qu'il ſe juſtifie
S'il laue deuant tous ſes hypocrites mains:
  Mais s'il eſt innocent, tire-le du ſupplice,
Tu ſais qu'il eſt liuré par hayneuſe malice,
Tu le mets nonobſtant és mains des inhumains.

Pilatus condemns Christ a difficult choice
  In doing it he's listened to his people's voice
Soon Christ is led off to his death
  His cross he must carry, heavy his breath
Even Pilatus, the judge, pleads the Lord is not guilty
  He washes his hands of it, and so they stay filthy.

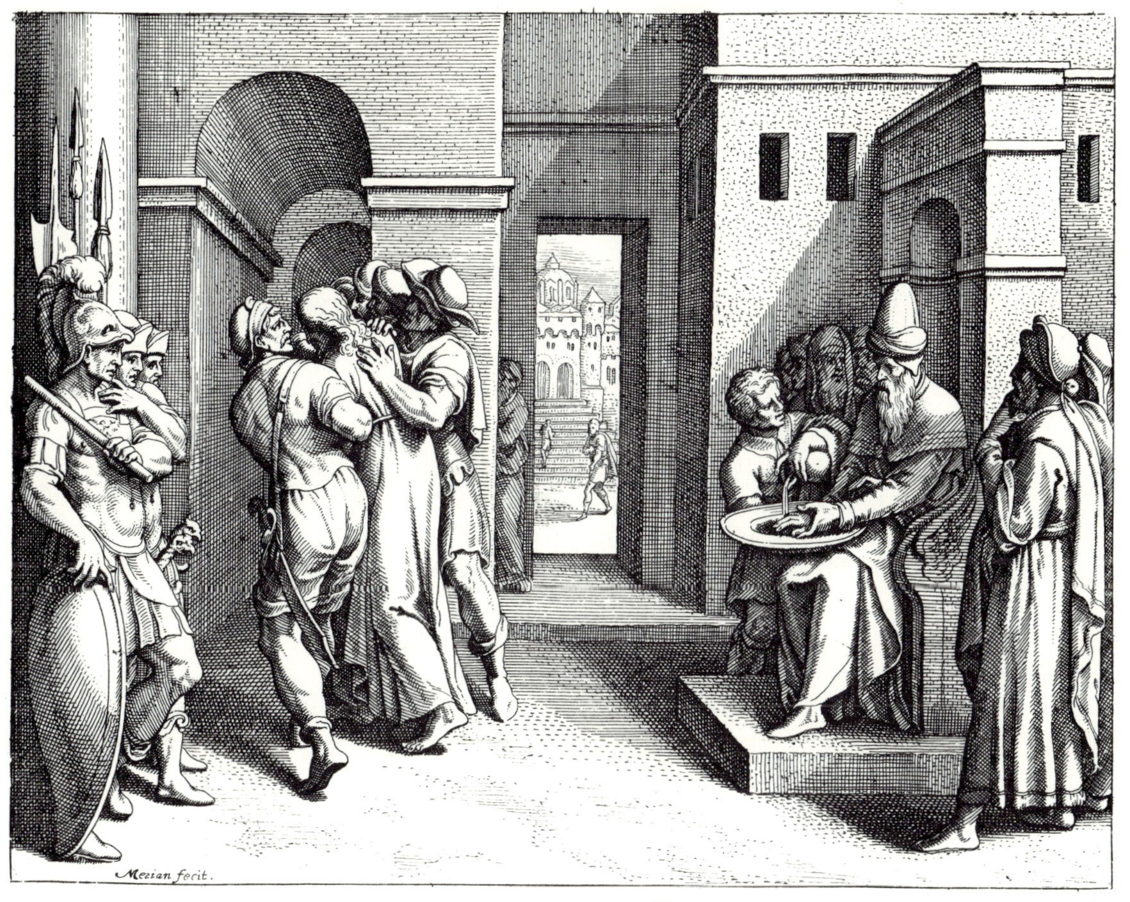

Nn 3 Cujus

Pilatus Claims His Innocence

XLIX.

Cujus Principatus ſuper humerum ejus. Eſa. 9.

Ducitur ad mortem CHRISTUS ſuperante tumultu,
 Impoſitamque humeris bajulat ipſe crucem.
Ponderis huic partem SIMON portare coactus
 Ferre crucem parili nos ratione monet.

Der nehm ſein Creutz vnd folge mir nach.

Als der Landpfleger hat das Endvrtheil geſprochen/
Vnd vber Chriſti Blut den Richterſtab gebrochen/
 Wird er hinauß geführt mit ſchrecklichem Tumult/
Das Holtz zu ſeinem Creutz daran man jhn würd ſchlagen/
Muſt er auff ſeinem Halß biß an die Richtſtatt tragen/
 Simon jhm helffen muſt. Trag dein Creutz mit Gedult.

Chargé d'vn bois croisé, ô fureur inhumaine,
Flechiſſant ſous le faix, ſur le mont on le meine
Qui pour vn acte tel s'esbranlera d'horreur.
 Heureux Simon, qui viens pour ayde ſalutaire
Soulager le Sauueur qui ſoulage la Terre
S'elle veut, en croyant, renoncer ſon erreur.

The judge has adjourned, the sentence spoken
 Jesus his cross bears, his will is broken;
He's led to the mountain; screaming the crowd
 His burden is heavy, his back is bowed
The path is long—to the city's edge
 Simon tries to help him carry his wedge.

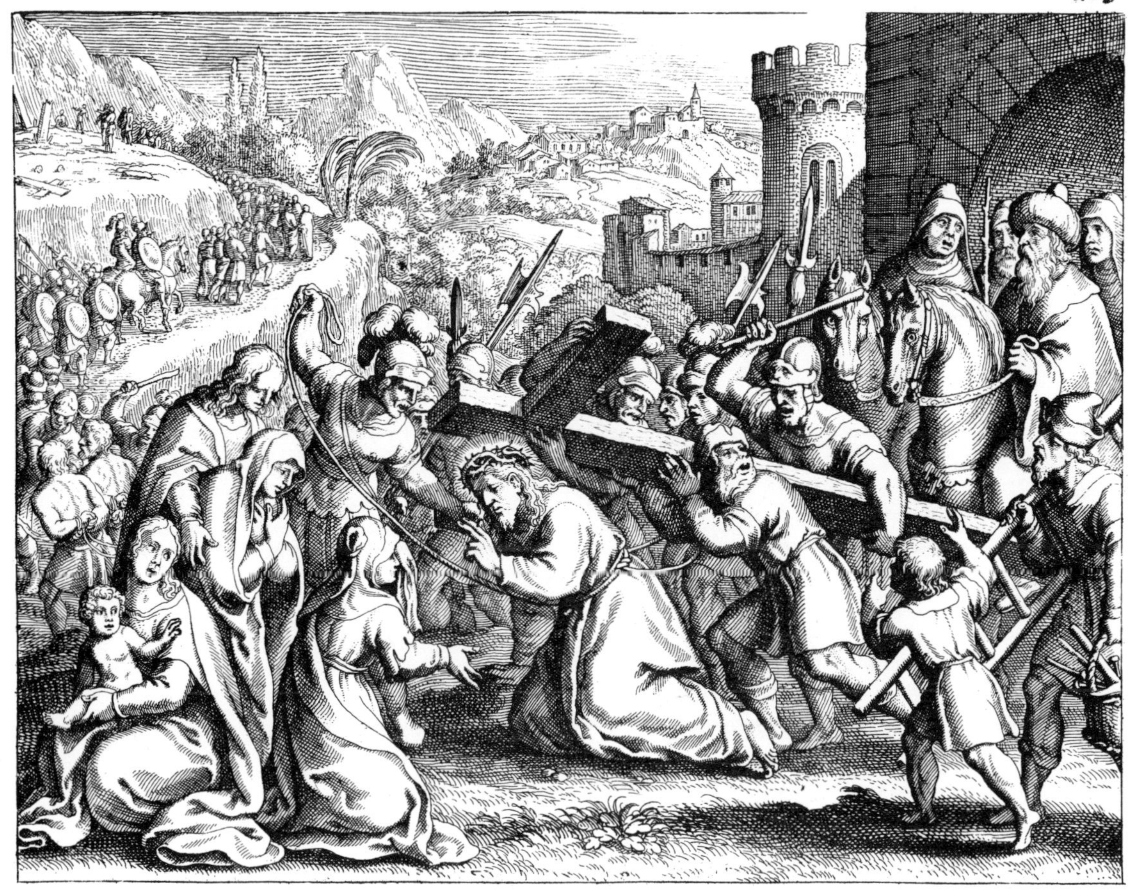

Sicut

Take Your Cross And Follow Me

L.

Sicut Moſes in deſerto Serpentem exaltavit.

Vulnere pectus hiat, tremulum caput in nece pendet,
    Cum manibus clavus tranſit utrumque pedem:
Brachia tenſa rigent, manat cruor undique membris.
    Schemate quidnam iſto triſtius eſſe poteſt?

Die Straff ligt auff jhm / auff daß wir Friede hetten.

Sih an diß trawrig Bild / Chriſtum am Creutz erhaben/
Sein heilig Händ vnd Füß mit Nägeln ſcharpff durchgraben/
    Sein Haupt zum Todt geneigt / ſein Seit mit einem Speer
Durchſtochen iſt / ſein Leib iſt vberall verwundet/
Vnd fleuſt von Blut ſo roth / O daß der Menſch ſo ſündet/
    Was wir verdienet han / das leyd der fromme HErr.

Spectacle merueilleux! le plus juſte du monde
Souffre de toutes morts la mort la plus immonde,
Des pieds & mains s'enfuit la vitale liqueur:
    Ses bras roides-tendus, ſa poictrine percée
Dont fut le ſang plus pur & l'eau claire verſée
Des Troglodites fiers amolliroyent le cœur.

JOHA

Behold this picture of sorrow and shame
    Nails and tacks, Christ's hands do maim
His head is bent, His body torn by spears
    Below him people stand and cheer
His blood does flow, human's sin is such
    That His poor heart must suffer much.

Johannis XIX.

Oe

Sicut

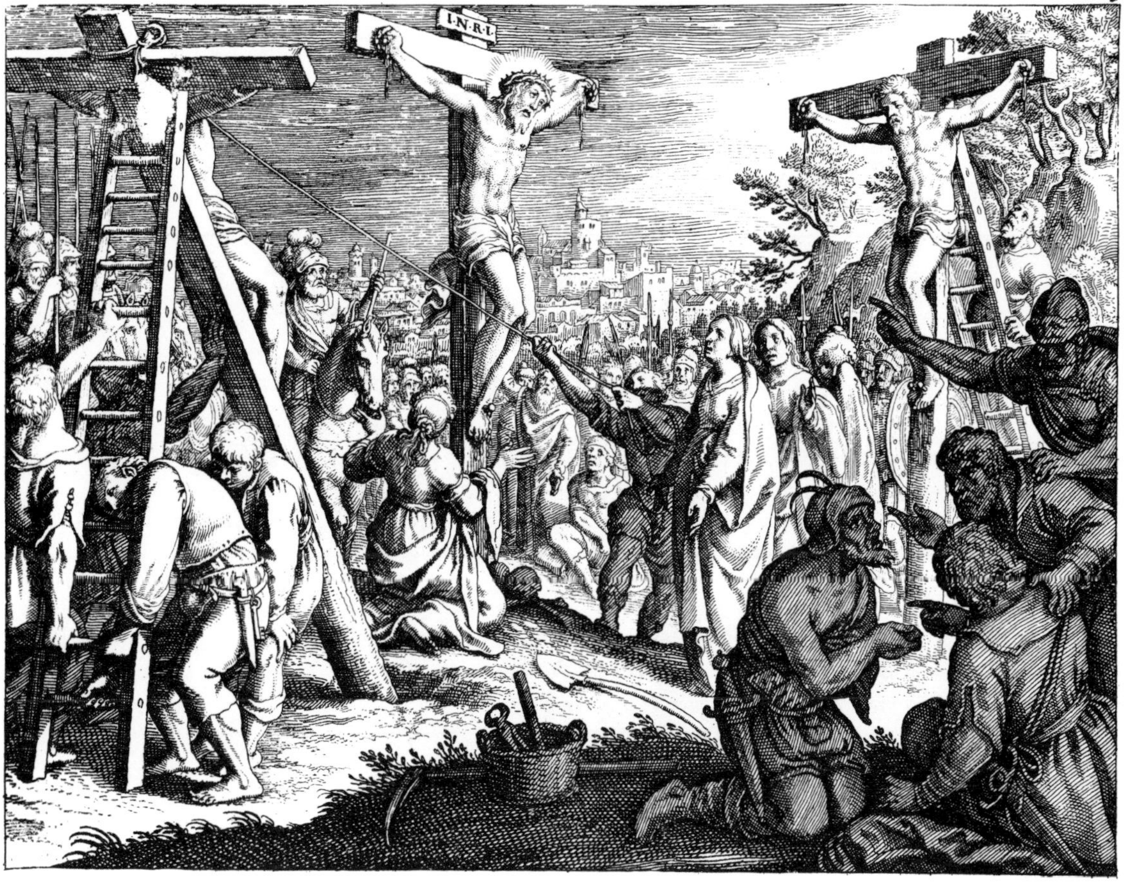

The Burden is His, So That There Be Peace

LI.

Sicut Ionas tribus diebus in ventre balenæ.

Effudit postquam DOMINUS cum sanguine vitam
  Membra novo tumulo condit amica cohors.
Scilicet hinc patuit non ficta morte peremptum:
  Ventre latens piscis JONA figura fuit.

Erfüllung deß Vorbilds Jonæ.

Als Christus an dem Creutz beschlossen hat sein Leben/
Dem Vatter in die Händ het seinen Geist auffgeben/
  Wird er durch gute Freund in ein new Grab gelegt/
Damit zu zeigen an daß er warhafft gestorben/
Das gantze Werck vollbracht/ die Seligkeit erworben/
  Jonas im Bauch deß Fischs dessen ein Vorbild trägt.

Le corps privé de sens est mis en sepulture
Dans vn Tombeau là pres de nouuelle structure
Pour se reposer là jusqu'au troisiesme jour:
Verifiant ainsi son trespas veritable;
Parfaisant de Ionas la figure notable
Qui dans les gouffres creux fit vn mesme sejour.

When Christ on the cross did find his death
  Into God's hands he breathed his last breath
Good friends did take him to his grave
  For them he died, and they are brave
The cycle is closed, at peace the world
  As precedent for this, in the whale's stomach Jonas lay curled.

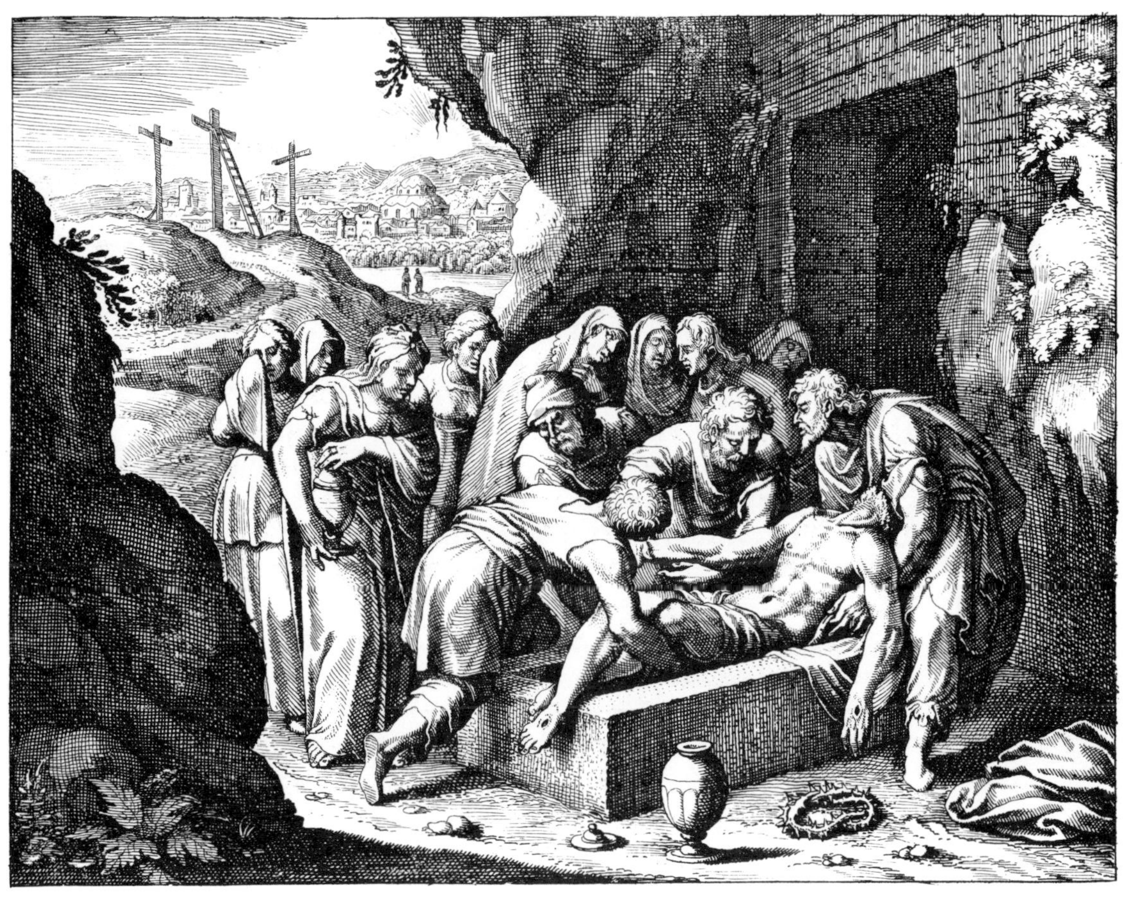

Oo 2 Resu-

Fulfillment of The Precedent For Jonas

LII.

Resuscitatus propter Justitiam nostram.

Tertia lux aderat, tellus cum quassa tremore
  Dissilit, & DOMINUM conscia reddit humus.
Exiliens tumulo, calcata morte, resurgit
  Christus, & oppressa de nece victor ovat.

Aufferstanden vmb vnser Gerechtigkeit willen.

Der dritte Tag brach an / es gschah ein groß Erdbeben /
Das Grab geöffnet ward / must Christum wider geben /
  Der auffersteht mit Macht / mit Sieg / Triumph vnd Pracht:
Der Fürst deß Lebens hat deß Todes Band zerbrochen /
Der Höllen Reich zerstört / am Sathan sich gerochen /
  Den Himmel auffgesperrt / das Leben wider bracht.

Parauant qu'au tiers jour le char porte-lumiere
Portast aux Palestins la clarté coustumiere
La terre s'esmouuant fait vn son furieux:
C'estoit pour tesmoigner que Christ vainqueur remonte
Sortant du Tombeau froid, que l'Enfer il surmonte
Foulant aux pieds la Mort, comme victorieux.

M

But on the third day the earth did quake
  Christ rose and from his death bed did wake
In triumph, might and glory was beheld his resurrection
  The king of life and death caused all of reflection
The devil was damned, all hell was cursed—
  The skies opened, as His Spirit forth burst.

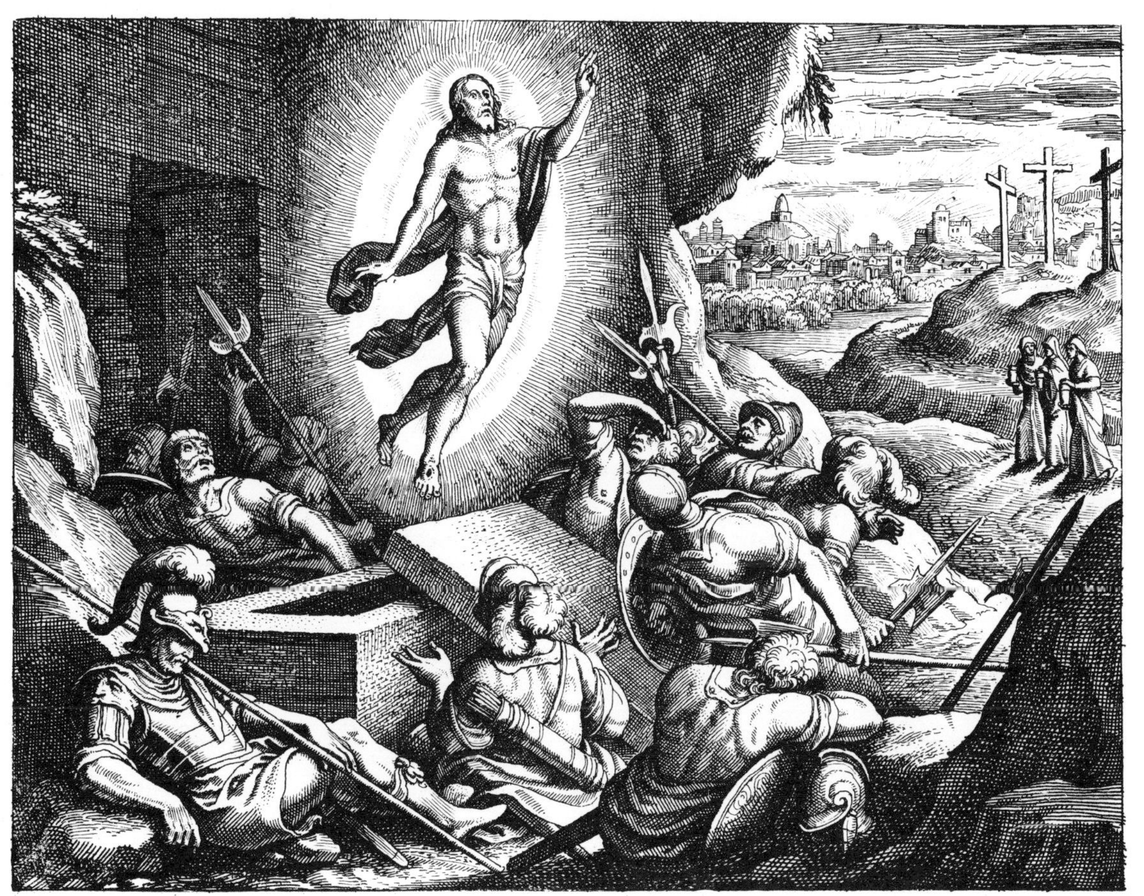

Oo 3 Scopus

Rightful Resurrection

LIII.

Scopus Scripturæ Propheticæ Chriſtus.

Veſper erat, cùm Diſcipulis ex Urbe profectis
  Fit ſocius binis, colloquioque beat:
Increpat, atque oculis aufert glaucoma ſtuporis,
  Scripta Prophetarum cùm patefecit eis.

Alle Propheten auff Chriſtum.

Zween Jünger auß der Statt nach Emaus wandern wöllen/
Chriſtus ſich offenbahrt/ gibt jhnen ein Geſellen/
  Schilt jhren Vnverſtandt vnd Hertzens Härtigkeit/
Vmb daß ſie nicht geglaubt den Schrifften der Propheten/
Die Weiſſagung von jhm nicht recht verſtanden hetten/
  Hilfft jhnen durch ſein Lehr auß der Vnwiſſenheit.

Deux Diſciples ce jour triſtes, de foy douteuſe
Diſcourent en chemin de ceſte fin piteuſe
Que le Chriſt a ſouffert: & luy vient entre-deux,
  Mais, non cognu pour lors, Ieſus les endoctrine
Dont vn zele bruslant eſchauffe leur poictrine
Iusqu'à tant qu'au repas il fut recognu d'eux.

Two prophets arise, to Emaus set forth
  Christ appears to them, his time it is well worth
Stays with them a while, clarifies their negligence
  Explains some facts that restore their innocence
So that his prophecy will be understood rightfully
  To give hope and not be taken lightly.

Lucæ XXIV. M

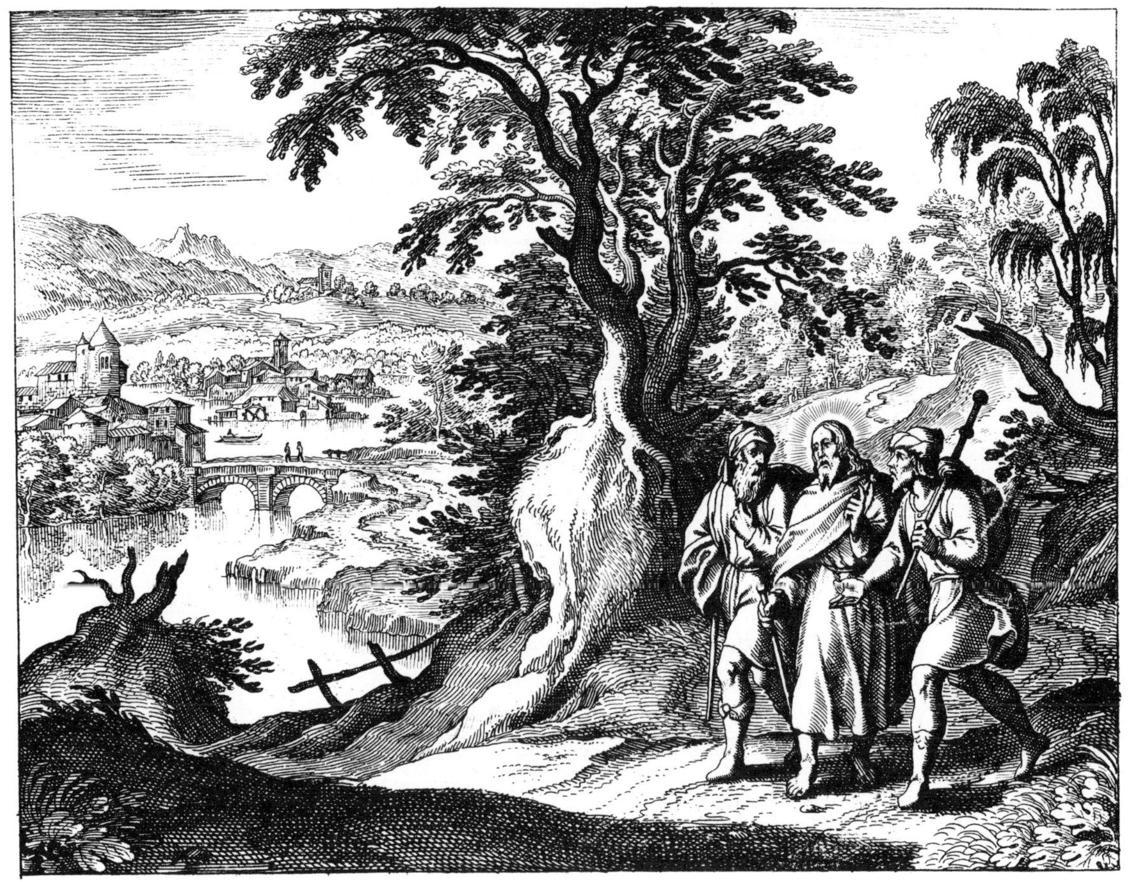

Ascen-

The Prophet Set Forth

IIS

LIV.

Ascendit Deus in Jubilo & Dominus in sono tubæ. Psal. 47.

Ergo ubi tempus adest quo regna capessere cæli
Fas erat & Solium jure tenere patris,
CHRISTUS ad ætherei pallatia scandit olympi,
Hinc feret inque bonos judicium inque malos.

Christus muste den Himmel einnemen. Actor. 3.

Als Christus seinen Lauff vollendet hat auff Erden/
Vnd nunmehr alles leyds ergötzet solte werden/
Fährt er gen Himmel auff/ besitzet den mit recht/
Da jhn ein Wolcke hat zusehends auffgenommen/
Sitzt zu der rechten Hand/ von dannen er wird kommen/
Zu richten kräfftiglich das gantz Menschlich Geschlecht.

En fin, venu le temps qu'en sa Gloire sublime
Iesus doit remonter, n'estant loin de Solyme
Veu des Disciples siens il se guinde dans l'air;
Rentre dans son Palais; & l'Ange fait entendre
Qu'il ne faut point de là jusqu'à ce jour l'attendre
Que pour juger les gens il voudra deualer.

Ac

When Christ's path was ended here on earth
All children were freed from sin at birth
He rose to the skies where he rightfully sits,
To judge with His father with soul and with wit.
In eternity He will return
To lawfully judge and adjourn.

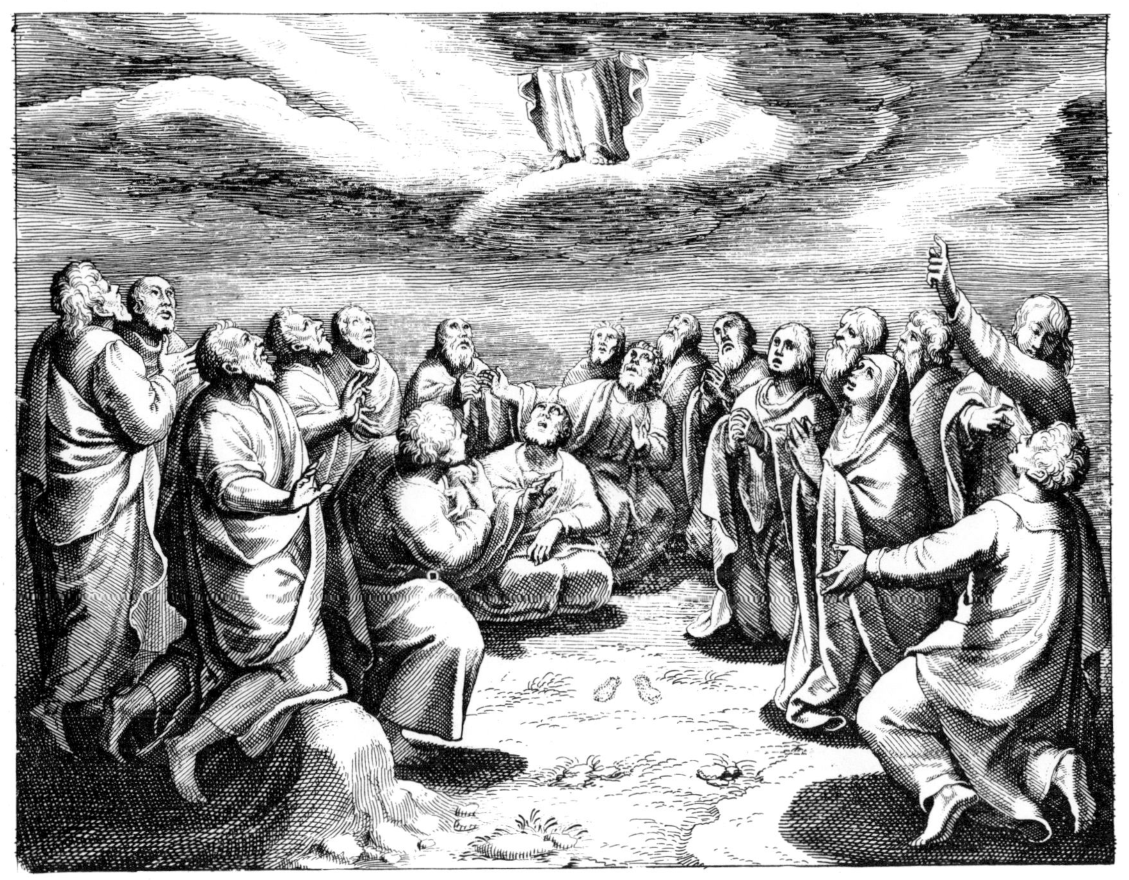

Pp Opor-

Christ Returns to His Rightful Place

LV.

Oportet nos omnes sisti ante tribunal. 2. Cor. 5.

Illa dies veniet, qua Judicis ante tribunal
  Se sistent, hominum quicquid in Orbe fuit.
Omnibus attribuet sua præmia Christus, eritque
  Vita bonis merces, exitiumque malis.

Wir müssen all für den Richterstul gestellet werden.

Der grosse Tag kompt an / Christus will sich einstellen/
Vber das Menschlich Gschlecht das Endvrtheil zu fellen/
  Daß sich da stellen muß für seinen Richterstuel/
Nach der Gerechtigkeit wird er eim jeden geben
Denen so guts gethan das Ewig Himlisch Leben/
  Den Gottlosen jhr Straff in dem Höllischen Pfuel.

Vn jour viendra ce jour qu'au grand son des trompettes
Parmi les airs bruyans, les esclairs, les tempestes,
Tous les morts sortiront des vermoulus Tombeaux:
  Et venans deuant Christ, Iuge tout veritable,
Remporteront chacun son loyer equitable,
Les Iniques, tormens: les bons, des honneurs beaux.

The big day nears; return Christ will
  Judgement! Justice we will receive to our fill
Everyone must rightfully stand
  Rule in fairness will God's hand
The pious ones will be richly reimbursed
  The faithless ones to hell will be cursed.

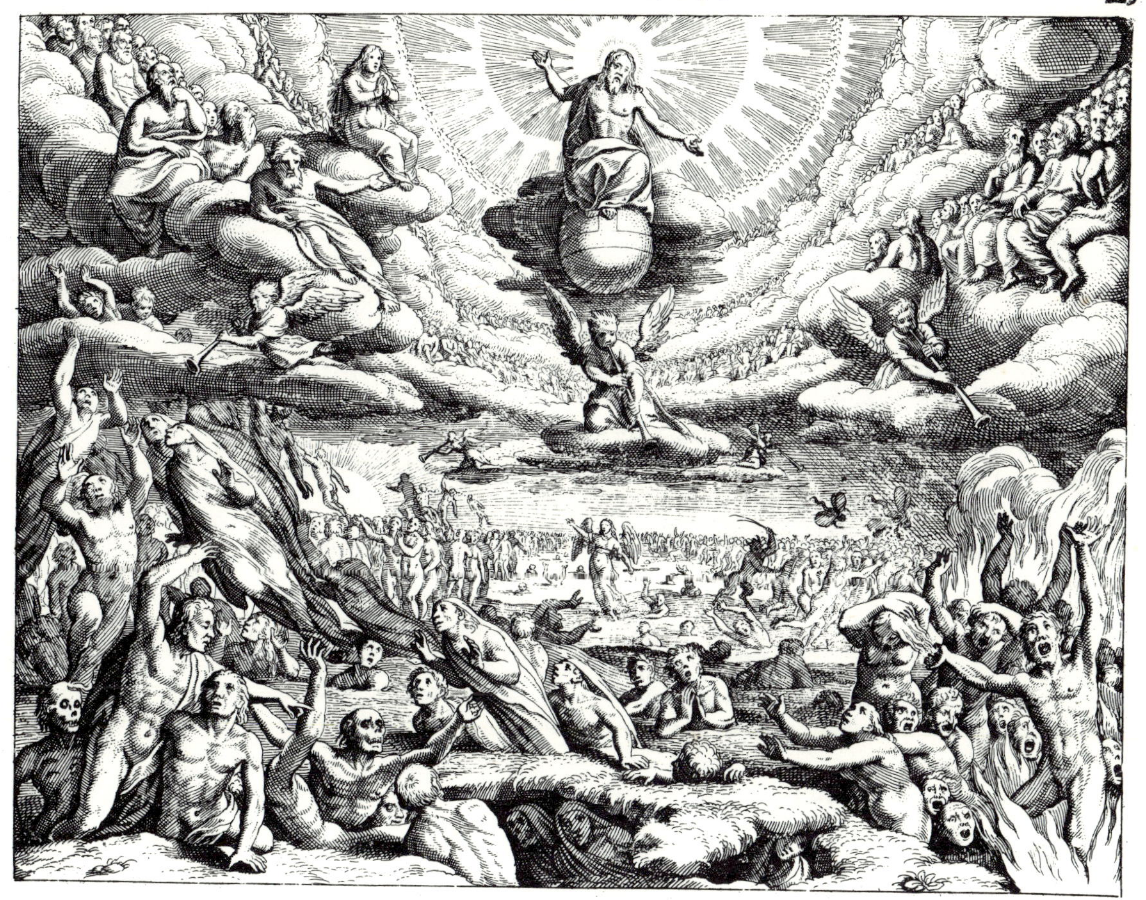

Pp 2 IN

There Will Come The Day When We Will All Be Judged

I.

IN ACTA APOSTOLORUM.

Effundam de ſpiritu meo. Ioel. 2.

CHRISTUS ad ætherei culmen ſubvectus Olympi
  Diſcipulis mittit dona ſuperna ſuis.
SPIRITUS his veniens ignita in turbine forma
  Inſidet, & linguis inſtruit ante rudes.

Ihr ſolt mit dem H. Geiſt getaufft werden.

Als Chriſtus vnſer HErr das Himmelreich beſeſſen/
Hat er der Zuſag ſein in keinem weg vergeſſen/
  Dann er den Jüngern ſein zuſchickt den Heilgen Geiſt.
Der in eim Sturm vnd Wind gleich wie die Fewerflammen
Sitzt vnd ruht vber jhn/ als ſie waren beyſammen/
  In Sprachen mancherley ſie lehrt vnd vnterweiſt.

Quand Chriſt ſe fut aſſis à la droicte du Pere
De ſon Eſprit tout-bon la deſcente proſpere
Reſpandit ſur les ſiens des dons tres-precieux:
  Et ces langues de feu furent l'heureux preſage
Du feu zelé des cœurs, & de la langue ſage
Qu'eurent les ſaincts preſcheurs des myſteres des Cieux.

ACTO

When Christ had gone, his deeds adjourned
  He left a mental path of return
He sent his apostles a holy spirit
  Full understanding was theirs through it
Together they sat, to the skies it arose
  God they could praise in strange tongues and prose.

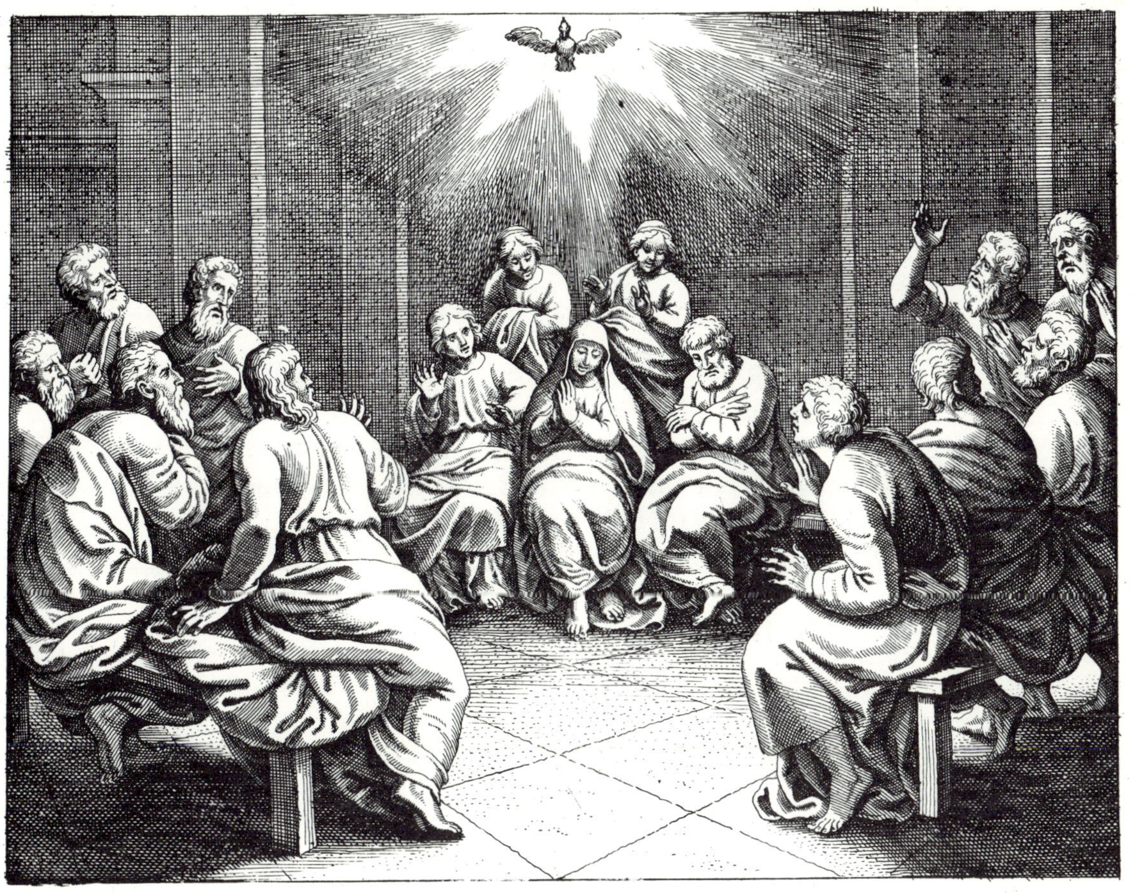

You Will Be Baptised

II.

Miracula prædicationis Apostolicæ socia. Marc. 16.

Ingreditur templum PETRUS comitante JOHANNE,
Assidet ad portam claudus opemque rogat.
Non mihi sunt nummi, præstantius accipe donum
PETRUS ait: recto mox salit ille pede.

In meinem Namen werden sie Thaten thun.

Petrus / Johannes auch hinauff in Tempel gehen/
Ein armer lamer Mann als er sie hat gesehen/
Spricht sie nach seinem brauch vmb ein Almosen an/
Ich hab kein Goldt noch Gelt / spricht Petrus zu dem Lamen/
Doch gib ich was ich hab / in Jesu Christi Namen
Steh auff / Bald springt er auff vnd geht gerad davon.

Entrant au temple Sainct l'Apostre Iean & Pierre
Voyent gisant illec & assis sur la pierre
Demandan vn denier le perclus impotent:
Ie n'ay n'argent ni or: Reçoy chose meilleure,
Par le nom de Iesus sois rendu sain à l'heure,
Dit Pierre: Le boiteux sauta sain à l'instant. ACTO

St. John and St. Peter to the temple did go
On the street a lame man lay, his spirit low
And as was his way, for a trinket he did ask them
But no money had that would have helped him
But help him they did; stand up in God's name
He rose and gave praise; he was no longer lame.

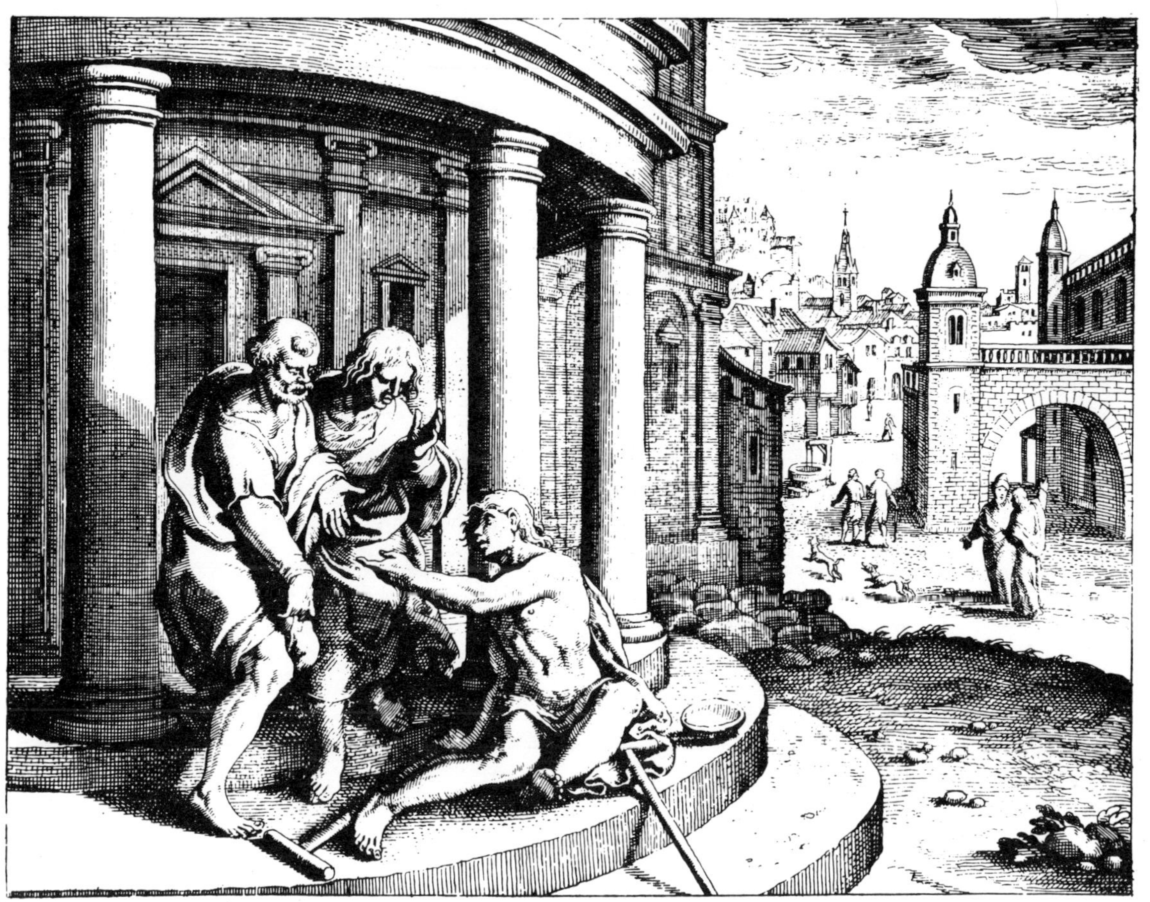

In My Name Do Good Deeds

III.

Mentiti Spiritui Sancto puniuntur.

Vendit ANANIAS agrum, cum conjuge cujus
Diſſimulat precium fraude doloque malo:
SPIRITUS at ſubita mendaces morte peremit:
Difficile eſt ſummo vendere verba Deo.

Lügen in Heiligen Geiſt geſtrafft.

Ananias ſein Feld verkaufft / ſampt ſeiner Frawen
Lifern ein theil deß Gelts / behalten auß mißtrawen
Den Reſt / liegen darzu es hab nicht golten mehr /
Vnd weil ſie ſich all beyd der Lügen halb verglichen
Strafft ſie der heilig Geiſt / daß ſie beyd tods verplichen /
Wer Gott betriegen will derſelb betreugt ſich ſehr.

Pouſſé d'vn zele feint l'hypocrit Ananie
Veut aumoſner ſon champ: mais l'auare manie
Le receu tellement qu'il en ſouſtrait du prix:
Sa femme luy conſent: Mais pour ceſte cautele
L'Eſprit ſainct les punit de ſentence mortelle
Puis que de luy mentir ils auoyent entrepris. ACTO

Ananias and wife his land had sold
But part of the money was kept—oh, the power of gold
Deceit and lies always will be seen
The unpious ones should not have been so keen
The Holy Ghost judged them severely
They died; they paid their price clearly.

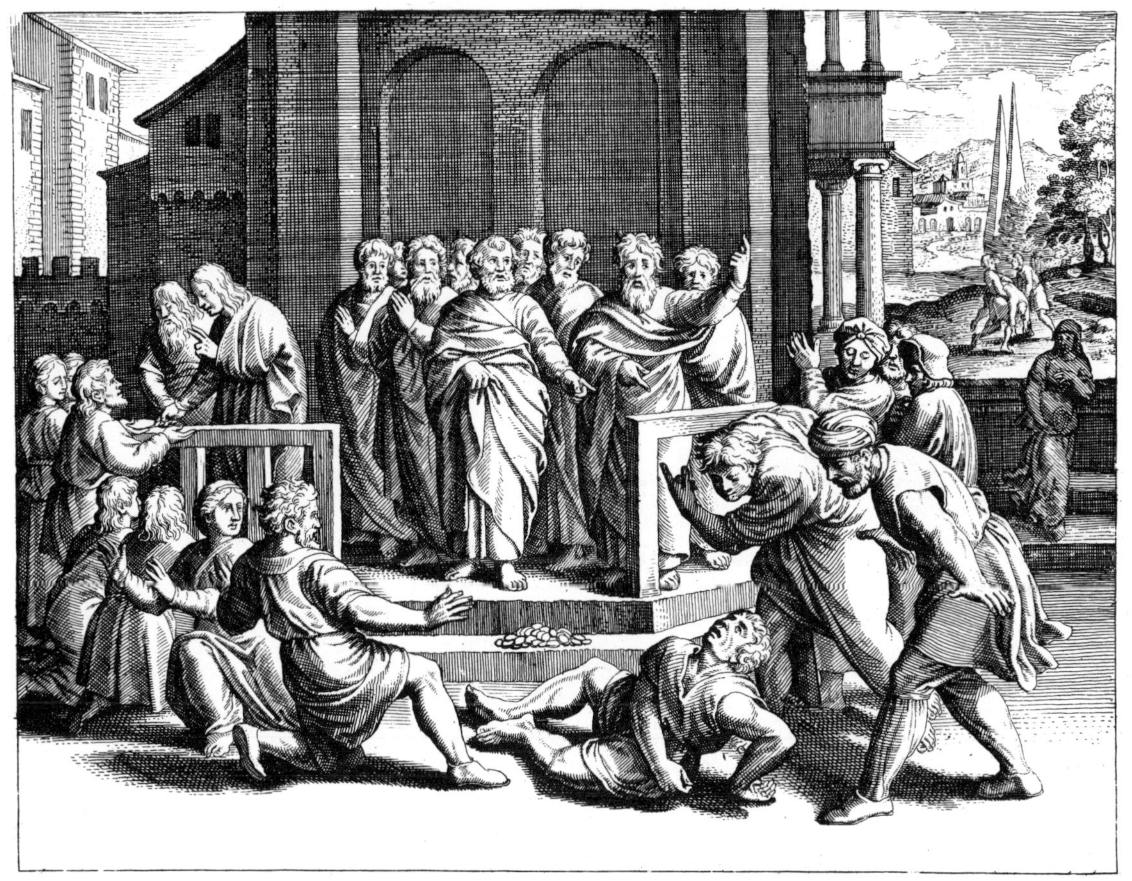

Qq *Primus*

Lies Will Be Damned By The Holy Spirit

IV.

Primus Martyr novi Teſtamenti.

Judicio STEPHANUS capitis damnatur iniquo,
Quem populus lapidum perpluit imbre furens,
Martyrii palmam fuſo tulit inde cruore
Primus, & oſtendit quæ patienda piis.

Der Martyrer Blut der Kirchen Samen.

Stephanus vor Gericht wird fälſchlich angegeben/
Jhm wird geſprochen ab/doch auß vnſchuldt/das Leben/
Darauff geſteinigt wird der fromb vnd heilig Mann/
Der erſte Märtyrer iſt er durch ſein Blut worden/
Viel tauſent folgen jhm in dieſem Ritter-Orden/
Die Cron iſt beygelegt dem der ſolchs leyden kan.

I'admire le ſçauoir & l'eloquence tienne
Des plus ſacrés Martyrs, premier Martyr Eſtienne,
Mais je maudi des Iuifs le maudit Iugement:
On eſcraſe ton chef de coups & pierres dures;
Et le Martyre Sainct que, conſtant, tu endures
Monſtre quel eſt des bons l'injuſte traictement. ACT

Stephen's case judged is wrongly
The court ruled guilty; upset he was strongly
Stoned he was to death by many men
Our first sacred martyr was born then
Many thousands followed his path
In heaven they were crowned through sinners' wrath.

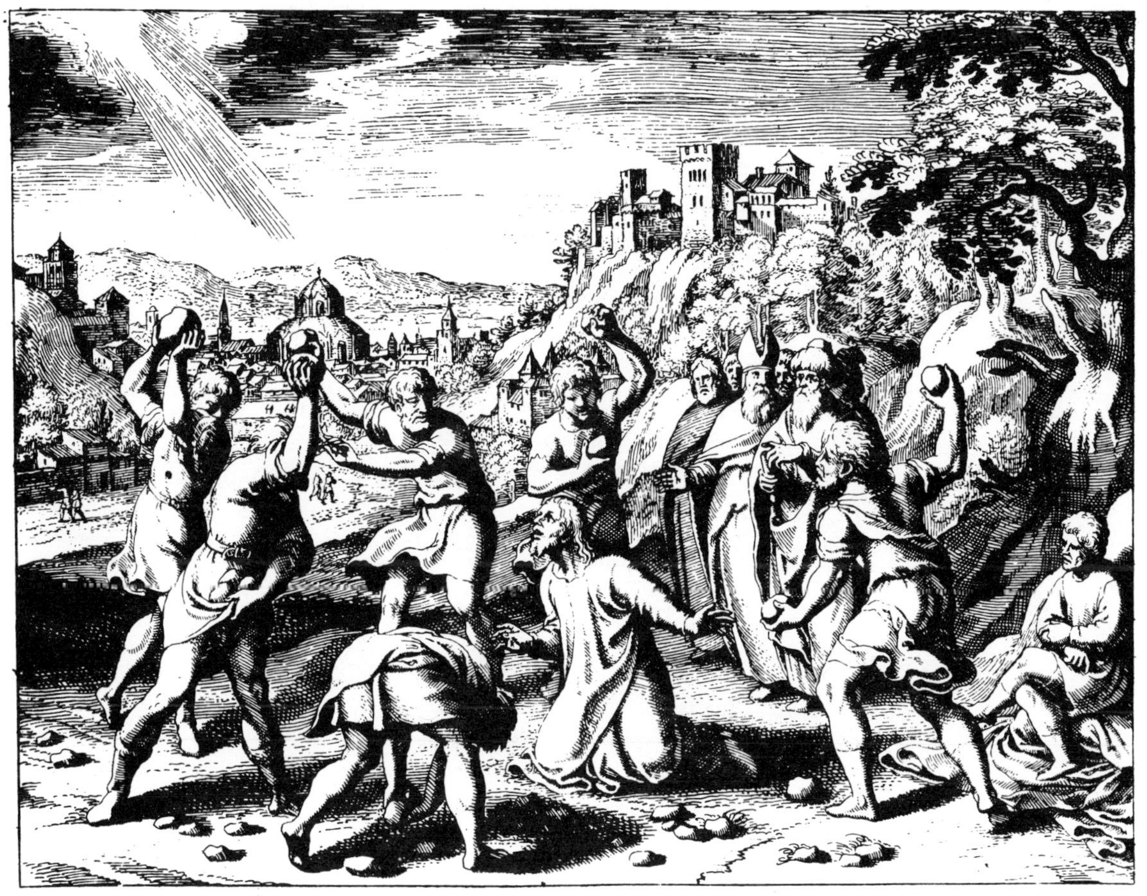

Qq 2 Fides

Martyr Blood Builds Churches

V.

Fides est ex auditu verbi divini. Rom. 8.

Præſcia Candaces Oracula voce PHILIPPUS
    Chriſtiadum EUNUCHUM jura fidemque docet.
Nec mora, dum CHRISTUM ſe credere corde fatetur,
    Chriſticolæ tribuit Sanƈta lavacra novo.

Der Glaub iſt auß dem gehör Gottes Worts.

Was Eſaias ſchreibt von Chriſto lang zuvoren/
Das legt Philippus auß dem Cämmerer vnd Moren/
    Bericht jhn auß der Schrifft von Chriſti Lebens Lauff/
Vnd als er ſich bekennt zum wahren Chriſten Glauben/
Wolt jhn Philippus auch deß Siegels nicht berauben/
    Dann er jhm an der ſtett mittheilt den Heilgen Tauff.

Ceſt Eunuque pïeux qui lit le Sainct Oracle
Fut fait Chreſtien nouueau par vn nouueau miracle
Lors que Philippe vient pour le catechiſer:
Il croit au Chriſt venu, ſa bouche le profeſſe;
Philippe qui joyeux entend ce qu'il confeſſe
Le fait entrer és eaux & l'y va baptiſer. ACT

Esaias wrote of the Lord's deeds long ago
    The moor listened to Philip tell them with woe
He learns in earnest, seeks the Lord
    Wants him to be his new ward
Philip in baptism him initiates
    The moor in a holy bath partakes.

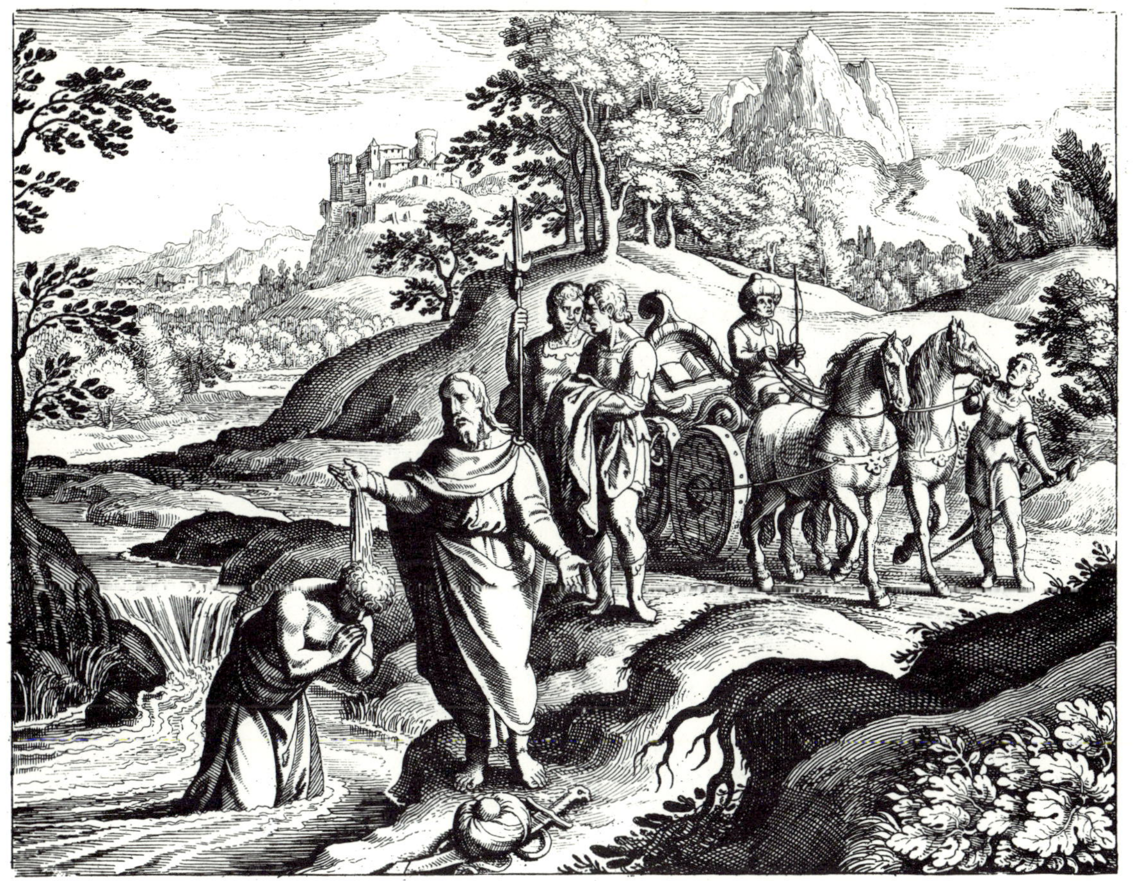

Qq 3 Paulus

Belief in Hearing God

VI.

Paulus ex perſecutore Apoſtolus.

Quærit ad interitum CHRISTI de nomine dictos
  SAULUS & in miſeros ceu lupus acre furit.
Territus oſtento Chriſto converſus obædit
  PAULUS, Apoſtolici mox tuba clara chori.

Wölffe werden bey den Lämmern wohnen. Esa. 11.

Saulus die Chriſten new verfolgt in erſten Jahren/
Zeucht ſie herfür zum Todt/ wo ſie zu kriegen waren/
  Nicht anders als ein Wolff zerſtreut die Schäflein zart/
Durch einen Donnerſchlag jhn Chriſt der HErr bekehret/
Daß er/ den er verfolgt/ hernach bekennt vnd lehret/
  Auß einem Wolff ein Hirt/ auß Saulo Paulus wardt/

Saul de ſes paſſions le conſeil execute
Tandis que Chriſt és ſiens, crüel, il perſecute
Comme loup affamé, Tyranneau, deſtructeur:
  Mais ſentant vn eſclair qui tout plat le renuerſe,
Puis la voix qui reprend ſa cruauté peruerſe,
De Lion ſuce-ſang il deuient doux Paſteur.

ACT

Saul, the Christians pursues anew
  Angry was he and gruesome, too
Just like a wolf destroys the little lamb
  Christ this devil's heart with goodness did cram
So that the man who had once pursued and condemned
  Became in our time St. Paul—a legend.

ACTORUM IX, 127

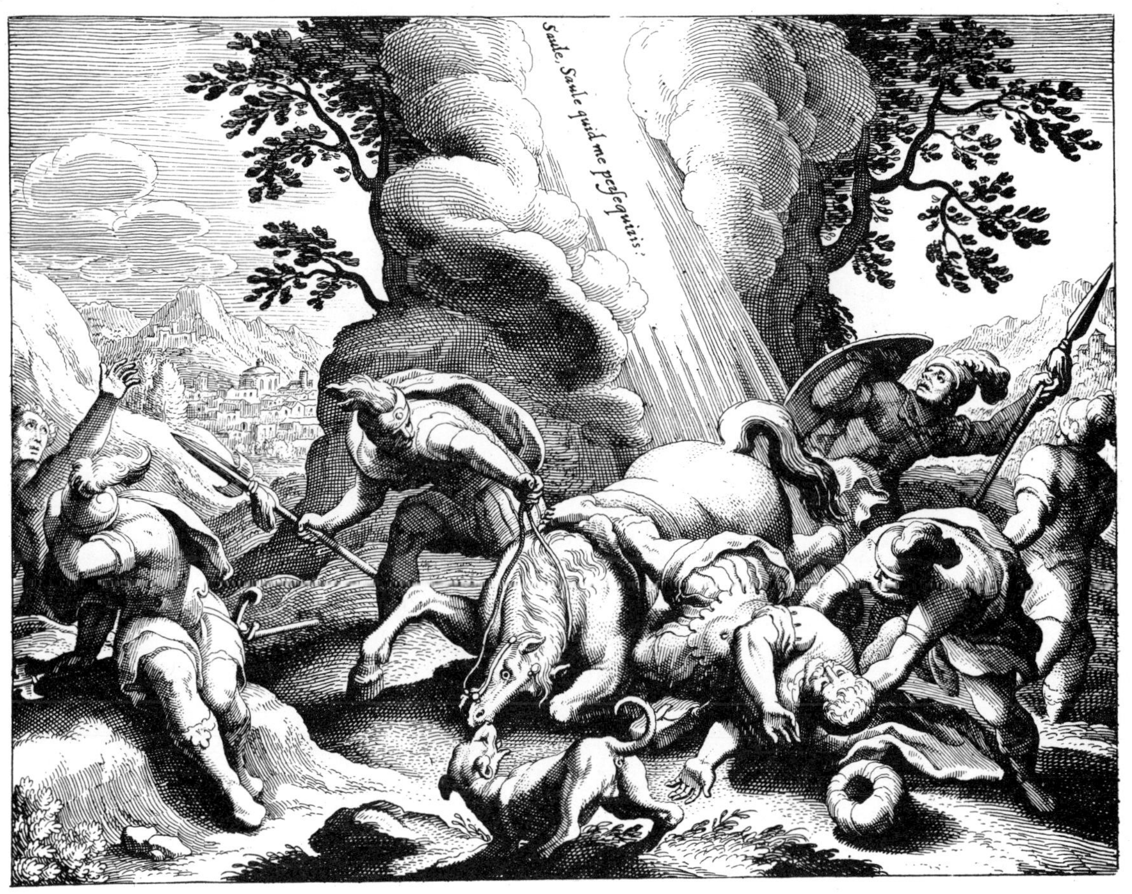

Wolves Will Live With Lambs in Peace

VII.

Apud Deum non est respectus personarum.

Evocat ab Joppe PETRUM CORNELIUS, ore
  Admonitus Genii, qui venit absque mora,
Credentemque sacro perfundit fonte Tribunum,
  Sensit ubi gentes non reprobare Deum.

So hat auch Gott den Heyden Busse gegeben.

Nach dem Cornelius von Gott befehl empfangen/
Läst er Petrum zu sich beruffen mit verlangen/
  Von Joppen/ der geschwind gen Cesaream eylt/
Vnd weil er wust/ daß Gott nicht gar verwarff die Heyden/
Predigt er jhm das Wort/ das nimbt er an mit frewden/
  Warauff er jhm den Tauff als eim Christen mittheilt.

Corneille tout deuot par la voix Angelique
Fut commandé d'oüyr la voix Apostolique
De Pierre qui accourt à sa petition.
Puis sçachant que le Ciel nul des hommes n'excepte,
Mais de tous cœurs pieux les vœus zelés accepte,
Baptise ce Tribun plein de deuotion.

ACTO

When God's command Cornelius did reach
  He sent for St. Peter, one who could teach
Joppe, his messenger to Cesaraem hurries
  Knowing God forgives pagans, he's not worried
Peter to his pupil so eager, preaches the word of the Lord
  A new Christian is born; his belief as strong as a sword.

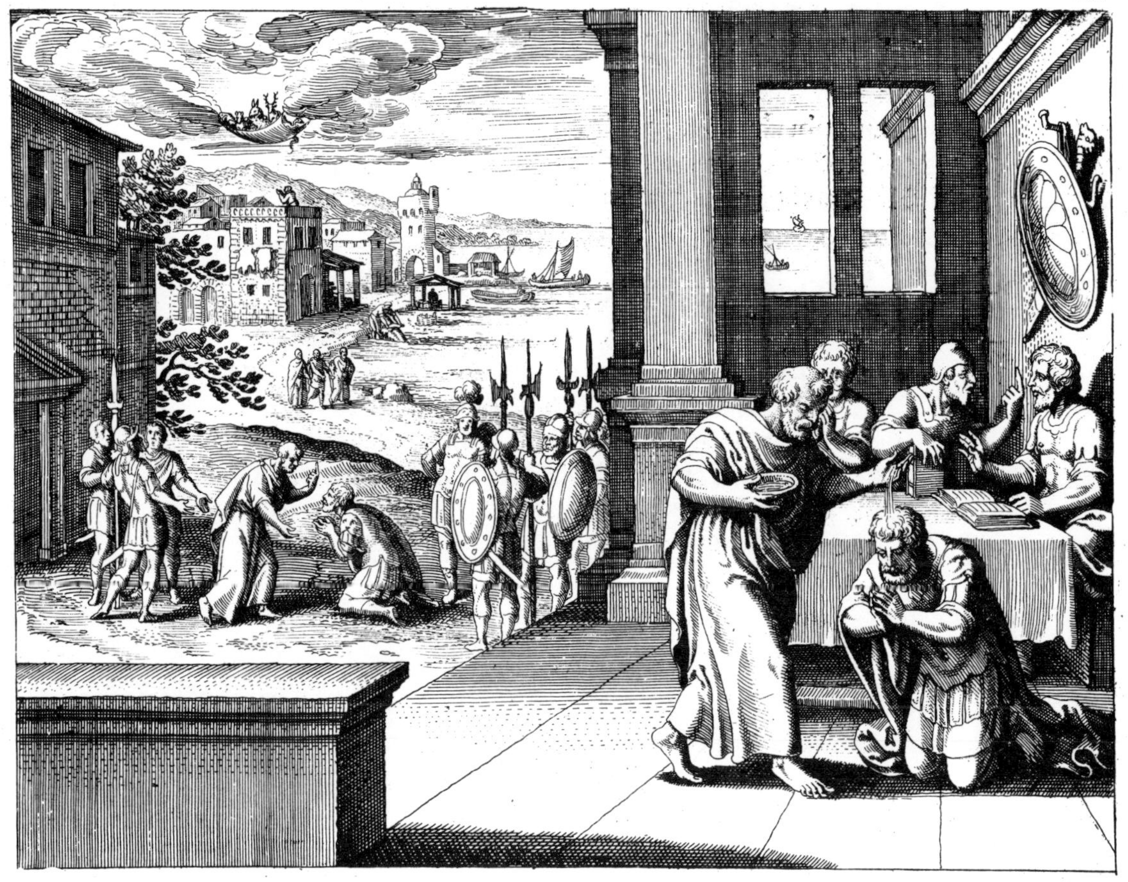

Rr DOMI-

Repent Do The Pagans

VIII.

DOMINUS redimit captivos. Pſal. 146.

Sævus ubi Herodes jugulaverat enſe JACOBUM,
    Carcere compingit compedibusque PETRUM.
Hunc tamen effractis vinclis foribusque recluſis
    Angelus educit nocte ſilente domum.

Der HErr erlöſet die Gefangenen.

Herodes Petrum fäht / ſchleußt jhn in Band vnd Ketten/
Vermeynt jhn nach dem Feſt wie Jacobum zu tödten /
    Die Kirche bittet Gott für den Apoſtel ſtät/
Ein Engel bricht die Band / öffnet die eyſern Thüren/
Thut Petrum mit der Hand auß dem Gefängnuß führen/
    Stellt jhn auff freyen Fuß / daß er dem Todt entgeht.

Herodes Tyran fier (apres que par l'eſpée
De Iaques Sainct preſcheur fut la teſte coupée)
Mit Pierre dans les fers en obſcure priſon;
Et l'euſt toſt mis à mort, ſi l'Ange fauorable
N'euſt ouuert ces cachots par moyen admirable
Pour l'enuoyer au ſeur la nuict en la maiſon. ACT

Herodes Peter imprisons and puts in a cell
    After the feast, like Jacob he wants to kill
The church prays to God for his savior
    The chains are broken by prayer and behavior
An angel leads Peter back to his freedom
    So that others may partake of his goodness and wisdom.

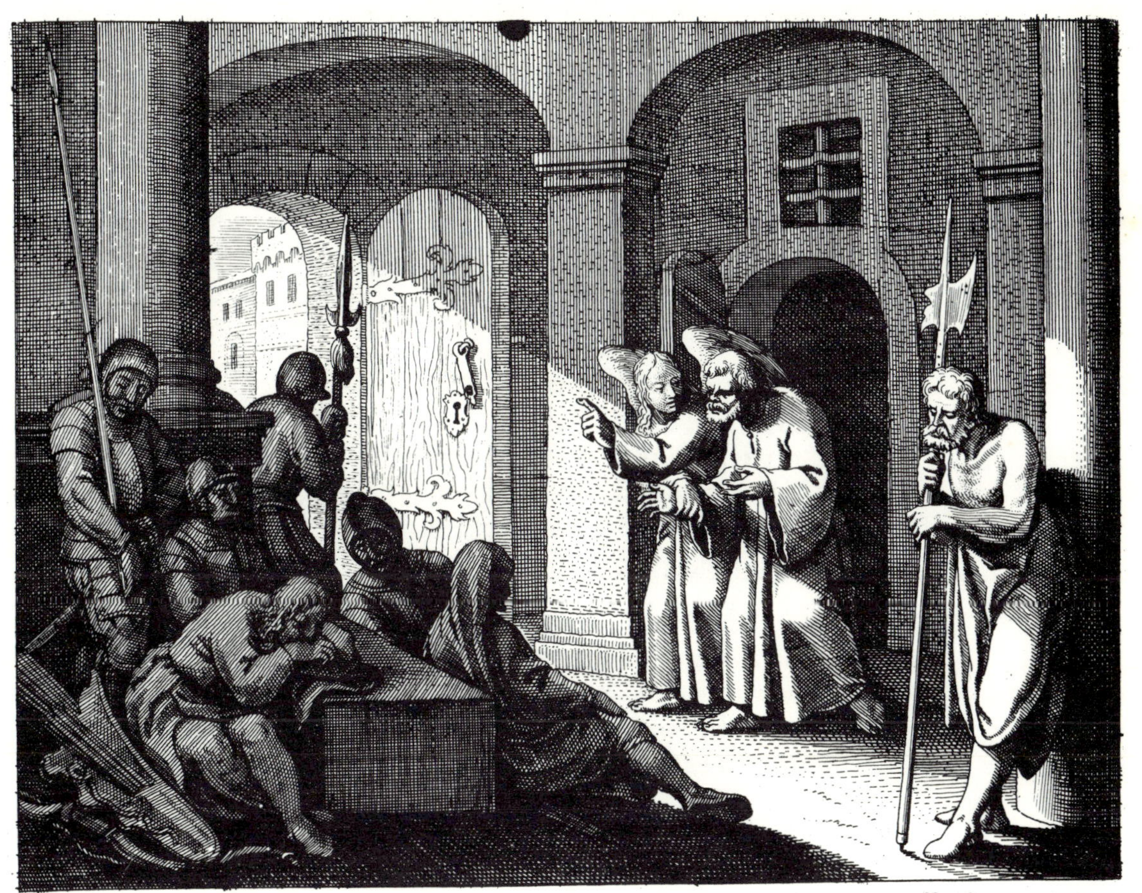

The Lord Releases The Imprisoned

IX.

Deo non sanctis viris sacrificandum.

BARNABAN affirmant PAULUMQUE Lycaones esse
  Numina, dum claudum crure salire vident,
Adducuntque boves, his sacrificare parati,
  Crimen Apostolici quod vetuere viri.

Gott vnd nicht die Heiligen zu verehren.

Paulus vnd Barnabas zu den Lystranern redten
Das Wort von Christi Reich / auch Wunderzeichen theten/
  Dann sie machten gesund ein krummen lamen Mann/
Das Aberglaubisch Volck auß jhnen Götter machten/
Führten Ochsen herbey die zu opffern vnd schlachten/
  Doch Paulus solches wehrt zeigt jhn die Warheit an.

Le Payen admirant que la puissance grande
De Barnabas & Paul aux plus affligés rende
La santé si subit leur veut sacrifier;
  On les croit estre Dieux: eux zelés se despeschent,
Instruisent ces Payens, & ce forfaict empeschent
Leur monstrans qu'au Dieu vray tous doiuent se fier.

Ac

Paul and Barnabas to the Lycaones did speak
  Of Christ and his deeds, new Christian they did seek
They healed a lame man for this sake—
  The pagan people gods did them make
Brought oxen to celebrate their new deity
  Paul condemned this; sought real victory.

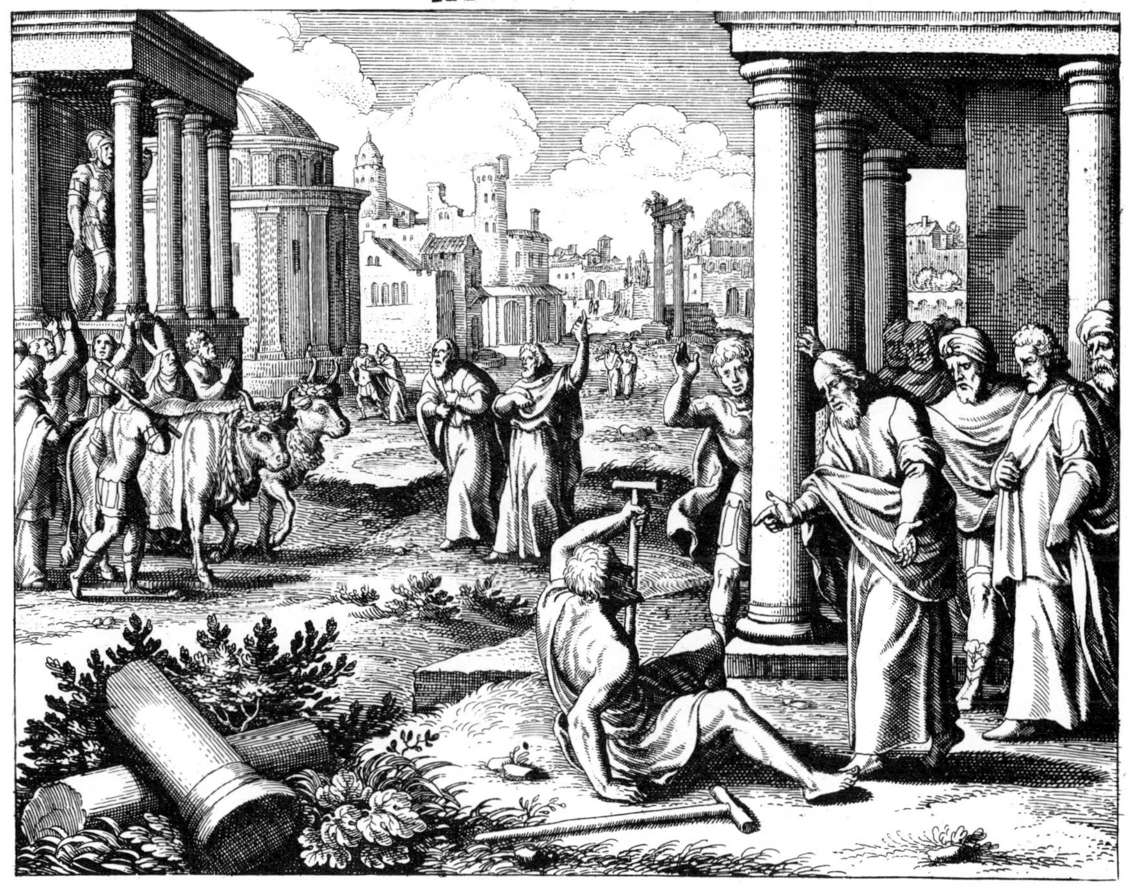

Rr 3 Cura

Pagan Beliefs Are Condemned

X.

Cura DEI pro servis suis.

Navigat Italiam versus, sed turbo natantem
  Jactat, & in Maltam naufraga puppis agit.
Hic manui coluber PAULINÆ dirus inhæret
  Nec nocet: in flammas nam jaculatur eum.

Gottes Fürsehung vber seine Diener.

Paulus schiffet nach Rom / ein Wetter groß entstehet/
Das Schiff an Malta stößt / bricht vnd zu scheitern gehet /
  Paulus kompt an das Land / mit schwimmen sich erwehrt /
Ein Schlang vergifft vnd böß an seine Hand sich hencket /
Als er das Fewer schürt / Paulus ins Fewer schlencket
  Das schädlich Thier ohn schad / Gott hat fromb Diener wehrt.

La nef qui porte Paul sur les ondes tracasse
Tant que l'orage fort & le vent la fracasse
Iettant les hommes saufs dans l'Isle des Maltois:
  Là sur la main de Paul vn Vipere s'attache,
Mais luy le secoüant sans danger le destache,
Dont il est admiré des Barbares courtois.

Ac

Paul by ship a trip to Rome did make
  In Malta a storm his vessel did break
He made it to the land, and swam ashore
  A poisonous snake there troubled him more
He gripped the viper, into the fire it was thrown
  God did not forget this good man, as is shown.

ACTORUM XXII. & XXVIII. 135

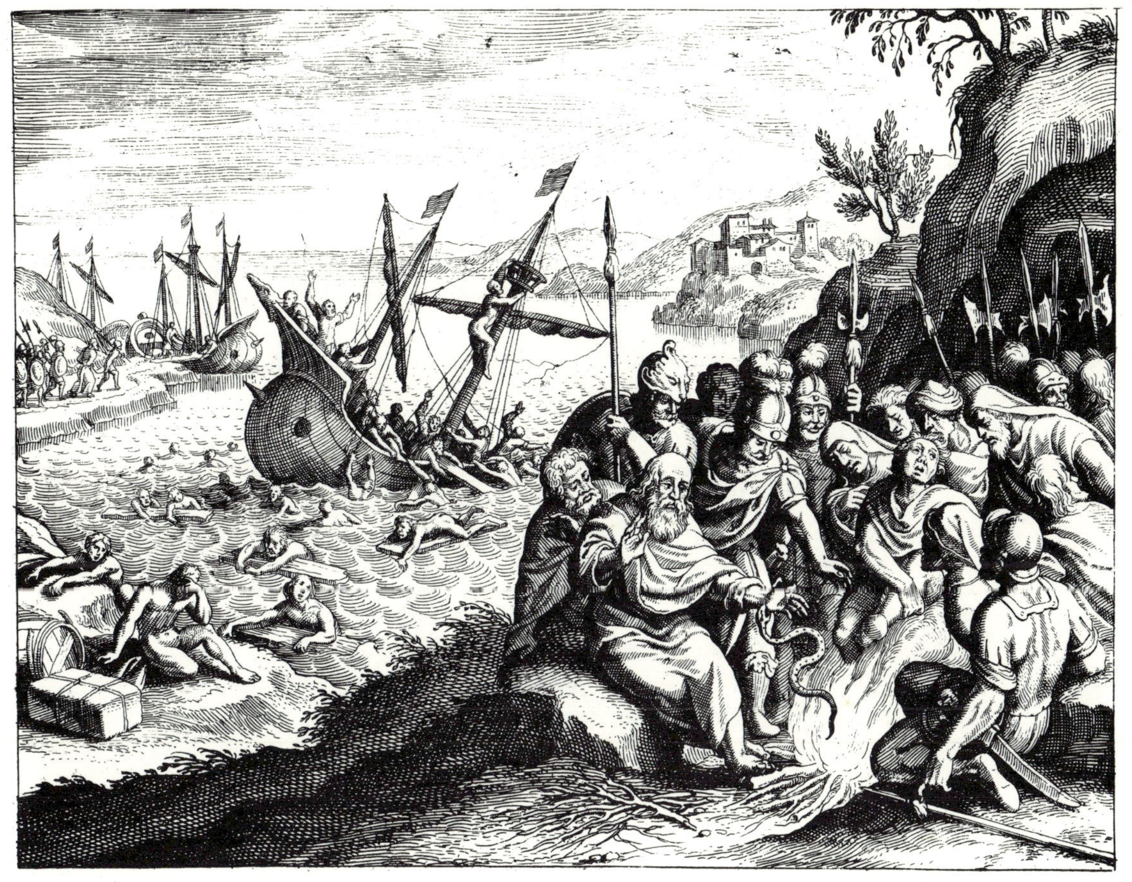

IN

The Lord Watches Over His Children

I.

IN APOCALYPSIN D. JOHANNIS.

Auctor Apocalypseos Christus in gloria.

Divina CHRISTUS se Majestate JOHANNI
Monstrat, & Ecclesiis scribere mira jubet.
Igne micant oculi, facies candore coruscat,
Ore vibrat gladium, septem habet astra manus.

Christus das A und O der Erste und Letzte.

Johannes sicht im Geist die Herrlichkeit deß HErren/
In seiner Majestät und sein Göttlichen Ehren/
Der jhn auffschreiben heißt verborgne wunder ding/
Hell glänzt sein Angesicht/ sein Augen wie zwo Flammen/
Sein Hand hält siben Stern/ auff seiner Hüfft sein Namen/
Ein scharff zweyschneident Schwert auß seinem Munde gieng.

Iesus fait voir à Iean sa grandeur adorable
Voulant qu'à ses troupeaux maint secret admirable
Il enuoye descrits sur vn net parchemin:
Ses yeux ressemblent feu; sa tresluisante face
La plus viue splendeur de l'Astre grand efface,
Tient vn glaiue des dents, & sept Astres en main. APO

John in his mind the Lord beheld
His beauty, his might his wishing all well
He from whom he receives tides of the freedom
His eyes are shining in his wisdom
His hand holds seven stars, his hip adorns his name
His mouth sends forth a sword shiny like a flame.

APOCALYPS. I. 137

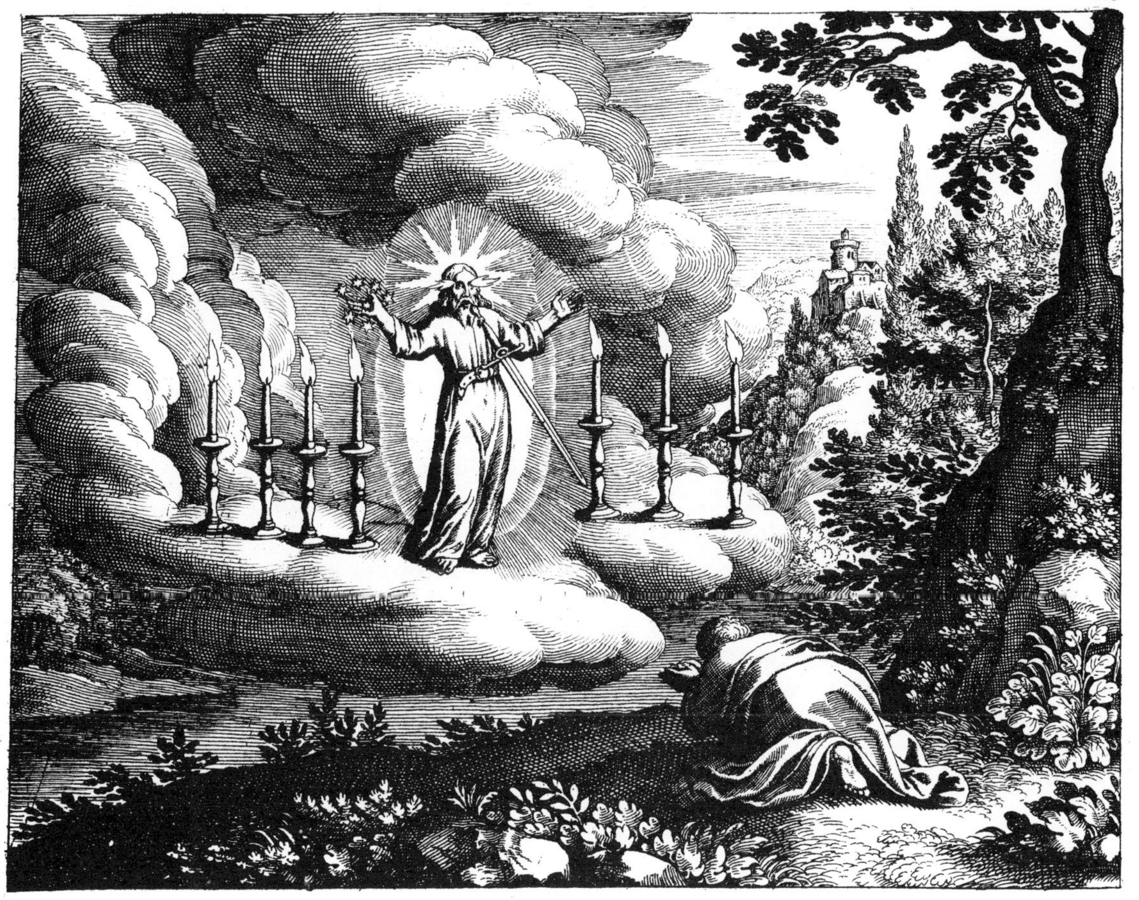

Ss Proci-

Christ—The Beginning And End

II.

Procidebant viginti quatuor Seniores.

JOHANNI Dominus myſteria magna revelat,
Et mala Chriſticolum quæ patienda gregi.
Viginti quatuor poſito diademate Patres
Laudibus extollunt concelebrantque DEUM.

Du biſt würdig zu nemen Preiß vnd Ehre.

Viel Heimlichkeit der HERR Johanni offenbaret
Wie mitten in dem Creutz er ſeine Kirch bewahret/
Wann alles geht zu grund durch Plagen manigfalt/
Hie vier vnd zwantzig Mann herrlich vnd wol bey tagen/
Ihr Cronen legen ab/ mit Demuth Gott danckſagen/
Singen ein Lobgeſang/ daß in dem Himmel ſchallt.

Iean raui derechef par viſion nouuelle
Voit & oit les ſecrets que Ieſus luy reuelle
Luy faiſant voir encor ſa Diue Majeſté:
Vint & quatre Harpeurs enuironnent le Throne,
Chacun d'eux mettant bas ſa luiſante courone
Pour loüer le Puiſſant le Sainſt d'Eternité.

APOC

Much sacred knowledge from the Lord John receives
The holy church in the shape of a cross he perceives
And when in troubles and sorrow the earth does die
The twenty-four lords their crowns lay down and sigh
The heavens will rejoice in a song heard near and far
God's happiness will reach the most distant stars.

APOCALYPS. IV. 139

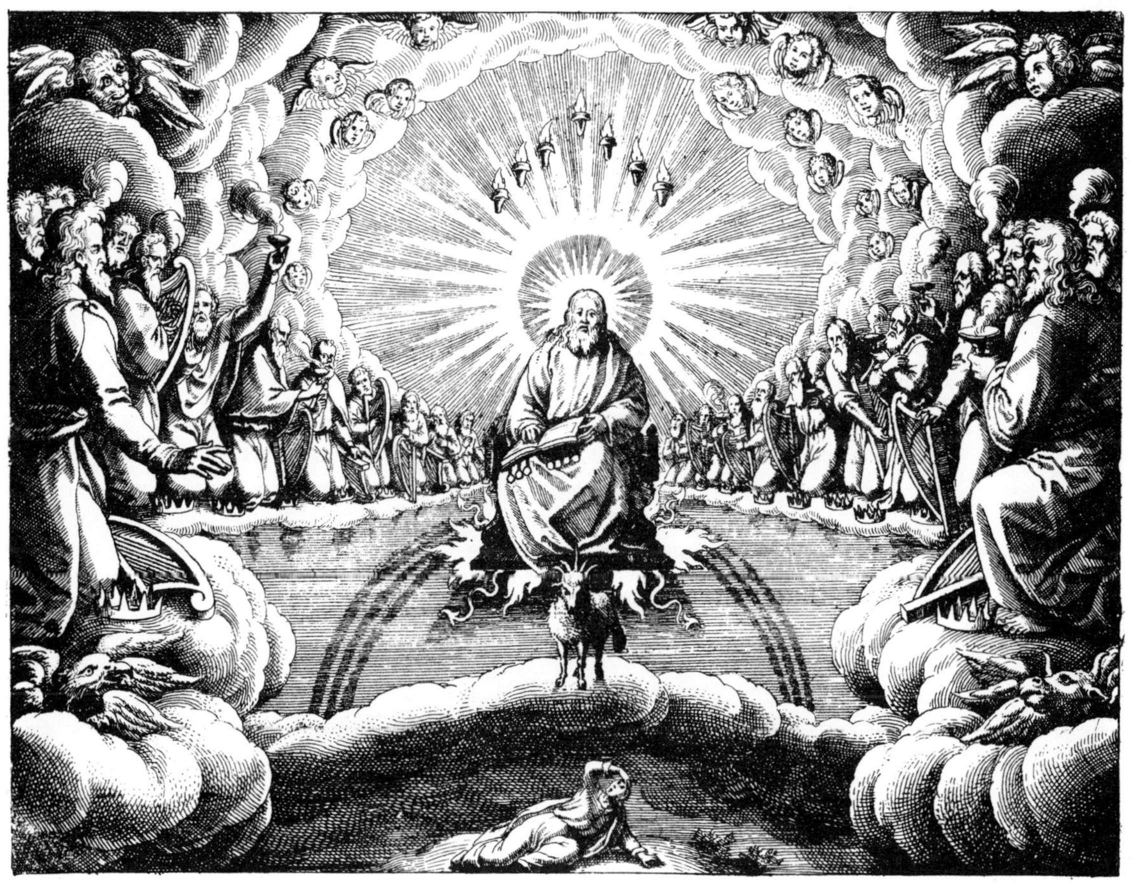

Ss 2 *Imago*

You Are Worthy of Praise And Honor

III.

Imago quatuor calamitatum Orbis.

Albus equus, rubeusque, niger, macieque pudendus,
Supplicium quadruplex signa quaterna notant:
Bellum, necem, tristemque famem, pestemque Erebumque,
Hæc eadem signat stella caduca Polo.

Vorbild der vier Landplagen.

Ein Schimmel vnd ein Fuchs / sampt denen so drauff reitten/
Ein Rapp vnd mager Falch / vier Straffen hart bedeuten/
Frembd Joch vnd Tyranney / Krieg vnd Mord in der Welt/
Hunger vnd thewre Zeit / (kompt alles jetzt zusammen)
Auch Pestilentz vnd Todt sampt der Höllischen Flammen/
Diß zeugt so mancher Stern der da vom Himmel fellt.

Ces quatre Caualiers de si hagarde mine
Portent par tout la mort, la guerre, la famine
Pour punir en fureur le monde malheureux:
Les Iustes sous l' Autel crient pour la vengeance;
Les meschans esperdus courent en diligence
Pour se cacher és trous des monts & rochers creux.

Apoc

Four millions set forth from the heavenly kingdom
They bear tortures that will mar early freedom
The tortures they bring plague all people
This is a true test of belief that is real
Wars, hunger, murder and insanity
Leave no time for money or vanity.

APOCALYPS. VI. 141

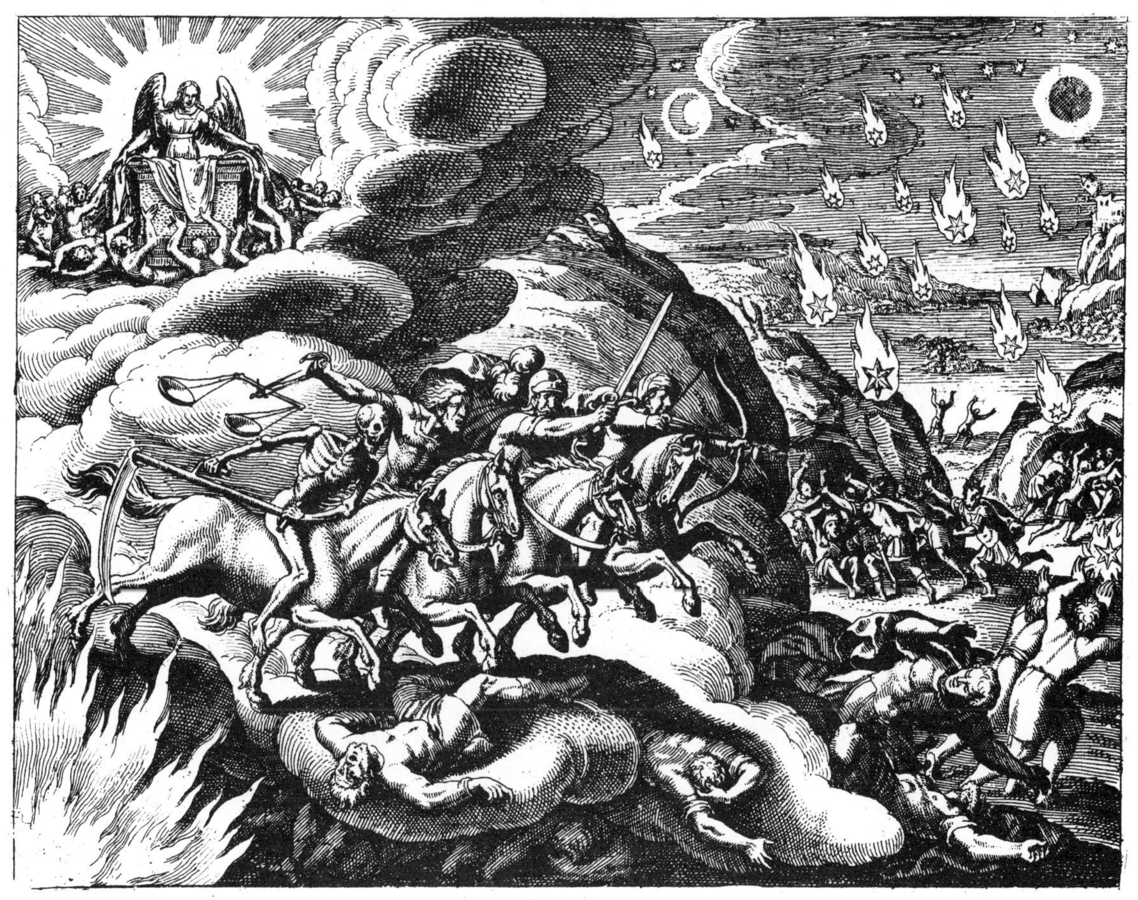

Ss 3 *Nuncii*

Precedent For The Four Land Plagues

IV.

Nuncii & Præcones futurarum calamitatum.

Septima dissolvit dum Sigla voluminis AGNUS,
Angelici sistunt se Genii ante Thronum,
Queîs septem dedit ipse tubas regnator Olympi,
Ut canerent clades exitiumque malis.

Prediger vnd Vorbotten künfftiger Straffen.

Als das Lamb auffgethan das Buch mit den Pitschiren /
Die Engel zu der stund vor Gott sich præsentiren /
Sieben Posaunen jhn da werden zugestellt /
Damit zu blasen an die erschröcklichen Plagen /
Vnd Jammer ohne End / so wol wer zu beklagen /
Der da ergehen solt vber die gottloß Welt.

Ces Trompettes és mains des Espris Angeliques
Seruent à publier les desastres publiques
Qui tomberont bien tost sur le Seç & la Mer:
Et puis on void du Ciel vne estoille tombante
D'vne vaste grandeur & chaudement flambante
Qui conuertit les eaux en vn poison amer. APOC

And it came to be in those times so resented
That seven angels themselves to God presented
Seven trumpets were sounded to bear the tidings
Of the ill times to come that needed abiding
Much pain and sorrow in this time of disaster
Occurred on the earth that feared its master.

APOCALYPS. VIII. 141

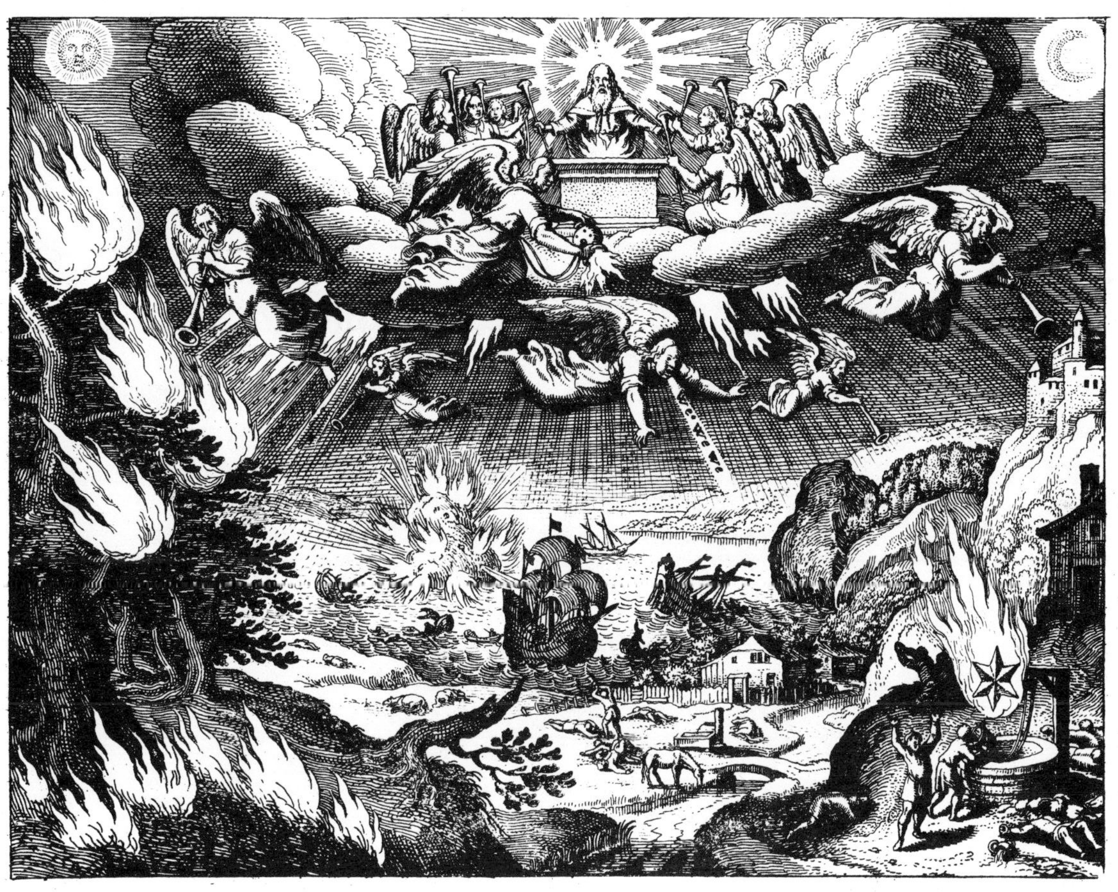

DEUS

Bearers of Coming Punishment

V.

DEUS armat creaturas in impios.

Stella polo puteum delapsa recludit Abyssi,
 Lethifer hinc prodit fumus & astra tegit:
Locustæ exiliunt; species queîs dira nocensque,
 Impia quæ torquent pectora mille modis.

Gott waffnet die Creaturen zur Rach.

Der Brunn deß Abgrunds wird durch ein Stern auffgeschlossen/
Darauß ein dicker Rauch und schädlich Dampff entsprossen/
 Der an den Himmel steigt/die Sonn und Mond bedeckt/
Hewschrecken frembder gstalt kommen herfür gesprungen/
Schrecklich/von grosser Macht/die plagen Alt und Jungen/
 Das Antichristisch Reich an jhm diß Vorbild trägt.

L'Astre qui cheut au Puits l'ouurit, dont la fumée
Rendit l'air tout obscur: du puits sortit l'armée
De monstres tres-hideux pareils a saulteraux,
 Non pour perdre les fruits que nous donne la terre,
Mais ceux qui n'ont au front la marque salutaire,
Qu'ils geineront cinq mois comme felons bourreaux.

Apoc

The hole of the endless pit is opened
 From which poisoned smoke pours forth in token
Streams to the skies, darkens noon and sun
 Locusts appear by the million and make all run
The horrors plague heartily young and old
 Everyone seems to be of one mold.

APOCALYPS. IX. 145

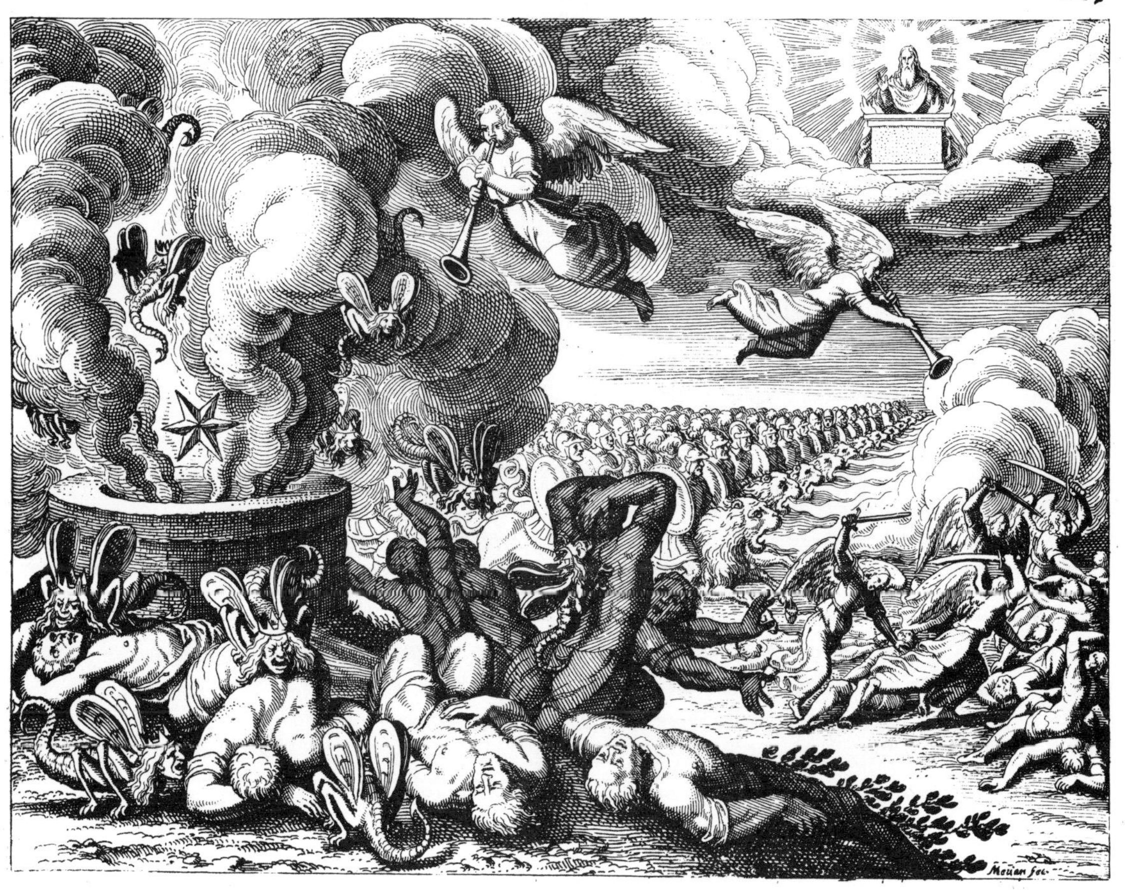

Tt *Inge-*

God Weapons His Creatures For Their Revenge

VI.

Ingenium traditionum humanarum.

Nubibus indutus GENIVS ceu veste, JOHANNI
Dat librum & hunc avido dente vorare jubet.
Paret is, & dulcem deprendit in ore saporem,
Deinde sed in tumido tormina ventre creat.

Art vnd Natur der Menschen Satzungen.

Ein Engel / dessen Haupt sich mit der Sonn vergleichet/
Mit Wolcken angethan / ein Buch Johanni reichet
Daß ers verschlingen soll / der es vnseumig that/
Anfangs in seinem Mund es süß wie Honig schmecket/
Darnach jhm in dem Bauch schmertzlich grimmen erwecket/
Solch art vnd eygenschafft die Menschensatzung hat.

Vn Ange fort ayant l'Iris peint pour couronne
D'vn nuage vestu qui autour l'enuironne
Tient vn liuret en main à fueillets tous ouuers:
Iean mangea ce liuret; sa grace doucereuse
Contenta son Palais; mais l'aigreur douloureuse
Dans son ventre causa des tormens biens diuers. APOC

An angel whose head comparable to Chefan
A book gave John from which much wisdom was to be won
Made him eat it on the spot;
Taste it did like honey first but later not
It cramped his stomach like an infection
But change it did his nature and tradition.

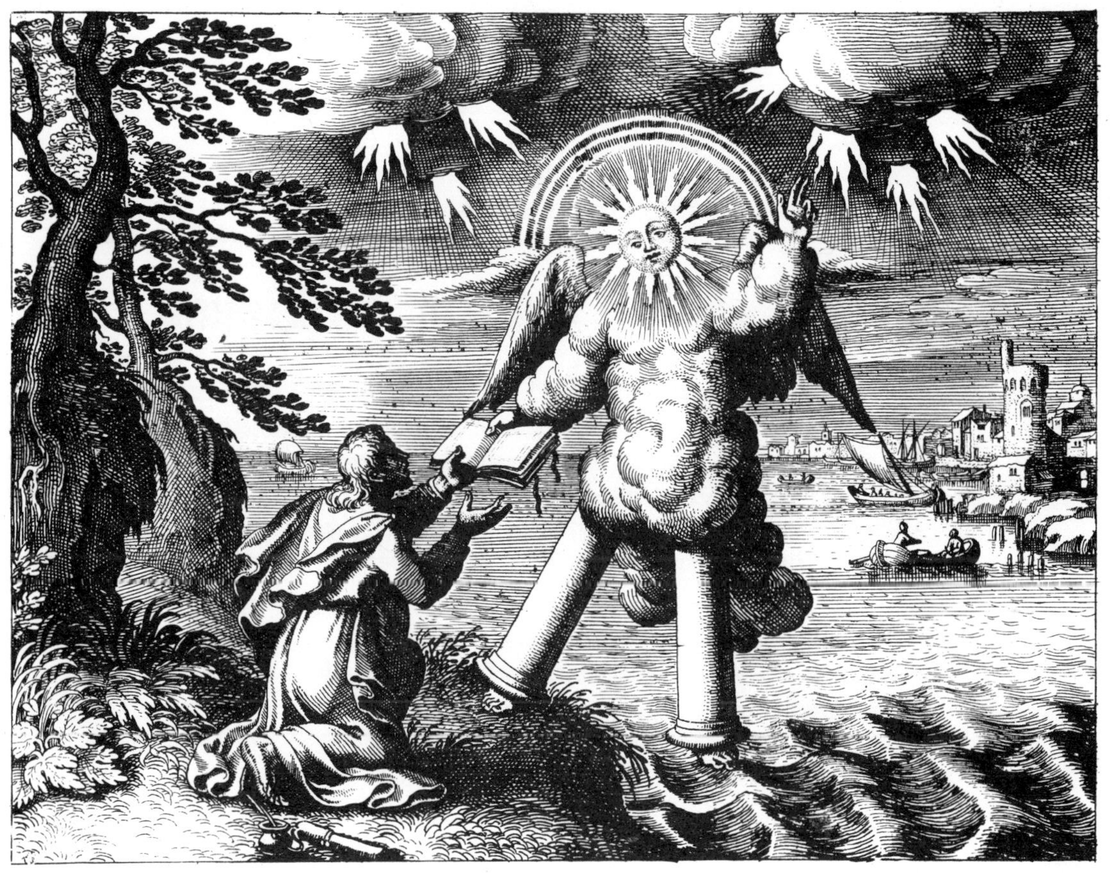

Tt 2 Lucta

Human Nature is Changed

VII.

Lucta Martyrum Dei cum Antichristo.

En geminos TESTES, geminas oleasque facesque,
Antidicum oppugnant qui pie CHRISTE tuum:
Beſtia quos perimit; ſed mox redivivus uterque,
Zelotypo reprobos increpat ore viros.

Streit der H. Märtyrer mit der Beſtien.

Zween Zeugen ſendt der HErr / zween Oelbäum / zwo Lucernen/
Die leuchten in der Welt wie zween ſchinrende Sternen/
Schelten den Antichriſt vmb ſein Abgötterey /
Das Thier ertödt ſie beyd / jedoch nach etlich Tagen
Sie widrumb lebendig aufftretten vnd weiſſagen/
Die Menſchen wundern ſich / wie ſolchs zugangen ſey.

Voila les deux teſmoins, Oliuier & Chandelle
Gardans la foy de Chriſt, plaidans la cauſe d'elle
Tués du Monſtre laid qui monte de l'Enfer:
Mais eux reſſuſcités monteront ſur les Aſtres,
Dont ſuiuront en tous lieux d'effroyables deſaſtres
Pour voir les faux perir & les bons triompher. Apoc

Two witnesses God sent, whose wisdom shone far
Like two lanterns their light could have reached a star
They condemned pagan beliefs and fake gods
A wild beast killed both of them with its jaws
Some days later they rose from the dead to prophesy
The people wondered at a deed this size.

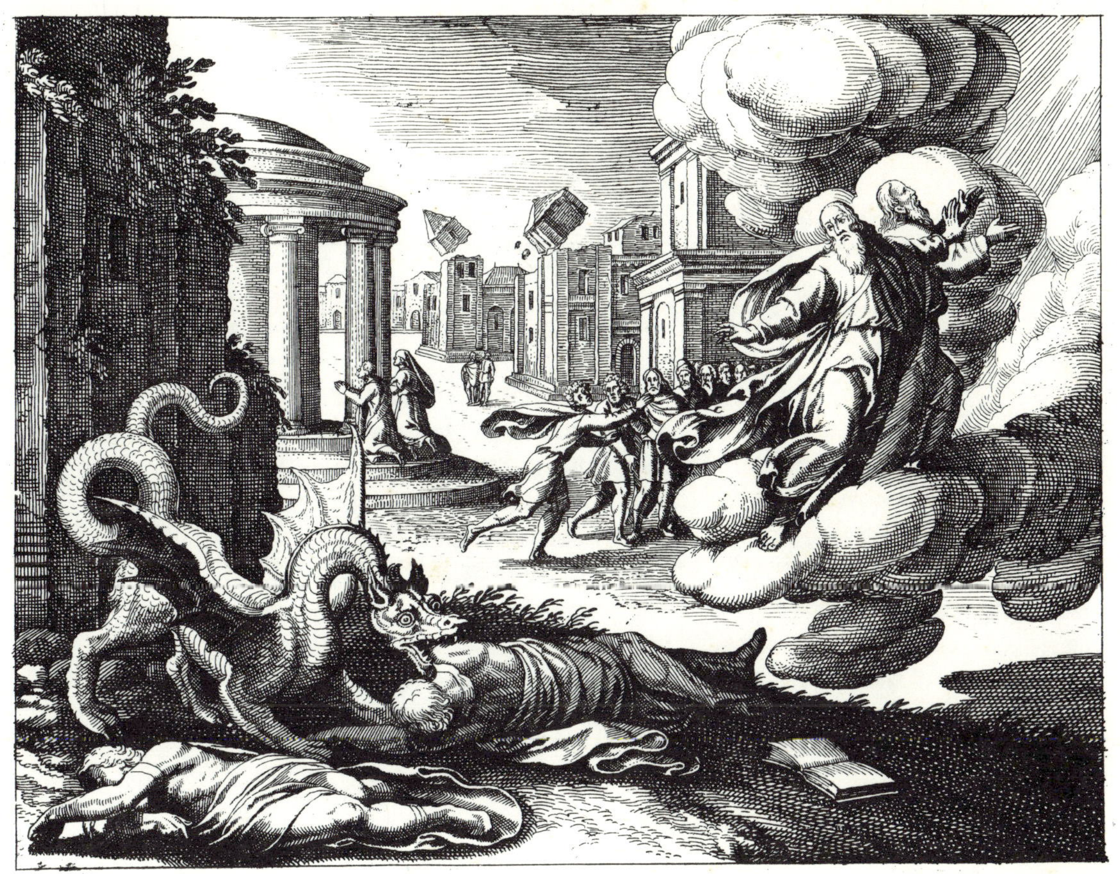

Tt 3 Falsa

Fight of Martyrs And Beasts

VIII.

Falsa miracula causa Idololatriæ.

Bestia terribili votis conjuncta Draconi
  Decipiens gentes signa stupenda facit.
Hinc populi & stolidi reges Cacodæmona adorant,
  Nil Idololatris stultius esse potest.

Falsche Wunderwerck verursachen Abgötterey.

Das Thier der Lästerung thut wunderwerck für allen/
(Der Drach gab jhm gewalt) macht Fewr vom Himmel fallen/
  Dadurch das blinde Volck jämmerlich ward verführt/
Beten den Drachen an/das Thier desselben gleichen/
Wer sich betören läßt durch falsche Wunderzeichen/
  Gibt dem Geschöpff die Ehr/so dem Schöpffer gebürt.

Quel Monstre fut jamais plus affreux, plus immonde
Que celuy qui monta de la Mer sur le monde
A qui le Dragon faux a donné son pouuoir?
Tous ceux vont l'adorant d'ame tout rauie
Dont les noms non couchés au Sainct liure de vie
Ne rendent à l'Agneau le commandé deuoir. APOC

False beast did among the people wonder cause
  When from the skies it brought fire with its paws
Pray to it the stupid people
  And forget about the holy steeple
Little people in their negligence
  Gave praise to a wrong instead of sacred magnificence.

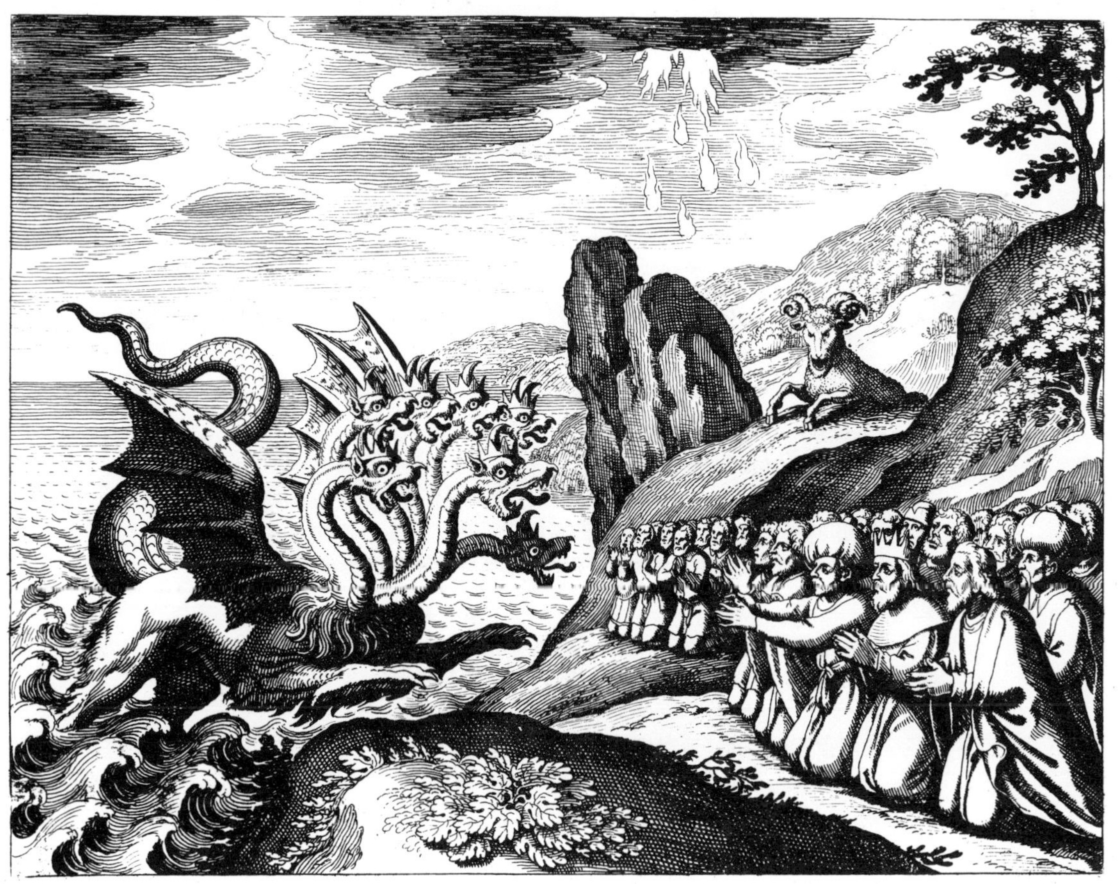

Mani-

Wonders Cause Belief in False Deities

IX.

Manifestatur ira Dei super omnem impietatem. Rom. 1.

Divinæ phialas effundunt Angeli in Orbem
  Vindictæ, Genii dum tuba triste sonat.
Hinc variæ clades, morbi, Libitina famesque
  Exitium reprobis interitumque ferunt.

Gottes Zorn wird offenbar vber all gottloß Wesen.

Die Schalen Gottes Zorns voll daß sie vberfliessen/
Auff die gottlose Welt sieben Engel außgiessen/
  Darauff erheben sich viel Straffen schwer vnd hart/
Groß Jammer Angst vnd Noth sich regt an allen Enden/
Hunger vnd Pestilentz / Kranckheiten nicht zu wenden
  Der Antichristisch Hauff also geplaget wardt.

L'estat vniuersel du monde se renuerse
Quand l'Ange tour-à-tour de sa phiole verse
Le courroux eternel au monde malheureux:
  Puis le Dragon vomit trois Espris qui ressemblent
De grenoilles à voir; Ce sont ceux qui assemblent
  Les Rois pour batailler contre les Saincts heureux. Apoc

Cups of anger run over in the heavens
  The Lord sends to earth by angels in sevens
Many torments and sorrows stem from his wrath
  Poured down to the humans in a heavenly bath
Pursue them do hunger, pest and sickness
  A just punishment for pagan wickedness.

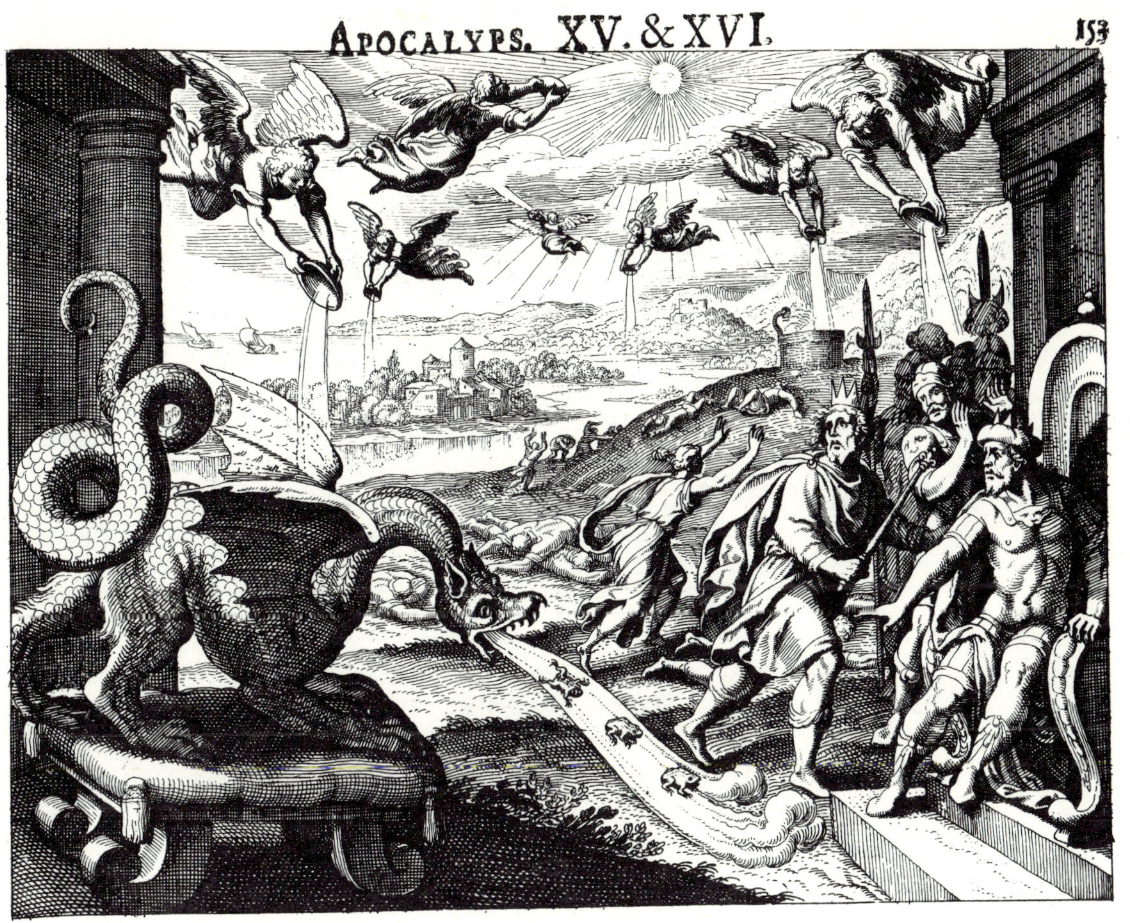

Interi-

Vu

God's Wrath Appears To All Faithless Ones

X.

Interitus ſpiritualis Babylonis.

Dejiciens lapidem Genius de nube molarem
  Exclamat; Babylon ſic peritura cadet:
Lugete ô Proceres Mercatoresque petaces,
  Judicio Domini veſtra taberna ruit.

Vndergang deß geiſtlichen Babylons.

Hie wirfft ein Mühlenſtein der Engel auff die Erden/
Alſo muß Babylon/ſpricht er/verworffen werden/
  Vmb jhr Abgötterey vnd Sünden vberhaufft
Jhr Herrn vnd Kauffleut all/jhr habt wol noth zu klagen/
Die Statt wird vmbgekehrt/die euch ſo viel getragen/
  Da man mit groſſem nutz ſo viel Wahren verkaufft.

L'Ange lançant en mer vne meule peſante
Predit de Babylon la ruine preſente
Qui ne ſe verra plus ſe fondant tout-à-coup:
Roys, Pilotes, Marchands, hurlez de voix piteuſe
Contemplans de Babel la fin calamiteuſe
Qui vous donnoit des biens & du plaiſir beaucoup.

APO

A mills-wheel is hurled down by an angel
  Just as Babylon must fall because of its danger
Too many its sins and false idols
  People big and small are ruined with none to guide all
A city is broken, whose main water
  Was to do business between its traders.

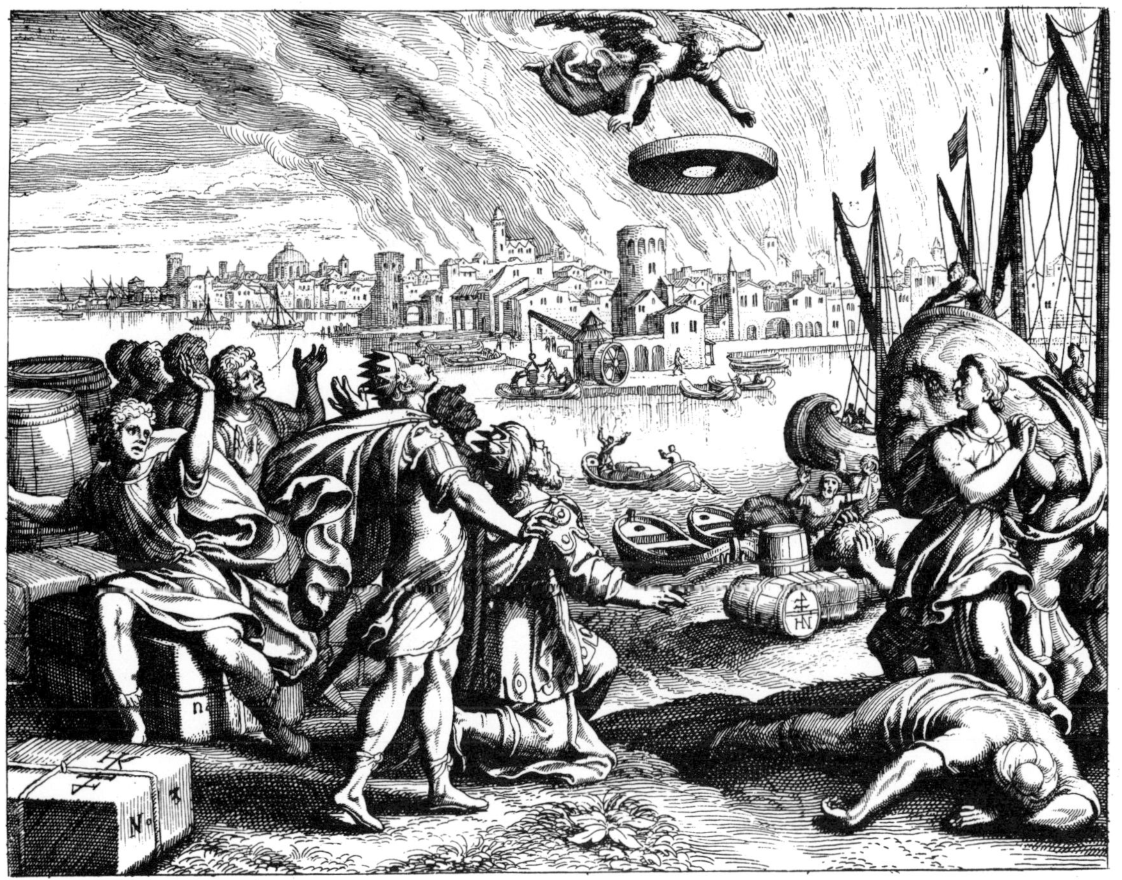

Vu 2 *Prin-*

The Fall of Babylon

XI.

Princeps huius mundi judicatus est.

Terribili residens ANTIQVVS sede DIERVM
  Omnia sub censum judiciumque vocat.
Bestiæ & hic fraudes patuere Draconis; at istos
  Sulphuris atque picis dira vorago capit.

Der Fürst dieser Welt ist gerichtet.

Man thut die Bücher auff / es wird Gericht gehalten/
Gott sitzt auff seinem Thron / in der gestalt eins Alten/
  Es stellt sich alles eyn für seinen Richterstuel /
Der Drach vnd alte Schlang / so die Heyden betrogen/
Das Thier vnd Lügenmaul / das so schrecklich gelogen
  Werden geworffen beyd in den fewrigen Pfuel.

L'Ange qui tient la clef des infernales mares
Enchaina le Dragon faisant grands tintamares
Voyant qu'il ne peut plus tromper les nations:
  Puis sur vn Throne blanc s'assit vn Iuge juste
Deuant qui comparoit & le sainct & l'injuste
Pour estre tous jugez selon leurs actions.

APC

The books are opened heavenly court holds a meeting
  God will be just and not just fleeting
Everyone prepares themselves for the sentence
  The beast and the lion, the ones so terrible
Are sent to hell where nothing is credible.

APOCALYPS. XX. 157

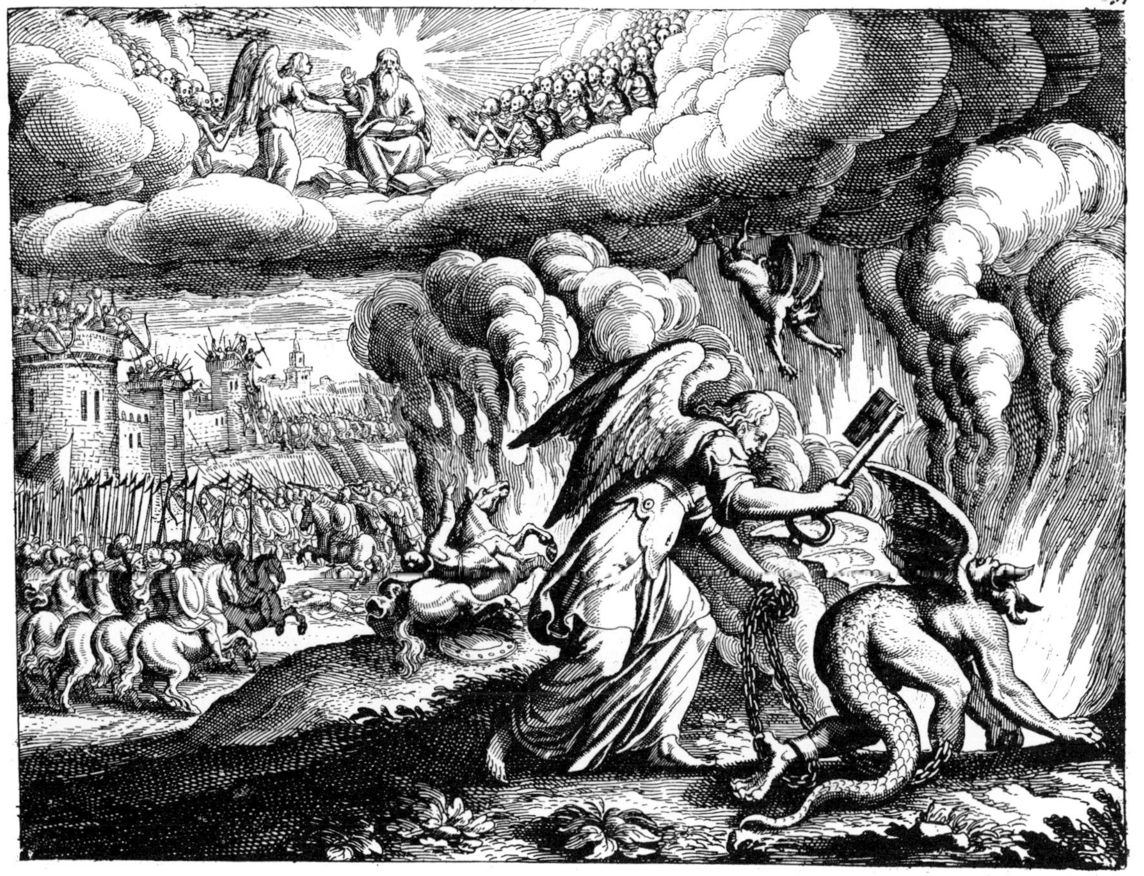

Vu 3 *Imago*

The Lord of This World is Sentenced

XII.

Imago Civitatis Cælestis.

Hic nova se facies oculis Sanctæ ingerit Urbis,
 Condita quæ gemmis aurea tota nitet:
Pingitur hac specie cælestis gloria vitæ,
 Quam famulis rediens da PIE CHRISTE tuis.

Vorbild der Ewigen Herrlichkeit.

Das new Jerusalem von Gott selbst aufferbawen /
Mit Goldt vnd Edelgstein / gantz köstlich anzuschawen /
 Deß Himmelischen Reichs ein herrlich Fürbild ist /
Dadurch wird abgemahlt Frewd / Wonn vnd Ewig Leben /
Das vns genädiglich mittheilen woll vnd geben
 Das wahre Gottes Lamb vnser HErr Jesus Christ.

De l'estat accompli de Salem glorieuse
Voycy le plan tracé de main industrieuse
Composé d'or luisant & Iaspes colorés:
Là des gloires du Ciel se contemple l'Idée.
O Sauueur, donne nous que l'ame bien guidée
Vienne pour fin à toy dans tes Palais dorés.

The New Jerusalem in God's image was built
 In gold 'twas so steadfast it would not wilt;
The heavenly land a symbol has become
 For a place where beauty and wisdom can be won
The message it sends to big and small
 The Lord Jesus Christ be our eternal wall.

F I N I S.

APOCALYPS. XXI. 159

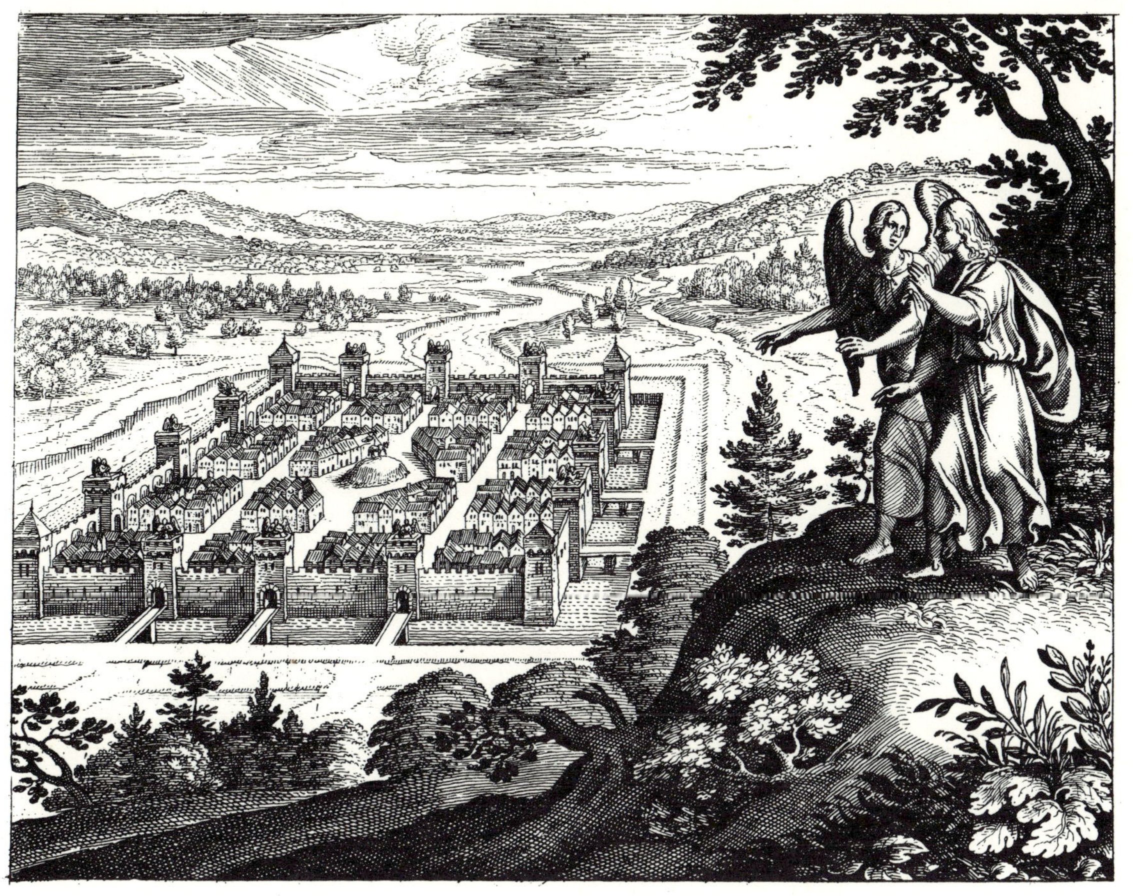

Precedent For Eternal Glory